中国媒介素养研究
年度报告 2018

姚 争 主 编
宋红岩 刘福州 副主编

中国广播影视出版社

图书在版编目（CIP）数据

中国媒介素养研究年度报告. 2018 / 姚争主编. --
北京：中国广播影视出版社，2021.12
ISBN 978-7-5043-8622-9

Ⅰ.①中… Ⅱ.①姚… Ⅲ.①传播媒介－研究报告－
中国－2018 Ⅳ.①G219.2

中国版本图书馆CIP数据核字（2021）第009216号

中国媒介素养研究年度报告2018
姚 争 主 编
宋红岩 刘福州 副主编

责任编辑：许珊珊
责任校对：龚 晨
封面设计：贝壳学术

- -

出版发行：中国广播影视出版社
电 话：010-86093580 010-86093583
社 址：北京市西城区真武庙二条9号
邮 编：100045
网 址：www.crtp.com.cn
电子信箱：crtp8@sina.com

- -

经 销：全国各地新华书店
印 刷：天津和萱印刷有限公司

- -

开 本：710毫米×1000毫米 1/16
字 数：580（千）字
印 张：28
版 次：2021年12月第1版 2021年12月第1次印刷

- -

书 号：ISBN 978-7-5043-8622-9
定 价：98.00元

目　录

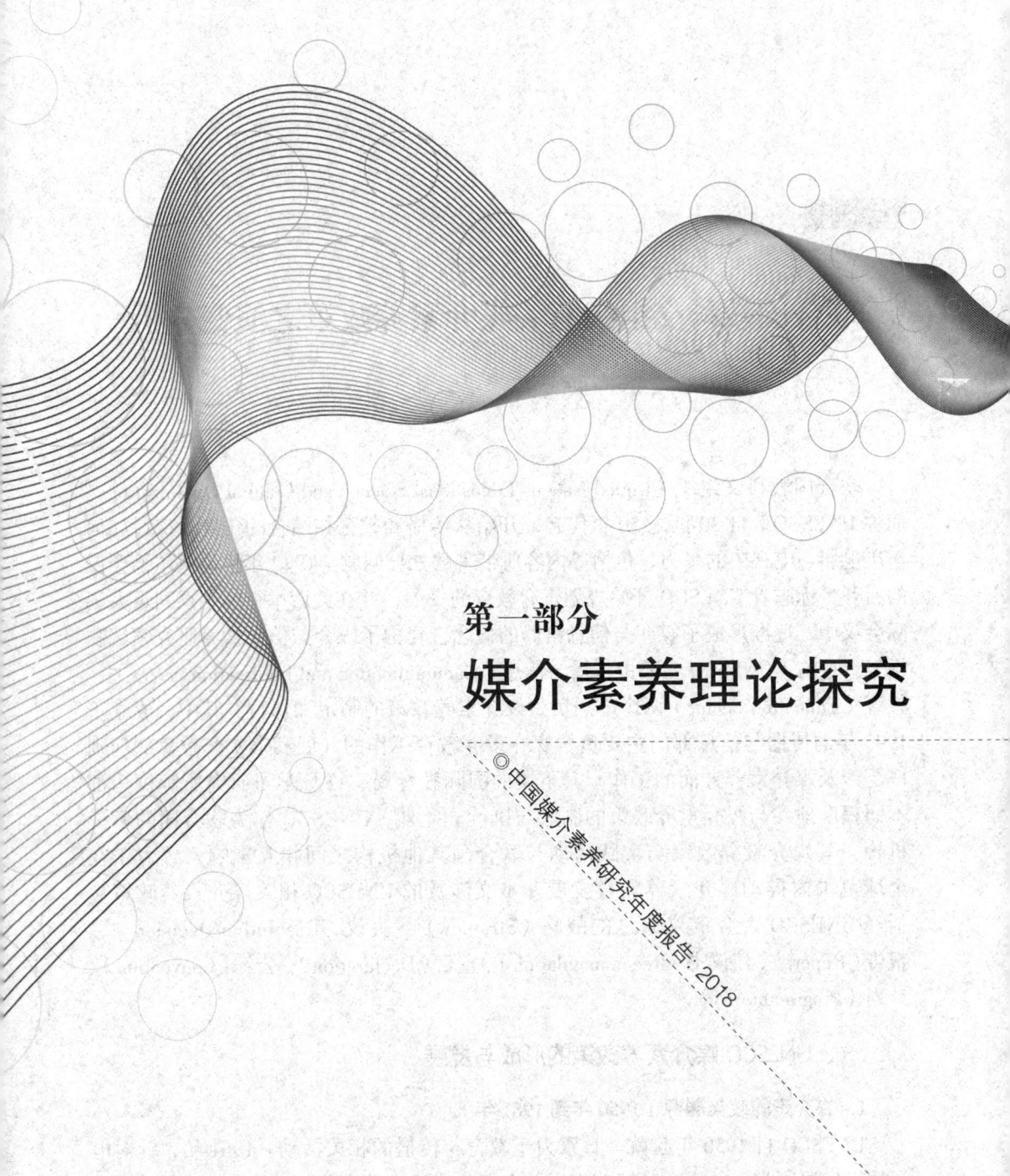

第一部分

媒介素养理论探究

◎中国媒介素养研究年度报告·2018

联合国教科文组织有关媒介素养政策之演变分析

耿益群　黄　偲

联合国教科文组织（United Nations Educational Science and Cultural Organization，简称 UNESCO）自 20 世纪 50 年代起，开始从传播和教育相结合的角度，探讨如何解决电影、电视中的暴力、色情等内容所带来的社会问题。1982 年格伦沃尔德会议的召开，标志着 UNESCO 开始规划媒介教育的发展，并在此后举行的一系列重大国际会议中，逐渐形成了媒介与信息素养的概念，建构了媒介与信息素养研究领域和框架。目前，UNESCO 主要由传播与信息（Communication and Information Sector）、教育（Education Sector）两个部门负责媒介素养政策的制定和执行。其中，成立于1990 年的传播与信息部门主要负责媒介素养教育工作的开展和落实。教育部门则广泛涉及媒介素养方面的工作，其下属的国际教育局、终身学习研究所等机构都不同程度地参与媒介素养政策的制定与执行。此外，UNESCO 作为联合国的下设机构，其媒介素养政策与实践活动与联合国其他机构之间相互影响，致力于在全球范围内推动媒介素养教育发展。本文涉及的 UNESCO 相关媒介素养政策包括经 UNESCO 大会审议通过的战略（Strategy）、决议（Resolution/Decision）、报告（Report）、建议书（Recommendation）、宣言（Declaration）、公约（Convention）、计划（Programme）等。

一、UNESCO 媒介素养政策的形成与发展

1. 媒介素养政策渊源（1950 年到 1981 年）

UNESCO 自 1950 年起就一直致力于教育与传播的相关活动。1961 年，针对电子技术发展所带来的媒介环境改变以及人们价值追求的变化，UNESCO 认识到媒介教育的重要性，发表了一篇关于电影教育的文章，并于 1962 年在挪威奥斯陆举办了关于电影电视审美教育的国际会议，讨论在大众传播的媒介环境下教育者的责任问题。自 1964 年起，UNESCO 开始将媒介教育纳入正规教育体系。20 世纪 70 年代，

UNESCO 针对当时的媒介环境特征，建立了一个中学"大众媒介教育普通课程模型"，出版了国际报告《教育中的媒介研究》（*Media Studies in Education*）。UNESCO 根据"1979—1981 年常规训练规划框架"，召开专家会议，就媒介教育的主要内容形成共识。1979 年，在巴黎召开关于媒介教育的会议，首次明确阐释了媒介教育的意义，但这一阶段尚未形成关于媒介素养教育的相关政策。

2. 媒介素养政策原则的确立（1982 年到 2006 年）

从 20 世纪 80 年代初开始，媒介素养教育成为 UNESCO 常规训一划和中期训一划的一部分，媒介素养教育被纳入教育、文化和传播项目当中。UNESCO 通过举办 1982 年格伦沃尔德会议、1990 年图卢兹会议、1999 年维也纳会议、2002 年塞维利亚会议等重要会议，逐步形成了媒介素养的概念、研究方法和路径。在格伦沃尔德举行的"媒介教育国际研讨会"上，发表了在 UNESCO 媒介素养教育政策发展中具有里程碑意义的《格伦沃尔德宣言》（Grunwald Declaration on Media Education）。宣言提出的涉及媒介教育课程、教师培训、研究和国际合作四个主题的建议，成为 UNESCO 媒介素养教育发展的四条基本原则，贯穿其整个媒介素养教育政策和实践过程。1990 年夏在法国图卢兹举办的主题为"媒介教育新方向"的会议，就全球未来的媒介素养教育展开国际对话，为来自不同国家的媒介素养教师、政府官员和专家提供了一个对媒介素养教育理论和实践进行总体性把握和了解的机会。对"媒介教育""媒介意识"和"媒介素养"这三个术语的准确性进行了探讨，认为"媒介素养"似乎更为合适，"媒介素养"的概念既包含了对大众媒介系统的结构、经济和功能的认识，也包含了解读媒介信息中的美学和意识形态内容所需的分析技巧。但在 UNESCO 进行或支持的研究中，"媒介教育"概念的使用还是居多。会议将媒介素养视为当代生活的必需品，是所有公民的一项基本权利。1999 年，UNESCO 在维也纳组织了题为"媒介和数字时代的教育"的国际会议，提出了一个更加全面的媒介教育的概念。认为，媒介教育涉及所有传播媒介，包括通过任何技术传播的印刷文字、声音、静止或活动的图像；让人们能够了解社会中使用的传播媒介和媒介运作方式，掌握使用媒介与他人沟通的技能；人们要学会分析、批判性思考和自主创造媒体内容和文本，能够判别媒介文本的来源，文本背后的政治、社会、经济和文化利益，以及所处的语境；学会解读媒介提供的信息和价值；学会选择适当的媒介向目标受众传达自己的信息或故事，以及学会利用媒介来获取和生产信息。与会者在认识到不同国家媒介教育的性质和发展的差距的同时，建议各国尽可能将媒介教育引入国家课程以及高等教育、非正规教育与终身教育中。除了遵循前几次会议的传统，关注研究、教师培训、国际合作等议题之外，会议还建议 UNESCO 应基于道德原则制定相应的指导方针。2002 年，UNESCO 又在塞维利亚举行"青少年媒体教育研讨会"，支持并重申了维也纳会议上所提出的媒介素养教育定义，并在此基础上进一步聚焦，使媒介教育更具操作性。与会者建议制定五个领域的媒介素养政策，即提供研究平台、各类人员培训、促成伙伴关系、建立交流网站、巩固和发展公共领域。在这四次重要会议的基础上，2005 年 UNESCO 在《亚历山大宣言》中提出媒介和信息素养是终身学习的核心内容。

3. 媒介素养政策的体系化（2007 年至今）

从 2007 年开始，UNESCO 结合当时信息技术的发展和媒介环境，以"巴黎议程"（Paris Agenda）为标志，其媒介素养政策发展进入了一个概念不断延伸、多元文化对话、地区平衡发展的新阶段。2007 年，在巴黎举行的媒介教育专家组会议在格伦沃尔德原则的基础上详细阐述了对未来媒介教育行动的十二条建议，进一步发展了格伦沃尔德原则，使其具有更好的操作性和执行性。UENSCO 通常使用"媒介教育"（Media education）的表述，而不是"媒介素养"（Media literacy）。1979 年在巴黎举办的会议上认为媒介教育的概念涵盖"与各级教育（小学教育、中学教育、高等教育、成人教育、终身教育）相关的各种形式的学习和教学的方式"。在"巴黎议程"中对媒介教育的思考涵括了有关媒介和信息内容的方方面面，实际上就是对媒介与信息素养（Media and Information Literacy，MIL）的探讨。UNESCO 希望用一个综合概念涵盖媒介素养、信息素养、数字素养等多种素养。为了在全球范围内推进媒介素养教育，UNESCO 积极致力于在跨文化的语境中对媒介素养的概念进行界定。2008 年，UNESCO 组织了一次专家组会议，建议把媒介素养与信息素养融合为一个学科并建立课程模型，正式提出筹划发展媒介与信息素养，并与教师培训课程相融合。2010 年，UNESCO 发布《面向媒介与信息素养的指标》（Towards Media and Information Literacy Indicators），概述媒介与信息素养的历史、全球化背景，提议把媒介素养与信息素养这两个独立存在的概念融合，形成一个统一概念，提出媒介与信息素养指标，传递 MIL 的目的、目标、相关因素和意义。2011 年，UNESCO 与联合国文明联盟等相关组织在非斯举办第一届媒介与信息素养国际论坛，发表《非斯宣言》（Fez Declaration on Media and Information Literacy），重申了 MIL 的重要性，强调将 MIL 课程引入正规和非正规教育系统，希望各成员国寻求使用和推广 MIL 教师课程的适当途径。2013 年，UNESCO 发布《媒介与信息素养政策和策略指南》（Media and Information Literacy Policy and Strategy Guidelines），首次对媒介与信息素养的概念进行明确界定，对成员国建立可持续的国家政策和战略有着重要的参考和指导作用。2014 年，UNESCO 与欧洲委员会等在巴黎举办了第一届欧洲媒介与信息素养论坛，并最终通过了全面探讨媒介与信息素养概念及其具体实践方向的《巴黎宣言》，标志着 UNESCO 媒介素养政策的体系化，使其相关媒介素养政策的制定和教育实践能够在一定的框架内展开。

审视 UNESCO 媒介素养教育政策的演进历程，从格伦沃尔德会议提出的"媒介教育"概念，发展到目前所普遍采用的"媒介与信息素养"概念，媒介素养的概念不断拓展，其政策不断体系化，并与终身教育密切联系。本文通过应用 Nvivo10 质化分析软件对 UNESCO《格伦沃尔德宣言》（1982）、《图卢兹宣言》（1990）、《维也纳建议》（1999）、《布拉格宣言》（2003）、《巴黎议程》（2007）、《非斯宣言》（2011）、《莫斯科宣言》（2012）、《MIL 行动框架》（2013）、《巴黎宣言》（2014）等有关媒介素养政策进行了分析。根据 UNESCO《全球媒介与信息评估框架》将近用 / 检索媒介与信息、理解 / 评估媒介与信息、传播 / 使用媒介与信息三个维度作为一级节点，并采用"开放式编码"的方式，通过逐个阅读上述 9 个 UNESCO 媒介素养政策文件，形成二级节点。通过对这些不同年份的政策本文二级节点的编码参考点数的比较，可以发现 UNESCO 媒介素养教育政策发展趋势（见表 1）。在"近用 / 检索媒介信息"这个一级节点下，涉及"媒介与信息接触（近用）""识别信息 / 媒介需求""查找信留""了解媒介知识"4 个二级节点。其中，"媒介与信息接触（近用）"编码参考点数最高，除 1982 年《格伦沃尔德宣言》由于是针对媒介使用中的问题提出媒介教育的紧迫性和议题，没有具体在文本中提到近用外，其他文本均有表述，而且在 2013 年、2014 年的文本中的参考点数相对更高。这表明随着传播技术的发展以及媒介环境的变迁，UNESCO 对全球范围内的媒介近用问题更为关注，希望通过媒介素养教育解决数字鸿沟造成的全球发展不均衡问题。在"理解 / 评估媒介与信息"一级节点下有 7 个二级节点，其中，"批判性解读媒介内容"的参考点数最高，几乎所有文本都有涉及，这个二级节点的参考数也是所有二级节点中最高的，强调批判性解读媒介能力的培养，这正是 UNESCO 媒介素养政策的精髓。在"传播 / 使用媒介与信息"一级节点下的 9 个二级节点中，有 7 个文本强调"灵活有效使用和传播媒介与信息"，7 个文本强调"文化 / 社会 / 民主参与"，同时还关注"公民自由表达及传播信息""有道德的媒介信息使用与传播"。在 2013 年和 2014 年的文本中，更加强调将媒介素养教育纳入终身教育体系。

表 1　联合国教科文组织相关媒介素养政策文本分析

| 一级节点 | 二级节点 | 编码参考点数 | | | | | | | | | |
		1982宣言	1990宣言	1999宣言	2003宣言	2007宣言	2011宣言	2012宣言	2013宣言	2014宣言	总计
近用 / 检索媒介与信息	媒介与信息接触（近用）	0	1	2	1	1	1	1	4	3	14
	识别信息 / 媒介需求	0	1	0	1	0	0	1	0	1	4
	查找信息	0	0	0	0	0	0	0	2	1	3
	了解媒介知识	0	2	0	0	0	0	0	0	1	3

（续上表）

一级节点	二级节点	编码参考点数									
		1982宣言	1990宣言	1999宣言	2003宣言	2007宣言	2011宣言	2012宣言	2013宣言	2014宣言	总计
理解／评估媒介与信息	批判性解读媒介内容	2	2	2	0	2	1	3	2	2	16
	识别媒介属性（商业／政治等）	0	0	1	0	0	0	0	2	2	3
	了解媒介信息的传播意图	0	0	0	0	0	0	1	1	1	3
	了解媒介作用及功能	0	0	0	0	0	0	1	1	0	1
	理解媒介表征、再现	0	0	1	0	0	0	0	0	1	2
	评估、组织信息的能力	0	0	0	1	0	0	0	1	3	5
	能够识别信息的价值观	0	1	0	0	0	0	0	1	0	2
传播／使用媒介与信息	灵活有效使用和传播媒介与信息	1	0	2	2	2	0	1	2	2	12
	将媒介使用作为创意、创新表达途径	1	0	0	0	1	1	0	0	1	4
	创造新信息和知识	0	0	0	0	0	0	0	1	4	8
	批判性使用媒介的意识	0	0	0	0	0	0	0	1	1	2
	利用媒介丰富生活（娱乐）	0	0	0	0	0	1	0	1	1	3
	文化／社会／民主参与	1	2	0	1	1	2	0	3	4	14
	公民自由表达及传播信息	0	0	0	0	1	0	1	3	3	10
	有道德的媒介信息使用与传播	0	0	1	0	1	1	0	2	3	10
	终身学习与全面发展	0	0	0	0	1	0	1	1	3	7

二、UNESCO 媒介素养政策特点

1. 政策具有促进个体和社会发展的双重目标

UNESCO 一直致力于促进个体自由表达和信息知识的普遍获取，促进人类福祉和社会进步，其有关媒介素养政策也承担着从培养具有媒介素养的公民到建设具有媒介素养的社会的双重目标。从 20 世纪 70 年代末开始，针对媒介素养教育，UNESCO 提出 "一个人如果在商业媒体操纵下，如何能成为一个民主社会中合格的公民" 这一关键问题。在 1990 年的图卢兹会议上，UNESCO 强调媒介教育是所有公民的一项基本权利。正如联合国儿童基金会 1989 年通过的《儿童权利公约》（Convention of Children's Rights）所强调的那样 "自由表达，近用信息资源和参与文化生活是人的基本权利"。UNESCO 认为媒介素养教育对于民众行使民主权利是必不可少的。在《非斯宣言》中也明确了媒介与信息素养是所有公民积极参与社会的关键，可提高人类生活质量和公民权，促进社会可持续发展。

2. 政策可操作性强

UNESCO 非常重视将政策的制定、推广与媒介素养实践密切结合，尤其重视课程开发。《格伦沃尔德宣言》强调将媒介素养教育融入从学前教育到成人教育各个层次的教育系统中，格伦沃尔德会议之后，媒介素养教育课程的研究、实践、国际合作等成为政策实践的重点。2006 年，UNESCO 制定了《媒介教育：教师、学生、

家长和专业人员工具包》（Media Education：A Kit for Teachers，Students，Parents and Professionals），建立了由媒介文化环境、媒介生产、媒介语言、媒介再现、公众接收、教育阶段和策略这 6 个模块构成的基础性媒介教育课程模型。2011 年，UNESCO 发布了《媒介与信息素养课程（教师用）》，为教师提供了培养 MIL 能力的教学程序设计，包括 MIL 概念和能力框架、课程适应融合的方法、课堂教学方法和课程规划等 11 个模块和 3 个非核心单元。根据该课程框架，2013 年 UNESCO 与昆士兰科技大学（QUT）合作推出了面向全球教师、研究者和决策者的媒介与信息素养跨文化对话在线课程，并与联合国文明联盟共同创建了媒介与信息素养多媒体在线教学资源工具(Online Multimedia MIL Teaching Resources Tool)。这一框架具有较大的灵活性，能够适用于全球不同教育制度，能够为教师提供具体的媒介素养教学指导。

3. 政策体现出广泛的包容性

在 UNESCO 有关媒介素养政策发展过程中，一直注重吸纳来自全球范围的相关专家建议，通过召开一系列重要会议和发表的重要报告形成有关媒介素养政策。因此其媒介素养政策具有极强的包容性，会全面考虑不同国家和地区、不同群体的利益诉求。1982 年的格林沃尔德会议上，来自 18 个国家和地区的 30 名代表经过深入研讨，形成了著名的《格林沃尔德宣言》；1990 年的图卢兹会议上，来自全球范围的教师、政府官员、媒介素养研究理论家，以及 24 位由 UENSCO 资助的第三世界与会者，就媒介素养的内涵进行深入讨论；1999 年的维也纳会议上，来自 33 个国家的 41 名代表对格林沃尔德会议的媒介素养的概念进行了深入的解读；2002 年塞维利亚会议上，来自 14 个国家的 23 名专家通过了专门的媒介教育计划，以促成成员国未来新的行动；2007 年，历时两天的巴黎媒介教育专家组会议提出了媒介教育行动的十二条建议，使 UNESCO 的媒介素养政策真正在全球范围内具有操作性；《媒介与信息素养课程（教师用）》的编写更是汇集了全球不同领域众多专家的智慧，UNESCO 从 2008 年起就开始了相关工作，经过大量烦琐而细致的专家协作，于 2011 年才正式出版该课程指南，这一课程经 UNESCO 推广在全球多个国家使用，具有广泛的适用性。

4. 政策的制定基于学术研究

UNESCO 在关注媒介与教育相关问题之初就重视将政策制定和实践与学术研究相结合。早在 20 世纪 70 年代，UNESCO 就组织专家针对当时的媒介环境特征，进行了两项有关媒介素养教育的研究。第一项研究是 1975 年至 1976 年，专门为中学媒介素养教育者建立了一个一般性的课程模型，其目的是为学生提供充足多样的大众媒介理论知识，强调大众媒介教育和电影教育的重要性。第二项研究是 1977 年出版的题为《教育中的媒介研究》的国际报告，汇集了对西欧、苏联、美国和各国际组织的"媒介素养"和"银屏教育"发展的案例研究。格伦沃尔德会议之后，

UNESCO 开始了一系列对于媒介素养教育课程的研究。1983 年，在 UNESCO 的支持下，马斯特曼进行了一项题为"学校和媒介知识：教师培训与学生媒介素养学习"的课程研究，关注"独立的和融合式的媒介素养课程"的问题，探讨如何将媒介素养融入如语言和文学、历史、地理和科学等常规课程中。维也纳会议的与会者建议，应从地方和国际层面来促进对媒介教育诸多方面开展多种形式的研究。为此，UNESCO 组织进行了一系列的研究，如 2001 年多迈尔（Kate Domaille）和帕金翰（David Buckingham）总结了不同国家的媒介教育的目的和方法，关注 UNESCO 在媒介教育发展历史中的影响。2007 年的《巴黎宣言》建议在高等教育领域开展媒介素养研究，2011 年《非斯宣言》强调对不同国家的媒介与信息素养状况进行研究，2013 年的行动框架更是强调将研究作为推进媒介与信息素养发展的重要支撑。UNESCO 关于媒介素养的研究成果，体现在其一系列出版物中以及各类 UNESCO 资助的学术研究成果之中。这些研究为 UNESCO 制定相关媒介素养政策提供了学术支持，成为其政策制定和实施的学术基础。

5. 政策关注教师培训

UNESCO 一直以来对教师的媒介素养培训极为关注，将教师培训作为其政策推广和媒介素养教育可持续发展的必备条件，开展了多种形式的培训活动。初期的教师培训主要是通过工作坊的形式进行的。1983 年，UNESCO 在约旦成立了一个教师工作坊，主要培训教师在教学过程中如何使用大众媒体。维也纳会议建议，在教师培训方面，要促进对教师的培训方法和方案进行跨文化评价，并进行各自经验方法的交流分享。2003 年，由 UNESCO 发起以及在欧盟委员会的支持下，针对地中海地区媒介素养教师培训的导师项目（Mentor Project）启动，并于第二年发展为国际媒介教育导师协会（International Mentor Media Education Association），目的是汇集来自世界各地的媒介素养教育专业人士，以促进独立高效的媒介素养教育培训。2008 年至 2009 年 UNESCO 还在世界各地成立并资助了 12 个"信息素养教师培训工作坊"。随着媒介素养教育在全球的发展，工作坊这种面对面的培训方式满足不了大范围的需求，因而 UNESCO 不断开发相关的教学指南和手册，《媒介与信息素养课程（教师用）》结合全球范围内的 MIL 培训资源，以及培训工作坊的实践经验，最终结集成了该课程纲要，成为教师培训的重要指导资源。同时，UNESCO 也运用媒体平台提供多种语言的在线教学资源工具，使教师能够进行互动和交流想法，实现在全球范围内对教师的培训和指导。教师培训的开展不仅为媒介素养教育的推广培养了重要的师资力量，而且在培训过程中发现存在的问题，汇集大量一线媒介素养教师的智慧，为政策的改进提供建议。

6. 强调项目实施与评估

UNESCO 通常会结合其媒介素养政策实施相关项目，并通过项目的实施促进政策推广和政策改进。《格伦沃尔德宣言》中强调要计划和实施"综合性的媒介教育项目"这一指导原则，UNESCO 实施了《媒介与信息素养课程（教师用）》等一系列的媒介素养课程研究和课程实施计划。这些课程项目通常基于前期的学术研究，进行课程的具体设计和修订，再通过具体的课程实施，寻求课程实践反馈，对课程进行评估，并在评估基础上反思其相关政策的适切性。UNESCO 还与成员国合作实施具体的媒介素养项目，并对项目进行评估。为了更好地推广《媒介与信息素养课程（教师用）》，UNESCO 与众多成员国合作，开展各类项目，如与约旦媒介学院（Jordan Media Institute）合作、由欧盟资助的媒介与信息素养项目，对约旦 7—9 年级的教师进行 MIL 课程培训。UNESCO 重视媒介素养项目评估还具体体现在其 2013 年发表的《全球媒介与信息素养评估框架》（Global Media and Information Literacy Assessment Framework）上，其目的在于通过具体的评估，推动成员国把媒介与信息素养纳入各国政策与实践中，并帮助各成员国对媒介素养进行合理有效的评估。目前，UNESCO 在其多个成员国中采用这一评估框架进行两个层级的评估，并对评估结果进行分析研究。

三、UNESCO 媒介素养政策制定的影响因素

UNESCO 媒介素养政策的制定受到多种因素的影响，国际政治和经济发展状况、传播技术的发展、各民族文化多样性、全球媒介素养发展的差异性等因素，都会影响到其政策的制定。本文仅分析 UNESCO 的组织特性及其传播、教育和社会文化政策的影响。

1. UNESCO 的组织使命

UNESCO 作为联合国专门机构，其核心工作之一是维护和发展人的基本权利，其宗旨是通过教育、科学及文化促进各国之间合作，"于人之思想中构建和平"。1948 年，联合国颁布《世界人权宣言》，把人的信息权纳入人的基本权利，人人可以通过任何形式的媒介和不论国界搜寻、接受和传播信息和思想，享有主张和发表意见的自由。1976 年，UNESCO 第 19 届大会通过《建立国际经济新秩序：UNESCO 的贡献》的决议，提出"让每个人都能参与福利、教育、知识和文化活动"的愿景。这奠定了 UNESCO 未来数十年工作的一个基本格调，即让更多人平等地享受广泛的知识。UNESCO 的组织特征及其宗旨直接影响其媒介素养政策及实践，认为媒介素养教育对于民众行使民主权利必不可少，是所有公民的一项基本权利。这一理念始终贯穿于 UNESCO 媒介素养政策与实践之中。

2. UNESCO 传播、教育和社会文化政策的影响

（1）传播政策的影响

UNESCO 的常规计划和中期战略中的传播政策具有涵盖或指导媒介素养政策的

作用，因而其传播政策的变迁，直接影响媒介素养政策的制定与实施。这主要体现在 UNESCO 实施的两个项目中。首先是《国际传播发展计划》直接影响媒介教育基本原则的形成。从 20 世纪 70 年代初开始，UNESCO 就关注世界传播秩序不平等的问题，进行了广泛辩论，并在 1977—1982 年中期规划中将"实现人类之间传播和信息互动"作为四大目标之一。1980 年 UNESCO 第 21 届大会肯定了研究报告《多种声音，一个世界》，通过了"世界新闻和传播新秩序"决议，将《国际传播发展计划》作为建立新秩序的实施途径。在此背景下，形成了《格伦沃尔德宣言》的媒介教育四项基本原则。1983 年《第 22 届大会决议》将媒介教育纳入《国际传播发展计划》中，鼓励在不同的传播媒介和教育系统之间进行密切、积极的合作。同时，媒介教育也被归入《1984—1989 年中期计划》和《1990—1995 年中期计划》。其次是《全民信息计划》促成了媒介与信息素养教育政策的制定与实施。1999 年，UNESCO 提出"信息社会""知识社会"等理念，建设"信息知识社会"成了传播政策制定的目标和指导。《1996—2001 年中期战略》在传播政策中强调通过《国际传播计划》《综合信息计划》和《政府间信息计划》优先培养青年用户和培训人员在传播、信息方面的能力。2000 年，UNESCO 将《综合信息计划》和《政府间信息计划》两个项目合并，形成《全民信息计划》，并明确指出信息素养是该计划优先发展的领域之一。2001 年第 31 届大会通过的《2002—2007 年中期战略》中将媒介素养教育作为《全民信息计划》的一部分，并在《第 36 届大会决议》中首次采用了"媒介与信息素养"的概念。此后，UNESCO 在一系列的媒介素养会议中通过了《关于媒介与信息素养的建议书》《莫斯科宣言》《巴黎宣言》《里加建议书》等多个宣言和建议书，以实现"利用信息和传播，建设包容的知识社会"的总目标。

（2）教育政策的影响

终身学习和全民教育的理念是 UNESCO 教育政策的两个基本指导原则，自提出以来就是各个阶段"中期战略"中关键的发展目标，媒介素养教育政策在这两个政策框架之内。1975 年，UNESCO 发表《学会生存：教育世界的今天与明天》报告，建议各国以终身教育为指导原则进行教育改革，同时就滥用媒体的状况发出了警告。在《世界全民教育宣言》和《满足基本学习需求的行动纲领》中特别强调创造性的捕捉信息和传播技术带来的可能性，提高教育的效益，运用信息和传播媒介满足全民的基础教育需要。在《第 22 届大会决议》中，媒介素养教育除了置于传播计划之下，"教育、培训和社会"重点计划下的"教育、文化和传播"项目也对其有所涉及。UNESCO 除了通过技术在教育中的运用来实现全民终身学习，也不断明确信息素养与终身教育的关系。《布拉格宣言》中定义"信息素养"是有效参与信息社会的前提，《亚历山大宣言》认为信息素养是终身教育的基础部分，而在《关于媒介与信息素养的建议书》中建议把媒介与信息素养教育融入所有终身学习课程之中。

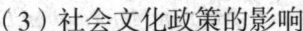

（3）社会文化政策的影响

UNESCO 一直把推动文化多样性和跨文化对话作为工作主题之一，致力于推动各民族和各文化之间相互理解，并把握好信息和传播技术进步所带来的挑战和机遇，不断挖掘媒介和信息技术在开展对话中的潜力，将其作为加强相互了解、建设和平文化、促进对文化多样性尊重的手段。UNESCO 在《世界文化多样性宣言》中提到将信息传播技术作为教学计划中的学科，提高掌握这些新技术的能力，并促进发展中国家运用新技术，缩小数字鸿沟。在《保护和促进文化表达多样性公约》中重申了思想、表达和信息的自由以及媒体多样性的重要性。《第 34 届大会决议》中在"传播与信息"重点计划中强调加强传播与信息在促进相互了解、和平与和解中的作用，此决议推动了媒介素养与跨文化对话、和平议题的融合。《2008—2013 年中期战略》也设立了"努力把尊重文化多样性的原则纳入各级有质量的全民教育中，其中要提倡多元文化教育，需要以创新的方式利用信息和传播技术，加强文化多样性并促进表达自由的相关政策"的目标。

参考文献

［1］UNESCO. *New Directions in Media Education*, http://www. mediamilion. com/1990/OS/coloquio−de−toulouse−1990−2/?lang=en, 2016−11−15.

［2］UNESCO. *Educating for the Media and the Digital Age*, http://www. mediamanual. at/en/pdf/educating_ media_ engl. pdf, 2016−11−18.

［3］UNESCO. *Media Education*. Paris: Presses Universitaires de France，1984:8.

［4］UNESCO. *Paris Agenda or 12 Recommends for Media Education*, http://101 .96.8. 165/www. diplomatic. gouv. fr/fr/IMC/pdf/Parisagendafinen. pdf, 2016−11−18.

［5］UNESCO. *Teacher Training Curricula For Media and Information Literacy*, http://portal. unesco.org/ci/en/ev.Php−URL_ID=27057&URLDO=DO_TOPIC&URL_SECTION=201.htm1, 2016−11−18.

［6］UNESCO. *Towards Media and Information Literacy Indicators*, http://101.96. 8. 165/www. unesco.org/new/fileadmin/MULTIMEDIA/HQ/CI/CI/pdf/unesco_mil_indicators_background_ document 2011 final_ en. pdf, 2016−11−18.

［7］UNESCO. *FEZ Declaration on Media and Information Literacy*, http://www. unesco. org/new/fileadmin/MULTIMEDIA/HQ/CI/CI/pdf/news/Fez%20Declaration. pdf.2017−07−20.

［8］UNESCO. *Media and Information Literacy: Policy and Strategy Guidelines*, http://www. unesco.org/new/en/communication−and−information/resources/publications−and−communication−materials/publications/full−list/media−and−information−literacypolicy−and−strategy−guidelines/.2016−11−18.

［9］UNESCO. *Paris Declaration Calls for Renewed Emphasis on Media and Information Literacy in the Digital Age*, http://www.unesco.org/new/zh/communication%20–and%20–information/resources/news%20–and%20–in%20–focus%20–articles/in%20–focus%20–articles/2014/Paris–declaration–nn–media–and–information–literacy–adopted/. 2016–11–18.

［10］UNESCO. *New Directions in Media Education*, http://www.medialit.org/reading_ room/article126, 2006, 2016–11–12.

［11］联合国儿童基金会：《儿童权利公约》，https://www.unicef.org/chinese/crc/. 2016–11–18.

［12］UNESCO.*Media and Information Literacy Curriculum for Teachers*, http: //unesdoc.unesco.org/images/0019/001929/192971e. pdf. 2017–02–10.

［13］Minkkinen, Sirkka.*A General Curricular Model for Mass Media Education*, http: / /unesdoc.unesco.org/Ulis/cgi–bin/ulis.pl? catno=29839 & set=00552D5AE4_2_44 & gp=0 & lin=1 & ll=1, 2016–11–13.

［14］UNESCO.*Media Studies in Education*, http://unesdoc.unesco.org/images/0002 /000238 /023803eo.pdf, 2016–11–13.

［15］Buckingham, D.& Domaille, K.(2001). *Where Are We Going and How Can We Get There: General Findings from the UNESCO Youth Media Education Survey 2001*, http://www.sfu.ca/cmns/courses/2008/428/Readings/CMNS%20428, %20 (2008) %20Reference% 20Readings/Buckingham–Domaille% 20(2004). pdf.2016–11–18.

［16］UNESCO.*Workshop on the Use by Teachers of the Mass Media in the Educational Process*, http://101.96.8.164/unesdoc.unesco.org/images/0005/000545/054595eb. pdf.2016–11–15.

［17］UNESCO.*Towards Media and Information Literacy Indicators*, http://www.ifla.org/publications/towards–media–and–information–literacy– indicators.2017–02–01.

［18］联合国：《世界人权宣言》，http://www.un.org/zh/universal–declaration–human–rights/. 2016–11–12.

［19］滕珺. 价值理性与工具理性的抉择——联合国教科文组织教育政策的话语演变 [J]. 教育研究，2011（5）.

［20］UNESCO.*Learning to Be, the World of Education of Today and Tomorrow*, http: //jggks. us/download/learning–to–be–the–world–of–edu–cation–today–and–tomorrow.pdf.2017–02–20.

［21］UNESCO.*Universal Declaration on Cultural Diversity*, http: //unesdoc.unesco.org/images/0012/001271/127160m. pdf. 2017–02–20.

［22］UNESCO. *Medium-term Strategy for 2008-2013*, http://unesdoc.unesco.org/images/

0014/001499/149999e. pdf. 2017-02-20.

（作者简介：耿益群，中国传媒大学新闻传播学部教授、博士生导师；黄偲，中国传媒大学新闻传播学部硕士研究生。原文刊登于《现代传播》2018年第7期。）

媒介素养理论框架下的受众研究新论

张 开

如今的网络，既是新的媒介形式，也是当前社会的组织形式，更是分配社会资源和控制社会权利的博弈平台，它深刻地影响社会成员的思想态度、价值取向和生活方式。当代西方著名的技术批判理论家安德鲁·芬伯格（Andrew Feenberg）是西方马克思主义法兰克福学派新一代直系弟子，他基于新的传播技术，尤其是互联网，提出怎样打通技术规则和生活经验的联系的观点。对于当下技术与传播的融合已经成为普遍趋势的我国而言，如何审视传播技术与生活之间复杂的纠葛，成为实践中我们需要思考的话题。

目前，我国有7亿多网民和13亿多的各类媒介使用者。在有如此庞大群体参与的媒介传播环境里，原本的消费者、鉴赏者和批评者的角色得到了颠覆性的转换，消费者也是创作者，鉴赏者也是传播者，批评者也是助推者。一时间信息乱象成为媒介中一个无法回避的社会问题，该问题还具有相当的联动性和强化性。近年来，一些学者孜孜不倦地耕耘在媒介素养教育实践和理论研究领域里，原因是他们明白技术一旦处于"使用"中，必然会影响它们的使用者；反过来也是这样，使用者的行为总是决定着技术最终如何发挥功能。为了找到提升民众媒介使用能力和意识的途径和理论依据，每年都有几百篇相关论文问世，每年都有一些中小学走进媒介素养教育实践的试验田里。

然而，从2016年起，为了掌握我国目前媒介素养发展现状的第一手资料，笔者带着UNESCO媒介与信息素养课题组成员，走访了我国大部分在做媒介素养课程教育的中小学和校外机构，阅读了从1997年以来CSSCI期刊的有关媒介素养的学术论文，在这个过程中发现，尽管在近20年里，媒介素养在我国走过了一段从无到有的历史，取得了可喜的成就；然而存在的问题也是十分突出的，如理论建构缺少系统性，教育实践缺乏可持续性，对媒介素养研究对象的研究有"水上漂"的趋势，急需深入研究。

出于对问题进行反思的初衷，也基于多年在媒介素养领域耕耘的经历，笔者从传播学受众研究入手，对媒介素养理论框架中受众研究进行了较为详细的梳理分析和再思考，并指出受众研究在媒介素养理论中的重要性，以及目前所面临的研究瓶颈。

一、受众与受众研究

受众研究是大众传播研究的一个重要领域，迄今为止受众研究林林总总、各式各样，研究成果也是琳琅满目，要想在一篇文章的一个章节里将受众研究的来龙去脉阐释清楚，是件不可能实现的事情。笔者下面只是在本文的主题下，对媒介素养所依托的主要受众研究理论和思想进行一点力所能及的梳理。

《中国大百科全书·新闻出版》对"受众"一词的解释是"接受信息传播的群众。原指演讲的听众，引入传播学后，泛指报刊、书籍的读者，广播的听众，电影、电视的观众"。这一定义显然是大众传播时代的受众定义，是作为大众的受众。作为大众的受众概念，更多地关注新闻与娱乐内容的大批量生产和传播所特有的条件特征，而较少描述现实现状。大众媒介的发展历史表明，受众既是社会发展的产物，也是媒介及其内容的产物。人们的需求刺激媒体提供更适合的内容，或者说大众媒介有选择地提供那些能够吸引人们的内容，媒体的这一反应可视为是一种回应，一种针对特定国家、特定社会、特定社会群体的普遍需求的回应。另外，受众与不同媒介的关系，与他们对不同媒介的期望和所寻求的不同样的满足相关联。因此，受众研究出现了一个著名的学派，即"使用与满足研究"（use and gratifications approach）。该学派的产生源于对某些媒介内容具有强大吸引力的原因探讨，提出的中心问题是：人们为什么使用媒介？他们用媒介做什么？理论家们的研究重点一反常态地将"媒介如何对受众产生影响"变为"受众如何使用媒介"，他们提出受众会积极地消费不同的媒介信息以满足自己的需求的观点。1974 年美国传播学者 Blumler 和 Katz 在此理论基础上提出电视观众的四种基本需求的观点：（1）消遣（削减一天的工作疲劳和压力）；（2）满足人际交流的渴望（电视为伴，与电视里的人进行沟通和交流）；（3）自我认同（将自己的生活与电视中人物故事和情景进行比较，从而对自己的人生进行再认识）；（4）了解外面世界（媒介被视为洞察世界的窗口）。尽管"使用与满足理论"对受众的研究仍然有其局限性，但它将受众在传播过程中的角色从以前的被动信息接收者变为主动信息消费者。

几乎与此同时（20 世纪 70 年代），英国著名学术期刊 Screen 从符号学和结构学的角度也提出受众与媒介文本关系理论。Screen 认为所有的媒介文本都有自己的叙事模式，每个媒介文本都是针对其目标受众以特别的方式而特别设定的，从而建立了不同媒体与受众之间的特定关系。比如电影很少采取与影院观众对话的方式进行沟通；由于电视观众的收视方式和收视环境与影院观众不一样，因此为了抓住观众的注意力，电视采取了多种与观众直接沟通的方式与观众交流（哪怕是虚拟的），因而使受众在心理上感觉电视主持人在与"我"说话。所以，Screen 认为叙事模式在帮助受众建构和理解外部世界中起到极为重要的作用。

今天当我们再回首看 Screen 的"叙事模式"，不难发现"模式"所设定的目标观众也是以群体为单位，和"媒介效果论""使用与满足论"一样，都认为媒介产品的意义镶嵌在文本中，受众很容易获得并接受文本中的意义。然而，还是在 20世纪 70 年代，英国文化研究学派——伯明翰当代文化研究中心——从文化、权力、意识形态等角度切入来探讨包括大众文化在内的各类社会现象。传媒作为大众文化的主要载体，也成了文化研究的重要领域。具体到受众，其主动性得到了相当的重视。该学派的代表人物 Stuart Hall 创立了传播链中"编码 / 解码模式"理论，这一理论将受众研究往前推进了一大步，它从"使用与满足"角度出发，研究受众对媒介讯息反馈和解释中的易变性。基于"编码 / 解码"理论，从 20 世纪的 80 年代到 90年代，许多研究的触角伸向受众和媒介文本之关系领域。于是，受众接受媒介内容时的个体差异性成为研究的关注点，并提出"受众对媒介文本的理解受到文本外的受众自身多种因素的影响"。但是，如果从社会学和文化学角度来看"当代文化研究中心"的观点也仍然存在很大的局限性，比如，个体受众在接受和处理信息时的心理认知、情感反应、信息反馈和自我表达的过程和特点并没有得到充分而有效的研究。

随着人们对大众传播效果的期望或忧虑，受众选择性研究和受众主动性研究成为研究者们的新关注。拜欧卡（Biocca）于 1988 年对"受众主动性"的各种观点和含义进行了梳理和回顾，并从相关文献中归纳得出五种不同的表述，如选择性、功利主义、有目的性、抵制影响和卷入。

今天，随着各种媒介朝着数字网络平台"殊途同归"，电子阅读、移动视听、自主互动更加改变了人们的媒介行为和生活方式，美国西部大学詹姆斯·韦伯斯特（James Webster）教授在其《注意力市场：如何吸引数字时代的受众》（*The Marketplace of Attention：How Audiences Take Shape in a Digital Age*）一书中，从注意力市场角度对"如何认识数字时代的受众""受众的困境"等问题进行了分析和解答。基于吉登斯的结构化理论，韦伯斯特对数字时代受众和媒介结构之间的相互作用及其张力进行了分析。在他看来，作为能动者的受众与媒介结构相互影响，互不可分而又相互建构。数字技术对受众的赋能和激活，使受众摆脱特定渠道或时间流的束缚，拥有了选择和参与传播的更大自主性和能动性。然而，对于受众的自主性和能动性，韦伯斯特明确指出这种自主性是会受到多种因素的制约的，所以受众的媒介选择并不能完全随心所欲。

21世纪初，国内一些学者开始对西方传播理论进行验证，主要有两种验证途径：一是对一些传统媒体背景下提出的传播理论进行新媒体条件下的验证，比如赵志立对"使用与满足理论"进行了网络传播条件下的验证。二是对西方传播理论进行本土化的验证。比如张国良、丁未通过对上海和兰州的实证调查，对"知沟"理论进行了验证，指出"知沟"现象确实存在，并且相当严峻，不容忽视，它普遍存在于各区域内部。

如今的媒介融合时代，在新技术带来的新传播环境下，以微博、微信、App为代表的传播形式开启了一个传播新时代，即群体制造、群体传播、群体接受。微博、微信、网络论坛等各种新的传播媒介和传播形式将人与人连接起来，使个体聚集为群体，从而集聚人气，形成尼古拉斯·克里斯塔斯基式的补充个体智慧的"群体智慧"性群体传播，或者病毒式、指数式、核爆炸式的个人情绪群体化的非理性群体传播。

因此，受众研究在不断面临着新的挑战，旧的受众研究理念、思维和观点放置于这个与过往相比甚至带有颠覆性的传播环境中，或许就未必那么正确甚至漏洞百出，需要在新的环境下重新探讨受众研究问题，这是本文问题提出的基本背景和基本逻辑。

二、媒介素养受众研究的特点与目的

媒介素养自从出现在人类生活中的那一刻起便具有其独有本质和"活性"本质。在90多年的发展历程中，媒介素养的概念和理念几经翻新和演变。

表1清晰地从历史发展的纵向分离出人类的文化素养（即技能）演进的脉络。该发展脉络告诉我们，历史发展到每一个阶段，都会产生一定的传播模式和环境，以及与传播模式和环境相适应的素养。自从媒体出现后，人类使用媒介的技能（媒介素养）大体可分为传统素养、视听素养、信息素养、网络素养这四大类。传统素养，以读写能力的培养统领几个世纪，小学教育对此能力的培养发挥着最为关键的作用。视听素养是与使用广播、电影、电视等电子媒体相关的技能，重点放在图片和动态图像的识读与理解上。从教育角度来看，对视听素养的培养需要一种与先前完全不同的教育模式、教育内容和教育手段。然而，在全球的中小学教育范畴内，并没有形成教育政策来指导或倡导这一教育模式的运行。随着电脑和数字媒体的广泛使用，提高电脑和数字媒体的使用能力便是信息素养之核心，它常与掌握信息技术的技能联系在一起，全球不少大中小学都或多或少地设置一些ICT课程。新媒体时代的到来使得网络、媒体、移动平台和其他途径所提供的信息和内容拥有更大的可访问性、融合性和传播性。媒介素养中各类素养之间不再各自孤立，而是相互关联且重叠。2012年联合国教科文组织组织来自不同国家的学者通过研讨，于2013年提出了媒介与信息素养的概念，这一概念为传播和信息领域的新兴素养概念提供了一个相对

统一的视角。

表 1 人类文化和媒介素养发展过程

历史阶段	传播环境	新技能	社会文化结果
古代	口头传播、肢体语言传播、手写文字传播	口头表达技能、肢体语言的掌握、识文断字	知识系统的建立和保护、哲学和科学的起源
第一次工业革命	印刷技术发明、报业出现	文字素养、报刊素养	语言学的起源与发展
第二次工业革命	电子媒介出现	影视素养、广播素养	媒介社会的形成、消费文化的流行
信息社会	数字媒介、互联网	数字素养、新媒体环境下的媒介素养	全球信息化、知识爆炸、知识社会

媒介素养是人类传播发展进程中不可忽视的重要组成部分，它因文字的发明而起，又因电子媒介和数字媒介的出现而得以延伸和拓展。回顾 90 多年的发展历史，笔者发现媒介素养所关注的中心话题一直都是如何将媒介信息服务于个人的发展；如何通过媒介的使用让人们变得更加睿智；如何通过媒介赋权于民众，提高人们的沟通能力，使其获得自由和解放；如何通过媒介素养教育营造良好的媒介环境，推动社会的良性发展。笔者依据国内外相关研究成果，对媒介素养理论框架下所做的受众研究进行梳理、分析和阐释。

（一）媒介素养核心要素中的受众

媒介素养教育的发展前后经历了 90 多年的光景，有关媒介素养核心要素，各国学者之间虽然存在一些差异，但关键要素还是有共识的。英国世界知名媒介素养教育专家 David Buckingham 通过对儿童、青少年和青年群体的研究，认为媒介素养技能包括三大要素：即近用、理解、创新。它们代表着人的三个不同方面的能力：即功能性、思辨性和能动性。"近用"指获取信息的相关终端（如电脑、网络、电视、收音机等），操作技术（如软件、硬件、信息技术等基本知识）和有效采集自己所需要的信息和主动拒绝不良信息的能力。"理解"主要指如何正确认知和理解媒介语言、媒介本质、媒介再现、媒介工业和媒介受众等内容，"理解"的出发点是"受众"的权益和利益。"创新"是培养受众具备将从媒介获取的知识和信息转化为自主创新的能力，即借助媒介传播信息、参与社会、表达自我和社会协作的能力。在英国，"创新"受到广泛的重视，很多学者坚持认为个体的媒介产品的制作过程是整合所学知识的过程，是学生反思的过程，是成功完成角色转换的过程。

加拿大传播学著名学者麦克卢汉在其早期作品里认为，电子革命赋予教师的使命不再是提供信息，而是提供洞见；学生被赋予新的身份，即不再是接受者的身份，而是教学伙伴的身份，因为学生早已在课堂之外积累了大量信息。麦克卢汉这段话虽然没有提及"媒介素养"四个字，但是课堂教学中学生角色的变化清晰地告诉我们，对于生活在媒介社会的学生来说，知识获取渠道变化使得学生已然成为教师教学活动中的合作者。后来他在《作为课堂的城市》一书里提倡媒介教育，希望一般公民具备基本的媒介信息识读能力，能够批判地了解媒介，了解传媒运作经营机制以及媒介信息的生产过程，最重要的是，使公民懂得如何分析和解读传媒信息。麦克卢汉媒介教育理念中三个要素是：（1）了解媒介知识和媒介发展史；（2）认识到媒介对个人、媒介和社会的影响；（3）学习创造和传播信息的知识和技巧。

联合国教科文组织在 2013 年出版了《全球媒介与信息素养评估框架：国家状况与能力》一书，该书对媒介与信息素养要素做了如下描述：

媒介与信息素养的第一个要素指通过应用媒介技术获取、检索、存储信息和媒介内容的能力。它包含甄别媒介信息、媒介内容和相关知识的能力，以及挑选出能满足自己需求的有用信息之能力。

媒介与信息素养的第二个要素是指在人权和自由共识范畴内，充分理解信息、媒介内容、媒体及信息机构的职能和作用，并能进行自主分析和评估。它包含对信息中的事实与观点、意识形态和价值观、社会各因素与媒介信息质量进行辨识、比较和评估的能力，促进受众的言论自由、信息自由和获取信息的权益。

媒介与信息素养的第三个要素指熟练掌握媒介内容、使用信息和新知识以及有效沟通的能力。它包含有效利用信息、媒体内容以及知识产权相关知识的能力。在新媒体时代，每个拥有媒介与信息素养的人都可拥有生产、共享、互联与监督信息和媒介内容的能力。

根据前文的要素梳理，我们可清晰地看到在媒介素养理论框架中的受众研究不仅分量重，而且着力点是人与媒介之关系、媒介对人的影响、人面对媒介所需要的多种能力，以及媒介赋权、社会参与和责任意识等方面的问题。

（二）媒介素养受众研究的特点

1. 强调权力

自媒介素养出现之日起，人们就一直在不断讨论和探索一个问题，那就是"什么是媒介素养"，要回答此问题，似乎避不开媒介素养的定义。关于定义，由于制度、文化和现实的差异，国内外出现多种版本，然而，不同版本的定义都会有相同或相近的重叠之处，那就是对受众在传播活动中权力的关注，即如何赋权于受众。中国社科院学者卜卫教授在一次接受访谈时曾这样说到她的研究转型："自从进入媒介素养教育领域，就转入受众或公民如何利用媒介改善自身和社会。"多年来，卜卫做了大量的实践研究，这些研究经历使其形成了媒介素养的新观念。她认为媒介素养教育的目的是让我们对解读信息拥有更多的控制权，对利用媒介发出自己的声音有更多的控制权，这就是赋权的过程。她还说，媒介素养是关于行动的知识，

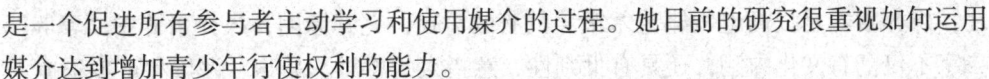

是一个促进所有参与者主动学习和使用媒介的过程。她目前的研究很重视如何运用媒介达到增加青少年行使权利的能力。

从国家层面上来看，媒介素养不仅是一个学术概念，更是一种社会行动，甚至是国家意识形态和政治的一部分，它可以作为社会控制的一种方式，也可以用作争取解放的进步性武器。

2. 注重能力

媒介素养被定义为一系列能力，即赋予公民以批判的、道德的、有效的方式，获取、检索、理解、评估、制作和分享各种信息与媒介内容的能力，从而使之能积极地参与并从事各种个人、职业和社会的活动。笔者也曾在著作和多篇论文中，从内容、方法和宗旨等不同角度对媒介素养进行研究，笔者以为媒介素养发展宗旨是通过提高人们有效使用媒介的技能，来加强其学习能力、思辨能力、生存能力、传播能力和发展能力。笔者在《媒介素养学科建立刍议》一文中认为："从认知心理学角度：媒介素养是一种能力，即通过对信息的加工将外部世界进行内化的能力；从传播学视角：媒介素养是一种使用传播工具的技能，是信息时代和知识社会的生存能力；从社会学视角：媒介素养是一种权益，即通过媒介素养教育活动赋权于广大民众，提高其权利意识，维护其媒介使用权益。"在当前新媒体环境下，媒介信息环境纷繁复杂、扑朔迷离，因此，受众的媒介素养能力非常重要，荣建华在其《中国媒介素养教育论》一书中提出了"建立利用媒介，影响和优化媒体的发生模式"的观点，他说此处的发声有两层意思，一是受众媒介素养达到一定层次后，可以通过选择和"发声"来影响媒体重建更好的文化品位和定位；二是受众可以利用媒介来"发声"，实现自我传播，发展自己。

3. 重视审美

阿尔特·西尔弗布拉特（Art Silverblatt）曾总结出媒介素养七大基本要素，其中一个要素就是媒介素养可以培养我们理解和享受媒介内容的能力。加拿大媒介素养之父约翰·庞杰特（John Pungente）认为"正如人们能赏析韵律和诗歌一样，媒介素养教人们赏析媒介内容呈现的美"。詹姆斯·波特（W. James Potter）也认为，媒介素养包括认知、情感、道德和美学四个领域。可见，认为媒介素养具有审美功能的学者不在少数。媒介素养不仅赋予人们批判性思考能力，还能带给人们文化赏析、思想碰撞和美学创造功效。笔者从媒介素养角度对电视剧艺术教育功能进行过研究，研究结果表明电视剧艺术作品的意义来源有两个：一个是作品本身，一是接受者再创造的成果。在电视剧接受过程中，观众可以充分发挥自己的主观能动性，调动自己的理解、想象、联想等各种能力，甚至将自己的人格、气质和心灵灌注其中，对作品进行充分的理解、体验、阐释、填空和再创造，从而赋予比原作更加丰富的意义和价值。然而，接受者的再创造过程是需要接受者的媒介素养来支撑的，换言之，媒介素养是提高电视剧艺术审美的有效途径。究其原因，媒介素养中"素养"二字不仅富有文化内涵，还具有批判性，意指人的思辨、品味、评价和审美乐趣。

4. 立足创新

"创新"深受英国媒介素养学者和践行者的广泛重视。"创新"的主要体现形式是动手制作和传播媒介内容。原则上讲，参与制作需要获得信息的技能、操纵技术的技能、媒介多种语言的知识、媒介性质的理解以及对受众的认知能力，等等。媒介素养理论还认为制作的经历可以反过来影响制作者作为受众的消费行为，让制作者更具备自主、思辨的能力。比如学生在制作一个简单的网页时，需要考虑到一系列的细节，诸如专业网页的设计、与其他网站的连接、网络条约、页面的视觉效果、页面内容安排、网页的目标受众、受众的反馈等。因此，实践的全过程是一个知识和技能的整合过程，是学而有所用的手段，是学生实现角色转换的很好途径。他们可以从制作者的角色中体会到受众心理和受众需求，从而更清楚地明白自己作为一个受众对媒介产品的认知水平，最终实现媒介素养教育目标——赋权于学生。

我们知道"创新"是一个民族的灵魂。大凡最具创新意识的民族，必能立足于世界民族之林，引领世界潮流前进。媒介素养，对于个人是成长技能的培养，而对于一个国家来说，它关乎国家未来发展的潜力和竞争力。学习者的角色转换以及转换过程中的收获一直都是各国媒介素养研究者的兴趣。换言之，通过媒介素养教育赋予学习者的创新能力是媒介素养教育的使命，是研究的重中之重。那么如何通过提高民众的媒介素养来实现"创新"的答案依然在研究者们的研究道路上。

三、媒介素养受众研究的困惑与反思

多年来，媒介素养的学术资源主要源于文化研究、符号学、媒介生态学、传播政治经济学、参与式传播学、发展传播学、社会学等，依据上述的学术资源，媒介素养受众研究将受众和其传播行为植入于文化研究范畴，通过受众接受媒介信息时的意义如何再构建的研究，探索知识与权力的关系和如何提高受众的信息控制权。卜卫老师认为，参与式传播既是一个研究领域，也是一个传播实践。采用参与式传播理念的媒介素养教育实践，是促进人们思考主流媒体到底忽略了什么声音、谁的声音以及以何种形式忽略的，这样的教育可以促进社会不同群体的多元表达，从而助力于社会的包容性发展。

东北师大闫欢教授在高中媒介素养课程的教学实践研究启发了她对媒介素养内涵的重新思考，从而激发了她从传媒心理学角度，来思考符合我国国内需求的"积极媒介素养的理论"。通过数字环境中媒介素养教育主体传播权利的再思考，她提出道德伦理和与传播权利二者之间的平衡作为数字环境中媒介素养教育的新目标。

随着新传播技术的发展，媒介使用者拥有了多渠道、多形式、多选择、多变幻的信息和信息传播平台。越来越多的普通人出现在各种媒体上已经成为一种司空见惯的事情，从新闻报道到电视真人秀，从社交媒体上的个性展示到网络直播，从手机 App 广泛使用到火爆的短视频，我们已经进入一个前所未有的网络化信息时代，它虽然提供广泛多样的参与机会，但又带来了史无前例的网络传播风险和社会问题。面对这一现实，媒介素养受众研究在还没有完成基础理论构建的情形下，又得慌忙面对新的挑战。

到目前为止，媒介素养受众研究的主要困惑是：（1）国内外学者们对媒介素养要素之间的互动关系知之甚少；（2）很难判断媒介素养水平的提高在多大程度上依赖于一个人的心理成熟过程和社会经历；（3）缺乏对青少年媒介消费行为的根本动因的研究；（4）就媒介素养技能能否在不同媒介中自行转换、如何转换、转换到何种程度等一系列问题还没有找到相应的答案，而该答案对当前青少年多媒体文化消费研究至关重要；（5）媒介素养教育主体在制作生产媒介产品的体验中能体会多少传播者心理、受众心理和受众需求；（6）媒介素养学者通常认为，经过媒介素养的相关学习，学习者会比较理性，具有自主判断和选择能力。然而，实践证明即使是理性的受众也会在一定的传播环境下丧失一些理性，比如群体传播，即使是理性受众，其原有的观点和喜好会在参与群体传播过程中被重新"建构"。那么问题来了，这建构是怎么发生的？应如何应对？其实这是媒介素养受众研究尚未深入触及的、但又亟待解决的问题。

媒介素养源于西方，有 90 多年的发展历史。从 20 世纪二三十年代西方教育者关注电影对观众（特别是儿童）的影响开始，媒介素养就从未将其研究目光离开过人与媒介之关系、媒介对人的影响、人面对媒介所需要的多种能力及媒介赋权等方面的问题。因此，媒介素养学者们需要反思我们的当下研究，比如，我们为什么要做媒介素养受众研究，媒介素养落户我国后其核心内容是什么？我们要发展的是谁的文化，构建的是谁的文化？如何构建，由谁来构建？为什么要赋权，又如何实现赋权？总之，我们要反思的是应该如何通过我们的理论和实践研究，来提高媒介使用"主体"的相关认知和技能，从而实现重塑我们的生存环境的媒介素养终极目标。

参考文献

[1] 李志敏. 从"控制工具"到"交往工具"：论新一代法兰克福学派学者芬伯格的传播技术观 [J]. 国际新闻界，2017（3）.

[2] 陈凡、陈多闻. 文明进步中的技术使用问题 [J]. 中国社会科学，2017（2）.

[3] 丹尼斯·麦奎尔. 受众分析. 刘燕南译. 北京：中国人民大学出版社，2006.

[4] 刘燕南. 数字时代的受众分析——《注意力市场》的解读与思考 [J]. 国际新闻界，

2017（3）.

［5］赵志立.网络传播条件下的"使用与满足"——一种新的受众观[J].现代传播，2003（1）.

［6］张国良等.中国大众传播媒介与"知沟"现象初探——以上海和兰州为例 [J].新闻记者，
2002（11）.

［7］UNESCO. *Global Media and Information Literacy Assessment Framework*：*Country Readiness and Competencies.* Published in 2013 by United Nations Educational, Scientific and Cultural Organization.

［8］David Buckingham. *The Media Literacy of Children and Young People.*www.Ofcom.org. uk，2004.

（作者简介：张开，中国传媒大学新闻传播学部传播研究院教授、博士生导师。原文刊登于《现代传播》2018年第2期。）

亚文化理论框架下大学生媒介素养教育理论嬗变

高　超

　　文化是人与人之间进行交流的意识形态，它传承了国家或民族的风土人情、生活习俗、价值观念。在大众的认知中，文化一词往往被认为是体现了社会主流价值观念的概念形成，而为了与主流文化相区分，"亚文化"一词被引入，并广泛应用于描述与社会主流文化相区别的少数族群的价值形态。而其中青年亚文化是社会关注的重点内容——青少年有自己喜好的文化消费产品和习惯，有其更易于接受的文化传播形式，这些都是区别于主流文化的亚文化症候。

　　大学生正值豆蔻年华，是青年中的主体部分之一，他们勤奋好学，可塑性极强，对经常接触的媒介文化很容易形成认同感，进而影响其世界观、人生观和价值观的形成。大学生媒介素养与青年亚文化有着密不可分的联系，大学生群体强调个性、善于接触新事物，凸显了青年亚文化中的主要形态。而随着新媒介时代的到来，青年亚文化将更为活跃，其与主流文化有偏差的思想体系和生存方式将对大学生产生更为深远的影响，因此，作为国家未来发展的希望，大学生的媒介素养教育迫在眉睫，在当代青年亚文化背景下对大学生媒介素养教育进行改革，顺应大学生的特点，使其成为更具批判性和创新性的人才，是大学教育改革的目标。

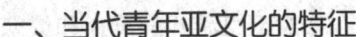

一、当代青年亚文化的特征

美国学者帕森斯（T. Parsons）最早将青年文化引入社会学研究领域，他认为青年文化就是"反文化"，从而奠定了青年亚文化的理论基础。二战后英国经济逐渐复苏，而社会中却出现了无赖青年（Teddy boy）、摇滚音乐（Rocker Music）、嬉皮士（Hippie）等种种与英国传统保守文化不相容的青年文化现象，这引起了相关学者的关注。英国伯明翰大学的学者发表了《仪式抵抗——战后英国的青年亚文化》等经典著作，该书认为青少年中流行的亚文化是对以中产阶级价值观为代表的英国主流文化的反抗，而这种反抗也创造了区别于主流文化的时尚新文化。从本质上来看，青年亚文化代表的是处于边缘地位的青少年群体的利益，是对成年人社会秩序的颠覆，其反主体、反权威、去中心化的意味明显。

随着互联网＋时代的到来，新媒体的影响力已经遍及社会各个领域，而当代的青年亚文化也比历史上任何一个时期都要活跃和丰富，其特征也更加鲜明。与英国早期诞生的"充满愤怒"的抗争式青年亚文化相比，当代青年亚文化中的抗争意识则更具隐蔽性，它与新媒体发展相伴随，叛逆性、享用式、个性化等亚文化特征则明显地体现出信息消费的色彩。

（一）信息消费的叛逆性

在新媒体环境下，当代青年亚文化与主流文化的对抗更多地呈现在网络中。青少年群体往往在新媒体上公开发表自己对主流文化的排斥，用非主流文化来宣示自己的想法，如在论坛、QQ群、微博、微信等平台上，他们通过拍砖、灌水、恶搞、点赞、转发等多种方式来表达自己的想法，建构起不同于成年人的青少年群体话语世界；在社会热点事件中，青年群体会借助网络发表观点甚至是展开行动，但其表达和行为又会较为明显地显现出对社会垄断话语的抗衡，体现出叛逆性的特征。

（二）信息消费的个性化

作为当代青年亚文化生长的平台和媒介，新媒体成为大学生群体展现自我、释放自我的主流平台。青少年群体富于想象，他们通过自我的表达方式把社会中原本正式和严肃的内容轻松娱乐化，把本不相关的事物联系起来，如"照骗""厉害了word哥""全都是套路"等网络语言都是青少年通过搞怪的方式对自我跳跃思维的表达。此外，青少年在对日常物品的选用及着装上，也会经常性地表现出自我的追求和另类的表达，这也体现出强烈的个性化特征。而青少年群体个性的表达方式彰显出其对自我话语权利和话语空间的强烈追求。

（三）信息消费的享用性

战后西方青少年为了享受青春和民主，在生活上极度放纵，他们妄图通过放纵求得精神安乐，弥补自我。在当代青年亚文化中也明显体现出享用性的特征，但这种享用性更多地是和新媒介中的文化产品相结合，如对网络游戏的沉迷和依恋导致很多青少年将自我与现实世界分隔，在网络世界当中麻木自我，表现出对现实环境的强烈不适应性。此外，青少年大量汲取网络中的快餐文化，通过安逸、享乐、奢侈带来短暂的精神愉悦，这也使"轻松玩耍"的价值观念日益被青少年所接受。

二、青年亚文化背景下大学生媒介素养教育的困境

对于青年亚文化的存在，社会应当以理性、客观的视角看待，青年亚文化不是豺狼虎豹，在某种程度上它还对大学生的身心成长具有一定的积极影响。但是作为一把双刃剑，当代青年亚文化中信息消费的叛逆性、个性化、享用性等特征也给当代大学生的媒介素养教育带来一定的困境。

首先，信息消费的叛逆性特征容易让大学生对当前的媒介素养教育产生抵触心理。在传统的教育体系中，大学生的媒介素养教育大多是强迫性的，体现出强烈的被动性特征，被强制、被压抑、被灌输，大学生群体在教育体系中处于被动的地位。而青年亚文化的叛逆性在大学生群体中更多地表现出反叛和躁动，他们不再像主流文化所期待的那样被塑造得温文尔雅，而是更多地表现出躁动不安，从本质来看，青年亚文化的出现本身就是对于传统的教育体系和教育内容的抵抗和挑战。在媒介素养教育中，他们往往期待反客为主，更多地表现自我的意见和观点，而这一现实也成为当前媒介素养教育必须面对的问题，迫使教育方法尽快进行调整，与大学生的实际情况相符合。

其次，信息消费的个性化特征让大学生对传统的共性媒介素养教育不感兴趣。传统的媒介素养教育大多是按照成人的思想体系建构的统一模板，在这一思想体系中，师生的关系在一开始就已经被定义，"这种关系就是，在媒介素养教育中，学生被视为媒介不良影响的易感人群，似乎难以抵制媒介的各种不良影响。而老师则置身于媒介的阴影之外，可以向学生提供批判的武器来帮助他们从媒介的不良影响中解放自己。"在这种定义关系中，教师往往将大学生设定为统一整体，这就导致在对其进行媒介素养教育时往往缺乏针对性。在青年亚文化的背景下，大学生群体对这种传统的共性媒介素养教育往往缺乏兴趣，在接受教育的过程中很难找到共鸣点，更难以将其内化为自身的思想价值体系。即使勉强接受，也难免会左耳进、右耳出，无法达到当下大学生媒介素养教育的基本要求。

最后，信息消费的享用性特征往往使大学生轻视传统的价值理念，而更乐于在网络中打造自我的精神空间。随着我国经济水平的提高和社会转型的加剧，大学生的价值观念和思想体系越来越明显地表现出了安逸享乐的特征，他们更乐于接受能够给他们带来精神愉悦的内容和形式。因此，传统媒介素养教育中成人的语气、思路和情感是很难打动青少年的，其传递的内容到达率也必然不高。青少年群体为了

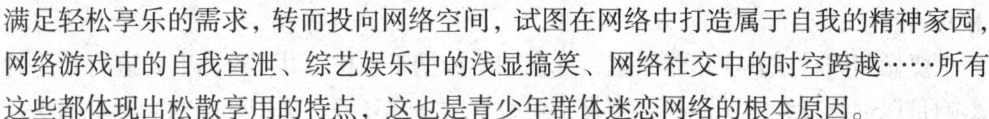

满足轻松享乐的需求，转而投向网络空间，试图在网络中打造属于自我的精神家园，网络游戏中的自我宣泄、综艺娱乐中的浅显搞笑、网络社交中的时空跨越……所有这些都体现出松散享用的特点，这也是青少年群体迷恋网络的根本原因。

三、青年亚文化背景下大学生媒介素养教育的对策

当前大学生媒介素养教育的问题，其内涵应当是极为复杂的，但究其根本，大学生媒介素养教育绝不应该是一味地灌输，而应当是主动地接受和吸收。"使用与满足"理论从受众的心理动机和心理需求角度出发，解释了人们使用媒介以得到满足的行为，提出了受众接受媒介的社会原因和心理动机。按照这一理论，大学生媒介素养教育还是应该从"心"出发，获得大学生的认同感。什么是大学生所认同的？这就需要我们去关注大学生的思想和生活，他们每天在接触什么、在思考什么，这些又对他们的世界观、人生观、价值观形成怎样的影响。

青年亚文化已经是一种客观的存在，它对当代大学生的思想和行为也产生了重要的影响，冷静客观地分析青年亚文化，肯定青年亚文化中的积极成分和创新价值，否定其弊端，这是当代大学生媒介素养教育的前提。在这一前提下，大学生媒介素养教育应该多措并举，注重实效。

第一，大学生媒介素养教育应该构建学生的主体地位。在媒介素养教育中，教师起到的是积极的引导作用，学生才是素养教育中的主体，在青年亚文化背景下，大学生群体的主动性和创造性应该积极地展现出来，构建起大学生媒介素养教育中学生的主体地位。

学生主体地位的构建展现在课堂中师生平等的教学模式。充分发挥学生的主观能动性，鼓励学生积极地思考和表达，建立起通畅的沟通交流渠道、活跃的课堂氛围，在愉悦的环境中传递知识、引导思想，才能激发大学生的学习意识，激励他们积极地了解媒介、利用媒介，达到事半功倍的作用。

传统被动式媒介素养教育收效甚微还在于大学生动手实践能力的缺乏。大学生的媒介素养能力是在实践和参与中不断提升的，因此学校应该创造和提供相关条件，建立起校园论坛和校园微博等新媒介形式，让大学生更多接触媒介、了解媒介的运作，甚至是鼓励学生亲自参与信息的采集、编辑、制作和发布过程，了解信息制作、传播和管理的每一环节，有效地达到自我教育、自我服务的目的，构建起大学生媒介素养教育中的主体地位。

第二，大学生媒介素养教育应该以人为本、因材施教。"以人为本"是要将教育的目标和行为落脚于"人"，帮助大学生树立起正确的世界观、人生观和价值观。在大学生媒介素养教育中，以人为本的关键是要做到因材施教，摈弃传统教学中的"一锅烩"，要关注每个学生的特点和爱好，寻求他们在媒介素养教育中的关注点

和共鸣点。

要做到因材施教应该是家庭、社会和学校携手合作，共同努力。家庭对学生的影响是深远且持续的，而社会则是不可改变的外部环境，他们都会对大学生的媒介素养教育形成重要的影响，因此学校应该积极关注家庭和社会对个体的影响，并与之建立起畅通的联系渠道，只有这样才可能全面立体地呈现出学生的基本特点，因材施教、以人为本才能落到实处，从根本上实现大学生媒介素养教育的目标。

第三，大学生媒介素养教育应该积极利用新媒体平台。新媒体摆脱了传统媒体在内容和时间上的限制，海量、个性等特点对大学生群体产生了强烈的吸引力，是大学生热衷的交流渠道和平台。在媒介素养教育中，学校和教师也应该积极地利用好这一平台，创新教育方式和方法，打造媒介素养教育的新高地。

首先，要利用新媒体的丰富资源充实媒介素养教育的内容和形式，让媒介素养教育变得更加生动、有吸引力，打造更加新鲜的课堂教学模式；其次，要在教师中普及新媒体的知识和理念，很难想象自身缺乏新媒体素养的教师如何利用新媒体平台进行教学，如何与热衷新媒体的学生进行交流，更无法将知识送达他们的内心。因此，教师要积极地学习新知识，掌握新方法。

总之，在青年亚文化无比活跃的今天，媒介素养教育必须关注青年亚文化带来的一系列影响，并积极地加以引导，帮助大学生群体更好地认识媒介、使用媒介，培养其成熟的心智、理性的思维，这也是当今大学生媒介素养教育的应有之义。

参考文献

［1］张开.媒介素养概论［M］.北京：中国传媒大学出版社，2006.

［2］陈龙.青年亚文化与当代媒介素养教育［J］.国际新闻界，2005（2）.

［3］卜卫.论媒介教育的意义、内容和方法［J］.现代传播，1997（1）.

［4］柴阳丽.Web2.0时代大学生媒介素养教育研究［J］.东南传播，2009（9）.

（作者简介：高超，武汉大学新闻与传播学院传播学博士毕业，现为湖北科技学院人文与传媒学院教师。原文刊登于《东南传播》2018年第2期。）

"微时代"背景下大学生媒介素养的现状与培育路径

张 晓 鞠 煜
《传媒观察》2018 年 12 月

"微时代"中人们的生产和生活方式产生了巨大变化。大学生处于心智成长时期，又遭媒介"麻醉功能"的侵蚀，极易受到媒介传播不良现象的影响，因此当代大学生需要理性使用微媒介，严格"把关"媒介信息，利用媒介促进自身发展。本研究以"微时代"作为大环境，以媒介认知、沟通、批判、再创造四个层次进行调查。在研究过程中采用文献研究、问卷调查等方法，分析大学生媒介素养存在的问题，最后从媒体机构、社会、学校、政府、大学生个体五个角度提出培育大学生媒介素养的有效措施。

一、大学生媒介素养培育的时代背景

大学生媒介素养由八个方面的能力构成：一是熟练运用网络媒介工具的能力，二是系统的、有目的性地通过微媒介获取信息的能力，三是高效处理微媒介信息的能力，四是正确整合信息的能力，五是利用微媒介信息解决现实问题的能力，六是通过微媒介进行信息交流的能力，七是自觉屏蔽微媒介恶意信息的能力，八是借助微媒介创造信息的能力。

二、南京仙林大学城大学生媒介素养现状

（一）大学生基本情况
（二）大学生媒介认知情况

信息资源丰富的"微时代"给大学生自主学习提供了便利的条件，大学生足不出户就可以解决各种问题，而且效率很高；但是也出现了大学生过度沉迷于自我世界，缺乏与外界交流的情况，不利于面对面的现实沟通。

（三）微媒介接触和使用情况

大学生对微媒介的好奇和兴趣已经超出了我们预想的结果，微媒介接触呈现高频态势，出现了微博控、微信控、抖音控等现象。这种态势值得关注，要及时控制。

（四）微媒介信息质疑和评估能力

大学生的网络法律意识薄弱，缺乏网络道德观念。大部分大学生接受微媒介传播的正面信息，但是还有一部分大学生抵制不住不良信息的诱惑，触及类似于色情等负面信息。

（五）媒介素养认知情况

（六）微媒介信息再创造能力

大学生在社交媒介上发表意见的想法并不是十分强烈，还不擅长使用媒介表达自身话语权。

三、"微时代"大学生媒介素养培育和提升的机制

媒介素养培育是一项浩大的工程，涉及多个主体：大学生个体、高校、社会、媒体机构、政府等；同时也涉及媒介素养知识的传授、媒介素养技能的运用等多个环节。要充分融合政府、学校、媒体机构和社会的力量，形成齐抓共管的培育机制。

学校教育、媒介负责、政府监督、社会影响都是对大学生发展外部条件的改造。学生主体才是内因，是大学生进一步增强其自身媒介素养的内在源泉和动力。教育者要培养大学生媒介素养的自我培育意识，让他们通过自我感知、自我体验、自我暗示、自我教育、自我管理，来提高自身的媒介素养。

伯明翰学派媒介素养观念的源流与分歧
——以理查德·霍加特引发的讨论为例

施海泉
《新闻知识》2018 年第 4 期

从传统和现实两个方面看，理查德·霍加特媒介素养观念可以解释其学术思想遭忽视并引发伯明翰学派内部分歧的原因。霍加特的媒介素养观念具有独特的价值，对研究和理解新媒介时代的媒介素养特性意义深远。而新媒体时代对伯明翰学派特别是霍加特媒介素养观念的回顾，可以为加强新闻传播学教育或者在网络传播、科

技传播、绿色传播等领域展开媒介素养教育提供契机。

一、霍加特媒介素养观念的源起

在霍加特媒介素养观念的体系中倡导的是社会中下阶层中最为典型的工人阶级的文化，但其激进的左翼思想仍与利维斯主义最终合拢，引来了思想界对霍加特早期思想的争论。霍加特及其媒介素养观念真正的价值，其实在于其提问所蕴含的深意——在美国式的以"标准化"为关键词的大众媒介文化背景之下，霍加特为何构建出一个"怀旧"而具有"自主"特质的工人阶级文化景观，以批判商业的、消费主义的大众文化，这样的激进工人阶级文化又何以表现出保守主义的姿态。

二、作为背景的内外部环境因素

二战前后的大概 40 年时间里，工人阶级的文化生活发生了重大变革。从内部环境看，社会日趋扁平化，无产阶级与中产阶级日益融合。从外部环境上看，激进的思想文化在 50 年代开始逐渐复兴。二战后英国在经济、社会和文化等每一个方面都发生了极大的改变，工人阶级在社会生活中的处境得到了很大改善，而青少年消费能力和消费水平也得到很大提升，福利国家成型，政治选举权扩大，英国社会中下阶层群体的媒介接触呈现出与一战之后全然不同的特征，而由此彰显的社会文化也截然不同。

三、围绕霍加特的争议与批评

霍加特的媒介素养观念根基在于工人阶级文化的内部融贯性和外部道德性，而且不认为工人阶级文化需要超越阶级的界限成为社会典范，"因为工人阶级文化是与'进步'观念格格不入的"。霍加特并不认可随着战后生活标准和教育机会的增长，工人阶级群众自动获得了提升变成所谓的中产阶级的说法。

四、问题的成因与纠正

霍加特发现了传统工人阶级文化的存在，对工人阶级的媒介素养能力及其运用进行了较为广泛的探讨，却又表现出排斥大众文化的悲观主义。

结语：为什么要回归霍加特

在新媒体条件下，民众获得的新的媒介使用技能已经不是单纯的"识字"，而是一种与识字相关联的"媒介素养"，包括从单纯地学会读书看报，到学会使用广播、电视及至于新媒体、自媒体等终端与应用。在新媒体时代，随着媒介接触硬件成本的不断降低，操作技能的不断普及，民众参与数量不断以数量级规模增长累积，使得我们不得不去认真地寻找民众文化发展动力的来源。

从"社会责任理论"出发浅谈媒介素养与媒介责任

张 雨
《西部广播电视》第 22 期

随着当前社会的迅速发展，新闻媒体的作用日益凸显，在满足受众信息知情权的同时也在引导着社会舆论、监测着社会环境，并传递着社会文化遗产。但由于一系列的原因，诸如主流媒体与新媒体的博弈日益激烈、媒体的唯利是图式的利益驱动、满足受众的特殊心理需求等，当前媒体的责任意识缺失，大量失实的新闻报道层出不穷，不断无视新闻媒体行业规范，试探着法律的底线。现针对以上问题，从社会责任意识出发，浅谈媒介素养与媒介责任。

一、建立自律制度，制定职业规范

建立自律制度，即制定行为守则或规范，建立执行机构，并规定对违反者的惩罚方式。新闻从业人员在实际行动中要有自律精神，不因私利、荣誉而动用媒介权力，杜绝不负责任的虚假、有偿新闻，新闻工作人员的自律便是对媒介本身的负责。

二、提高从业人员综合素质

自律组织可求速效，专业化运动效力却是慢慢产生的，它需要一个漫长的过程，先改变工作人员，而后改变媒体。不予否认，提高综合素质以及专业知识在漫长工作之中，不可搁置，且应被赋予重要地位。

三、提升记者的专业化知识水平与职业精神

面对复杂的社会环境，现实社会对记者的专业要求也愈发严格，新闻记者不仅要成为"通才"，更要成为某一领域的"专才"。不仅要掌握政治、经济、思想、文化的知识框架，更要在某一领域"专"且"精"，这就要求记者不断加强专业知识理论的学习。记者工作主要涉及搜集信息、采访、写作、编辑。专业化知识的掌握对每一环节的顺利进行至关重要。

公民媒介素养教育的西方范式与中国路径

张　蕊　高　宁

《东岳论丛》2018 年第 4 期

随着各种媒体深度嵌入现代社会经济、政治生活，公民媒介素养教育迫在眉睫。基于媒介素养教育发端并成熟于西方，本文以历史与逻辑相统一的方法，通过梳理概括西方媒介素养教育发展历程中的四种范式，提炼媒介素养教育的三种基本内涵，以期探寻适合中国国情的可能路径。

一、西方媒介素养教育：历史范式与基本内涵

各国有关公民媒介素养教育的内容及路径有很大差别。1990 年，联合国教科文组织在法国图卢兹举行的国际媒介素养教育会议上，曾将世界各国媒介素养教育的发展情况划分为四个等级：（1）媒介素养教育根基牢固的国家，如英国、加拿大、澳大利亚以及欧洲大部分国家。（2）媒介素养教育发展不均衡的国家，如奥地利、爱尔兰、意大利及一些发展中国家，如印度和菲律宾。它们的特点是要么有课程，但没教材；要么有教师，但没有课程框架。总之，理论研究薄弱是这些国家的主要问题。（3）媒介素养教育未列入学校教育系列的国家，例如美国和许多第三世界国家。在这些国家，媒介素养教育在公共学校体系之外，代替它们的是一些社会组织。（4）刚产生需求的国家。他们往往因为发生社会变革或政治改革，而对媒介素养产生需求。典型的代表是苏联和东欧国家。在这些国家里，大众媒介体系刚刚摆脱国家控制，正在为建立市场化的传播体系而努力。

纵览以上西方媒介素养教育的历史范式，我们不妨根据历史与逻辑相统一的方法，提炼西方媒介素养教育的基本内涵：媒介素养是公众使用、分析和创造媒介内容的能力，媒介素养教育主要包括两个层次：一是如何科学和有效使用媒介的技术方法，二是对媒介本质及发展趋势的反思和批判性认识。

二、中国公民媒介素养教育：现实问题与基础路径

（一）全面动态地把握媒介的社会功能

1. 现代媒介早已不再是一种传播工具，而且是重要的生产工具

以移动互联网、云计算、大数据、物联网为代表的新一代信息通信技术，与经

济社会各领域、各行业的跨界融合和深度应用，已成为全球新一轮科技革命和产业变革的核心内容。因此，学习和掌握媒介，是在学习和掌握一种新兴的社会生产力。

2. 媒介能够通过社会舆论、政治动员和组织公众影响政治

在客观意义上，网络推手的兴风作浪可能扭曲社会舆论，网络公关的盛行不仅加剧了舆论的商品化倾向，而且进一步导致舆论的畸形变异，消解社会基本共识，使大众政治蕴含了更多不确定和不稳定因素。因此，全球范围内的媒介素养教育和实践表明，主动寻求和包容多元信息与观点、批判性地认识现实、自由负责地表达个人意见，这些本身就是构成现代社会民主政治的重要基础。

（二）批判性地认识"媒介现实"

实际上，传媒不是简单地选择事件去报道，它们也提供了用以理解信息的框架。媒体提供的"认知框架"，反映了媒体传播在现实中有选择性地报道哪些问题或事件，也在有选择性地报道各种内容以形成不同的价值立场。用传播学家和社会学家塔奇曼（Tuchman）的话说，新闻传播过程即是在构筑"媒介现实"。

（三）增强主体运用媒介进行有效表达的能力

1. 正确认识"文字语言"与"图像语言"的辩证统一

新媒体的话语表达方式，"看"比"读"似乎更吸引人。的确，图像能够激发感官，并对文字语言起到很好的补充作用。但是，单凭图像不能成为人们判断和评价的基础。只有将二者统一起来，才能够更有效地表达和传播信息。

2. 有效把握"讲道理"与"讲故事"的辩证统一

"讲道理"是指媒介表达要经过科学充分的求证、推理和论证，在符合科学逻辑和价值共识的基础上进行理性表达。在遭遇媒体事件时，不要急于表达自己的观点。

三、余论：自媒体时代公民媒介素养教育的价值观表达

以"自媒体"为主要载体的新媒体革命，不仅是传播介质的技术革命，而且导致话语权力发生深层次的结构调整。有学者将其概括为"去中心化"与"再中心化"的辩证统一。

这种"去中心化"和"再中心化"辩证统一的客观事实，要求政府必须在国家总体安全、保障个体自由发展和社会和谐发展的政治高度，重视媒体在国家治理体系中的作用，加强媒体立法，特别要在"再中心化"的意义上加快建设能够摆脱资本控制和国外渗透的具有公信力的全媒体"中心"，同时使社会主义核心价值观成为每个公民自身媒介素养的精神内核。

国际互联网媒介素养研究知识图谱

王贵斌　于　杨

《现代传播》2018 年第 7 期

　　互联网媒介素养研究成为当前教育学、新闻与传播学等跨学科前沿问题，本研究以 Web of Science 中 2007—2017 年发表的 444 篇互联网媒介素养研究论文为研究对象，采用 Citespace 软件对互联网媒介素养研究现状进行了分析。研究发现，互联网媒介素养研究正在重建基础理论和研究体系，但研究网络相对集中，前沿分支较少，概念迭出；主要知识群组为网络世代、新媒介素养、网络信任、健康素养和数字沟；其中，网络世代是互联网素养研究的核心内容；研究的核心路径是分析青少年网络参与及其对特定兴趣内容的寻求。

一、数据与方法

二、研究结果

（一）研究前沿：网络世代与媒介新素养

　　社交媒体以及物联网等新兴技术的采用，为"网络世代"带来了全新的空间，研究重点是数字原住民的网络技能差异。

　　新媒介素养包括在扩大了的社会网络和信息获取中，人们如何评估接收到的互联网内容。研究发现，青年评判的指标主要有：网站的内容易用性、信息本身存在与否、其他信源的验证、是否属于特定公司发布等；用户评估信息的主要路径包括：使用搜索引擎、与某些已有知识进行对比、与联系人分享以及采用的网络技能。

　　数字沟的研究主要在以下两个方面：一是互联网使用技能不平等。这种差异不仅存在于网络世代和其他的网络人群中，而且存在于网络世代个体之间。网络技能是人们上网最主要的调停因素。二是社会排斥。研究分析了数字媒介素养与社会排斥之间的关系，指出人们在长期使用数字媒体后，会产生收益或者不良影响两种可能的后果，而最主要排斥因素来源于个体是否有能力生产网络内容或进行网络参与。

　　商业网站因素对媒介素养影响很大，社会个体在选择商业网站信息以及使用这类信息时，都需要较高的甄别能力。互联网公司大都是以追求商业利益为目标的，因而如何批判性地看待这些网站信息非常重要。

（二）研究主题：概念迭出，相对零散

研究论文使用概念较为混杂。从使用概念数量看，主要有：信任、数字素养、媒介素养（复数形式）、健康素养、媒介教育和阅读能力。差异化的概念使用，反映了学者在讨论这一问题方面的两个特点：其一，数字化带来新问题；第二，媒介素养的基本内涵问题。前者包括两个主要的外延部分：健康素养和媒介教育问题、是否采用数字素养表述或者包括多种媒介形式的（音乐、电影等）素养。

（三）三大研究对象

联网素养研究概念上的差异，反映了研究者对于这一主题认知的不同。虽然媒介素养研究已经有了大量的成果和共识，但媒介环境的改变还是为这一主题带来了巨大冲击。新媒介素养（New media literacy）和互联网素养等概念的共用表明，媒介素养与环境变迁之间的关系相当复杂。

三、结论与发现

（一）研究焦点问题

网络媒介素养的研究正在引起包括教育学、传播学、信息学、健康卫生等领域学者的兴趣，这与以往研究集中于教育学的情况有所不同。从国际互联网媒介素养研究看，研究集中在网络世代、新媒介素养和网络数字沟等领域。用户具有高度自主性，使用互联网搜寻健康信息，针对健康问题的信息搜寻行为研究，也被纳入互联网素养。

（二）研究内容比较零散

互联网素养研究相对零散。互联网媒介持续发展，也为这一内容带来挑战和机会。由于其持续发展的状态，因此互联网素养的概念和内涵可以继续深入研究，反过来加剧了知识生产的不稳定性。现有研究虽然形成了比较明显的几个聚类方向，如新媒介素养、健康素养，但这些研究对于媒介素养能力培养的各个部分——选择能力、理解能力、质疑能力、评估能力、创造和生产能力以及思辨的反应能力——的研究并不全面，现有的研究较多地指向评估能力、创造和生产能力，而较少分析质疑和思辨能力，这可能与社交媒体的生产情况有关。

（三）未来研究方向

根据互联网素养研究的三个主要因素，我们还需要高度重视用户使用互联网的环境性因素。互联网素养研究，要充分考虑家庭因素和用户使用互联网进行学习的机制。青少年的媒介素养很大程度上由他们的出身所决定，也就是家长的受教育程度扮演关键性要素。

基于 CNKI 数据库媒介素养教育文献梳理

王梦婷　杜　皓
《现代交际》2018 年第 18 期

随着互联网 3.0 时代的到来，媒介素养教育理论研究逐渐成为当下学术的热点。梳理以往中国大陆媒介素养教育研究的发展脉络，展望未来，对于如何能够使媒介素养教育的理论更好地指导教育实践，我们需要更进一步的思考研究。本文采用文献研究法，阐述当前在媒介素养教育领域中所关注的热点，即媒介素养教育内涵的界定、现状的分析、对象的研究以及实施路径的构建，并且指出在当前研究中所存在的"媒介素养教育界定多元""研究对象单一化"以及"合作型研究稀少"等一系列不足，以期为之后的研究思路提供相应参考。

一、媒介素养教育内涵界定

结合国内外学者相关学术理论成果研究发现，对于媒介素养教育内涵的界定与讨论一般停留于三个层面：第一层面是媒介知识，媒介素养教育的最低标准要求大众应具备媒介的相关理论知识，即各种媒介的定义、特点以及发展历程；第二层面是媒介辨析，媒介素养教育应培养、提高大众对于媒介信息内容的解读、批判和运用能力；第三层面是媒介制作，媒介素养教育的最高标准应培养大众合理有效地管理自己媒介行为的能力。

二、媒介素养教育的实施对象

"数字原住民"是目前网络时代用来形容在数字环境中成长起来的青少年。他们既能有效地利用传统媒介获取信息，也能在新媒介中游刃有余。

"数字移民"是指当前网络时代用来描述在面对数字科技时，必须经历并不顺畅且较为艰难的学习过程者，这与"数字原住民"构成了当前互联网时代所存在的用户群体。

三、实施媒介素养教育的路径

（一）家庭是实施媒介素养教育的根基

家庭教育是学校教育与社会教育的基础，是对青少年一生产生深远影响的教育类型，更是对青少年实施媒介素养教育卓有成效的一种方式。

（二）学校教育是实施媒介素养教育的主导

学校教育在人的身心发展中起到主导作用，因此在提高学生媒介素养能力的过程中，学校占据其核心地位。

（三）政府支持是实施媒介素养教育的核心

学校教育和家庭教育为媒介素养教育的实施提供了主要阵地，但是政府政策法律的支持才是媒介素养教育长足发展的永久性保证。

四、总结与讨论

媒介素养教育研究是一个教育学与传播学交叉的新型研究领域，在这两大学科领域交叉处，需产生一个新型、系统、本土化的理论体系，指导大众当代的媒介生活。而这需要学界和业界的共同关注和联合研究才能取得符合本国国情、有效的研究成果。

基于消费话语权视角浅析网络受众的媒介素养

王淑君
《新闻传播》2018 年第 18 期

网络作为一个公共话语空间，允许个体进行自由的意见表达，如果说过去的网络社会是一个集体发声的时代，那么今天的网络媒介更突出表现为个体发声的表达平台。在这样一个自由话语权的时代，网络受众拥有积极而个性化的话语消费权，而自由的背后往往隐藏着无数隐患。今天，我们在网络社会上该如何正确表达意见，如何提高自己的媒介素养成了一个值得思考的问题。

一、消费话语权解读

当我们处在一个没有人监督的虚拟环境中，我们很难做到慎独，于是话语权某种程度上变成了一种消费，这种消费方式不够规范，也缺乏合理有效的监督。

二、网络受众的媒介素养分析

我们看到太多让人痛心的网络事件，而身处其中的受众无力分辨和自拔。正如民主社会需要公民素养，网络媒介社会更需要受众的媒介素养。

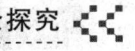

人们无法在所有情况下保持特有的理智和客观，也无法一直做出正确的判断和选择，知识教育的参差不齐决定了非所有受众都拥有高质量的分辨能力，有时候他们甚至会受到错误信息与知识的误导。

三、受众与网络传播

螺旋效应带来的是少数人的发声，多数人选择沉默。与传统的媒介相比，网络传播的特性突出表现为复合性、连通性、开放性、多级性与网状化。这样一个极其复杂的网络传播环境里，每个受众可以选择网络信息的接收方式和接收范围，并能对信息的传播方式进行筛选，从而影响整个网络媒介的传播效果。然而，受众水平高低不齐，接收信息能力也各有差异，这就容易导致生产者的生产内容难以被受众真正理解，而螺旋效应更容易加剧社会不良信息的繁衍程度，导致难以遏制的后果。

从大众传播的角度看，传统媒体对信息的把控由绝对变得相对，而随着媒介的发展，网络社会的每个人都有参与信息生产、发布和传播的权利和便捷性，工具的革新改变了新闻机构与社会受众之间的关系。虽然专业新闻传播机构的把关功能仍然存在，但是比起过去传媒的垄断性，如今受众反客为主的特性使得传媒环境不具有绝对的主动权，网络多元化和多向性以及受众的多样性让网络传播充满无限可能。虚拟空间带给受众充沛的想象力和多重选择，也让网络传播变得愈加充满不确定性。

四、受众媒介素养的提升

第一，加强社会环境的监督制度。
第二，提高受众自身的媒介使用素养。
第三，提升受众的综合媒介素养。

媒介素养对新闻伦理规范的意义与提升路径

宋付力
《传媒》2018 年第 13 期

新媒体环境下，新闻伦理涌现出技术伦理、参与伦理、运营伦理等一些新问题。在这些新的新闻伦理问题面前，加强媒介素养教育的意义重大。它不仅有助于提高网民对技术生产新闻的认知程度，也可以提升公民参与新闻生产过程中的伦理意识和对新媒体内容的选择水平。面对新媒体产生的新伦理问题，本文提出，应该从媒介素养教育的媒体形态、对象范围、内容范畴三个方面入手，发挥媒介素养对新闻伦理的规范作用。

一、新媒体环境下新闻伦理面临的新问题

（一）新媒介技术催生技术伦理问题

传统媒体环境下，新闻伦理主要围绕新闻从业者的职业规范、职业道德展开，由此产生的伦理问题，也多集中于新闻业务之中。这种新闻伦理模式一直持续到新兴媒体及新媒介技术的大量涌现，开始有了很大程度的转变，触发了新的新闻伦理问题。比如，人工智能、算法新闻带来的技术伦理问题。

（二）公民参与新闻催生参与伦理问题

自微博、微信等新兴媒体平台兴起之后，得益于其平等、开放的特点，公民可以通过平台发布信息、发表评论，成为新闻报道、新闻评论的参与者。不仅如此，一些公民发布的信息成为传统媒体的重要线索和信源，一些公民言论也被职业新闻报道所采纳和引用，成为新闻报道的重要参与者。这种新型的新闻形态被称为公民新闻，引发了学界的广泛关注。

（三）阅读量导向催生的运营伦理问题

为了提高内容的阅读量，一些媒体不顾新闻伦理，采用迎合用户的做法或有意炒作，以博取眼球。

二、媒介素养对新闻伦理规范的意义

（一）提升网民对技术生产新闻的认知

在人工智能等新媒介技术下，新闻生产已突破新闻从业者的人工生产，涌现出了机器生产、机器传播的新模式。

媒介素养教育，可以把技术生产新闻的流程、原理等向网民普及，提升网民对技术生产新闻的认知，避免被技术误导，并在新闻浏览行为中自觉提升判别意识。

（二）提升公民对参与新闻的伦理意识

公民新闻的发展不仅对新闻生产、新闻媒体产生了影响，也对新闻舆论、社会发展产生了深远影响。数据表明，当前的舆论事件，大多数都是由公民发布的信息或言论所引爆。

在这种情况下，对公民进行媒介素养教育，普及媒介、新闻、舆论等常识，普及新闻伦理的常识，有助于提升公民对参与新闻生产过程中的伦理意识，从而更好地投入参与行为中，避免参与过程中出现种种伦理失范现象。

（三）提升用户对新媒体内容的选择水平

新媒体内容的上述特征，必然会导致其在内容质量、价值导向等方面出现一些

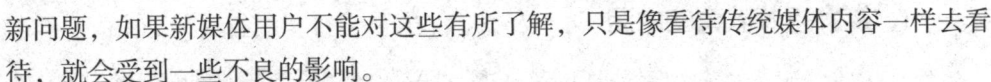

新问题，如果新媒体用户不能对这些有所了解，只是像看待传统媒体内容一样去看待，就会受到一些不良的影响。

三、如何提升媒介素养

（一）拓宽媒介素养教育的媒体形态

当前，无论是媒介素养的教材、读本、课堂，还是媒介素养的实践，其基本框架和内容多以传统报刊、广播、电视类为主。随着新兴媒体的发展及其在媒体格局中地位的崛起，传统媒体逻辑下的媒介素养已难以适应新的媒介环境。为此，在发挥媒介素养对新闻伦理的规范作用之时，有必要拓宽媒介素养教育的媒体形态。

（二）扩展媒介素养教育的对象范围

媒介素养的教育对象主要是两类人群：一是新闻院校的学生，二是社会公众。前者相对而言因专业原因能够得到相对良好的媒介素养教育，而后者的教育水平是参差不齐的。

新媒体环境下，媒介素养的教育对象还要把平台服务商及平台运营者、互联网技术从业者纳入进来。

（三）更新媒介素养教育的内容范畴

长期以来，接收新闻、使用新闻、辨识新闻是媒介素养的三个重要内容，这种模式是由传统媒体的特点决定的。但是，新媒体环境下，受众在新闻生产与传播中的角色发生了巨大变化，"传—受"双方角色模糊化，"受众"成为"用户"，并开始参与新闻的生产与传播。在这种情况下，媒介素养就需要把新媒体参与、新媒体评论、新媒体使用等作为媒介素养的重要内容。

欧美媒介素养教育的内涵、范式与借鉴

贾 玉

《传媒》2018 年第 24 期

随着人类进入全媒体时代，人们越来越依赖媒介信息去建构自我对世界的认知，而认知水平的高低取决于媒介素养的水平。欧美国家的媒介素养教育各具特色，对我国的媒介素养教育具有重要的启发价值。本文主要研究了欧美媒介素养教育的三大内涵、分析了三大范式，并从三个方面提出了对我国的启示。

一、媒介素养教育的内涵

简单来讲，媒介素养教育就是培养社会个体的信息解读、批评和利用能力，其根本诉求是培养民众具有较强批判能力、独立思考媒介信息的能力。主要包括以下三方面内容。

（一）媒介的理解与应用能力

该能力就是要在全面掌握媒介运行规律与特点的基础上，了解各类媒体信息传播特征、功能等内容，该能力随着媒介环境与业态不断变化而不断提升。探究媒介发展规律可以发现，随着新媒介平台的迭代更新，年轻人对于媒介的接触程度越来越高，然而对媒介内容的理解却受到年龄层和文化素养等因素的深刻影响。

（二）对媒介内容进行理性批判的能力

受众面对汹涌而来的庞大信息，应该具备一定的过滤能力，快速判断出信息的价值，并进行辩证的接受，以避免被真真假假的信息所裹挟，迷失在拟态环境中。

（三）具备传播媒介信息所需的知识和技巧，服务自我

媒介素养教育的最终目的在于让受众明确媒介及其信息的现实诉求，并能够借助媒介进行利益诉求表达。在新媒体环境中，越来越多的受众成为信息的二级传播者或者生产者，媒介素养教育可以有效提高个体在媒介社区公共事务中的参与力度。

二、欧美媒介素养教育的范式

（一）保护主义模式

英国著名文学批评家利维斯在《文化与环境：培养批判意识》中第一次提到了这种范式，他认为，媒介是肤浅娱乐的生产者和传播者，为了避免它对高尚艺术带来破坏，应该将精英文化与流行文化进行比较，让受众明确两者之间的差别，形成相应的批判能力，进而自觉抵制低俗文化，达到保护精英文化的目的，这便是所谓保护主义模式的素养教育，以保护精英文化为核心目的。

（二）辨析模式

辨析模式认为，文化不能被视为一种特权，大众文化的合理性和个体的发展都应该得到尊重。文化并非单一的，而是开放的、多元的，精英文化与大众文化是相辅相成的共同体，两者之间并没有所谓的高低贵贱之分，他们各自具有存在的价值。

（三）自我反应模式

受众开始将媒介内容视为"自己文化"的一部分，简单说教只会徒增他们的抵制心理，媒介素养教育亟待升级。于是，"自我反应模式"被提出来，该模式从媒介理解力和参与能力的全新视角定义媒介素养教育模式，旨在激发受众媒介活动参与的积极性。

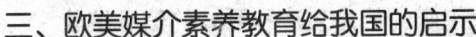

三、欧美媒介素养教育给我国的启示

（一）树立媒介素养教育辩证主义思维

面对三大主流范式融合发展的历史更替，我国应该辩证地看待媒介教育模式的创新，要与时俱进、结合国情，既吸取经验，又不盲目照搬。首先要承认中西方差异的存在，然后通过自主探索和思考，逐步构建符合中国实情的媒介素养教育体系。

（二）构建完善的媒介素养教育理论体系，独立开课，多学科融合

从课程设置来看，在充分考虑学生差异性的基础上，开设层次化、针对性的课程。同时，作为多个领域交叉影响、共同推进的媒介素养教育，既要始终不断发展自己独立的概念系统，还要结合其他专门领域的理论，从而保证自身的时代感和鲜活感，避免媒介素养教育理论走向自我封闭。

（三）社会各元素协同发展

媒介素养教育在新媒体迅速发展、信息迅速膨胀的时代，是社会良性运转对受众提出的需求，也是保证受众健康获取信息的必要条件。欧美国家媒介素养教育已经走过了几十年，为我们提供了非常好的示范和宝贵的经验。我国的媒介素养教育起步较晚，但是需求已经迫在眉睫，它的发展需要全社会各组织、机构的共同努力。

社会化媒体语境下媒介素养的内涵转向

郭学文　张晨悦
《出版广角》2018 年第 18 期

媒介素养研究始于对大众传媒的文化批判，研究核心是大众传媒的信息生产和受众的信息接收。社会化媒体的兴起颠覆了大众传媒主导的传媒生态，促成了媒介素养研究的内涵转向。从媒介接触能力的角度，公众应以现代公民意识为交往规则，实现理性化触媒，做到权责统一，才能建构社会化媒体环境下的媒介素养。

一、媒介素养内涵的大众传播语境

（一）媒介素养研究始于对大众传媒的文化批判

1933 年，英国学者利维斯和桑普森出版了《文化和环境：培养批判意识》一书，正式提出"媒介素养"的概念，形成了以对大众传媒的批判为方法，以对社会大众特别是青少年的文化保护为目的的"免疫"研究范式。

（二）媒介素养研究的核心是大众传媒的信息生产和受众的信息接收

1992 年美国媒介素养研究中心对媒介素养下了一个定义，即人面对媒体各种信息时的选择能力、理解能力、质疑能力、评估能力、创造和生产能力以及思辨的反应能力。该定义在我国媒介素养研究学界最为通行。

（三）媒介素养理论关注的"人—媒"关系是权力斗争关系

媒介素养教育致力于教育公众认识媒介环境和真实环境的差异，实质就是助力公众摆脱大众传媒的控制和支配。控制与反控制，支配与反支配，表明了大众传媒环境下的"人—媒"关系实质就是权力斗争关系。

二、社会化媒体对大众传播模式的颠覆

（一）颠覆了新闻观

社会化媒体的产生改变了公众使用新闻的目的。新闻不仅是他们了解社会变动的工具，还是他们社交的手段。大众传播时代，关于新闻价值的选择标准已让渡于新闻是否具备社交属性，即是否具有话题性，还有能否对新闻使用者形象产生正面建构，是否具备交往的功能，如引起话题、表明态度等。社会化媒体时代的新闻观，就是新闻具备社交价值，能够成为使用者扩散关系的工具。

（二）颠覆了传播权力结构

社会化媒体的出现，实现了受众的主体性崛起，受众角色转型为"产销者"，具备了脱离大众传播体系进行信息传播和意见表达的能力。由两级传播过渡到多级传播，金字塔式传播结构被网状信息传播结构所替代，大众传媒和社会化媒体成为网状信息结构的结点。大众传媒为主体和中心的权力结构被平等对话的权力体系所替代。

（三）颠覆了受众的组织关系

与大众传播环境下的舆论"暗流"相比，社会化媒体形成的舆论观点鲜明、群体识别度高，因此，更容易成为影响社会进程的力量。社会化媒体实现了主流舆论场和民间舆论场两个舆论场的分离，聚合了民间舆论的力量，形成了对权力和社会非正义的凝视，日益发挥重要影响。

三、媒介素养内涵的转向

（一）扼制感性，回归理性

社会化媒体环境下，没有接受过专业训练的普通人成为信息的生产者和传播者，兴趣和话题成为信息生产的参考点。公众基于感性的情绪生产信息，同时又受感性化的信息影响。感性信息生产和解读无助于公众正确解读信息和进行信息决策，而且，在社群传播的背景下，感性情绪更容易让公众产生情绪极化，成为网络暴力的

来源。因此，理性处理信息是社会化媒体用户的首要要求。

（二）以现代公民意识为依托

社会化媒体用户就应如在现实世界一样遵守法律和道德的管控。但是，Web1.0时期用户行为的惯性及社会化媒体用户公民意识的缺失，造成如今社会化媒体亦存在 Web1.0 时期网络空间的问题。社会化网络用户虚拟人格和现实人格想要趋于统一，统一于现实社会的真实身份，用户就应以现实世界的交往规则为基础，即以现代公民意识为基础。

（三）从赋权到权责统一

社会化媒体的"人—媒"关系不是对抗关系，是人驾驭传播工具和掌握话语权力的关系。单纯强调赋权，会造成权力的膨胀和失范。社会化媒体语境下的媒介素养，强调的是权责统一。

新媒体广告中受众媒介素养对传播效果的影响维度分析

陈　华

《南昌工程学院学报》2018 年第 2 期

技术的发展颠覆了传统的传播生态，依托数字技术和网络技术的发展，传播的信息量、速度、方式、质量等方面较之以前都有了革命性的变化。新媒体的独特优势为广告传播提供了更加有效的途径，新媒体广告不断发展并逐渐成长为当前最主要的广告形态。较之于传统的广告形式，新媒体广告之"新"不仅表现在包括新的媒介形态上，还带来了传播方式、对象、内容的内涵与外延的不断拓展，而这些新的因素亦丰富了媒介素养在新媒体传播环境下的新内涵。文章通过对新媒体广告中媒介素养对传播效果产生影响的维度分析，探讨新媒体环境下受众媒介素养的新变化、新呈现并结合媒介素养的新内涵试图找到提升传播效果的有效路径。

一、迁移与变革：信息呈现方式变化赋予媒介素养新内涵

（一）技术赋权催生传播话语权的变革

传播从有机的向心传播转向无机的离心传播，由此带来传播秩序的重构和个人传播话语权的获得。新媒体传播淡化了意识形态的主导权而更加强调平民舆论和个人体验，在新媒体广告传播过程中引发受众直接产生购买行为的目的日益淡化而转向对品牌理念与形象的展示和传播，提升品牌的美誉度，品牌形象的构建日益成为

新媒体广告传播的主要目的。

（二）技术演进造就新媒体传播的符号化表征

从大众传播的历史发展来看，任何一种传播方式的变革都是以技术的发展和进步为支撑的，然而，互联网技术的出现带来的不仅仅是网络传播技术的变革，新媒体传播本身还传递一种符号观念和网民网络情感，如网络用语、表情包的出现和广泛传播不仅是意义的传递，还包含网民情绪的表达和宣泄等亚文化属性。

（三）技术变革引发消费者信息行为模式的改变

新媒体时代信息处理和购买决策采用外部介入式的开放模式，从注意、兴趣、搜索、购买到分享，关键在于搜索和分享的环节，这个环节包含功能信息检索和价值观确认两个目标取向，而对实际购买影响更大的无疑是消费者的功能性评价。

二、涵化与偏向：媒介素养对新媒体广告传播效果的作用考量

（一）信息湮没下受众的认知突围

新媒体传播技术的发展带来传播形态的变革，大数据、云计算、AI（Artificial Intelligence）技术的发展使信息传播直接面向特定的受众群体，分众化传播使受众"标签化"，信息传播直接指向受众，信息传播首先面临的就是受众对信息的认知。

（二）广告信息传递中的情感嵌入

社交媒体部落构建为用户提供了空间归属感，在广告传播过程中的劝服目的导致受众的信息警觉心理增强，新媒体广告传播利用其庞大的数据分析和计算能力，通过传播渠道和形式的调整进行情感的嵌入，力图强化对受众的说服效果，形成受众对品牌的情感认同。

（三）媒介畅通引发消费模式多元嬗变

媒介使用的灵活多样使得受众可以同时使用多种媒介获取到特定商品的详尽信息，并根据自身的特征和需求有选择地接受和解读广告信息。跨屏互动、多屏信息获取有利于广告受众从不同的角度了解商品信息，分析广告主的广告传播策略，从而进一步指导其购买行为。

三、融合与创新：场景体验引燃广告信息的再传播

（一）技术融合促进媒介区隔日渐消解

媒介技术的发展和普及构建"媒介化社会"，即：一个全部社会生活、社会事件和社会关系都可以在网络媒介上展露的社会，由此网络媒介影响力对社会实现了全方位渗透。

（二）信息集聚引发呈现渠道多维转化

将内容赋予场景之中，深耕场景体验，在信息高度碎片化的媒介环境下，广告

主开始花费更多心思，一方面努力使广告内容触达潜在顾客，另一方面希望受众与广告发生有意义的互动。场景带给消费者一种真实感、卷入感、参与感，进而引发消费者的信赖感，这一过程就是广告效果实现的表现。

（三）身份泛化激发受众主体意识觉醒

社会化媒体时代，个体的价值开始得到关注，个体建构主体性的主动性与能动性开始崛起，个体获得了设置和影响议程的可能性，个体与个体间的认同形成了社会权力结构中的又一种力量。获取信息成为用户的一种基础渴望，传播技术简化了受众与信息之间的对接模式，受众期望更大程度上从 2D 界面转移到更身临其境的 3D 世界以捕捉更丰富、更平滑的图景获得新的体验。

四、结语

技术与传播形态的融合改变了其以往的工具属性，延伸了受众对广告信息的认知和解读，增强了对传播效果的期待，因此，新媒体广告传播过程中的受众媒介素养对传播效果的影响不容忽视。如何提升广告受众在新媒体传播环境下广告信息接收与解读的能力和素养，实现传播效果的最大化，仍需学界与业界共同探索。

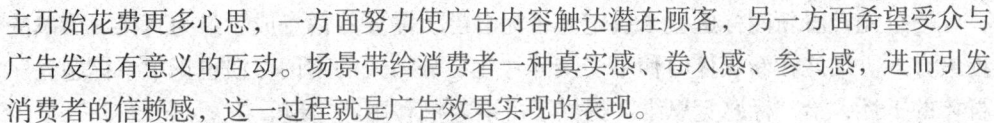

噱头的诱惑与媒介素养

——新媒体时代语境下的"标题党"思维分析

吴振东　王　艳

《新媒体研究》2018 年第 9 期

随着互联网技术的发展以及智能移动通信工具的普及，受众获取信息的渠道不再局限于报纸、广播、电视等传统媒介，转而更多的是通过互联网获取海量的新闻信息并参与讨论。文章以新媒体时代语境为背景，对"标题党思维"形成的原因、危害以及应对措施三个方面进行全面剖析。

一、新媒体时代语境"标题党"思维的成因展现

很多"门户网站"想博取更高的关注度和点击量，所以最便捷的方法就是转载已有的新闻报道并为之添加更具诱惑力、吸引力甚至是噱头的标题，这成为最为快捷、廉价的手段，同时也在一定程度上避免了侵权事件的发生。

通过先查看新闻标题便来决定是否为自己所需要的信息成了最为直接、简单的检索方式。加之在新媒体时代下受众碎片化、分散式的阅读习惯也正中"标题党"群体的下怀，给"标题党思维"提供了可乘之机和用武之地。

在 21 世纪之前的网络编辑大多没有经过系统而专业的新闻教育，但专业的新闻教育对一个新闻从业者和整个行业都至关重要，不仅仅是决定了新闻从业者的职业素养，还决定了新闻的伦理道德规范。所以，当前网络上出现了层出不穷的违背新闻道德规范的"标题党"现象就不难理解了。

二、"标题党"思维的危机分析

（一）媒体萎靡和新闻传播业的衰败

从长远来说，受众终将认识到"标题党"新闻的"欺骗性"，必然会对媒体丧失信心，媒体也将失去在受众心里的公信力，进而丧失受众市场，没有了受众市场的媒体终将是走向消亡。

（二）受众阅读习惯碎片化和品位低龄化

"标题党"新闻的高点击量和阅读量导致网络新闻编辑加速制作"标题党"新闻信息，这将形成恶性循环，给受众带来无法弥补的阅读习惯碎片化和品位低龄化。

三、困境与变革，解决网络"标题党"思维迫在眉睫

（一）国家层面

由于我国到目前为止还没有一部专门的、完善的，具有针对性的新闻传播法，虽然有很多大大小小的相关的法律法规，但毕竟是零散的没有形成系统的新闻传播法。因此我国立法部门应加强完善法律体系。

（二）媒体公司及媒体从业者层面

从现实看来现在仍有很多不合格的新媒体从业者，没有掌握足够的、专业的新闻理论和伦理道德规范。

（三）受众的阅读习惯和媒介素养的加强

受众每天花在阅读和攫取外界信息的时间和精力是有限的，但即便现在"标题党"新闻受到大众的诟病和谴责，但"标题党思维"却屡试不爽，并总能有较高的点击量。这说明仍有相当一部分的受众明知道是"标题党"新闻，但没经得起其噱头式的标题所诱惑，自身抵制力不够，阅读习惯恶劣和媒介素养低下。

（四）"意见领袖"及受众个人自觉做好"把关人"

由于"意见领袖"本身就拥有更多话语权，其主动为社会大众筛选、过滤"标题党"的行为也会给整个新闻传播界其他受众起到模范作用，受众个人也将随之效仿，最终形成从"意见领袖"到普通大众都有自觉做好"把关人"的意识，"标题

党思维"也终将消失。

四、结束语

"标题党"新闻在某种程度上来说是一种信息欺骗,在伤害受众的同时也断绝了自身的可持续发展的后路,当下的"标题党思维"不仅有悖于新闻传播的伦理与法规及真实性、客观性的原则,也向社会传播了错误的价值观,削弱了受众的认知能动性。因此,需要全社会各方的力量一同努力遏制"标题党思维",净化我们的网络传播空间。

智媒体时代算法推送对公众媒介素养的新要求

金泽军

《新闻研究导刊》2018 年第 8 期

智能化媒体时代,算法实现了基于用户兴趣的精准化个性推送,但也带来了诸多问题,如隐私泄露、自控力下降、信息茧化和价值迷失等。这不仅要求平台、政府做出努力,更需要公众不断提升自身的媒介素养,如自控、隐身的媒介使用素养和开放、多元以及自我把关的信息消费素养等。

一、引言

当今,算法推送正逐渐成为网络新闻的主要分发方式,而上述平台正日益掌握用户的新闻接触。

笔者认为,除了依靠平台、媒体人和政府的行动外,公众自身也应该努力提高自身的媒介素养。

二、媒介素养的概念及发展

2005 年,美国新媒介联合会在《全球性趋势:21 世纪素养峰会报告》中将"新媒介素养"定义为:由听觉、视觉以及数字素养相互重叠共同构成的一套能力与技巧,包括对视觉、听觉力量的理解能力,对这种力量的识别与使用能力,对数字媒介的控制与转换能力,对数字内容的普遍性传播能力,以及轻易对数字内容进行再加工的能力。

三、智媒体时代的算法推送

（一）算法推送机制及传播特点

算法推送的特点在于个性化、场景化和社交化。首先，个性化的算法可以为用户推送量身定制的内容。过去，信息分发是一对多，即海量信息同时呈现在用户面前，用户需要自己寻找感兴趣的内容；而现在，算法推送实现了多对多，千人千面，没有人会收到完全相同的新闻推送。其次，算法可以为适应用户的场景化适配，即满足用户在不同时段、不同地理位置的新闻需求。最后，算法推送在一定程度上是基于社交关系，资讯平台和社交媒体日益融合。社交关系的绑定，可以帮助算法更好地推测用户的兴趣爱好，从而在内容推送上更懂用户。

（二）算法推送的"反面"

1. 个性化的代价：隐私泄露。

2. 投其所好：欲罢不能。越来越多的人正在被算法推送的内容掏空时间，对其日渐成瘾，沉溺其中，逐渐丧失自控力甚至自主意识。

3. 只看你想看的：作茧自缚。在算法的帮助下，我们可以只看我们想看的，而将那些自己不熟悉、不感兴趣、不认同的信息直接过滤掉，从而陷入"信息茧房"。

4. 点击大于内容：价值迷失。在算法推送机制下，把关人从传统的记者、编辑变成了机器，评判标准也变得单一化，变成了用户点击量。

四、算法推送对公众媒介素养的新要求

（一）媒介使用素养——自控、隐身

算法推送的发展对人们的媒介使用素养提出了两个新的要求。

第一，使用媒介时的自控能力。算法推送基于用户兴趣，很容易让人们对个性化推送平台产生依赖、上瘾，甚至沉溺其中。

第二，使用媒介时的"隐身能力"。不管我们喜欢与否，在智能化媒体时代，隐私已成为一种奢侈品，要保护个人隐私更是需要巨大的代价。

（二）信息消费素养——多元、开放及自我把关

在智能化媒体时代，用户更需要培养多元开放的信息消费素养。换而言之，公众要有社会参与意识，跳出"信息茧房"，多听多看，有意识地接触不同领域、不同媒体平台的信息，关注公共事务，积极参与公共话题的讨论，避免思想僵化、极化。

媒介环境素养研究：背景、内容、范式与价值

韩永青

《新闻爱好者》2018 年第 7 期

　　随着信息与传播科技的发展，媒介环境的存在方式以及对人类的影响方式发生了前所未有的重大变革，导致媒介素养研究遭遇困境，需要实现研究路向的转换与升级。以媒介环境学为理论指引，后媒介环境学为问题情境，建构"媒介环境素养"研究路向是理想选择，可以为人类个体的媒介环境实践提供具体指导，使人类个体与媒介环境的关系趋于和谐。在具体研究中，应该遵循"发展"研究范式，即如何提升人类个体在媒介环境中的发展能力。由此，媒介环境素养研究将在人类个体如何对待媒介环境、如何实施媒介素养水平提升、如何实现媒介素养研究创新发展等方面体现重要价值。

一、提出媒介环境素养概念的背景

　　媒介素养这个概念已经无法准确描述当前及未来"人—媒"关系中人应该具有何种能力这个研究范畴，当前占据主导地位的"参与"研究范式也已经无法适应媒介环境演变提出的具体要求，媒介素养研究的观念需要进行重构。

二、媒介环境素养研究的主要内容

　　媒介环境素养是指人类个体在媒介环境中为实现某种程度的生存与发展目标而形成某种层次的认知与行为能力，具体来说，可以分为媒介环境形态素养和媒介环境信息素养两个方面。媒介环境形态素养是指人类个体对书籍、报刊、收音机、电视机、电脑、手机等具体器物的某种层次的认知与行为能力。媒介环境信息素养是指对文字、图片、声音、影像、动画、网页等具体内容的某种层次的认知与行为能力。

三、媒介环境素养研究的范式选择

　　媒介环境素养是人类个体适应媒介环境所应该具备的基本能力，更是人类个体浸入媒介环境以实现自己发展目标的重要基础。到目前为止，如果说媒介环境对大多数人的影响还没有达到危及生存的地步，与越来越多的人的发展产生密切联系已成为现实。从这个意义上来说，评价人类个体具备何种层次的媒介环境素养水平，

需要以是否促进了人类个体某种程度上的发展目标为标准，包括身体素质、思维方式、价值观念、专业技能、文化素养、择业就业、生活品位等方面的良性改变程度。

四、研究媒介环境素养的重要价值

媒介素养研究遭遇困境并不意味着原有的研究成果是没有价值的，也并不表示学界原有的研究路向是错误的，而是媒介环境发生了根本性变革，导致其研究背景发生根本改变，造成学界原有的认识视角与问题的研究背景发生了错位。因此，学界需要打破以往对媒介的单一的、狭隘的认识，上升到对各类媒介形态所构成媒介环境的综合的、宏观的认识。从这个意义上来说，媒介环境素养研究在借鉴环境哲学、环境科学、媒介环境学乃至社会学、心理学、人类学等学科研究成果基础上所形成的跨学科研究方法，为实现媒介素养研究的创新发展找到了理想路径。

五、结语

人们只有切实调动主客观因素，不断提升媒介环境素养水平，才能适应不断变迁的媒介环境，达到美好的生存与发展目标，享受媒介环境学者们眼中"更加美好的生活"。

中国媒介素养研究纵览：
开创媒介素养的理论研究的新境界

耿益群

20 世纪 90 年代后期，媒介素养作为一个独特的学术研究领域被引介到中国大陆地区，至今已经有 20 多年的历程，成了一个热点研究领域。我国学者在借鉴国外研究的基础上，立足于中国媒介环境以及媒介素养教育实践，在学术研究和实践领域不断探索，孜孜耕耘，已经取得了丰硕的成果，开创了媒介素养教育理论研究的新境界。在媒介素养教育理论研究的基础上，媒介素养教育实践在从幼儿教育到高等教育不同教育阶段蓬勃发展，针对各种不同群体的正规教育系统之外的媒介素养教育也开展得风生水起。这不仅有利于推动媒介素养理论研究的系统化，也极大地促进了媒介素养教育实践的开展，促进了我国民众媒介素养水平的提升。通过对我国媒介素养教育部分研究成果的梳理和分析，可以使我们清晰地了解目前媒介素养研究现状，为该研究领域相关理论研究的系统化提供更为清晰的视角、更加明确的理论建构路径。在此，将近年我国学者在媒介素养理论方面的探索归纳为以下几个方面。

一、媒介素养作为一个跨学科学术研究领域日臻成熟

媒介素养研究作为一个跨学科研究领域涉及新闻与传播学、教育学、心理学、社会学等多个学科。随着互联网技术的发展，媒介素养研究的跨学科特点愈发凸显。如何在多学科交叉的前提下，勾画媒介素养研究的知识图谱、对该研究领域进行理论的铺陈和建构，以及进行方法论的探索，成为众多学者关注的议题。王贵斌和于杨《国际互联网媒介素养研究知识图谱》一文中采用 Citespace 软件对国际互联网媒介素养研究状况进行分析，发现互联网媒介素养研究正在重建基础理论和研究体系。网络世代、新媒介素养、网络信任、健康素养和数字沟等成为新的媒介环境下

的比较显著的知识群组。研究议题主要聚焦于网络世代、新媒介素养、数字沟、商业网站等领域。网络世代是互联网媒介素养研究的核心内容，研究的核心路径是分析青少年网络参与及其对特定兴趣内容的寻求。作者认为，互联网研究在研究焦点问题上呈现出教育学、传播学、信息学、健康卫生等领域学者都开始对这一研究领域感兴趣的现状，研究焦点也呈现出多学科的特征。这需要在研究方法上有所突破，以网络为基础，进行大样本分析，在概念层次进一步凝练概念，拓展新的素养内涵。同时，转换研究视角，重新审视人们所处的媒介环境，考虑用户特征，加强对信息的研究，开展高质量的跨学科研究。

对中国大陆媒介素养教育研究现状的梳理，有利于结合国际媒介素养研究发展的知识图谱和既有理论，形成具有中国特色的媒介素养理论体系。王梦婷和杜皓的《基于 CNKI 数据库媒介素养教育文献梳理》一文，针对互联网 3.0 时代媒介环境的变迁，对 CNKI 媒介素养教育相关研究进行分析。作者在对中国大陆媒介素养教育发展脉络进行梳理的基础上，对理论研究现状进行了分析。指出媒介素养教育领域的热点是媒介素养教育内涵的界定、媒介素养教育现状分析、媒介素养教育实施对象研究以及实施路径的建构，并指出当前研究中所存在的媒介素养教育界定多元化、研究对象单一化、合作性研究稀少等问题。作者指出，虽然"媒介素养""媒介素养教育"在相关文献中的使用频率较高，但学者对于媒介素养教育概念的界定、阐释以及实施路径等方面的讨论产生较大差异，仍以"引进介绍"国外研究成果为主，在对媒介素养教育的理解上仍存在偏差。这一现状促使媒介素养研究者进一步厘清在中国语境下对于媒介素养教育概念的界定，在此基础上，开展合作性研究，拓展媒介素养教育对象，改变研究对象单一化的现状，改变关于媒介素养教育研究停留在理论层面的现状，充分认识到媒介素养教育作为一个跨学科领域的特点，并充分利用跨学科研究的优势，建构新型、系统、本土化的理论体系，指导大众当代媒介生活。

从中国现实媒介环境出发，借鉴国外媒介素养理论研究成果，基于中国本土学术研究积累和媒介素养教育实践，学者们努力突破现有研究的范式，尝试探索新的媒介素养研究路径，进行理论创新。随着信息与传播及时的发展，媒介环境的存在方式以及对人类的影响方式发生了前所未有的重大变革，导致媒介素养研究遭遇困境，需要实现研究路向的转换与升级。韩永青在《媒介环境素养研究：背景、内容、范式与价值》一文中认为，以媒介环境学为理论指引，以后媒介环境学为问题情境，建构"媒介环境素养"研究框架，应该是一种理想的选择，可以为人类个体的媒介环境实践提供具体指导，使人类个体与媒介环境的关系趋于和谐。作者认为，媒介环境素养是指人类个体在媒介环境中为实现某种程度的生存与发展目标而形成某种层次的认知与行为能力，并将媒介环境素养具体划分为媒介环境形态素养和媒介环境信息素养两个方面。在具体研究中，应该遵循"发展"研究范式，考虑如何提升人类个体在媒介环境中的发展能力。由此，媒介环境素养研究架构在人类个体如何对待媒介环境、如何开展媒介素养水平提升教育、如何实现媒介素养研究创新发展等方面体现出重要价值。这一研究从人—媒关系的维度，探讨个体在当前的媒介环境中应该具有何种能力的问题，从而实现媒介素养与信息素养之间的融合研究，为个体的媒介环境事件提供具体指导。

二、重视对媒介素养教育内涵的探究和深刻反思

关于媒介素养的概念，一般研究者会追溯到 19 世纪 30 年代利维斯对英国精英文化的推崇，批判性是媒介素养概念的最为本质性的内涵。中国学者对媒介素养这一领域的关注和探讨是从对国外学者相关研究的引介开始的。自 20 世纪 90 年代媒介素养概念被引介到中国大陆以来，中国学者就不断对这一概念的内涵进行剖析和建构，媒介素养研究在中国不断深化和本土化。面对新的媒介技术的发展和新的媒介环境，重新审视欧美语境下的媒介素养教育内涵和范式，有助于结合中国现实的媒介环境开展广泛的跨学科研究和系统的理论建构。贾玉在《欧美媒介素养教育的内涵、范式与借鉴》一文中指出，随着人类进入全媒体时代，人们越来越依赖媒介信息去建构自我对世界的认知，而认知水平的高低取决于个体的媒介素养水平。作者认为，媒介素养教育具有媒介的理解能力与媒介的应用能力、对媒介内容进行理性批判的能力、具备传播媒介信息所需的知识和技巧为我所用的能力三大内涵，存在保护主义模式、辨析模式和自我反应模式三大范式。厘清欧美媒介素养教育的内涵，明了其发展范式，能够更好地结合我国的媒介素养教育特点，辩证地开展思维，走出我国媒介素养教育的理论化建设的新路径，实现我国媒介素养教育研究创新。郭学文和张晨悦的《社会化媒体语境下媒介素养的内涵转向》一文中，从媒介素养教育研究的理论渊源，即对大众传媒的文化批判着眼，在对大众传媒信息生产和受众信息接收研究的基础上，探讨了社会化媒体语境下媒介素养内涵转向问题。作者认为，社会化媒体的兴起，颠覆了大众传媒的主导传媒生态，也改变了以大众传媒为主导的"人—媒"关系，促成了媒介素养内涵变化。社会化媒体语境下，媒介素养应该以现代公民意识为依托，扼制感性，回归理性，强调权责统一。从媒介接触能力的角度，可以将媒介素养解构为媒介技术素养、媒介信息素养、媒介道德素养三个方面。

三、媒介素养研究的理论视角的不断拓展

开展媒介素养教育研究，进行本土化的媒介素养教育理论的建构，需要夯实研究的理论基础，不断丰富和拓展理论研究视角，以更好地促进系统化的理论建构。

中国媒介素养研究学者，主要从以下几个方面开展媒介素养理论研究。

首先，以文化研究作为理论基础，对媒介素养问题进行探索。施海泉的《伯明翰学派媒介素养观念的源流与分歧——以理查德·霍加特引发的讨论为例》一文，以文化研究领域伯明翰学派理查德·霍加特（Richard Hoggart）的讨论为例，从文化的角度研究社会中下阶层人群的习惯和需求，加强其媒介素养能力的建设，并将此作为社会文化秩序意义重构的途径。霍加特的媒介素养观念根植于工人阶级文化的内部融贯性和外部道德性，不认为工人阶级文化需要超越阶级的界限成为社会典范，坚持"文化只能是特定阶级的文化"的观点。这在雷蒙·威廉斯（Raymond Williams）看来是理想化的。1976年，斯图亚特·霍尔等（Stuart Hall, et al）在《仪式抵抗》中批评霍加特对工人阶级主动性和抵抗性的消极认识。面对第二次世界大战前后40年时间里工人阶级文化生活的巨大变化，霍加特视野中的英国工人阶级的优良文化在各种流行艺术、涉性和暴力小说、低俗杂志和商业性的流行歌曲中悄然迷失。作者认为，霍加特的媒介素养观念不是历史性的，而是嵌入到共时性的社会结构并与其他构成产生互相作用。指出霍加特的媒介素养学说对于中国的意义在于明了其观念的核心是大众社会的结构与动力关系，并在新闻传播教育、网络传播、科技传播、绿色传播等领域开展媒介素养教育，回归到霍加特的媒介素养观念。

其次，媒介素养研究理论视角呈现出多元化的特性。从文化视角出发，一直是媒介素养研究的重要途径之一。如前所述，文化研究也是媒介素养研究的理论基础之一。在亚文化理论框架下的媒介素养研究，自然成为媒介素养研究的重要议题之一。高超在《亚文化理论框架下大学生媒介素养教育理论善变》一文中，从亚文化的概念出发，认为大学生群体强调个性、善于接触新事物，具有青年亚文化的主要形态。作者从亚文化理论框架出发，认为在互联网＋时代，青年亚文化具有信息消费的叛逆性、信息消费的个性化、信息消费的享用性等特点，并进而分析了青年亚文化背景下大学生媒介素养教育中所存在的大学生对媒介素养教育的抵触心理、缺乏兴趣、对传统价值理念的轻视等困境，并提出了在大学生媒介素养教育中积极构建学生的主体地位、以人为本和因材施教的教育方式、充分利用新媒体平台等对策。此外，有学者从社会责任理论视域下进行媒介素养研究，丰富了媒介素养研究的理论基础。新闻媒体在满足受众信息知情权的同时也具有引导社会舆论、监测社会环境、传递社会文化遗产的功能。面对社会的飞速发展，张雨在《从"社会责任理论"出发浅谈媒介素养与媒介责任》一文中指出，由于新媒体的发展、利益的驱动以及满足受众的特殊心理需求等原因，媒体的责任意识缺失，导致新闻报道失实现象层出不穷，无视新闻媒体行业规范，乃至跌破法律底线。面对诸如此类的问题，作者从社会责任意识出发，阐释媒介素养与媒介责任之间的关系，认为应建立自律制度，制定职业规范，提高从业人员的综合素质，提升记者的专业知识水平与职业精神。

再次，与传播学理论相结合，完善媒介素养理论框架。依据传播学理论开展媒介素养研究，是许多致力于媒介素养理论研究学者在开展媒介素养研究中非常重要的理论依据，传播学理论是媒介素养理论研究和理论建构中的重要学术资源。与此同时，学者们也以媒介素养理论为基础，重新审视传播学领域的研究议题，在媒介素养理论框架下，对已有传播学研究议题进行重新探讨，以应对传统的传播学研究中的困境，在破解研究难题的同时，进一步充实和丰富媒介素养理论框架。张开在《媒介素养框架下的受众研究新论》中对媒介素养理论框架下的受众研究进行探讨，认为面对新媒体时代的媒介环境，应重新审视受众研究的理论与实践。作者在对受众研究发展及其面对新的媒介环境所存在的困境进行分析的基础上，认为媒介素养受众研究具有强调权利、注重能力、重视审美和立足创新等特点，强调通过提高媒介使用"主体"的相关认知和技能，重塑人们的生存环境。作者进一步强调，由于媒介素养的学术资源主要源于文化研究、符号学、媒介生态学、传播政治经济学、参与式传播学、发展传播学、社会学等，因此媒介素养受众研究将受众及其传播行为纳入文化研究范畴，通过受众接受媒介信息时的意义如何再建构的研究，探索知识与权力的关系和如何提高受众的信息控制权。但面对新的传播技术的发展，媒介素养受众研究的理论基础尚未牢固的状况下，使得媒介受众研究面对一系列的困惑，这促使媒介素养研究学者不断在媒介素养受众研究方面进行深入的探索，开展系统化的理论研究，开创媒介素养受众研究的新局面，以实现重塑人们的媒介生态环境这一媒介素养教育的终极目的。

最后，从政策层面对媒介素养进行研究，作为媒介素养理论建构的支撑。无论是进行媒介素养理论建构，还是开展媒介素养教育实践，均需要一定的政策引导和支持。为此，有必要从政策层面进行媒介素养研究。学者们关于媒介素养教育政策的研究，不仅为媒介素养教育实践提供了指导，也促进了媒介素养理论的发展。耿益群和黄偲在《联合国教科文组织有关媒介素养政策之演变分析》一文中，对联合国教科文组织出台的有关媒介素养政策进行研究，认为联合国的媒介素养政策对全球范围的媒介素养教育发展具有一定的推动和引领作用。作者对联合国教科文组织有关媒介素养政策的渊源进行追溯，对其媒介素养教育开展的原则和政策体系进行分析，认为联合国教科文组织有关媒介素养政策具有促进个体和社会发展的双重目标，政策具有很强的操作性，政策体现出广泛的包容性，政策的制定具有学术依据，政策关注教师发展，强调项目的实施与评估等特点。联合国教科文组织有关媒介素养政策与联合国的使命和宗旨密切相关，受到其传播、教育和社会文化政策的影响。强调通过教育、科学及文化研究和活动促进各国之间合作，实现"于人之思想中构建和平"的理想；以联合国的终身学习和全民教育理念作为媒介素养政策的两个基本原则；促进文化多样性和开展跨文化对话，以增进不同民族和文化之间的相互理解。

四、从公民媒介素养教育的角度开展媒介素养研究

公民媒介素养教育一直是媒介素养教育发展历史较长的西方各国开展媒介素养教育的重要组成部分，而培养具有较高媒介素养的公民也是媒介素养教育最为重要的目的之一。借鉴西方国家公民媒介素养教育的经验，结合我国的国情，探寻适合我国国情的公民媒介素养教育路径，是众多国内研究者的关注。这些探索有助于构建具有中国特色的媒介素养理论，指导具体的公民媒介素养教育实践。张蕊和高宁在《公民媒介素养教育的西方范式与中国路径》一文中本着历史与逻辑统一的方法，对西方媒介素养发展历程进行梳理，提炼出媒介素养教育的三种基本内涵。作者认为西方媒介素养教育经历了受众保护范式、媒介内容辨析范式、媒介内容批判、范式、信息生产参与范式四个阶段，并在这四个阶段进行分析的基础上，总结出了媒介素养对媒介的理解与使用能力、对媒介内容进行理性批判的能力、利用媒介进行修辞表达的能力三种内涵。与国外媒介素养发展历史相比，中国媒介素养研究起步较晚。作者通过对中国媒介素养教育发展现状的考察，以问题为导向讨论了中国开展公民媒介素养教育应当全面动态地把握媒介的社会功能、批判性地认识"媒介现实"、增强主体运用媒介进行有效表达的能力。以社会主义核心价值观为公民媒介素养的核心内核，将个体自由、社会责任和国家利益有机统一。

网络环境下，当前的公民媒介素养教育与传统的有所不同，更加关注公民的社会参与问题。网络作为一个公共话语空间，网络受众拥有积极而个性化的话语消费权，但也考验着每一个网络受众的媒介素养。王淑君的《基于消费话语权视角浅析网络受众的媒介素养》一文，从消费话语权的视角，提出了加强社会环境的监督制度、提高受众自身的媒介使用素养、提升受众的综合媒介素养等网络受众的媒介素养提升途径。

五、开展新媒介环境下媒介素养研究

随着新媒介技术的发展，媒介融合的趋势日益显著，智媒时代已经来临。面对新的媒介环境，媒介素养研究需要以新的视角、新的方法敏锐捕捉前沿研究议题，为媒介素养研究的进一步发展、媒介素养理论的建构提供学术支撑。互联网技术的发展以及智能移动通信工具的普及，使得受众获取信息的渠道不再局限于报纸、广播等传统媒介，更多的是通过互联网获取海量的新闻信息。为此，王振东和王艳的《噱头的诱惑与媒介素养——新媒体时代语境下的"标题党"思维分析》一文，针对新媒体时代语境下的"标题党"思维进行分析，认为"标题党思维"指的是在互联网和智能手机为代表的新媒体时代语境下，在互联网平台上通过噱头、夸张、色

情、暴力或扭曲事实等手段，制作吸引受众注意力的标题以达到高点击量和高关注度的群体在进行制作"标题党"式新闻时的思维方式。这种思维方式的成因既有个体内在的原因，也有外部媒介环境、制度建设等方面的原因。互联网时代信息呈几何指数的疯狂增长，受众阅读习惯的变化、受众获取信息的方式的变化、新闻从业者的职业素养、新闻伦理道德规范、商业利益的驱动、政府法律的缺失等，都是"标题党思维"的成因。作者进一步分析了"标题党思维"所造成的媒体萎靡和新闻传播业的衰败、受众阅读习惯碎片化和品位低龄化等危机，提出了在国家层面加强立法、在媒体公司及媒体从业者层面进行规范、在受众层面把握受众的阅读习惯加强媒介素养等应对"标题党思维"的应对措施。

在新媒体环境下，新闻伦理问题日益凸显，在某种程度上，新闻媒体工作者和普通网民的媒介素养对新闻伦理均具有一定的规范作用。宋付力的《媒介素养对新闻伦理规范的意义与提升路径》一文，对新闻伦理这个概念之下的技术伦理、参与伦理、运营伦理等新问题进行全方位的考察，认为应加强媒介素养教育来面对这些问题。应该从媒介素养教育的媒体形态、对象范围、内容范畴等方面入手，发挥媒介素养对新闻伦理的规范作用。这不仅有助于提高网民对技术生产新闻的认知程度，也可以提升公民参与新闻生产过程中的伦理意识和对新媒体内容的选择水平。从具体的媒介传播形态来看，由于媒介技术的发展，颠覆了传统的传播生态，传播的信息量、速度、方式、质量等方面均发生了变革。在这一态势下，新媒体广告不断发展，成为新的媒介环境下最为主要的广告形态。新媒体广告不仅表现在媒介形态上，还带来了传播方式、对象、内容的内涵与外延的不断拓展。陈华的《新媒体广告中受众媒介素养对传播效果的影响维度分析》一文，通过对新媒体广告中受众媒介素养对传播效果的影响维度分析，探讨新媒体环境下受众媒介素养的新变化、新呈现，并结合媒介素养的新内涵，探寻提升传播效果的途径。

面对新的媒介环境，不同群体的媒介素养教育问题仍是媒介素养学者关注的焦点，尤其是青少年媒介素养的养成问题。张晓和鞠煜在《"微时代"背景下大学生媒介素养的现状与培养路径》一文中阐释了"微时代"中人们的生产和生活方式的巨大变化，认为大学生群体特殊的生理和心理特征，使其容易受到媒介传播不良现象的影响，需要引导其理性使用媒介，有效利用媒介信息促进自身发展。作者采用问卷调查的方法，对微时代大学生的媒介认知、沟通、批判、再创造四个层面进行调查，分析了大学生媒介素养所存在的过度沉迷于自我世界、缺乏与外界交流、微媒体使用时间偏长和频率偏高、依赖性较强、微媒介质疑和评估能力有待加强、微媒介信息再创造能力有待提升等方面的问题，提出从媒体机构自律、社会组织积极参与、学校课程主导、政府法律法规引导、大学生个体提升主体意识五个角度培育大学生媒介素养的有效途径。网络数字新闻的分发渠道有三种：传统媒体的客户端、网络门户的客户端、基于算法的个性化新闻推送客户端。在智媒化时代，基于算法的个性化新闻推送客户端成为受众获取网络数字新闻的重要渠道。金泽军在《智媒体时代算法推送对公众媒介素养的新要求》一文中指出，由于算法推送的本质是信息和用户的匹配，具有个性化、场景化和社会化等特点，因此，算法实现了基于用户兴趣的精准化个性推送，但也带来了隐私泄露、自控力下降、信息茧房和价值迷失等诸多问题，在加强平台要求、政府做出努力的同时，更要加强公众媒介素养能力提升。

综上所述，在媒介素养理论研究体系化方面，中国大陆学者进行了持续不断的艰难探索，研究者进行了比较系统化的理论框架建构。但总体上来说，在媒介素养理论建构方面仍有极大的发展空间，理论域仍需拓展，理论的逻辑性和延展性仍需加强。同时，如何应用所建构的理论框架开展媒介素养教育实践，使理论研究与实践有机结合，开创中国媒介素养教育的新的局面，仍是中国媒介素养研究者应该不断努力的方向。

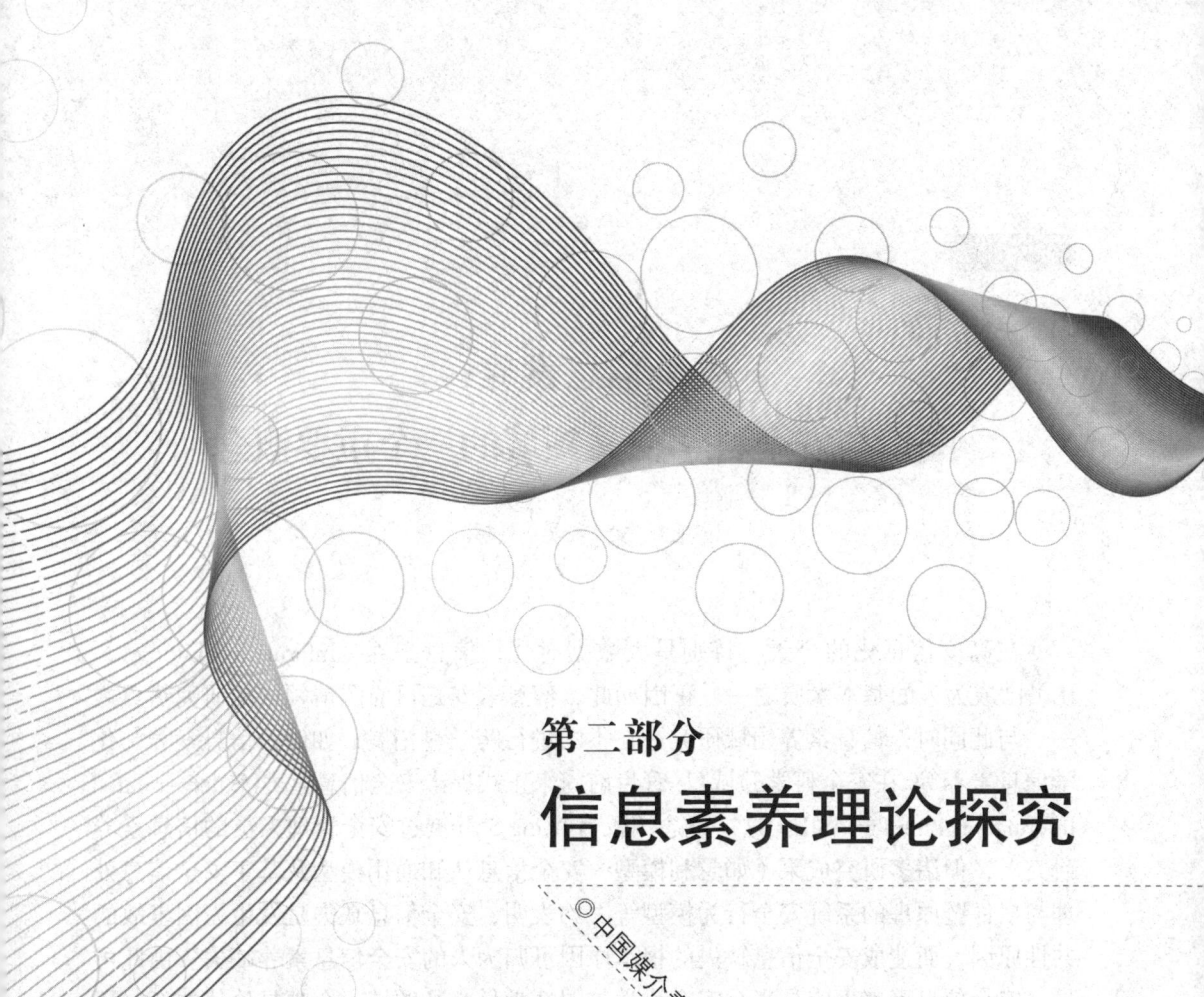

第二部分
信息素养理论探究

安全信息素养：
图情与安全科学交叉领域的一个重要概念

王　秉　吴　超

在高度信息化的今天，特别是大数据时代，信息素养（Information Literacy，IL）已成为人的基本素质之一。正因如此，信息素养是目前图情领域的研究热点之一。与此同时，信息素养领域研究亦在不断进行跨学科拓展，如健康信息素养与化学信息素养等。在安全科学领域，尽管目前尚未正式提出安全信息素养（Safety-related Information Literacy，SIL）这一概念（仅有 Yang 5 开展过安全管理人员的信息素养研究），但诸多研究成果（如瑟利模型、安全信息认知通用模型及基于安全信息处理与事件链原理的系统安全行为模型等）均表明，安全信息缺失是发生人因事故的共性原因，而造成安全信息缺失的根本原因可归为人的安全信息素养缺失。由此可见，安全信息素养理应是当今安全科学与图情学科交叉领域一个颇具价值的新兴研究分支。

此外，鉴于以下三点重要原因：（1）绝大多数事故均是由人的不安全行为所致，而诸多行为干预理论（如信息—动机—行为技巧模型与信息—知识—信念—行为理论等）均表明，信息是对人的行为具有控制作用的元素。由此观之，基于安全信息的安全行为干预应是人因事故预防的重要手段，而其基本前提是培养人的安全信息素养。（2）随着信息技术和循证理念在安全实践中的广泛应用，信息素养已成为当前与未来安全实践中的必备素质之一。（3）近年来，安全素养（Safety Literacy，SL）教育逐渐被中国政府列入伤害预防与安全促进的一个重点领域与优先领域〔如《安全生产"十二五"规划》（2011 年印发）、《中共中央国务院关于推进安全生产领域改革发展的意见》（2016 年印发）与《安全生产"十三五"规划》（2017 年印发）均重点提及要提升全民安全素质〕，而安全信息素养作为安全素养的重要组成部分，安全信息素养教育显然是提升安全素养的关键点。上述

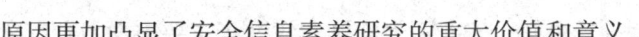

原因更加凸显了安全信息素养研究的重大价值和意义。

　　鉴于此，本文主要从理论层面出发，首次正式提出安全信息素养这一新概念，并重点阐释安全信息素养的若干基本问题，以期开辟安全信息素养这一新的研究领域，即进一步丰富信息素养的研究内容，促进信息素养研究的跨学科发展，并为安全信息素养研究与安全信息素养教育奠定扎实的理论基础。

一、安全信息素养概念的提出

　　安全信息素养是信息素养这一抽象概念在安全科学领域的衍生与实践应用。显然，就安全信息素养的理论渊源而言，它应是安全素养与信息素养二者的组合体。换言之，安全信息素养应同时隶属于信息素养与安全素养范畴，是安全素养和信息素养两个概念间的相互直接渗透与融合，是由安全素养和信息素养两个概念整合而成的一个复合型概念。从理论而言，明晰安全素养与信息素养两个基本概念是提出安全信息素养概念的基础与前提。因此，这里首先依次给出安全素养与信息素养的定义，并在此基础上给出安全信息素养的定义。

（一）安全素养的定义

　　目前，学界尚未明确提出安全素养这一概念。但是，日趋复杂的安全问题强烈要求人们需提高自我安全促进能力，在这种情况下安全素养便应运而生。就字面含义而言，安全素养是由"安全"（在安全科学领域，安全被普遍认为是人的身心免受外界不利因素影响的存在状态）与"素养"（素养是决定一个人行为习惯和思维方式的内在特质，被认为是由训练和实践而获得的技能和知识）两个词所构成的合成词。由此可知，首先，需基于"大安全"观，界定安全素养这一概念；其次，安全素养是经训练与实践所获取的安全能力，其是一个动态变量，可通过人的不同安全行为所外显的其所拥有的安全知识与安全技能等来体现。基于此，将安全素养定义为：人所具有的降低安全风险和提升安全保障水平的技巧或能力。细言之，安全素养是指人在具备适宜的安全知识储备基础之上，主动寻求安全知识和信息，并能够正确利用安全知识和信息来维护和促进自己、他人及所在组织（系统）安全这一过程的外化表现。

　　显然，就安全素养的内涵而言，应包括安全知识、安全理念、安全技能与安全行为四个要素，且它们处于不同层面（其中，安全知识与安全技能是核心要素）：安全素养以人所获取（包括已储备的）的安全知识为起点，安全知识经理解与吸收转化为安全理念（安全理念与安全知识间可相互转化，可将安全理念视为一种特殊的安全知识）与安全技能，最终安全知识、安全技能与安全理念共同通过安全行为得以显现与外化。此外，安全素养还受安全背景（即与安全相关的环境因素，如人口统计学特征及所处的安全文化与经济等环境）的影响。由此，构建安全素养的内涵模型（如图 1 所示）。由上分析可知，安全素养实则包含两个主要层面，即安全知识层面（基本的安全知识与技能储备）与安全能力层面（如何获取与运用安全信息等），显然，后者是安全素养的核心。总之，安全素养是安全教育活动的直接结果，它包括个人的安全知识、安全认知与安全技能，这些将会直接影响人获取、理解与利用安全信息并保持安全的能力，而安全素养改变的结果则为安全行为的改变，最终影响人所在组织的安全绩效。

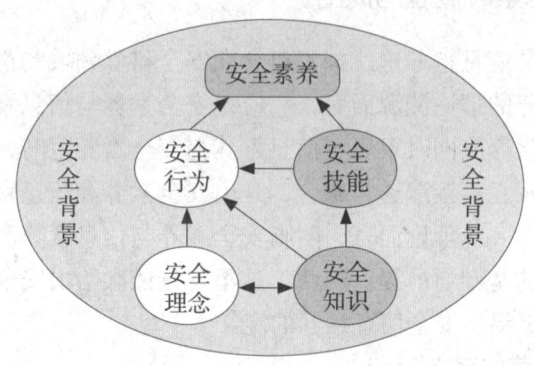

图 1　安全素养的内涵模型

（二）信息素养的定义

1979 年，美国信息产业协会（AIIL）给出了较为科学的信息素养的定义：人们知道在解决问题时利用信息的技术和技能。此后，基于上述定义，不同学者或机构又从不同角度给出了诸多信息素养定义。目前，尽管学者就信息素养的定义尚未达成共识，但对信息素养的主要构成要素及内涵的认识逐渐趋于一致，即信息素养至少应包括信息需求、信息获取、信息评价与信息利用四个层面的能力，即信息素养是上述四个层面能力的集合体。鉴于此，根据美国图书馆协会（ALA）于 1989年对"具有信息素养的人"的描述（具有信息素养的人能够判断何时需要信息，并懂得如何去获取、评价和有效地利用所需要的信息）所给出的信息素养的定义，即人的明确自身信息需要，及获取、评价和利用所需信息的一种综合能力，成为目前被广泛采纳的信息素养的定义。

（三）安全信息素养的定义

根据信息素养与安全素养的定义，可给出安全信息素养的定义：安全信息素养是指安全信息用户认识到安全信息需求，并获取、评价和利用所需安全信息以做出合理安全行为的一系列能力。简言之，安全信息素养是一种运用安全信息解决安全行为问题的能力。显然，鉴于安全信息素养概念是将安全素养与信息素养两个概念进行融合提出的，因此，安全信息素养可用逻辑表达式表示为：

$$SIL = IL \ ASL \qquad\qquad （1）$$

式中，SIL 为安全信息素养；IL 为信息素养；SL 为安全素养。

细言之，所谓安全信息素养，是指安全信息用户（在安全实践活动中利用安全信息的所有个人与团体）在产生安全信息需求时能够清晰地表达，对可能的安全信源（安全信息的产生者）相对熟悉，并能够利用安全信源进行阅读、获取、搜寻、理解、评价与处理安全信息，进而利用安全信息以做出合理的安全行为（主要包括安全预测行为、安全决策行为与安全执行行为三种，这里，主要指安全决策行为）的能力。

显然，根据安全素养的定义，可大体概述一个具有良好安全信息素养的人的四个基本特征：（1）能够认识到准确的和完整的安全信息是做出正确安全行为的基础。（2）可明确对安全信息的具体需求（如对安全信息的感知），并形成基于安全信息需求的安全行为问题。（3）可确定潜在的安全信源，可制定成功的安全信息获取、评价与处理方式，并可将安全信息成功应用于实际的安全实践活动。（4）可将所获取的新的安全信息与原有的安全知识体系进行有效融合，并具有批判性和选择性地选取和使用安全信息。

此外，鉴于以下三点主要原因：（1）事故的根源原因可统一归为安全信息缺失，按此推理，人的安全行为失误的根源原因可统一归为安全信息缺失。（2）安全信息是人做出一切合理安全行为的先决条件。（3）由上文给出的安全素养的核心（即安全能力层面）可知，其实则强调人所具有的获得、理解、评价、处理和运用安全信息或服务以实现安全促进的能力，即安全信息素养，这是最为重要的安全能力之一。因而，在笔者看来，狭义的安全素养（或安全素养的核心）近似等同于安全信息素养。由此观之，安全信息素养可基本体现安全素养，故可用安全信息素养来近似度量与评价安全素养水平，且安全信息素养应是安全素养促进的关键点与着力点。简言之，安全信息素养为度量、评价与提升安全素养提供了一条有效思路和手段。

二、安全信息素养的基本构成要素

根据安全科学研究实践的主要领域，王秉与吴超等指出，安全信息应涵盖三方面：伤害预防（Injury Prevention，IP）（包括事故预防）、安全促进（Safety Promotion，SP）及应急与恢复（Response & Recovery，RR）。此外，安全信息素养的内涵并非是安全素养与信息素养二者的简单组合与叠加，或是信息素养在安全科学领域的简单实践和应用，而应综合考量安全信息素养的内涵，即应契合绝大多数人对安全信息的认知、理解、接受和利用能力，并紧密结合安全科学研究实践内容和领域。基于此，从安全科学角度看，安全信息素养是安全行为干预（Safety-related Behavior Intervention，SBI）及安全素养促进（Safety Literacy Promotion，SLP）的关键点。

基于上述分析，融合安全信息的主要涵盖领域及促进安全信息素养的主要目的，并根据安全信息素养的定义，从安全信息需求意识（Safety-related Information Demand Consciousness，SIDC）、安全信息获取能力（Safety-related Information Acquisition Ability，SIAA）、安全信息评价能力（Safety-related Information Evaluation Ability，SIEA）与安全信息利用能力（Safety-related Information Utilization Ability，SIUA）四方面出发，构建安全信息素养的内涵模型（如图 2 所示）。

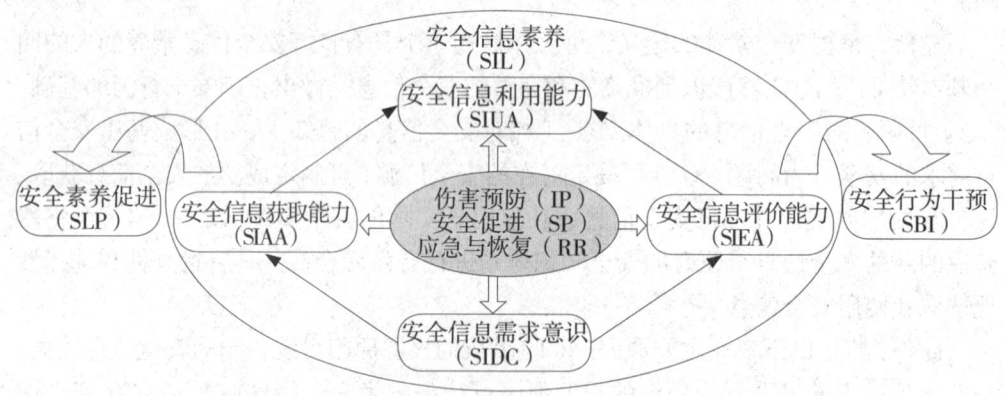

图 2　安全信息素养的内涵模型

（一）安全信息需求意识（SIDC）

所谓信息需求，是指信息用户为解决各种问题而产生的对信息的必要感和不满足感，是对信息产品与信息服务的各类具体需求。有鉴于此，可给出安全信息需求的定义：安全信息用户为解决各种安全行为问题而产生的对安全信息的必要感和不满足感。若深究安全信息需求的根本原因，其应是人的安全需求。著名心理学家 Maslow 认为，安全需求（仅高于生理需求）是人的第二层基本需求。毋庸置疑，人的每种需求（包括安全需求）的最终实现均需以相应的信息与物质为基础和前提。因而，人的安全需求的实现需以安全信息为基础。由此观之，人在安全需求之本性的驱使下，为满足自身的安全需求而必然会产生安全信息需求，即人的安全需求是人的安全信息需求产生的根本缘由。

由信息需求层次理论可知，安全信息需求以两种不同状态存在：一是内在（或无意识的）安全信息需求，是指未被安全信息用户意识到的安全信息需要，即客观层次的安全信息需求；二是外在（或有意识的）安全信息需求，是指已被安全信息用户意识到的（即被"激活"的）安全信息需求，其包括认识层次的安全信息需求（被安全信息用户在实际安全行为实践活动中，所认识到的自身的安全信息需求）与表达层次的安全信息需求（安全信息用户将自身的安全所表达出来的信息需求）。由此易知，安全信息需求意识极为重要。所谓安全信息需求意识，是指安全信息用户能够认识到安全信息对安全行为实施过程与结果的重要影响，能够明确自身具体的安全信息需求，并有能力识别与确定所需安全信息的来源、类别和数量等。显然，安全信息需求意识是安全信息素养的基础构成要素。简言之，安全信息需求意识是安全信息用户用于"激活"安全信息需求（即使安全信息需求"外化"）的意识，其作用机理可表示为：

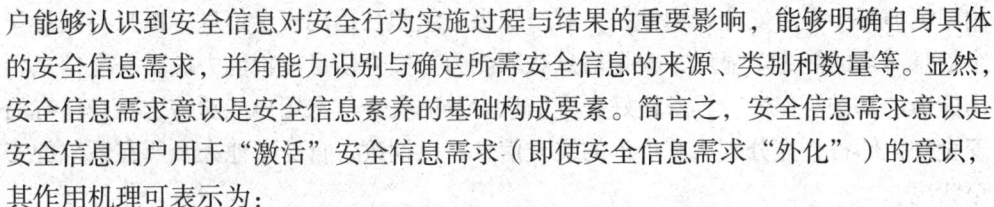

$$内在安全信息需求 \xrightarrow{\text{SIDC}} 外在安全信息需求 \tag{2}$$

（二）安全信息获取能力（SIAA）

利用安全信息的前提条件是获得所需安全信息。因而，安全信息获取能力应是安全信息素养的核心能力之一。所谓安全信息获取能力，是指安全信息用户搜寻所需安全信息的能力。具体言之，安全信息获取能力主要指安全信息用户掌握和制定获取所需安全信息的策略的能力。传统的安全信息获取途径主要有纸质文献资料、书籍、安全专家咨询、电视与广播等。但随着社会信息化程度的逐步提升，各类新兴网络工具正成为目前获取安全信息的新的有效途径，包括各类电子文献资料、安全专业网站与移动终端等，并呈现出高针对性、强互动性与即时性等优势和特点，从而为安全信息用户提供了快速便捷的安全信息获取方式。

（三）安全信息评价能力（SIEA）

安全信息评价是指安全信息用户根据实际需要筛选安全信息，剔除冗余的安全信息，并以各种方式对安全信息进行筛选和加工，使之最优化和有效化。若安全信息用户不具备安全信息评价能力，一切安全信息均毫无价值，即安全信息评价能力应是安全信息素养的保证。所谓安全信息评价能力，是指安全信息用户能够正确理解安全信息的内容及合理评价安全信息来源及安全信息质量。由此观之，安全信息评价能力实则涵盖"理解安全信息"和"鉴别安全信息"两个层面的能力。理解安全信息内容是评价安全信息的基础，唯有正确理解安全信息内容，才可对安全信息做出合理鉴别。安全信息评价能力是利用安全信息为安全行为实践活动服务的必要而重要的环节，唯有准确鉴别安全信息内容的有效性、可靠性与科学性，才可筛选出最契合自身安全行为实践活动所需的安全信息。

（四）安全信息利用能力（SIUA）

安全信息利用指安全信息用户运用所获取和经评价后的安全信息来解决所面临的安全行为问题的行为活动。细言之，安全信息利用指安全信息用户通过对安全信息进行获取与筛选后，将自身的安全信息和所筛选出的安全信息进行有机结合，经过分析、综合、加工而转换成新的安全信息，从而实现安全信息为安全行为活动服务的目的。因而，安全信息利用能力是安全信息实现最终价值（效用）的最后环节，亦是安全信息素养的作用结果和最终体现。所谓安全信息利用能力，是指安全信息用户能够基于自身安全知识储备，有效统摄、组织与运用安全信息，以自身满足安全信息需求的能力。显然，安全信息获取能力与安全信息评价能力应是安全信息利用能力的基础与保证，具备良好安全信息素养的安全信息用户能够综合自身已有的安全知识储备，充分利用有价值的安全信息，以期改善自身、他人及所在系统的安全状况。

三、安全信息素养的研究对象与评价路径

（一）研究对象

由安全信息素养的定义可知，安全信息素养的研究对象是安全信息用户。所谓安全信息用户，是指在安全行为实践活动中利用安全信息的一切个体与团体，其既是安全信息的使用者，亦是安全信息的创造者。显然，安全信息用户主要包括"个体人"与"组织人"两类。这里的"组织人"是相对于"个体人"而言的，如组织及其子组织均可视为是"组织人"，其与"个体人"一样，亦是具有安全信息需求、获取、评价及利用能力的"生命体"。由此观之，安全信息素养的研究对象主要包括"个体人"与"组织人"两类。一般而言，"组织人"又可细分为企业、政府安全监管部门、安全中介机构、安全科研机构、社区、城市与家庭等；"个体人"又可细分为安全专业人员、安全科研人员、企业安全管理人员、企业员工、政府安全监管部门工作人员与社会公众等。因而，安全信息素养的研究对象极为丰富，应针对不同研究对象的特征和需求等开展具有特色的安全信息素养研究。

（二）评价路径

信息素养评价标准作为信息素养教育评价的依据与准确判断人的信息素养程度与水平的标尺，是信息素养研究的重要内容之一。同理，科学准确地评估安全信息素养亦是深入开展安全信息素养研究的首要任务。所谓安全信息素养评价，是指为充分了解人的信息素养程度与水平或安全信息素养教育成效，进而为安全信息素养提升提供科学依据并奠定基础为目的，运用相关评价标准、原则、依据、原理与方法等，而有目的地收集相关信息，并借以发现人的安全信息素养所存在的问题和形成结论的研究活动。其实，若严谨而言，由安全信息素养评价的目的易知，安全信息素养评价实则包括安全信息素养本身评价与安全信息素养教育评价两类。

就一般评价活动而言，其大体包括七项步骤，即准备阶段、评价指标体系构建、定性定量评价、提出改进对策措施、提出结论及建议、反馈征求建议与编制提交评价报告（其中，评价指标体系构建及定性定量评价是最为重要的步骤）。与一般评价活动类似，完整的安全信息素养评价程序亦应包括上述七项步骤，这里仅扼要阐释安全信息素养的评价指标体系构建及定性定量评价的基本路径。

1. 安全信息素养评价指标体系构建的基本路径。由安全信息素养的基本构成

要素可知，应基于安全信息需求意识、安全信息获取能力、安全信息评价能力与安全信息利用能力四个维度，来构建安全信息素养评价指标体系。此外，诸多信息素养（包括健康信息素养等）评价均包括信息道德（在信息领域中用以规范人们相互关系的思想观念与行为准则）这一重要的评价维度，而安全信息素养作为信息素养的子集，其评价理应包括安全信息道德（Safety-related Information Morality，SIM）这一重要维度。基于此，参照与借鉴相关信息素养评价指标体系，可构建包含五个1级评价指标的安全信息素养评价的参考指标体系（见表1）。需指出的是，表1作为安全信息素养评价的参考指标体系，2级和3级评价指标在后续研究实践中还有必要进行进一步调整或完善。

表1 安全信息素养评价的参考指标体系

1级评价指标	2级评价指标	3级评价指标
A_1（SIDC）	B_{11}（对安全信息的重要性认识） B_{12}（对自身安全信息需求的认识） B_{13}（安全信息需求的表达能力）	C_{111}（对待安全信息的态度） C_{112}（对安全信息价值的认识） C_{113}（搜寻安全信息的意愿） C_{121}（认识到安全信息需求） C_{122}（明确所需安全信息的范畴） C_{131}（表达安全信息需求）
A_2（SIAA）	B_{21}（安全信源选择） B_{22}（信息技术能力） B_{23}（安全信息组织能力）	C_{211}（安全信息获取方式或工具选择） C_{212}（安全信源选择） C_{213}（安全信息主题筛选） C_{214}（常见安全信息网站知晓度） C_{221}（网络工具运用能力） C_{222}（信息媒体运用能力） C_{223}（安全信息检索能力） C_{231}（安全信息收集） C_{232}（信息组织方法的应用能力）
A_3（SIEA）	B_{31}（安全信息理解能力） B_{32}（安全信息质量评价）	C_{311}（对安全说明书的理解） C_{312}（对安全相关政策、法规、标准、提示及文献的理解） C_{313}（对相关安全建议或对策的理解） C_{321}（评价安全信息的意识强度） C_{322}（评价安全信源的质量） C_{323}（评价安全信息自身的质量）
A_4（SIUA）	B_{41}（对安全行为的影响） B_{42}（安全信息传播）	C_{411}（基于安全信息的安全预测能力） C_{412}（基于安全信息的安全决策能力） C_{421}（安全信息传播方式的知晓度） C_{422}（分享安全信息的意愿与意识）
A_5（SIM）	B_{51}（信息道德意识） B_{52}（信息道德行为）	C_{511}（尊重他人信息隐私） C_{512}（保护个人信息隐私） C_{521}（拒绝不真实安全信息） C_{522}（维护和确保安全信息的可靠性）

2. 安全信息素养定性定量评价的基本路径。首先，选择安全信息素养评价方法（根据安全信息素养评价的目的与实际对象及情况，选择合理而适宜的评价方法，如层次分析法与神经网络法等）；其次，计算安全信息素养评价值（即对安全信息素养水平进行定性与定量评价，并根据相应标准，对安全信息素养水平进行分级）。

四、安全信息素养教育的必要性与基本策略

显然，提升与培养安全信息素养的最重要手段应是开展安全信息素养教育。在此，详细论述开展安全信息素养教育的必要性与基本策略。

（一）必要性

从理论而言，实施安全信息素养教育应具有充分的必要性，这是顺利开展安全信息素养教育的基本前提，亦是开展安全信息素养教育的价值和意义所在。那么，开展安全信息素养教育的必要性是什么呢？必要性是否充分？在此，就上述问题进行详细论证。

1. 安全信息是实现安全的基础性保障要素，安全信息素养应是人们安全实践活动中的必备素质。安全信息是人做出一切合理安全行为的先决条件，人的安全行为失误的共性原因是安全信息缺失，而造成安全信息缺失的直接原因是人的安全信息素养缺失。基于此，文献指出，"信息就是安全，安全就是信息"，即安全信息是通向安全的必经之路，是一种宝贵的安全资源，安全信息素养是人们安全实践活动的必备能力，未来安全信息素养教育对安全素养的促进作用将更加显著。

2. 安全信息素养教育是提升安全素养的重要手段。第一，由安全信息素养与安全素养间的关系可知，安全信息素养是安全素养的核心组成部分。第二，近年来，安全素养教育逐渐被中国政府列入伤害预防与安全促进的一个重点领域与优先领域。第三，当前公众安全素养促进工作面临诸多挑战，将"安全信息素养"注入安全素养教育之中有助于使安全素养教育实现有效"落地"。总之，安全信息素养教育必会促进人的安全素养水平快速提升。

3. 开展安全信息素养教育是大势所趋。第一，在信息化时代，特别是大数据时代背景下，信息素养已逐渐成为人们所必须具备的一种基本能力，特别是随着信息技术的应用将对安全实践产生根本性和重要性的变革，安全信息素养理应是当前与未来安全实践中的必备素质。第二，在当今社会，各类新的安全问题层出不穷，而新的安全问题需新的安全知识与信息才可得以解决，安全信息素养教育有助于人们及时为各类新的安全问题开好"安全信息处方（基于最佳的安全信息资源解决安全问题）"。第三，信息素养教育从通用层次向专业层次过渡发展是大势所趋（健康信息素养及化学信息素养教育就是最佳例证），因而，安全信息素养教育符合信

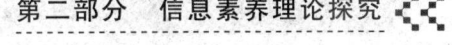

息素养教育发展的总体趋势，其亦是信息素养教育发展的产物之一。

4. **安全信息素养教育可凸显安全教育的本质，可补构传统安全教育所存在的缺失。**第一，就安全信息角度而言，安全教育的本质是基于安全信息的安全行为干预活动与过程，显然，安全信息素养教育可突出安全教育的本质。第二，传统的安全教育主要集中在授之以"鱼"（即安全知识的普及与传授）方面，弱化甚至忽视了授之以"渔"（即对人的安全信息获取、理解、评价与运用等能力的培养），导致传统的安全教育成效不佳，而安全信息素养教育可充分体现"授之以'鱼'，不如授之以'渔'"（即寻求安全知识的知识比掌握安全知识本身更为重要）的观点，可有效弥补传统安全教育所存在的缺失。第三，将"信息能力"注入安全教育，有助于使人们树立正确的现代安全思维与安全观念（保障安全不仅要依靠技术，且更加需依赖安全知识和安全信息）。

（二）基本策略

由上分析可知，理论而言，安全信息素养教育需主要应从以下四条宏观层面的策略着手开展。

1. **政策支持。**制定能促进安全信息素养教育的公共政策（如促进安全信息服务、安全信息技术研发与安全信息素养建设方面的政策、法律法规及文件等），可为开展安全信息教育提供宏观层面的有效保障。显然，安全素养教育的含义已超出传统的安全生产工作范畴，它把安全信息素养培养提到了各个部门、各级政府和组织的决策者的议事日程上。换言之，安全信息素养教育并非仅要求政府安全监管部门实行安全信息素养促进政策，也要求政府非安全监管部门配合制定相关的安全信息素养促进政策，从而共同促进安全信息素养教育活动有效实施与开展。

2. **安全信息资源服务体系构建。**第一，推进信息技术与安全促进的深度融合，依托国家电子政务网络平台，完善安全信息资源基础设施和网络系统。第二，统一和整合各类安全信息资源，开发和构建各类安全信息资源平台或网站。第三，提升安全领域的安全信息化管理（主要包括企业安全信息化管理与政府安全信息化监管）水平。第四，完善和优化各类安全信息资源服务，研发各类安全信息产品，并借助信息技术，充分发挥新媒体在安全信息素养教育中的作用。第五，促进安全信息资源共享共用。

3. **将安全信息素养教育纳入安全教育内容。**第一，根据安全信息素养教育的不同对象和内容等，制定具有层次化与差异化的安全信息素养培养机制，因地制宜且有针对性地开展安全信息素养教育工作。第二，将安全信息素养教育纳入安全专业人才培养教育内容，促进安全专业人才的安全信息素养的提升。第三，将安全信息素养教育纳入政府与企业的相关安全培训教育内容，促进政府安全监管部门工作人员、企业安全管理人员与企业普通员工的安全信息素养的提升。第四，将安全信息素养教育纳入社会公众安全宣传教育内容（如启动全民安全信息素养教育计划），促进家庭、学校、社区、城市及全社会的安全信息素养的整体提升。

4. 加强安全信息素养方面的相关研究。显然，安全信息素养研究可为安全信息教育提供理论依据与方法。需特别指出的是，鉴于安全信息素养评价是安全信息素养教育的关键环节之一，其作用在于评估人健康信息素养水平和安全信息素养教育效果，分析其问题所在，为制定相应的安全信息素养教育策略提供决策支持。因而，就目前而言，需尽快通过安全信息素养评价研究，设计专门的安全信息素养评价量表，并开发相关评价工具，这是当前安全信息素养教育工作的重中之重。

五、结论与展望

安全信息素养作为信息素养与安全素养的一个派生概念和组合型概念，其是当今安全科学与图情学科交叉领域内的一个重要概念和新兴研究分支。本文基于安全素养与信息素养的定义，首次正式提出安全信息素养这一新概念。在此基础上，从理论层面出发，系统阐释安全信息素养的若干基本问题，主要包括安全信息素养的基本构成要素、研究对象、评价路径及安全信息素养促进手段之安全信息素养教育的必要性与基本策略。显然，本研究不仅在理论层面开辟了安全信息素养这一新的研究领域，并为该研究领域的未来研究奠定了坚实的理论基础，亦在实践层面对安全行为干预与安全素养促进具有重要的指导意义。

毋庸讳言，本文仅是理论层面的关于安全信息素养的初步探索性研究，即是具有"奠基性"和"开启性"的关于安全信息素养的基础理论研究。因此，今后尚需以本文所明确的安全信息素养的基本问题及相关研究切入点为基础，开展大量关于安全信息素养的后续研究（如安全信息素养评价研究等），以期安全信息素养这一新概念的提出，可以引领安全科学与图情学科交叉领域的新的发展潮流和开辟新的研究领域。在此，也呼吁国内外学者更多地关注和开展安全信息素养研究实践。

参考文献

［1］FRAILLON J, SCHULZ W, AINLEY J. International computer and information literacy study: assessment framework［J］. International Association for the Evaluation of Educational Achievement, 2013, 33（4）: 95—103.

［2］邓灵斌，余玲.美国信息素养新标准：元素养解读及其启迪［J］.情报理论与实践，2015，38（9）：130—133.

［3］赵爱平，贾翠.E时代公民健康信息素养教育和服务研究［J］.图书情报工作，2012，

56（7）：68—71.

［4］GAWALT E S, ADAMS B. A chemical information literacy pro-gram for first-year students［J］. Journal of Chemical Education, 2011, 88（4）：402—407.

［5］YANG F. Exploring the information literacy of professionals' in safety management［J］. Safety Science, 2012, 50（2）：294—299.

［6］HUGHES B P, NEWSTEAD S, ANUND A, et al. A review of models relevant to road safety［J］. Accident Analysis & Prevention, 2015, 74：250—270.

［7］吴超. 安全信息认知通用模型及其启示［J］. 中国安全生产科学技术, 2017, 13（3）：59—65.

［8］王秉, 吴超, 黄浪. 基于安全信息处理与事件链原理的系统安全行为模型［J］. 情报杂志, 2017, 36（9）：119—126.

［9］LI H, LU M, HSU S C, et al. Proactive behavior-based safety management for construction safety improvement［J］. Safety Science, 2015, 75（6）：107—117.

［10］MISOVICH S J, MARTINEZ T, FISHER J D, et al.Predict-ingbreast self-examination：a test of the information-motivation- behavioral skills model［J］. Journal of Applied Social Psychology, 2003, 33（4）：775—790.

［11］夏莹, 严婧. 信息—知识—信念—行为理论在角膜移植患者健康教育中的应用［J］. 中华现代护理杂志, 2013, 19（22）：2662—2665.

［12］国家安全监督管理总局. 国务院办公厅关于印发安全生产"十二五"规划的通知［EB/OL］.（2011-10-17）［2017-06-17］. http：/ / www.chinasafety.gov.cn / newpage / Contents / Channel_20558/2011 /1017/152753/content_152753. htm.

［13］国家安全监督管理总局. 中共中央国务院关于推进安全生产领域改革发展的意见［EB/OL］.（2016-12-18）［2017-06-17］. http：/ / www.chinasafety.gov.cn / newpage / Contents / Channel_21356 /2016 /1218 /280478 /content_280478. htm.

［14］国家安全监督管理总局. 国务院办公厅关于印发安全生产"十三五"规划的通知［EB/OL］.（2017-02-03）［2017-06-17］. http：/ / www.chinasafety.gov.cn / newpage / Contents / Channel_5980/2017/0203/282815/content_282815. htm.

［15］王秉, 吴超. 安全信息视阈下的系统安全学研究论纲［J］. 情报杂志, 2017, 36（10）：48—55, 35.

［16］秦殿启, 张玉玮. 三层面信息素养理论的建构与实践［J］. 情报理论与实践, 2017, 40（6）：13—17.

［17］BURNHEIN R. Information literacy：a core competency［J］. Australian Academic & Research Libraries, 1992, 23（4）：188—196.

［18］曹梅, 朱学芳. 用户信息行为的研究方法体系初探［J］. 情报理论与实践, 2010,

33（1）：37—40.

［19］MASLOW A H. A theory of human motivation［J］. Psychological Review, 1943, 50（4）：370—396.

［20］胡昌平.信息服务与用户［M］.武汉：武汉大学出版社，2008：21.

［21］刘孝文.信息素养评价中的 AHP 方法应用［J］.现代情报，2006，26（10）：47—50.

［22］王辅之，罗爱静，孙伟伟，等.基于 AHP-RBF 神经网络的居民健康信息素养评价模型研究［J］.医学信息学杂志，2013，34（7）：14—18.

〔作者简介：王秉，男，1991 年生，博士生，发表论文 40 余篇，研究方向：情报学（安全信息学方向），安全信息视域下的系统安全学，安全文化学；吴超，男，1957 年生，博士，教授，博士生导师，发表论文 400 余篇，研究方向：情报学（安全信息学方向），安全科学基础理论。原文刊登于《情报理论与实践》2018 年第 7 期。〕

大数据环境下高校大学生信息素养影响因素研究

——基于粗糙集理论

方长春　李东生　曹晓琳　王双维

一、引言

当今，数据已经渗透到每一个行业和领域，成为重要的生产因素。移动互联网、云计算和物联网的快速发展，更是推动人类迈进大数据时代。庞大的数据资源使全社会的各个领域开始了量化进程，亦对高校大学生在解决问题时利用信息的技术和技能提出了更高的要求。因此，有必要基于大数据环境从高校课程设置体系出发，采用科学的、量化的方法，揭示出其与大学生信息素养相关的决策性因素。

国内外学者纷纷展开了高校大学生信息素养的相关研究。信息素养的概念最早由 ZURKOWSKI PG 于 1974 年提出，是指"人们利用信息技术解决问题的能力"。Samson S 针对高校大学生的信息素养展开实证研究，结果表明大四学生相较大一学生具有更高的信息素养。Maybee C 基于美国大学课程设置体系对高校大学生数据信息素养和信息素养关系展开研究，并指出，数据分析能力是数据信息素养和信息素养产生连接的桥梁。Mcnicol S 则指出，大数据时代，应提高高校大学生利用信息解决问题的能力。国内学者袁曦临从高校教育理念转型入手，提出了高校信息素养教育和学习模式。张长亮等基于信息生态视角下，构建了新媒体环境下信息素养评价指标体系，并以高校大学生为研究对象展开实证研究，结果表明具备大数据特征的新媒体技术、环境和信息对高校大学生信息素养产生重要影响。

可见，国内外学者针对高校大学生信息素养的研究成果较多，但对于哪些因素影响高校大学生信息素养的研究成果却相对较少。然而，只有明晰高校大学生信息素养的影响因素，特别是揭示高校课程设置对信息素养的影响，才能够在推动高校教学改革基础上，采取切实有效措施全面提升高校大学生信息素养。因此，本文确立了以下三个主要研究问题：（1）如何构建大数据环境下高校大学生信息素养影响因素指标体系？（2）如何对所构建指标体系进行实证研究？（3）采取哪些有效措施提升高校大学生信息素养？

二、粗糙集理论

粗糙集理论是由波兰华沙理工大学 Pawlak 教授于 20 世纪 80 年代初提出的一种研究不完整、不确定知识和数据的表达、学习、归纳的理论方法，近几年来，粗糙集理论已成为信息科学最为活跃的研究领域之一。其核心原理如下：

设 $U \neq \Phi$ 为感兴趣的对象组成的有限集合，称为论域。任何子集 $X \subseteq U$ 称为 U 中的一个概念或范畴。设 R 是 U 上的一个等价关系，U/R 表示 R 的所有等价类构成的集合，[X]R 表示包含元素 $x \in U$ 的 R 等价类。当 X 能表达成某些 R 基本范畴的并时，称 X 是 R 可定义的；否则称 X 为 R 不可定义的。R 可定义集也称作 R 精确集，而 R 不可定义集也称为 R 非精确集或 R 粗糙集。

形式上，四元组 S＝（U，A，V，f）是一个知识表达系统，其中 A 为属性的非空有限集合。

$$V = \bigcup_{a \subseteq A} V_a \qquad\qquad (1)$$

V 是属性值域，Va 是属性 a 的值域。

f：U×A→V 是一个信息函数，它为每个对象的每个属性赋予一个信息值，即

$$\forall a \in A, x \in U, f(x, a) \in V_a \qquad (2)$$

知识表达系统也称为信息系统。通常也用 S＝（U，A）来代替 S＝（U，A，V，f）。

决策表是一类特殊而重要的知识表达系统，多数决策问题都可以用决策表形式来表达。决策表可以根据知识表达系统定义如下：

设 S=（U，A，V，f）是一知识表达系统，A=C∪D，且 C∩D ≠ φ，C 称为条件属性集，D 称为决策属性集，V 是属性的值域，f 对象属性到 φ 值域的映射。

令 C 和 D 分别为条件属性集和决策属性集，属性子集 C，GC 关于 D 的重要性定义为：$\sigma_{CD}(C) = \gamma_C(D) - \gamma_{C-C'}(D)$　　　（3）

在决策表中，最重要的是决策规则的产生。

三、大数据环境下高校大学生信息素养影响因素模型

（一）模型条件属性

本文通过与高校学生信息素养直接关联的教师、教学管理者、毕业学生及用人单位等相关各方讨论，划分出主干课成绩状况、考级荣誉、自然信息和个人情绪能力四大类第一层次条件属性，也可称之为基本条件属性。每一类第一层次基本条件属性又有各自的第二层次条件属性细分，如基本属性"主干课状况"，按每个专业的培养计划课程细分为基础课、专业基础课、专业课、设计类课程和实习类课程；基本属性"考级荣誉"，则包括最高级别学生干部、所获荣誉、社会实践、英语水平和计算机水平；基本属性"自然信息"，既包含身高、个人相貌等个人基本情况，也通过家庭供给生活费、勤工俭学情况涵盖了学生的一些隐性信息；基本属性"个人情绪能力"，考虑从性格特征概括评价拓宽至团队组织能力、兴趣爱好、文字语言表达、情绪控制分项。在此基础上，某些第二层次条件属性进一步细分为第三层次条件属性，如主干课成绩状况一类在细分第二层次条件属性的基础上，针对各专业培养计划课程进行筛选，分别选取本专业具有代表性的 6 门基础课程、6 门专业基础课程、3 门专业课程、3 门实践类课程和 1 门课程设计作为第三层次条件属性细化研究；情绪能力方面，也在第二层次细化基础上将每个属性向下细分第三层次属性评估项，力求全面。

（二）模型决策属性

在模型决策属性方面，针对有关学者对大数据环境下的高校大学生信息素养的界定，即主要是指其具备的数据和信息的收集、处理、挖掘、分析的能力。因此，决策属性方面，设计涵盖信息素养涉及的大数据收集、大数据处理、大数据挖掘、大数据分析四个方面。

（三）影响因素模型

基于上述论述，最终本文构建的大数据环境下高校大学生信息素养影响因素模型如图 1 所示。

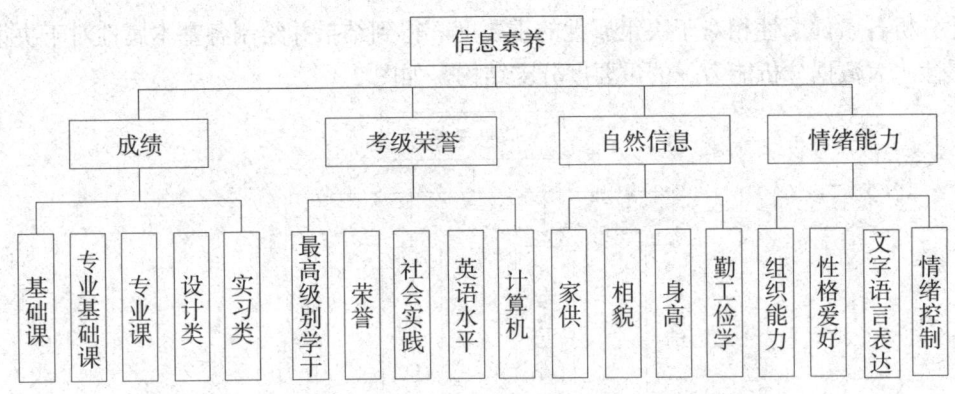

图1 大数据环境下高校大学生信息素养影响因素模型

四、实证研究

（一）样本选择和数据获取

针对上述影响因素模型，本文选取工科学科的重要条件属性，利用 Java SE 1.7 和 MySQL Server 5.0，完成了信息素养专家系统软件的设计开发。软件分为网络数据采集部分和专家建议预测部分。网络数据采集部分，用于完成研究样本数据的采集和初步的数据库导入。利用上述研究样本数据完成条件属性后，选取对信息素养因素影响较大的诸多因素组成多层次条件属性结构作为网络输入，选取代表性信息素养因素作为网络输出，构建 GRNN 神经网络。广义回归神经网络（GRNN）是美国学者 Donald F. Specht 在 1991 年提出的，它是径向基神经网络的一种。GRNN 具有很强的非线性映射能力和柔性网络结构以及高度的容错性和鲁棒性，适用于解决非线性问题。

同时，项目组邀请专家对各专业培养计划课程进行筛选，分别选取了本专业具有代表性的 6 门基础课程、6 门专业基础课程、3 门专业课程、3 门实践类课程和 1 门课程设计作为第三层次条件属性细化研究；情绪能力方面，也在第二层次细化基础上将每个属性向下细分第三层次属性评估项，力求全面。此外，为消除个人自评的不全面性，保证条件因素评估的客观性，研究过程中引入了管理评价环节，即对每个学生样本，由相应负责的学生工作管理人员进行客观评估，将评估分值叠加到自我评价分值之上，进行后续的数据关联分析。

本文在原理研究阶段，经过网络数据采集和无效样本筛除后，获得有效样本 359 个，涵盖机械自动化、车辆工程等工科代表性专业。

（二）数据结果

1. 第一层次基本条件属性重要度粗集

在本文研究过程中，针对选定的基本条件属性，以大数据分析能力作为决策属性分析各条件属性相对于决策属性的重要度。得到结果并绘制各基本属性对于决策属性（大数据分析能力）的重要度分支结构，如图2。

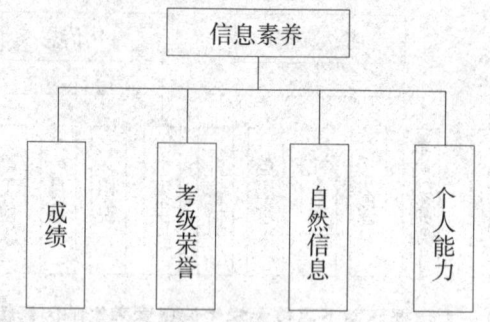

图2　第一层次（基本条件属性）重要度分支结构

2. 第二层次条件属性重要度粗集

对于细化后的第二层次条件属性计算重要度，为了便于结果比较分析，计算过程中，无论条件属性细化到哪个层次，均以所在层次各属性为条件属性，以"大数据分析能力"为决策属性。第一层次基本属性各自下一层次条件属性对"大数据分析能力"这一决策属性的分支结构图见图3的（a）、（b）、（c）、（d）。

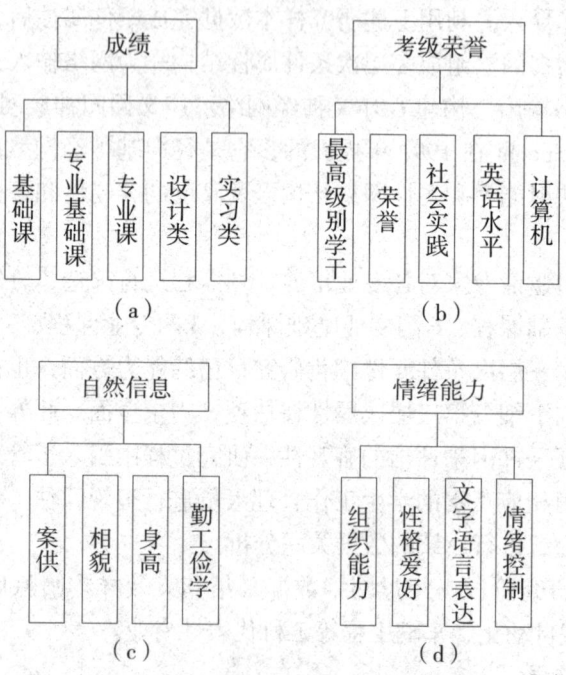

图3　第二层次条件属性重要度分支结构

（a）各类主干课成绩对大数据分析能力的分支结构图

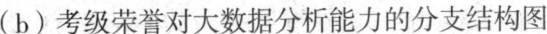

（b）考级荣誉对大数据分析能力的分支结构图

（c）自然信息对大数据分析能力的分支结构图

（d）个人情绪能力对大数据分析能力的分支结构图

（a）基础课成绩对大数据分析能力的分支结构图

（b）专业基础课成绩对大数据分析能力的分支结构图

（c）专业课成绩对大数据分析能力的分支结构图

（d）实习类课程成绩对大数据分析能力的分支结构图

（e）课程设计成绩对大数据分析能力的分支结构图

3．第三层次条件属性重要度粗集

向下进行第三层次条件属性重要度粗集分析。例如"基础课类"以线性代数、高等数学、概率统计、英语水平、计算机、大学物理这6门课程成绩为条件属性，以"大数据分析能力"为决策属性计算6门课各自的重要度；其他依此类推。

基本条件属性"成绩"中第三层次条件属性对"大数据分析能力"这一决策属性的分支结构图见图4的（a）、（b）、（c）、（d）。

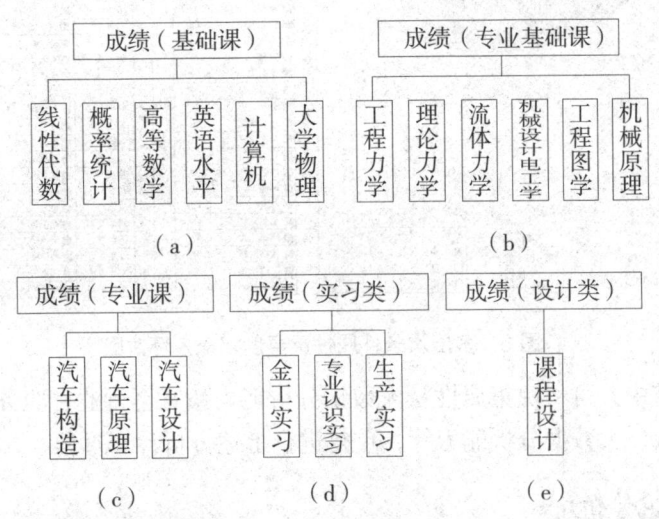

图4　第三层次条件属性重要度分支结构

4．各层次条件属性重要度权重递进多环饼图

图2、图3和图4无法体现各层次条件属性的层级性质。为此，我们对各层次属性重要度进行权重归一，并且每一层次一类属性重要度归一值为上层级条件属性重要度权重值，由第一层次基本条件属性开始至下进行，提出了一个多层次数据结构，并采用多环饼图对该结构进行可视化描述。由内向外表示由基本层次向纵深层次递进。显然，某层次中同类属性的各属性重要度权重值和所对应的圆心角，应该

77

等于上级层次属性所对应的圆心角。所形成的多环饼图见图5,其中内圆为0级层次,代表决策属性,向外第一环代表第一层次条件属性重要度结构,依此类推,各颜色意义见图例。通过多层次数据结构和多环饼图的使用,既能完成同一层次不同分类条件属性重要度之间的比较,更能体现不同层次、不同分类条件属性重要度之间的关系,可以更深刻地揭示数据中隐含的信息。

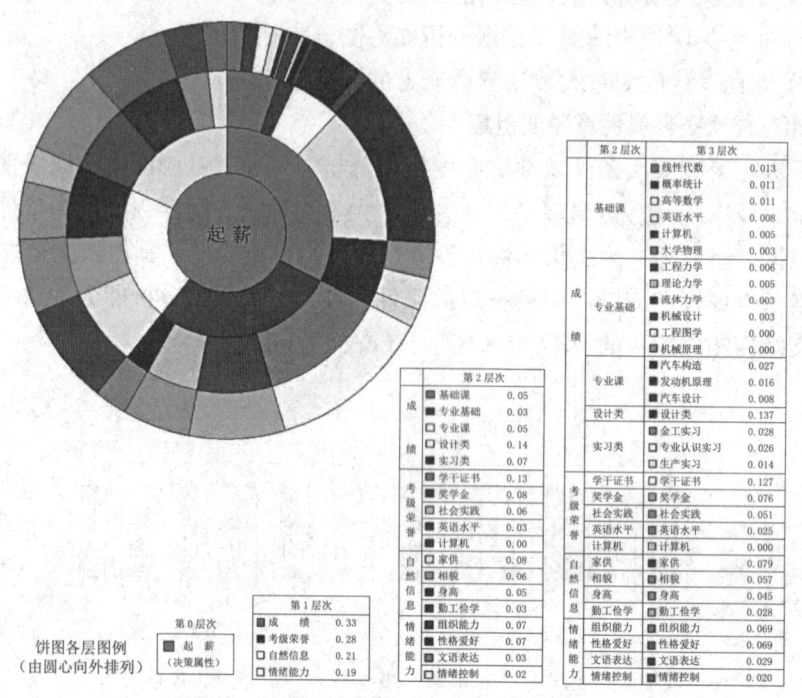

起薪

第2层次		第3层次	
成绩	基础课	■ 线性代数	0.013
		■ 概率统计	0.011
		■ 高等数学	0.011
		□ 英语水平	0.008
		□ 计算机	0.005
		■ 大学物理	0.003
	专业基础	■ 工程力学	0.006
		■ 理论力学	0.005
		■ 流体力学	0.003
		■ 机械设计	0.002
		□ 工程图学	0.000
		■ 机械原理	0.000
	专业课	■ 汽车构造	0.027
		■ 发动机原理	0.016
		□ 汽车设计	0.008
	设计类	■ 设计类	0.137
	实习类	■ 金工实习	0.028
		□ 专业认识实习	0.026
		■ 生产实习	0.014
考级荣誉	学干证书	□ 学干证书	0.127
	奖学金	■ 奖学金	0.076
	社会实践	■ 社会实践	0.051
	英语水平	□ 英语水平	0.026
	计算机	□ 计算机	0.000
自然信息	家供	■ 家供	0.079
	相貌	■ 相貌	0.057
	身高	■ 身高	0.045
	勤工俭学	■ 勤工俭学	0.028
情绪能力	组织能力	■ 组织能力	0.069
	性格爱好	■ 性格爱好	0.069
	文语表达	■ 文语表达	0.029
	情绪控制	■ 情绪控制	0.020

第2层次		
成绩	■ 基础课	0.05
	■ 专业基础	0.03
	■ 专业课	0.05
	■ 设计类	0.14
	■ 实习类	0.07
考级荣誉	■ 学干证书	0.13
	■ 奖学金	0.08
	■ 社会实践	0.06
	■ 英语水平	0.03
	■ 计算机	0.00
自然信息	□ 家供	0.08
	■ 相貌	0.06
	■ 身高	0.05
	■ 勤工俭学	0.03
情绪能力	□ 组织能力	0.07
	■ 性格爱好	0.07
	■ 文语表达	0.03
	■ 情绪控制	0.02

第0层次		第1层次	
■ 起薪 (决策属性)		■ 成绩	0.33
		■ 考级荣誉	0.28
		□ 自然信息	0.21
		■ 情绪能力	0.19

饼图各层图例 (由圆心向外排列)

图5 多层次条件属性重要度权重多环饼图

实际研究中,可将决策属性从大数据分析能力拓宽至行业、职务性质、城市级别、工作地域、大数据分析能力等,重复进行上述分析计算过程。

五、讨论分析

上述图2至图4中,每个属性得到的数值代表的是该属性相对大数据分析能力这一决策属性的重要度。如图2中,成绩这一属性得分0.33即意味着,它相对大数据分析能力这一决策属性的重要程度为此数值;图3中,设计类课程得分0.42即意味着,所有选择课程中,此类课程相对大数据分析能力这一决策属性的重要程度为此数值;图4中金工实习0.41则表明,所有选择课程中,此门课程相对大数据分析能力这一决策属性的重要程度为此数值。在这种架构中,每个属性分值需要与其所在层次其他属性比较分析,跨层次分值比较没有意义。逐层解析各属性的数据可知：

1. 图 2 中第一层次各条件属性得分分别为：成绩 0.33、荣誉证书 0.28、自然情况 0.21、性格能力 0.19。依此结果可见，对于决策属性大数据分析能力而言，各条件属性重要度排序为：成绩＞荣誉证书＞自然信息＞性格能力。面向信息素养，近年来学生和社会上普遍存在过度强调个人综合能力，轻视学业成绩的现象。文章结论则揭示，来源于研究所涉及的大四学生信息素养实例，以大数据分析能力为决策属性，成绩对其重要程度明显高于性格能力等其他属性。因此，有必要在后续学生培养过程中，适度强调信息素养培育过程中学业成绩的重要性，引导学生扭转错误观念，充分重视日常学习。

2. 图 3 中为第一层次各条件属性向下细化至第二层次条件属性，如成绩这一属性向下细化的各属性，对于决策属性大数据分析能力而言，各条件属性重要度排序为：设计类＞实习类＞基础课＝专业课＞专业基础课。此结论充分表明对于工科专业学生信息素养而言，设计、实践类课程成绩的重要程度。因此，无论是作为教育培养过程主体的高校，还是作为此过程客体的受教育者，都应该对此形成明确的认识，将其贯彻于专业培养计划的制定到教学细节的设计和完成这一全过程。

对荣誉证书、自然信息、性格能力等其他属性而言同样可以进行类似排序。得到结果诸如各种荣誉证书中，最高级别学干和其他考级证书更为重要；自然信息中，家供对于大数据分析能力影响更大；性格能力中，爱好、性格、组织能力基本等重要度，明显高于文字语言表达和情绪控制对大数据分析能力的分值。需要注意的是，对于得到的排序，需要结合学生、教职人员访谈等实际工作方能得出有意义的解析。

3. 图 4 所示的第三层次中，设计类、实习类、基础课、专业课和专业基础课这五大类课程向下细化至具体的代表性课程。如实习类这类课程向下细化的各代表性课程对于决策属性大数据分析能力而言，各实习类课程重要度排序为：金工实习＞专业认识实习＞生产实习。此结论充分显示，对于车辆工程这一工科专业，金工实习（金属加工工艺实习）这一实践基础课的重要程度。包括车工、铣工、特殊加工（线切割、激光加工）、数控车、数控铣、钳工、沙型铸造等重要工种的这门课程，是机械类各专业学生学习工程材料及机械制造基础等课程必不可少的实践教学环节，对于信息素养培育而言意义显著。而包含有汽车结构认识实习、汽车构造现场教学、汽车结构拆装技能培训等实践环节的汽车构造认识实习课程成绩，对于信息素养也有着重要的参考意义，应给予充分重视。

而对于本文提出的可以呈现多层次数据结构的多环饼图 5，由于将同一层次中同类属性的各属性重要度权重值向上级层次属性进行归一化，因此既能完成同一层次不同分类条件属性重要度之间的比较，更能体现不同层次、不同分类条件属性重要度之间的关系。如在第二层次中，成绩下的基础课和自然信息中的身高得分均为0.05，这即表明对于大数据分析能力这一决策属性，上述两个第二层次条件属性的重要度基本相当。而对于不同层次、不同分类条件属性重要度，则如第二层次中考级荣誉下的英语水品得分0.03，第三层次中成绩下专业课中的汽车构造得分0.027，实习类中的金工实习得分0.028，这表明对于大数据分析能力这一决策属性，上述三个条件属性虽然分属不同层次的不同门类，但它们对于决策属性而言重要度基本相当。由此可见，采用这样的多层次数据结构，并采用多环饼图对该结构进行可视化描述，有利于更深刻地揭示数据中隐含的信息。

与此同时值得注意的是，采用量化分析方法探讨人文科学问题，也不适宜机械地对数据进行解读，更应该特别重视结合实际情况具体分析。如图3和图5中基础课和专业课的重要度分值一致，以及组织能力和性格爱好的重要度分值一致；图4中，概率统计和高等数学的重要度分值一致，以及机械设计电工学和流体力学两门课程也得到了相等的分值。具体分析上述分值一致的数据对，对于基础课和专业课这两个条件属性来说，基础课主要涵盖了多门大一阶段开设的重要基础必修课程；专业课包含的则是车辆工程专业三门最为重要的专业必修课程。因此，教师和学生对这两类课程重视基本相当，对于大多数同学，两类成绩此强彼强，确实存在具有一定关联性的可能。概率统计和高等数学同为数学方面的基础课程，与上述二者情况类似。而对于组织能力和性格爱好这两个情绪能力条件属性，则不适宜依据这样的分析来简单判断它们之间的相关程度，需要后续更多的数据分析和探讨。另，图3和图5中计算机得分为0，具体分析这样的结果应该主要来自于参与问卷调查的学生计算机普遍通过了国家计算机二级考试，水平基本一致，导致此条件属性等价分类仅为一类。而图4和图5中，工程图学和机械原理两个（另其他专业有两个以上）属性重要度为零，并不能直接理解为这两个属性对于决策属性不起任何作用。根据我们以往的粗糙集分析经验，通常两个条件属性得分一致且相对其他条件属性分值明显偏低，这并不一定意味着两个条件属性都不重要，也有可能来自于这两个条件属性之间的强关联性。对此问题原因，有待后续进一步研究确定。

六、结语

本文在国内外学者研究成果基础上，展开大数据环境下高校大学生信息素养影响因素研究。论文结果既可反馈教学单位指导学生的教学、思想教育工作，又可为学生本人自我调整、完善提出建议。

与此同时，我们也应该注意到人类对于人文科学的量化分析手段仍处于发展完

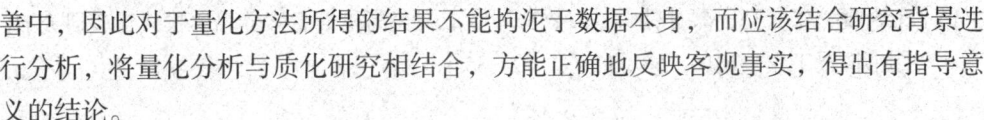

善中，因此对于量化方法所得的结果不能拘泥于数据本身，而应该结合研究背景进行分析，将量化分析与质化研究相结合，方能正确地反映客观事实，得出有指导意义的结论。

参考文献

［1］ZURKOWSKI P G. The information service environment relationships and priorities[EB/OL]. https://eric.ed.gov/?id=ED100391, 2017—09—08.

［2］Samson S. Information Literacy Learning Outcomes and Student Success[J]. Journal of Academic Librarianship, 2010, 36（3）：202—21 0.

［3］Maybee C, Carlson J, Slebodnik M, et al. "It's in the Syllabus"：Identifying Information Literacy and Data Information Literacy Opportunities Usinga Grounded Theory Approach[J]. Journal of Academic Librarianship, 201 5, 41（4）：369—376.

［4］Mcnicol S. Modelling information literacy for classrooms of the future[J]. Journal of Librarianship & Information Science, 2015, 47（4）：303—313.

［5］袁曦临. 高校信息素养教育课程建设与学习模式的探讨[J]. 现代情报，2007，27（11）：199—201.

［6］张长亮，王晰巍，贾若男，李嘉兴. 信息生态视角下新媒体信息素养评价指标及评价方法研究[J]. 情报资料工作，2017，（4）：23—29.

［7］Pawlak Z, Rough sets. International Journal of Computer and Information Science[J].Hans Journal of Data Mining, 1982（11）：341—356.

［8］Hu X H, Cercone N. Learning in relational data bases：a rough set approach[J]. Computational Inteligence, 1995, 11（2）：161—171.

［9］Swiniarski R W, Hargis L. Rough set as a front end of neural—networks texture classifiers[J]. Neuro—Computing, 2001, 36（1）：85—102.

［10］邓维斌，王国胤，胡峰. 基于优势关系粗糙集的自主式学习模式计算机学报[J]. 2014，（12）：2408—2418.

［11］Siyuan Jing, Kun She and Shahzad Ali.A Universal neighborhood rough sets model for knowledge discovering from incomplete heterogeneous data[J].Expert Systems, 2013, 30（1）：89—96.

［12］Yuhua Qian, Hu Zhang, Yanli Sang, Jiye Liang.Multigranulation decision—theoretic rough sets[J]. International Journal of Approximate Reasoning, 2013, 55（1）：389—390.

［13］张文修，吴伟志，梁吉业，等·粗糙集理论与方法[M].北京：科学出版社，2000.

［14］王国胤.Rough 集理论与知识获取[M].西安：西安交通大学出版社，2001.

［15］张文修，吴伟志，梁吉业. 粗糙集理论与方法[M].北京：科学出版社，2001.

［16］王晰巍, 张长亮, 蔡佳铭等. 大数据环境下中美高校信息素养培养模式比较研究 [J]. 图书情报工作, 2016, 60（11）: 29—35.

（作者简介: 方长春, 1968 年出生, 男, 黑龙江鸡西人, 硕士, 副教授; 通信作者: 曹晓琳。原文刊登于《情报科学》2018 年第 2 期）

基于 ISM 与 AHP 的学生信息素养影响因素研究

罗　玛　王祖浩

一、引言

在社会经济所带来的信息技术迅猛发展的背景之下, "信息素养" 的培养始终是 21 世纪各国教育的关注重点, 它与国际范围内的 "核心素养" 教育改革关联密切, 因此作为未来工作、终身学习所需的关键能力之一被纳入 "核心素养" 体系而备受瞩目。

（一）概念内涵

从 1974 年保罗·车可斯基（Paul Zurkowski）提出 "信息素养"（Information Literacy）的最早的定义, 到 1989 年美国图书馆协会（American Library Association, ALA）提出的 "作为具有信息素养能力的人, 必须能够充分地认识到何时需要信息, 并有能力去有效地发现、检索、评价和利用所需要的信息", 其中强调了具有信息素养的人是那些懂得如何学习的人, 再到 2016 年 1 月, 由美国大学与研究型图书馆协会（Association of College and Research Libraries, ACRL）颁布实施的《高等教育信息素养框架》（Framework for Information Literacy for Higher Education）中所指出的, "信息素养" 包括对信息的反思性发现, 对信息如何产生和评价的理解, 以及利用信息创造新知识并合理参与学习团体的一组综合能力, 由此可见, 这个概念的内涵一直随着时代的发展而不断更新。

除了在图书馆学、信息服务等领域专门讨论 "信息素养" 之外, 在更广泛的、综合的教育领域, 也对此予以了关注和重视。欧盟（European Union）和经济合作与发展组织（OECD）等国际组织所提出的核心素养框架中, 均突出强调了 "数字素养"（Digital Competence）或 "信息素养"（Information Competence）, 指的是在工作、生活和交往中自信和批判地使用信息技术的能力, 强调以基本的信息技术能力如使用计算机和互联网的能力为基础，"互动地使用知识和信息的能力"，要求对于信息本质（Nature of Information）有批判性反思，涉及其技术性的基础设施，社会的、文化的甚至意识形态的情境和影响。

（二）问题的提出

正是由于信息素养对于个体发展、终身学习的重要作用，在图书情报、教育教学研究等领域，有许多研究者围绕于此展开了不同的研究。其中，以信息素养的教学培养和促进，评价测量的实证研究较多，从中获得影响或作用于信息素养的指标、因子。例如有研究表明不同性别的大学生其信息素养能力的表现具有差异，在评价网络资源时，女性被试更具辨识力，而男性被试对搜索引擎获得的结果更有信心，然而学生的信息素养表现存在性别差异并不能构成因果关系，诸如此类的研究并不是直接关乎信息素养影响因素的研究工作。以实证研究的方法探索学生表现的差异，可以启发教师进行教学诊断，并由此开展教学，而有关影响因素的研究工作能够帮助我们发现学生信息素养发展差异的原因和机制，以此为证据发现问题的症结，进行更具针对性的培养。

文献研究发现，有关信息素养影响因素的国内外研究，通常采用了回归分析、结构方程模型等统计方法进行探索，从中获得潜在构念的预测指标。纵观已有的因素研究，所研究、探查的因素并不全面，而且完全依据量化数据的结果进行，取舍过于数据驱动，存在忽略重要信息的风险；此外，多数研究结果并非"由因到果"，而仍停留于对信息素养这个能力构念的反映性指标的测查上，即对信息素养的间接评估。据此，本研究试图从更加全面的视角对影响学生信息素养的因素进行分析和探查，在此过程中需要从纷繁的、多变的情况中探寻可能的因子，建立与信息素养这个目标变量（潜在构念）之间的结构关系，最终构建出有效的、可信的影响因素模型，这是本研究所要解决的研究问题和达成的研究目标。

（三）研究方法

影响因素的研究类似于多准则、多目标的复杂问题的决策分析，而且教育研究与实践的复杂性决定了其研究往往很难达到绝对的量化，由于研究对象的复杂性，以及人做出思维判断的模糊性等，我们可以借鉴系统工程科学和决策科学领域中的常用方法。

有教育研究者应用解释结构模型法（Interpretive Structural Modeling，ISM）来探究复杂系统的多级递阶结构，揭示不同因素之间的相互关系，最终构建出影响因素模型。一般来说，需要首先建立邻接矩阵，再运用相关的算法进行可达矩阵（M）及因素模型结构的计算和绘制。本研究将利用目标矩阵的方法进行简便化操作。

此外，为确定因素权重，将采用层次分析法（Analytic Hierarchy Process，AHP），它在教育研究的决策、评价、分析和预测中应用广泛。首先，在 ISM 所构建的层次结构模型基础之上，应用成对比较法进行偏好分析，探寻层次排序，依据 AHP 的 9 级比例标尺，收集专家评判的数据，形成判断矩阵（Judgement Matrix），并进行一致性检验; 进而按照幂法(Power Method)进行运算,获得各级因素的权重(重要度，Weight)，从而获得各层级、各因素的综合排序。

因此，本研究将结合定性和定量分析，运用 ISM 与 AHP 相结合的技术方法，以期最终获得信息素养影响因素的结构模型。

二、基于 ISM 建立因素结构

运用 ISM 构建影响因素层级结构的基本程序包括因素抽取，形成关系并制作目标矩阵，最终形成影响因素结构的层级有向图。

（一）抽取影响因素

文献研究发现，多数研究关注于高等教育阶段学生的信息素养表现和发展，而学生的高中经历（High School Experiences）与信息素养能力之间存在关系，以 ICT 素养评估测试 iSkills 为数据收集的工具，通过阶层多元回归分析（Hierarchical Multiple Regression Analysis）的方法进行数据检验，发现有 4 个变量能够预测得到更高的 iSkills 分数，即这 4 个变量是显著影响（$p<.05$）学生信息素养的因素，分别是：学生使用最为流畅的语言，种族，高中时期的累积平均绩点（GPA），选修荣誉课程（Honors Courses）或其他先修课程（Advanced- placement Classes）的数量等。另一项研究同样采用回归分析，探究了涉及人口统计、教育和经济因素以及当前地位、平均绩点（GPA）等高中时期的经历的影响作用，发现只有 GPA 和标准测试分数对信息素养的测试的得分有影响。而高中时期教师的合作探究等教学方式的应用，未能提供真实体验的情境等教学环境的创设也是信息素养未能有效培养的重要阻碍之一，包括相关资金短缺、人员不足、缺乏合作、管理监督的疏忽等都颇受诟病。

在强调以学生为中心的教学过程中，研究者总结区分了两类影响信息素养在通识课程教学中加以整合的因素：一类是政策因素，包含制度政策、管理结构和体系、管理者角色、资源与设备、学习资源和支持计划以及教师评估和发展 6 个方面；另一类是教学因素，包括授课教师角色、图书管理员角色、学习者角色、授课教师和图书管理员对信息素养的知识与理解、二者的合作、学习结果、教学计划、教学方法、教学行为、教学用具以及学生评估 11 个因素。对大型测评的设计及结果进行总结分析之后，发现中学生的信息素养受学生个体、学生家庭背景、学校教学、学校资源、地区及国家教育信息化设备及政策引导等多方面因素的影响。

综上可见，从外在的制度政策、环境支持，到教师教学过程中的方法运用和学习评估，以及学生的社会经济背景、课业成就表现等多个方面都对学生的信息素养产生影响。基于此，本研究总结提出了影响学生信息素养的因素子集，并利用德尔菲法展开调查。

选取了专业领域内的 2 名副教授，2 名讲师；2 名不同地区的高中教研员，曾是经验丰富的优秀教师；2 名本专业的博士研究生和 3 名硕士研究生组成专家咨询小组。遵循德尔菲法的操作程序，利用电子邮件展开了 3 次咨询，直至达成一致意见，最终形成了表 1 所示的影响因素集。

表 1　初步抽取的信息素养影响因素

1	社会经济条件	14	外部学习动机
2	资源建设	15	学习者的认知策略
3	多媒体设备	16	学习者的元认知策略
4	家庭氛围	17	学习者的资源管理策略
5	学习者的社会经济地位（SES）	18	环境因素
6	家庭的支持帮助	19	教师因素（教师教学）
7	学校的政策支持	20	学习者因素
8	对信息应用的认识	21	社会环境
9	对信息价值的认识	22	家庭环境
10	对于信息的敏感度意识	23	学校环境
11	多媒体使用	24	信息意识
12	教学策略	25	学习动机
13	内部学习动机	26	学习策略

该因素子集包含 26 个因素指标，对环境、教学，教师、学习者等多个方面予以考虑，不同因素之间有交叉重叠，也存在包含与被包含的从属关系，因此下一步是对各因素之间的关系进行判断。

（二）绘制目标矩阵

根据 ISM 的目标矩阵法，对专家组成员进行调查，收集他们对于以上因素之间存在关系的意见数据。当列因素 i 是行因素 j 的直接下属（或者 i 对 j 有直接影响）时，即 j 是 i 的上层因素，存在 i–j 的关系路径，即在（i，j）处填入 1；处于并列层次（即相互不影响）的两个因素，交叉空格处则不需填写；行因素是列因素的下属，而同时列因素是行因素的下属，即（i，j）与（j，i）都为 1，表示它们之间是彼此影响的。由此得到影响因素的目标矩阵。

调查结果如表 2 所示，G 表示目标，是所有因素指向的最高层级，本研究中即信息素养。第 1—17 项因素是彼此独立的，而且只存在它们指向其他因素的直接关系，说明它们不存在直接的下层因素，是目标层次结构中的最底层因素；其他各项因素均有下层因素，例如，第 8 项因素既从属于学习者因素（20），也是教师因素（19）的下层。

表 2　影响因素的直接关系（目标矩阵）

	1	2	3	4	5	6	7	8	9	10	11	12	13	14	15	16	17	18	19	20	21	22	23	24	25	26	G
1																		1			1						
2																		1			1	1	1				
3																		1			1	1	1				
4																		1			1						
5																		1			1						
6																		1			1						
7																		1						1			
8																			1	1				1			
9																			1	1				1			
10																			1	1				1			
11																			1								
12																			1								
13																				1					1		
14																				1					1		
15																				1						1	
16																				1						1	
17																				1						1	
18																											1
19																											1
20																											1
21																		1									
22																		1									
23																		1									
24																			1	1							
25																				1							
26																				1							
G																											

（三）形成关系结构

根据 R（Ri）=R（Ri）nQ（Ri）来确定最高级元素 Ri，然后将所有最高级因素所在行和列从矩阵中去除，形成新矩阵，之后按照同样的方式找到新矩阵中的最高级元素，以此逐步寻找、确定各层级的要素。按照从低到高的方式，首先明确最底层的因素（1—17 列上均无"1"出现），清除 1—17 行上所有内容（置为空白）；观察此时的目标矩阵（图表略），发现除了 1—17 列之外，在 21—26 列上也全部为空（无"1"出现），因此 21—26 项的因素为高于底层的因素层；同样地，把 21—26 对应行上的内容清除，观察此时的矩阵，仅剩余 G 列有数值"1"出现，即最高层级。

由此确定了信息素养影响因素的层级结构图，清晰地展现了各因素间的高低层次，以及对信息素养的影响关系，它是运用层次分析法的前提基础。

三、基于 AHP 确定因素权重

运用层次分析法（AHP）是将问题对象视作整体化的系统进行处理，利用先分解后综合的思维方式进行决策判断，结合了定性分析与定量分析的技术方法，充分发挥决策者的个体认知能力，更为透彻、清楚地剖析问题本质和因素之间的内在关系，由此得以在多准则决策问题的解决上发挥重要作用。本研究应用 AHP 全面系统地分析、计算出信息素养各影响因素的权重系数，为避免繁杂的计算过程，利用计算机软件（Yaahp 10）辅助数据的整理和分析。

（一）专家调查

以基于 ISM 提出的影响因素层级结构为分析对象，将每一个因素的内涵所指进行说明，如表 3 所示。

表 3　信息素养的各级影响

一级	二级	三级	表现说明
A 环境因素	A1 社会环境	A11 社会经济环境	生活地区的基本经济状况，如人均 GDP 等
		A12 资讯宣传建设	生活地区图书馆、社区报刊栏、多媒体资源等
	A2 家庭环境	A21 经济状况	通过父母学历（受教育程度），职业，家庭拥有物品等指标反映
		A22 资源媒体	图书储备，网络，电视、手机、iPad、电脑等媒体工具
		A23 家庭支持	为孩子尽可能提供获取信息（或技术）的渠道、机会，提供力所能及的指导帮助，乃至合作（显性支持）；家庭氛围影响（隐性支持），如其他人阅读、获取信息的行为、意识、态度
	A3 学校环境	A31 资源建设	图书报刊，电子文献、数据库和网络资源，国家精品课程等资源库，教学管理平台（用于交互式教学、作业布置批改、答疑、测评等）
		A32 多媒体设备	教室或实验室里的设备。包括现代化，推广性或是否普遍配置，设备质量、操作与维护等
		A33 学校政策支持	理念趋向，资金投入，师资配备，改革实践的项目或课堂（如与信息素养相关的教学改革与实践或课题研究）

（续上表）

一级	二级	三级	表现说明
B 教室因素	B1 教师信息意识	B11 教师价值认识	意识到信息技术的价值功能、重要作用，以及潜在的问题、局限（如非工具至上等）
		B12 教师应用认识	对信息有积极的内在需求，还应善于将学校、社会对个人的要求自觉转化为个人内在的信息需求。在必要、需要时，会有意识地去表达需求，寻找、筛选、利用信息（教师主要是利用信息技术、媒体等设备、资源；以及相关的教学设计、方法策略等。如设计小组活动等）
		B13 教师敏感度	能迅速有效地发现并掌握有价值的信息，发现隐含意义和价值，主动关注（与教学相关的信息，不仅是新技术，还可以是新事件、新方法、新问题等），识别筛选、积极搜集。与其他教师交流，与教学工作相联系，及时运用于教学
	B2 课堂教学	B21 多媒体使用	使用信息技术设备、资源、环境等进行教学；操作能力：对信息技术设备是否足够了解，操作熟练度，知道当下用何种手段或设备更加合适（如白板、手持技术的应用，智慧课堂中的交互工具等；包括使用限度的认识）
		B22 教学策略	在课堂教学过程中的方法策略。如让学生查找相关资料解决某些问题并交流；基于项目、问题的学习；小组合作、发现式、探究式、以学生为中心等教学策略的灵活运用等。由此有意识地培养学生的信息素养：识别和挖掘、搜索和收集、转化和处理、分析和判别、应用和评价交流信息
C 学习者因素	C1 学习者信息意识	C11 学习者价值认识	意识到信息技术的价值功能、重要作用，以及潜在的问题和局限
		C12 学习者应用认识	对信息有积极的内在需求，善于将学校、社会对个人的要求自觉转化为个人内在的信息需求。在必要时会有意识地表达需求，寻找、筛选、利用信息技术、媒体等设备、资源，进行学习活动，解决学习问题乃至实际生活中遇到的相关问题等
		C13 学习者敏感度	能迅速有效地发现并掌握有价值的信息，发现隐含意义和价值，主动关注相关的信息（不仅是新技术，还可以是新事件、新方法、新问题等），识别筛选，积极搜集，与师、生交流、评价和运用
	C2 学习动机	C21 内部动机	对融合信息，采用技术、媒体的课堂表示接受、满意，更加感兴趣，更有学习动力；对相关的信息有求知欲；渴望提高自己的信息素养能力等
		C22 外部动机	外部诱因所引起的动机，如渴望奖励或避免惩罚（父母、教师、学校等），参与课程学习、小组活动、探究项目等所必需的被动因素等
	C3 学习策略	C31 认识策略	在学习过程中，所运用到的复述、精细加工、组织策略
		C32 元认知策略	计划，监控（自制、管理。如对信息技术工具使用限度的把握），调节策略
		C33 资源管理策略	时间管理策略（在必要时使用信息技术，时间的分配和把控）、学习环境管理策略（对信息的分类、归档、有效储存，信息相关的网络检索工具、设备的管理）、努力管理策略（解决相关问题时能维持意志努力、自我鼓励，如找不到所需要的信息，能够继续整理思绪，换个途径等）、寻求支持策略（工具和资源的选择和利用、向教师、同学交流、寻求帮助等）

利用如下评价尺度（如表 4 所示）进行因素之间的重要度评判，如果评价者认

为因素 A 和因素 B 相比，因素 B "明显重要"，则 A 对 B 的相对重要度是 "1/7"，即 A/B=1/7；因素 B 和因素 C 相比，因素 B 介于 "稍微重要" 与 "相当重要" 之间，则 B 对 C 的相对重要度是 "4"，即 B/C=4。

表 4　AHP 的 9 级评价尺度

1	2	3	4	5	6	7	8	9
同等重要	折中值	稍微重要	折中值	相当重要	折中值	明显重要	折中值	绝对重要

据此，结合详细的影响因素说明和评判尺度，设计出调查问卷，实施网络调查，收集了 12 位专家的评价数据。

（二）成对比较调查

成对比较调查所收集的是因素重要度的成对比较数据，即两两对比，例如因素 i 和要素 j 之间的重要度之比为 aij，因素 i 和要素 k 之间的重要度之比为 aik，由此逐步获得所有因素之间的成对比较数据，输入 Yaahp 软件中，借助于软件中的运算程序，检验其一致性，最终形成判断矩阵（Judgement Matrix）。

以一致性比例（C.R.）描述矩阵的一致性，当 C.R.=O 时，表示完全一致性矩阵；C.R.V1 时，认为该矩阵具有满意的一致性。当不满足一致性要求时，Yaahp 软件会提示操作者进行适当修正，直至专家评判形成的判断矩阵达到要求。表 5 所示的是专家 W 对二级因素家庭环境（A2）的 3 个下层因素之间的重要度评价情况，专家 W 认为 A23 家庭支持相比于 A21 资源媒体而言 "稍微重要" 一些，因此在相应位置的 aij=3，而曲 =1/3。经计算，该矩阵的 C.R.=0.0279，满足一致性要求，最大特征值 Xmax=3.0291。由此按照幂法进行运算，以特征根法（Eigenvalue Method）得出该矩阵的特征向量，w=（0.1852，0.1562，0.6586），即这 3 个三级因素对上一层因素（A2）的权重系数（Weight），称之为层次单排序（Level Simple Sequence）。

表 5　家庭环境（A2）因素层级中各因素的成对比较结果（专家 W 的判断矩阵）

A2 家庭环境	A21 资源媒体	A22 经济状况	A23 家庭支持	Wi
A21 资源媒体	1	1	1/3	0.1852
A22 经济状况	1	1	1/5	0.1562
A23 家庭支持	3	5	1	0.6586

对 "信息素养" 目标的权重排序还需综合同层其他各因素（A1，A3）中的权重进行计算和评判，即层次总排序（Level Total Sequence）。其他各层级的因素也按上述方式进行成对比较，一致性检验，最终获得各层因素的判断矩阵和权重，继

而确定各层级、各因素的重要性排序，尤其是获得第三层级的所有因素对信息素养这个目标的权重值及总体排序。

（三）综合权重

在前面工作的基础之上，将所有专家的成对比较数据导入（或输入）Yaahp软件，进行一致性检验，逐步形成各自的判断矩阵，得到各级的和综合的权重系数。最终，采用加权平均法获得整合后的群策权重，如表6所示，呈现了各因素作用于"决策目标"（信息素养）的影响权重的综合判断结果。

表6　各级因素对信息素养的影响权重

三级因素	权重	三级因素	权重	二级因素	权重
A11 社会经济环境	0.0145	C11 学习者价值认识	0.0705	A1 社会环境	0.0297
A12 资讯宣传建设	0.0151	C12 学习者应用认识	0.0409	A2 家庭环境	0.1458
A21 经济状况	0.0276	C13 学习者敏感度	0.0462	A3 学校环境	0.0881
A22 资源媒体	0.0367	C21 内部学习动机	0.1018	B2 课堂教学	0.1188
A23 家庭支持	0.0816	C22 外部学习动机	0.0381	B1 教师信息意识	0.1166
A31 资源建设	0.0295	C31 认知策略	0.0406	C1 学习者信息意识	0.1576
A32 多媒体设备	0.0175	C32 元认知策略	0.0795	C2 学习动机	0.1399
A33 学校政策支持	0.0410	C33 资源管理策略	0.0835	C3 学习策略	0.2035
B11 教师价值认识	0.0453				
B12 教师应用认识	0.0357			一级因素	权重
B13 教师敏感度	0.0356			A 环境因素	0.2636
B21 多媒体使用	0.0536			B 教师因素	0.2354
B22 教学策略	0.0652			C 学习者因素	0.5011

至此，综合专家评判的调查结果，研究获得了信息素养影响因素的三级层次结构和因素权重，共涉及21个三级因素指标，形成了完整的、量化的影响因素模型。

四、影响因素模型的检验

对于所形成的信息素养影响因素模型，为验证其是否有效、可信，还需要对各影响因素进行测量，并与信息素养的能力表现进行比较和匹配。

（一）影响因素的综合评价

根据表3中对21个三级影响因素的表现说明，进行问卷编制。其中社会经济环境（A11），通过被试所在学校、生活地区的人均GDP数据进行等级划分。对于学校环境因素（A3）和教师因素（B），以教师群体为对象进行调查；社会环境（A1）、家庭环境（A2）以及学习者因素（C），则以学生群体为调查对象。此外，有关学校环境（A3）、教师课堂教学（B2）因素的测查，在教师卷与学生卷中有部分题项是相同的，以交叉验证被试的回答可靠性。

1. 学生调查

研究编制设计的学生卷共有 23 道题，包含基本情况调查题，Q3—Q19 是选择题（单选和多选），部分问题需填空补充；Q20—Q23 是 Likert 5 级量表赋分题，主要涉及 12 个三级因素（A12、A21、A22、A23、C11、C12、C13、C21、C22、C31、C32、C33），并调查了学校多媒体设备（A32）和教师媒体使用策略（B21）的情况。

自两个不同地区、三所高中的高二年级中挑选部分学生为被试，收回的调查问卷中有效样本量为 N=157，男女比例接近 1 ：1。利用 SPSS 22.0 进行数据处理，计算得到问卷项目的信度良好（a=0.879）。

2. 教师调查

研究编制的教师卷共有 22 道题，包含基本情况调查，Q8—Q17 是选择题（单选和多选），部分问题需填空补充；Q18—Q22 是 Likert 5 级量表赋分题，涉及 8 个三级因素（A31、A32、A33、B11、B12、B13、B21、B22）。

调查是通过"问卷星"在线平台进行问卷的编辑、发放和数据回收，采用了方便抽样（Convenience Sampling）的方法进行调查。从正式发放问卷到停止回收答卷，共历时 7 天，一共收集 334 份有效答卷，涉及不同地区、不同学历、不同教龄和职称层次及不同任课年级的教师样本。利用 SPSS 22.0 进行数据处理，计算得到教师问卷项目的信度良好（a=0.905）。

（二）信息素养的评估

本研究借鉴以往的研究，设计了包括信息理论知识、信息工具知识及应用、信息道德以及信息能力四个方面的测评项目，其中信息能力的评估下设 4 个层次的能力，分别是识别与筛选、转化与应用、分析与综合、评价与创造。

问卷包括 13 个项目，9 道 Likert 5 级量表赋分题；3 道填空题，每道题 1 分；1 道开放性试题，综合赋分，最高为 5 分。对同一批学生样本（N=157）进行测试，信度系数 a=0.686。

（三）数据处理与结果

在影响因素评估中，教师调查的样本中包含了学生调查所有被试的部分课任教师，共计 11 名，挑选出他们的回答问卷，以平均结果反映 8 个三级因素的测查情况，与 157 名学生被试相匹配。其中，A32 和 B21 的调查结果（取题项加和平均分）与学生问卷中的结果一致性高（Spearman 等级相关系数 =0.897），由此说明这两个因素的测查结果信效度较高。

结合影响因素调查中的学生问卷和教师问卷的调查结果，将各因素上的题项得分进行加和平均，以此分值来评估、编码各个因素的得分；将基于 AHP 计算所得的因素权重与这些因素的得分进行加权平均，获得影响因素综合评价的得分（FIL）。

对于信息素养的评估，则以 13 个测试项目的加和结果表示信息素养的能力得分（TIL），最高分为 52，最低分为 9（9 道量表题每道题最低得分为 1）。据此，将所收集的两方面数据进行处理，其描述性统计结果如表 7 所示。

表 7　信息素养及其影响因素评估的描述性统计

	N	全距	最小值	最大值	平均值	标准误	标准差
信息素养的评估（TIL）	157	35.00	16.00	51.00	36.9682	.49540	6.20734
影响因素综合评价（FIL）	157	.0734	.0951	.1685	.133980	.0012275	.0153809

利用 SPSS 22.0 将两个评估结果进行相关分析，得到 Pearson=0.613，在 0.01 水平上为显著强相关，即二者能够互相匹配，评价结果一致。由此说明，本研究所提出的信息素养影响因素模型是有效的，能够反映学生当下的信息素养能力，同时它是可预测的，能影响信息素养的形成、发展及表现。

五、结论与启示

本研究关注于国际教育、课程改革领域的重要素养之一的信息素养，在文献研究的基础上发现对于其影响因素的研究仍存在值得探究的空间。因此，研究借鉴于系统工程科学和决策科学领域中常用的分析方法，解释结构模型（ISM）和层次分析法（AHP），以专家咨询为数据收集的主要手段，将纷乱繁杂、模糊不清的观点、因素逐步转化、形成具有良好结构关系的层次模型，即获得信息素养的影响因素模型。并从模糊综合评价的视角出发，从影响因素的综合评价和信息素养的直接评估两方面进行测试，数据结果验证了影响因素模型的有效性、可靠性，达成了研究目标。

从研究的选题和结果上来看，本研究实现了对信息素养影响因素系统而全面的分析，建立了包括环境、教师、学习者三方面因素在内的完整模型，而且对各层级因素赋予了权重系数。不仅为信息素养的研究提供了参考，影响因素模型中的各层级因素也将为开展更具针对性的信息素养教学、实践提供依据，有利于促进学生素养的形塑、提高和评估。

在影响因素研究的过程中，不仅基于理论文献的分析抽取可能的影响因素，还结合了德尔菲调查的反复咨询、修订，集合了专家个体的智慧，为影响因素模型的提出奠定了坚实的基础。这些主要依据了质性分析的研究方法和操作方式，而本研究的创新之处在于应用了 ISM 和 AHP 的研究方法，实现了定性与定量研究的有效结合。一方面是出于教育实践中影响因素的多变性、复杂性，由此带来的模糊性本质考虑，在做出正确、有效的决策（建立影响因素模型）时，越是复杂的问题，越是难以完全量化，另一方面是由于专家调查过程中决策者的选择和判断所具有的主观性无可避免，而 ISM 和 AHP 方法的理论完备，结构严谨，而且易于操作，其先分解再综合、定性与定量充分结合的操作思维适用于本研究中问题的解决。

除了以上借鉴意义和创新价值之外，由于研究方法依赖于决策者的主观判断，而且模糊评价过程中对计算精度要求不高，本研究还需要在后续研究中更加广泛地收集信息，展开更为充分的理论文献研究；并且加强专家咨询，包括成员的专业化程度考量、成员数量等方面的改进。

参考文献：

［1］张倩苇. 信息素养与信息素养教育［J］. 电化教育研究，2001，（2）：9—14.

［2］American Library Association： Presidential Committee on Information Literacy ［EB /OL］. http：//www.ala.org/acrl/publications，2017−08−10.

［3］Association of College and Research Libraries （ACRL）. Framework for Information Literacy for Higher Education ［EB /OL］. http：//www.ala. org/acrl/sites/ala.org.acrl/files/content/issues/infolit/Framework_ILHE. pdf，2016−01−11.

［4］European Parliament and the Council of the European Union. Recommendation of the European Parliament and of the Council of 18 December 2006 on Key Competences for Lifelong Learning ［EB / OL］. http：//eur−lex.europa.eu/LexUriServ/LexUriServ.do?uri = OJ：L：2006：394：0010：0018：en：PDF，2006−12−30.

［5］OECD. Definition and Selection of Key Competencies−Executive Summary ［EB /OL］. http：//www.deseco.admin.ch/bfs/deseco/en/ index/02.parsys.43469.downloadList.2296. DownloadFile.tmp/2005. dskcexecutivesummary.en.pdf，2016−05−27.

［6］Grassian, E., Lemire, S. Information Literacy and Instruction： How Can This Column Help You? ［J］. Reference & User Services Quarterly，2017，56（2）：75.

［7］Ellis, C., Johnson, F., Rowley, J. Promoting information literacy： perspectives from UK universities［J］. Library Hi Tech，2017（1）：53—70.

［8］Helvoort, J.V., Brand−Gruwel, S., Huysmans, F., et al. Reliability and validity test of a Scoring Rubric for Information Literacy［J］. Journal of Documentation，2017，73（2）：305—316.

［9］Taylor, A., Dalal, H.A. Gender and Information Literacy： Evaluation of Gender Differences in a Student Survey of Information Sources［J］. College & Research Libraries，2017，78（1）：90—113.

［10］Fabbi，J.L. Fortifying the Pipeline：A Quantitative Exploration of High School Factors Impacting the Information Literacy of First-Year College Students［J］. College & Research Libraries，2014，76（1）：31—42.

［11］Lanning，S.，Mallek，J. Factors Influencing Information Literacy Competency of College Students［J］. Journal of Academic Librariansh ip，2017，43（5）：443—450.

［12］成颖，孙建军，张敏.基于结构方程模型的信息素质影响因素实证研究［J］.现代图书情报技术，2011，27（12）：9—14.

［13］Kiliccakmak，E. Learning Strategies and Motivational Factors Predicting Information Literacy Self-Efficacy of E-Learners［J］. Australasian Journal of Educational Technology，2010，26（2）：192—208.

［14］贾斌，徐恩芹，谢云.基于解释结构模型的大学生课堂学习绩效影响因素分析［J］.现代教育技术，2014，（2）：42—49.

［15］傅钢善，佟海静.网络环境下有效学习评价指标体系构建研究［J］.电化教育研究，2016，（8）：23—30.

［16］Liberatore，M.J.，Nydick，R.L. Group Decision Making in Higher Education Using the Analytic Hierarchy Process［J］. Research in Higher Education，1997，38（5）：593—614.

［17］张炳江.层次分析法及其应用案例［M］.北京：电子工业出版社，2014.17-22.

［18］Fabbi，J.L. Fortifying the Pipeline：A Quantitative Exploration of High School Factors Impacting the Information Literacy of First-Year College Students［J］. College & Research Libraries，2014，76（1）：31—42.

［19］Meyers，E.M.，Nathan，L.P.，Saxton，M.L. Barriers to information seeking in school libraries：conflicts in perceptions and practice［J］. Information Research An International Electronic Journal，2007，12（2）：296—296.

［20］Islam，R.L.，Murno，L.A. From Perceptions to Connections：Informing Information Literacy Program Planning in Academic Libraries Through Examination of High School Library Media Center Curricula［J］. College & Research Libraries，2006，67（6）：491—514.

［21］Varlejs，J.，Stec，E. Factors Affecting Students'Information Literacy as They Transition from High School to College.［J］. School Library Media Research，2014，17（1）：54—58.

［22］Doni，A.，Tesi，M. Factors Affecting the Integration of Information Literacy in the Teaching and Learning Processes of General Education Courses［J］. Journal of Educational Media & Library Sciences，2011，49（2）：265—291.

［23］覃丽君.中学生计算机与信息素养形成与发展的影响因素研究——以 2013 计算机与信息素养国际测评为例［J］.中国电化教育，2015，（3）：56—62.

［24］Bolger，F.，Wright，G. Improving the Delphi process：Lessons from social psychological research［J］.Technological Forecasting & Social Change，2011，78（9）：1500—1513.

［25］傅德荣.教育信息处理（第 2 版）［M］.北京：北京师范大学出版社，2011.

［26］成颖，孙建军，张敏.基于结构方程模型的信息素质影响因素实证研究［J］.现代图书情报技术，2011，27（12）：9-14.

［27］周建忠，申涤尘，徐玲.吉林省高校教师信息素养的现状及提高对策［J］.教育研究，2009，（5）：103—105.

（作者简介：罗玛，博士，研究方向为科学学习与能力发展。原文刊登于《中国电化教育》2018 年第 4 期。）

大学生信息素养评价指标体系与模型的构建

衣晓冰　　王贵海

《四川图书馆学报》2018 年第 1 期

对大学生信息素养评价体系的国内外研究现状进行分析，并对国内外较有影响的评价体系进行对比分析，从而提出大学生信息素养评价体系的指标，并建立更加符合评价实际的云模型，然后对云模型的属性形态进行描述，并对云模型在大学生信息素养评价、培训和选拔中进行了应用。

一、引言

高等院校大学生作为未来社会政治、经济、科技和文化建设的主要力量，对其培养是高等教育质量的重要一环，而信息素养教育是高水平教育的重要组成部分。

二、国内外研究现状

1998 年美国学校图书馆协会（AASL）《学生学习的九种信息素质评价标准》；1999 年英国国立及大学图书馆协会（SCOUNL），提出《英国高等教育信息素质能力标准》的七大支柱，2011 年发布了新版本；2000 年美国大学与研究型图书馆协会（ACRL）批准了《高等教育信息素养能力标准》；2001 年，澳大利亚大学图书馆员协会（CAUL）批准了《澳大利亚和新西兰信息素养评估框架》，2004 年发布了第二版；2013 年联合国教科文组织（UNSCO）发布《全球媒体与信息素养评估框架》；2015 年由 ACRL 理事会签署通过了新的《美国高等教育信息素养框架》。

三、大学生信息素养评价指标体系的构建

为了能够更为宏观地把握相关标准的适用范围，笔者专门走访了一些高校的文献信息检索课教师，并通过电话和邮件等方式咨询了一些相关领域的专家，再根据已有标准提出了更加适合评价大学生信息素养的相关指标，如表 1。本指标体系采

用三个等级，一级指标和二级指标是概括性指标，三级指标是描述性指标。为了构建相应的指标体系评价模型，笔者为一级指标和二级指标进行了相应的编号。

表1 大学生信息素养评价指标体系详表

一级指标	二级指标	三级指标
信息意识A	信息理论意识 A1	认识信息对于学习的重要意义，了解信息技术的重要作用
		对前沿信息和重要信息有较高的敏感度
	信息应用意识 A2	能够探求与生活和学习相关的信息知识
		能够积极地利用信息并将利用信息工具作为一种技能
信息知识B	信息工具知识 B1	具有计算机常用软件和硬件基础知识和外语基础知识
		具有网络基础知识，并掌握网络信息的交流方法
	信息检索知识 B2	熟练掌握信息检索工具，如搜索引擎等
		准确把握信息源，如数据库、门户网站等
信息能力C	信息获取能力 C1	通过信息的需求分析能够快速有效地获取所需信息
		能够对工作学习中产生的有用信息及时获取
	信息评价能力 C2	能够对相关的信息有效性和合法性进行判断
		能够对利用的信息的效果和效率进行正确评价
	信息应用能力 C3	能够有效地利用信息完成特定目标
		能够将信息的应用能力转变成为一种基本能力
信息伦理D	信息安全 D1	能够运用法律法规保证信息的安全合法
		能够运用技术手段解除信息的危害，保护隐私
	信息道德 D2	能够规范信息行为，合理合法地利用信息

四、大学生信息素养评价云

（一）云模型的构建
（二）云模型的属性
1. 云的面积
2. 云的半径
3. 云的重心
4. 云的外接圆
5. 云的内接圆

（三）云模型的形态分析

1. 荷叶云

2. 花蕾云

3. 星形云

4. 扇形云

五、大学生信息素养评价云模型的应用

（一）大学生信息素养水平的评价

（二）大学生信息素养培训方向的选择

（三）高水平信息素养大学生的选拔

六、结语

大学生的信息素养在不断变化，而且随着时代的进步，对于大学生信息素养的要求也在不断变化，所以，并不存在一个永不过时的评价体系，"云模型"也不可能一直都完全适用于不断变化的信息素养的评价。因此，我们需要对于大学生信息素养的评价体系进行不断的修正和完善，从而使其评价结果能够更加接近真实的信息素养水平。

高校信息素养教育生态系统构建路径研究

——基于 ACRL《高等教育信息素养框架》的视角

李　峰　郭兆红

《情报理论与实践》2018 年第 3 期

依据 ACRL《高等教育信息素养框架》"阈概念"和元素养的理论基础，构建以"信息人、信息资源和信息环境"为核心的信息素养教育生态系统体系。通过实施教研训"三位一体"的体验教育模式、实行教育路径和对象细化管理、构建动态化的网络组织、搭建多维度的支撑平台等具体措施，不断提升受众的信息素养。探讨一种新的教育服务和合作模式及教育生态系统的构建。信息全球化时代，高校信息素养教育不再是图书馆的个体行为，而应是由多个信息组织和学习主体参与互动的教育体系。

一、ACRL《高等教育信息素养框架》解析

（一）ACRL《高等教育信息素养框架》发展及解读

信息素养作为一种对信息社会的适应能力，主要包括三个层面的内涵：即知识层面、意识层面及技能层面。一个有信息素养的人，是能够确定何时需要信息，并已具备检索、评价和有效使用信息的能力。

（二）《框架》对信息素养生态建设的指导作用

《框架》中的阈概念涉及了信息的产生、传递、发展、交流和创造等多个方面，并认为信息的变化会对结果产生影响，需要信息人对信息的生态周期进行综合评估。因此，笔者认为，框架应从侧面提醒教育工作者必须充分重视信息生态的整体性，构建良好的信息生态系统将有利于信息素养教育延伸和发展、创新。高校信息素养生态建设是一项顶层设计，有利于从宏观和微观层面指导信息素养教育发展。从宏观上构建一个生态体系，在宏观上把信息组织机构、微观上将信息素养教育"嵌入"到高校的课程体系、教学内容以及社团活动中，促进高校的信息素养教学内容和形式更加丰富多彩。

二、基于 ACRL《框架》视角下高校信息素养教育生态系统模型

（一）高校信息素养教育生态系统模型

将信息素养教育生态系统界定为在高校内部形成的一个动态化网络组织，以学习型图书馆为中心节点，主要组成要素包括信息素养教育研究所、社团协会、知识转移机构，支撑平台由相应的政策、基金、咨询、培训共同构建。

（二）高校信息素养教育生态系统的核心要素构建分析

1. 信息人

在高校信息素养教育生态系统中，信息人既是信息素养教育的主体又是信息素养教育的对象，主要包括大学生、教师、管理者以及学习组织的成员。

2. 信息资源

信息资源主要包括信息教育的教学条件、师资队伍、教学内容、教学技术、教育资源与技术，既包括为保障信息素养教育过程顺利开展的组织机构、社团、基金会等，也包括相应的规章制度及运行机制。

3. 信息环境

信息环境是构建信息素养教育生态系统的必要支撑能量，与大自然的生态环境不同的是，信息环境分为硬环境和软环境两类。

三、高校信息素养教育生态系统的构建路径

（一）实施"三位一体"的体验教育模式
（二）实行教育路径和对象细化管理策略
（三）构建动态化的学习网络组织
（四）搭建多维度的支撑平台

四、结束语

高校信息素养教育生态系统是一个有机的动态化网络组织，需要系统内各组成部分分工明确，各教育环节之间协作顺畅，将松散的自组织结合起来，并进行优化，在图书馆这个知识中心的参与中构建创新型教育服务体。

工作场所信息素养研究

——国外信息素养研究新进展

颜先卓
《图书情报工作》2018 年第 12 期

采用定量分析与定性研究相结合的方法，在对相关研究文献进行统计分析的基础上，从核心概念、理论基础与研究维度三个方面进行介绍，并对国外该领域研究特点进行归纳，对相关研究趋势进行展望。研究分析显示，工作场所信息素养研究是当前国外信息素养研究新的生长点；促进不同学科、行业之间对信息素养理解的统一是该问题研究的主要推动因素；该项研究对促进高校信息素养教育改革、信息素养概念化反思以及信息素养与职业特征结合等方面有所帮助。针对当前国外信息素养研究新进展，对工作场所信息素养研究情况进行系统介绍，旨在为国内信息素养研究提供思路与借鉴。

一、引言

信息技术的飞速发展深刻影响着人们的信息行为模式和认知习惯，并推动了信息素养研究的不断拓展。随着不同社会环境中信息行为与技术应用的差异性被不断认知，非学术环境下的信息素养问题开始受到关注。

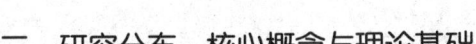

二、研究分布、核心概念与理论基础

（一）文献增长与学科分布

数据统计发现，国外对于工作场所信息素养的关注起始于 20 世纪 90 年代，2000 年以前文献较少，之后文献数量显著增加。

（二）概念界定

1. 工作场所信息素养

J.Sokoloff 将工作场所信息素养描述为工作环境下完成工作任务和实现工作目标相关的信息处理能力，同时指出工作场所信息素养通常被组织管理者理解为技术和沟通能力。

2. 信息景观

信息景观是指特定的交流空间，在这个空间内个体通过共同的实践和行为方式发展身份并建立联系，以个体间的互动实现信息的创造、共享和沉淀。根据空间内信息交流、共同实践以及个体发展身份方式的不同，信息景观可以分为学术学习环境（高等教育领域及学术图书馆）、工作场所、公共图书馆与社区等主要类型。

（三）理论研究

1. 实践理论

实践理论起源于哲学领域，在哲学、教育学、政治学和社会学等领域研究中得到体现。当前实践理论对工作场所信息素养研究的影响并非是提供一个统一的理论框架，而是提供不同的研究视角。

2. 学习理论

整体上看，工作场所学习理论在强调信息素养教育与情景关系的同时，认为基于目的考虑，信息素养研究同样需要认识到就业能力及职业发展能力对该领域研究的重要意义。

三、分析维度

（一）基于学习理论与教育理论的高校信息素养教育的反思

研究者认为，工作场所信息活动与高校环境中的信息活动是不同的，传统信息素养教育侧重对高校环境的适应，从而弱化了对于学生就业能力和职业发展的帮助，工作场所信息素养研究正是要解决这一问题。

（二）对信息素养研究规范和价值观的重新定位

研究者认为，在教育环境中，信息素养被视为教学对象和学习对象，体现为信息素养教育以及图书馆相关技能教育对学习干预的有效性，这与教育环境中学习是所有活动的主要目标的实践特征是相符合的。

（三）对信息素养与就业能力联系的揭示

国外工作场所信息素养研究的一个重要目的是揭示信息素养与就业能力之间的联系。J. Crawford 和 C. Irving 认为，信息素养与就业能力之间存在联系，而当前研究对于这种联系的揭示还不够。

（四）结合行业特征对信息素养的分析

通过与具体行业相结合对工作场所信息素养进行分析是国外该领域研究的一个主要特点。如 A. Lloyd 与 K. Williamson 以消防员工作环境的实践特征为基础，对消防员信息素养进行了调查分析。

四、总结与展望

（一）国外工作场所信息素养研究特点分析

1. 具有生长性
2. 具有明显的现实指向性
3. 体现跨行业特征
4. 对传统信息素养研究的继承和发展

（二）研究展望

1. 为高校信息素养教育改革提供参考
2. 对信息素养概念进行反思
3. 与职业环境进一步融合

五、结语

社会环境的变化以及信息素养研究的深入使工作场所信息素养研究成为国外该领域研究的新兴领域，本文在相关研究文献统计分析的基础上，对国外相关研究的核心概念、理论基础以及研究维度进行梳理，从而对目前研究的整体特征进行了分析，对相关研究发展趋势进行了展望。

公众健康信息素养促进中的图书馆参与：驱动因素、国外实践及思考

邓胜利 付少雄

《图书情报知识》2018 年第 2 期

现代图书馆为实现与社会的同步发展，必须以用户需求为导向，拓展生存空间，加快发展转型。包括公共图书馆、大学图书馆等在内的现代图书馆不应再局限于为公众提供阅读的场所，应更加强调信息素养培养的重要性。健康信息素养是信息素养的一种，图书馆参与到公众健康信息素养促进中，已经得到国外图书馆的实践检验，被证明是行之有效的，然而国内图书馆还较少参与到公众健康信息素养促进中。为加快国内图书馆的发展转型，本文从国内图书馆参与的驱动因素、国外参与实践、对我国的思考三个方面，集中论述了健康信息素养促进中国内图书馆参与的必要性及可行性，以期为国内图书馆开拓服务领域、提升服务质量提供新的思路。

一、引言

健康信息素养是衡量公众健康水平与国家公共卫生水平的关键性指标，因而促进公众健康信息素养具有现实意义。

二、图书馆参与健康信息素养促进中的驱动因素

（一）政府决策

图书馆作为提供公共信息资源的关键平台，在信息咨询服务方面有着不可替代的优势。图书馆界应结合国家健康战略，积极开展健康信息咨询等服务，以促进公众健康信息素养的提升。

（二）公众需求

在信息化推动过程中，公众已认识到健康信息不仅是新的经济增长点，更是保障自身健康的关键资源。因此，公众的健康信息需求不断增长，健康信息素养提升的期望也与日俱增。健康服务业正处于不断细分过程中，在健康中国战略背景下，图书馆参与到公众健康信息素养促进中，既是响应国家政策，也是顺应公众期盼。

（三）功能拓展

图书馆的功能拓展主要基于社会责任与读者需求。图书馆社会责任是图书馆作为社会组成部分，在社会中需要承担解决关系人类未来可持续发展的"非图书馆问题"。图书馆的社会责任应随着社会发展而不断变化并增添新的内容。

（四）平台优势

实践证明图书馆参与到公众健康信息素养促进具有独特优势。同时国内图书馆在开展健康信息素养促进的活动时，还具有信息资源优势、用户群体优势、区位整体服务优势。

三、国外图书馆参与健康信息素养促进的实践

（一）国外健康类图书馆联盟

为增强图书馆的凝聚力与话语权，国外图书馆依据所在地区等组建了各类图书馆联盟，在联盟的主导统筹下，集中优势资源参与到健康信息素养促进中。公众健康信息素养的促进是一个复杂的系统性工程，联盟能够协调图书馆界与社会力量，统筹制定各类健康信息素养促进的方案与政策，使社会各方面的优势得到全方位发挥。

（二）国外图书馆健康信息服务

1. 健康类馆藏建设

美国公共图书馆已经为公众提供了近 40 年的健康信息服务，随着健康与信息环境的变化，公共图书馆在健康信息服务方面的作用将呈指数增长。

2. 健康培训

国外图书馆开展健康方面的培训可分为两个部分：一是面向图书馆员的健康培训，二是面向公众的健康培训。

3. 健康参考咨询

健康参考咨询在国外已经相当成熟，被广大用户所接受。图书馆员在健康参考咨询服务中，能够协助公众搜寻健康信息，帮助患者以及家属预约健康医疗服务。

4. 面向特定人群的健康信息服务

为了使公众健康信息素养促进中的图书馆参与更具针对性，国外图书馆界对包括学生、青少年、老年人以及疾病患者等在内的各类人群进行了专门研究，以期提供更优质的健康信息服务。

四、我国图书馆参与健康信息素养促进思考

（一）基于我国国情的图书馆健康信息素养参与

我国图书馆界可参考国内外图书馆联盟的建设经验，成立全国性或区域性的健

康图书馆联盟，统筹制定图书馆健康参与的规划与方案，推动国内或区域内图书馆参与到公众健康信息素养促进中。具体模式可参考作为国外健康（医学）图书馆联盟、我国文化资源共享工程的全国图书馆参考联盟，更具专业性的全国师范院校图书馆联盟，以及更具地方性的珠江三角洲数字图书馆联盟的发起与建设经验。

（二）我国图书馆参与信息素养的举措

1. 健康类馆藏建设

2. 健康培训

图书馆利用健康培训提升图书馆员与用户的健康信息素养被证明是行之有效的。图书馆应结合自身优势，面向用户需求有针对性地开展健康系列讲座。

3. 健康咨询

进行健康咨询的前提条件是图书馆员必须具备较高的健康信息素养，在举办健康咨询前可对图书馆员进行前期培训。

五、总结与展望

社会对健康信息的强烈需求，要求国内图书馆在公众健康信息素养促进过程中发挥积极作用。图书馆只有与社会实现良性互动，图书馆才能与社会共同发展。

基于 SPOC 的高校信息素养教学模式构建

黄丽霞　董红丽

《图书馆研究与工作》2018 年第 4 期

文章在分析信息素养现状和阐述 SPOC 教学模式的基础上，从教学时间维度、教学地点维度、教学对象维度、教学内容维度、教学方式维度、考核评价维度进行基于 SPOC 的信息素养教育模式的构建，希望可以改变目前高校信息素养课程课时不足、师资缺乏等现状，提高信息素养课程的教学质量。

一、引言

随着 Web2.0 信息时代的到来，大数据、新媒体的环境对信息素质教育（Information Literacy In-struction，简称 ILI）提出了新的要求，其中较为突出的一点是 ILI 的范围呈现出泛在化的趋势。信息素养不再是针对信息的单一概念，这给高校信息素养教育提出了更高的挑战。

二、基于 SPOC 的信息素养教学模式构建

（一）教学时间维度

基于 SPOC 的信息素养教育在教学时间维度上，可分为三个阶段，即课前自主学习阶段、课中知识内化阶段、课后讨论拓展阶段。

（二）教学地点维度

传统的大学生信息素养教育，教学地点局限在实体课堂之中，教师在有限的课堂时间内不仅要完成教学计划和任务、讲授知识点，还要指导学生们进行检索实践操作，教学效果差强人意。相较于传统的信息素养教学模式，基于 SPOC 的信息素养教学模式将知识的讲授和初步学习阶段从实体课堂中分离出来，教学地点不再受到局限，还可以借助在线教学平台延伸到更多地点。

（三）教学对象维度

本文讨论的信息素养教学模式的受众主要为高校学生。在大学环境中，由于学生年级的不同，其对于信息的需求和信息素养水平也在一定程度上存在差异。在开展信息素养教育时，应针对不同年级学生的特点，分别开设个性化课程，以适应其发展所需。

（四）教学内容维度

科学实用的教学内容是开展信息素养教育的关键。在高校信息素养教育的教学内容设置上，应根据教学对象的不同，分层分级设置科学的教学内容，以供不同信息素养水平的教学对象学习。

（五）教学方式维度

基于 SPOC 的信息素养教育，结合了翻转课堂、微课、嵌入式教学等教学模式，通过课前课后的学习探讨，激发学生自主学习的热情，同时，实体课堂也能保障教师对授课内容的主导作用。利用短小的微课视频，重点有所凸显，不受时间和地点的制约，在普及通识教育的基础上，引入嵌入式教学法，由信息素养教育教师和专业课教师分工合作，帮助不同专业的学生解决实际问题。因此，在信息素养教育教学过程中应采取多种教学模式相结合的方式来学习。

（六）考核评价维度

基于 SPOC 的信息素养教育，可以弥补 MOOC 高入学率、高辍学率的不足，因此，只有完善课程的考核评价，才能保证课程的完成率。对信息素养课程的考核评价主要从以下几个方面进行，与此同时，过程和结果都应重视起来。

三、结语

本文构建的基于 SPOC 的信息素养教育模式，希望可以为高校信息素养教育的

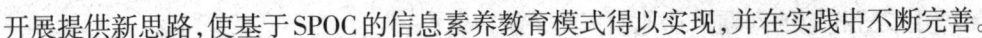

开展提供新思路,使基于 SPOC 的信息素养教育模式得以实现,并在实践中不断完善。

基于核心素养利用信息技术培养学生解决问题能力

何永强
《信息记录材料》2018 年第 3 期

数学学科的核心素养包括抽象能力、推理能力和问题解决能力。培养小学生的数学核心素养,在小学阶段的学习中,要穿插在全部的解决问题过程中,只有参与了问题的提出、算理的探索等活动环节,学生才能在脑海中形成抽象印象并具有推理活动的经验,锻炼学生的抽象思维能力,进而提高解决数学问题的能力,养成良好的数学思维。

一、引言

怎样让学生从数学角度观察实际生活,培养学生在现实生活中用数学解决问题的能力,成为每位数学教师研究的课题。本文将重点讲解如何利用信息技术培养学生解决问题的核心素养。

二、利用信息技术创设有效教学情境,激发学生解决实际问题的愿望

教师要多样化地采用数学教材,从学生熟悉的案例着手,创设相关的教学场景,充分调动学生的主观能动性,使学生对数学学习产生极大的兴趣愿望,会去主动探索数学知识,使用数学来解决实际中遇到的问题,从而强化学生解决问题的能力。

三、利用信息技术培养学生动手能力,解决实际问题

在小学阶段具体的形象思维是占据优势的,此阶段的特点是:听过就忘、看过就懂、做过就理解。因此,对小学生来说最深刻的就是亲手实践的过程。所以要让学生们动手做数学,而不是以前的用耳朵听、用脑记。

四、信息技术有利于实践活动意义的提升,提高学生的各项能力

学生的生活经验对于学习来讲十分重要,把生活实践和数学知识结合起来,让数学知识为学生的生活服务,从而解决学生生活中碰见的问题。对于专题活动我们要精心去挖掘,努力发掘其价值所在,对于部分专题我们也可以进行模拟,在其中

给学生设置相应的问题，让他们努力去解决。

五、利用信息技术加强训练，提高学术解决实际问题的能力

学生掌握了解决问题的基础知识，也学习了分析问题的思考方法，是不是学生就能很顺利地解答问题了呢？回答是否定的。还需要加强训练，这才是提高学生解决问题能力的关键。

六、结语

众所周知，数学本身就源于生活，是从实际生活中提取出来的，应用数学知识分析和解决实际问题是学习数学的出发点和归宿。生活中的实际问题五花八门，我们教师要想方设法，为学生创设良好的教学气氛，加强学生的实践体验，让学生理解生活的意义；引导学生用数学的思维去看待生活中发生的现象，当他们遇到问题时能够及时主动地去解决，自己感受解决问题的过程，这样才能真正提高学生解决问题的能力。

计算思维：信息技术学科核心素养培养的核心议题

张立国　王国华
《电化教育研究》2018 年第 5 期

计算思维作为信息技术学科核心素养之一，是信息化社会中数字公民所应具备的基本素养。文章通过对国内外的 18 个计算思维概念的核心词进行抽取，理清了计算思维的核心本质，并对其概念进行了界定，同时阐明了计算思维对于信息技术学科核心素养的价值。文章认为，计算思维本质上是人们理解自然系统与社会系统的思维方法和思维活动，是使用科学工具进行抽象模拟以寻求问题解决最优化方案的系统过程；计算思维既是信息技术学科核心素养的根基，也是联结基础操作与行为思想的核心要素，更是信息技术核心素养培养的着力点。在对国内外文献分析及计算思维特征分析的基础上，提出基于游戏化理念、问题解决理念、可视化理念的计算思维培养的教学策略。

一、前言

信息技术学科核心素养体系的价值定位，对于人们清晰地认识信息技术学科核

心素养体系以及学生信息技术学科素养的培养具有重要现实意义。

二、计算思维及其概念辨析

关于计算思维，周以真在提出该概念的同时，也对其进行了界定：计算思维就是运用计算机科学的思维方式及基础概念进行问题解答和系统设计，像计算机科学家一样思考问题、理解问题、解决问题等一系列涵盖计算机科学的思维活动。虽然该定义是较为经典的定义，但是其权威性并未得到业界的一致认可，尤其是计算思维的本质、内涵及外延等都不是很明确。

三、计算思维是信息技术学科核心素养培养的核心议题

计算思维作为信息时代人们认识世界、改造世界重要的方法论，有着举足轻重的作用，无论是我国新发布的信息技术学科核心素养，还是欧、美、日等国家及地区的学生素养框架，都直接或间接地凸显计算思维之于学生发展的重要性。

（一）计算思维是信息技术学科核心素养的根基

（二）计算思维是联结基础操作与行为思想的核心要素

（三）计算思维是信息技术核心素养培育的着力点

四、计算思维培养的教学策略

（一）基于游戏化理念的教学策略

游戏化是使用游戏机制和游戏化体验设计，数字化地鼓励和激励人们实现自己的目标。游戏化是一种数字化的激励方式，这意味着与用户交互的是电脑、手机等数字设备，其目标是激励人们改变行为、发展技能或者驱动创新，进而使用户达成自己的个人目标及团队目标。

（二）基于问题解决理论的教学策略

基于问题解决的教学理念是指以现实问题的解决作为教学活动开展的主线，通过设置系统、复杂的现实问题情境，让学习者在复杂的问题解决过程中进行知识、技能习得，在此基础上实现学生高阶思维能力的培养。

（三）基于可视化理论的教学策略

计算思维是人们认识世界、改造世界的一系列高级思维活动，仍然属于思维的范畴。而从思维训练及培养的方法来看，可视化技术在人的高阶思维培养过程中有不俗的效果，其有利于个体主动地进行知识建构，构造自身的知识网络，更加有利于表征个体的思维过程，促进其思维能力的发展。

五、结束语

计算思维是信息技术学科核心素养培养的核心议题，将计算思维融入中小学信息技术课程，对于提升信息技术课程的"思维性"及"基础性"具有重要价值。

加强信息技术教学，培养学生核心素养
——浅析高中信息技术核心素养教学

赵志明
《学周刊》2018 年第 1 期

高中信息技术教程中包括很多抽象的知识，要让学生掌握这些知识，教师可以充分利用信息技术的优势，通过设计趣味性的教学课件让学生学习。在趣味性的学习环节，学生能发挥他们的探索热情，主动阅读信息技术教材，通过直观情境加深对知识的理解，提高他们的信息技术技能。在教学过程中，教师还要加强操作环节，让学生在实际操作中掌握信息技术软件的使用，提升他们的信息技术技能，培养他们的核心素养。

一、设计趣味环节，激发学生的学习兴趣

在素质教育过程中，教师和学生的双边活动能有效提高学生的学习热情。通过教师的带动，学生对所学内容产生兴趣，并能积极主动地进行探究。在高中信息技术教学中，教师在加强师生互动的基础上，要探索新的教学方式和教学环节，构建科学有效的信息技术课堂，让学生在趣味性的课堂中进行学习，使他们掌握更多的信息技术知识和信息技术技能。

二、利用游戏激趣，提高学生的操作兴趣

高中信息技术教材中包括很多抽象的知识，要让学生能快速掌握这些知识，并熟练地完成信息技术操作，教师可以结合游戏开展教学。在设计游戏时，教师要将设计和信息技术知识结合起来，让学生在快乐的游戏中掌握知识和操作技能，提高他们的探究兴趣。

三、设计学习任务，提高学习能力

学习任务能让学生的学习目标明确，在完成学习任务的同时使学生能够感受到学习成就感，激发学习积极性。在高中信息技术教学中，教师可以根据教材内容设计学习任务，让学生在任务的指导下进行学习和探究，使他们掌握更多的信息技术知识，提高信息技术操作能力，实现高效的学习效率。

四、实施多元化评价，树立学习自信心

在教学改革不断深入的过程中，教师在开展高中信息技术教学时，要改变只关注学生的期中、期末测试成绩的评价方法，实施多元化评价，结合学生的学习态度、学习积极性、学习效果、对知识的掌握程度、上机操作能力等进行综合评价，让学生获得教师的肯定，树立学习自信心，积极主动地投入到信息技术学习中，不断提高信息技术综合能力。

五、开展设计大赛，提高学生的参与兴趣

在高中信息技术教学中，把学习知识和运用知识结合起来才能提高学生的参与兴趣，使他们主动学习信息技术知识，在探究中掌握信息技术操作技能。

教育信息化 2.0 时代大学生信息素养的现状、问题与思考

张 琦

《教育现代化》2018 年第 24 期

《教育信息化 2.0 行动计划》明确提出"信息素养全面提升行动"，对新时代下师生的网络信息素养提出了更新更高的要求。随着移动互联网等技术的日益发展，网络已成为高校教育中不可缺少的学习环境和学习工具。全面提升大学生的网络信息素养既符合社会主义核心价值观的要求，也对提升国家创新能力、促进互联网生态健康发展有重要及深远的意义。

一、大学生信息素养的现状与问题

（一）信息意识薄弱

大学生进入大学前所接受的是应试教育，他们的信息主要来源于课堂，主动获取和利用信息的习惯和能力不高。

（二）信息能力差

有一定数量的大学生在多媒体信息的处理能力、准确高效查找信息方面能力较差，未能掌握基本的信息技术，甚至不会利用网络信息检索和光盘检索工具。

（三）网络信息道德法治意识缺失

根据有关研究，仍有大部分的大学生对互联网的相关法律法规不了解，部分学生对网上的不文明信息和现象表示不关心和无所谓的态度，网络上部分污言秽语来自大学生，这些学生几乎失去讨论问题的知识和逻辑能力。

（四）信息素养相关课程与评价体系不完善

互联网时代对高校的育人目标提出了更高更新的要求，当前，不少高校还缺乏与信息素养、网络法治教育等相配套的课程体系，不能满足服务全时域、全空域、全受众的智能学习新要求。

二、大学生信息素养提升探讨

（一）强化大学生信息素养政策指导

有关部门应当按照教育部《教育信息化 2.0 行动计划》要求，组织实施"信息素养全面提升行动"，结合本地实际，建立科学合理、可操作性强的学生信息素养评价指标和评估模型，通过科学系统的评测，掌握本地和本校的学生信息素养发展情况，为促进信息素养提升奠定基础。

（二）完善大学生信息素养课程体系

各高校应坚持思想道德教育同应用能力教育并重，立德树人的同时抓好信息素养等应用能力的建设。

（三）培养大学生良好的网络信息意识

网络信息意识是指对信息、信息问题的敏感程度，是对信息的捕捉、分析、判断和吸收的自觉程度。网络信息意识决定一个人是否能够想到用网络信息和网络信息技术，是网络信息能力的基础和前提，并渗透到信息能力的全过程。

（四）提升高校师生网络信息能力

互联网时代要求高校在教学过程中，要重视信息活用能力的培养，实现信息技术应用与教育教学的深度融合。首先要推动教师更新观念、增强能力，主动适应信息化、人工智能等新技术变革，积极有效开展信息手段下的教育教学。

（五）规范信息道德与法治观念

网络信息道德是针对个人信息隐私权、软件知识产权、软件使用者权益、网络信息传播、网络黑客等这些信息问题，出现了调整人们之间以及个人和社会之间网络信息关系的行为规范，也称之为网络信息伦理。

三、结论

在新时代下，高校要结合国家"互联网 +"、大数据、新一代人工智能等重大战略任务安排和要求，主动加强学生课内外一体化的信息技术知识、技能、应用能力以及信息意识、信息伦理等方面的培育，完善相关课程方案和课程标准，创新各类应用交流与推广活动的内容和形式，全面提升大学生网络信息素养，实现新时期下立德树人、培养创新人才的目标和要求。

近五年国内外信息素养教育研究进展及展望

陈晓红　高　凡
《图书情报工作》2018 年第 10 期

采用文献调研方法，对现有国内外信息素养教育内容、教育模式进行归纳和总结，并分析这些研究的特点及经验。结合新环境、新理论和《高等教育信息素养框架》，拓展数据素养、元素养等教育内容；从学习者的学习出发，寻求"MOOC""翻转课堂"等适当且多元的教育模式；提出应抓住人工智能时代到来的新机遇，关注信息素养教育新动向的建议。梳理信息素养教育研究的现状，针对主要问题进行思考与展望，以期为未来我国高校图书馆信息素养教育研究和实践提供参考，

一、数据来源及分析

（一）数据获取情况
（二）研究方法及研究主题的初步解析

通过初步梳理发现，目前国内信息素养教育内容及理论基础层面的研究主要集中在数据素养教育方面，元素养研究逐步增多；应用实践层面的信息素养教育模式主要在于"MOOC""翻转课堂"教学模式的研究方面。而国外侧重教育教学方法、嵌入整合教育模式的研究，并且重实践调查、轻思考探讨。

二、国内外两大主题研究的现状

（一）信息素养教育内容的泛化、深化和细化

随着信息生态环境的改变，信息素养被注入了新的内涵，信息素养教育内容出现了素养和能力方面新的转向，研究内容更加丰富。

1. 从基于图书馆素养拓宽到基于数据素养、元素养、媒体素养等综合素养培养的教育内容。

2. 从信息检索技能拓深到批判性思维和自我反思等元认知能力以及研究能力等教育内容。

3. 从面向大学生到面向社会大众、从一个阶段（层次）拓广到多个阶段（层次）的教育内容。

（二）信息素养教育模式的多元化

对于信息素养教育模式，国内外学者已做了大量的研究。不同的学者从不同的维度出发，对不同类型的信息素养教育模式进行了论述。从近年已有的研究来看，信息素养教育模式主要有：

1. 通识（学分）课程模式和嵌入整合教育模式。

2. "MOOC""翻转课堂"及混合模式。

三、问题及前瞻

（一）结合新环境、新理论和《框架》，拓展和拓深信息素养教育内容

1. 进一步强化和拓展数据素养、元素养等教育内容

2. 重视批判性思维、自我反思能力与研究能力的培养内容

3. 建立分对象、分阶段、多层次的教育内容

（二）从学习者的学习出发，寻求采用适当、多元的教育模式

1. 围绕"学习者的学习"，更多地从"教"的维度向"学"的维度发展

2. 融合"MOOC"、趋于"嵌入"，从单一模式到多种模式的综合运用

（三）抓住人工智能时代到来的新机遇，关注信息素养教育的新动向

人类历史的进程表明，任何一种划时代的技术都会对信息文明的演化产生深刻的影响。我们已经能够感受到，人工智能势必成为整个社会，包括教育行业发展强有力的新引擎。为更好应对人工智能即将带来的影响和变化，信息素养教育在未来的发展中，须密切关注人工智能等前沿技术。

四、结语

综上所述，在大数据、新技术、新媒体环境下，信息素养的内涵渐次更新，新

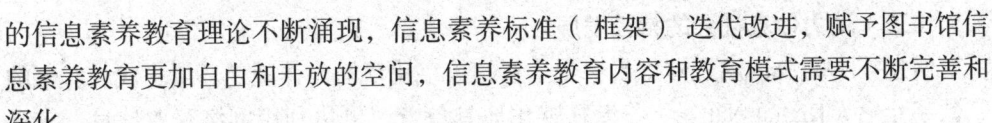

的信息素养教育理论不断涌现，信息素养标准（框架）迭代改进，赋予图书馆信息素养教育更加自由和开放的空间，信息素养教育内容和教育模式需要不断完善和深化。

确立核心素养、培养关键能力

——高中信息技术学科课程标准修订的再思考

李 锋 柳瑞雪 任友群
《全球教育展望》2018 年第 1 期

近五年来，学生学习基础的提高、数字化环境的成熟以及国际竞争的日趋激烈对中小学信息技术教育提出了新的挑战。2014 年我国教育部启动了高中信息技术课程标准的修订工作，确立了信息技术学科核心素养，梳理学科大概念，重构高中信息技术课程的内容与模块。本文在高中信息技术课程标准修订的基础上，进一步思考了核心素养与关键能力的关系，分析了核心素养与关键能力在信息技术课程标准中的体现；针对课程标准实施中可能遇到的问题，从师资条件、学段衔接和实验环境等方面给出相应的实施建议，以更好地将课程标准落实于课堂教学中。

一、高中信息技术课程标准修订的任务与挑战

（一）落实国家立德树人的根本任务

将学科核心素养贯穿于内容标准、学业质量标准、课程教学建议之中，引导学生理解人、信息技术与社会的关系，帮助学生认识到信息技术给人们带来便利时，也会引发相应的社会问题，树立正确的信息技术应用态度与社会责任感，成为信息技术的合理使用者和信息社会良好秩序的维护者。

（二）提高学生的数字化胜任力

信息技术的快速发展，加快了现实空间与虚拟空间的融合，重塑了人们沟通交流的时间观念和空间观念，不断改变着人们的思维与交往模式，深刻影响着人们的工作、生活与学习。本次课程标准修订就是针对新技术、新环境下信息社会发展需要进行的，其目的就是要培养学生的数字化胜任力，这种胜任力不只是对信息社会的适应能力，更是在信息社会中的数字化实践与创新能力。

（三）助力信息社会的持续发展

信息技术的快速发展催生出一个全新的数字化环境。伴随此环境中成长起来的"数字土著（Digital Native）"潜移默化地具备着"更快利用网络获取信息，善于并行工作，适合图形学习"的社会优势。本次课程标准修订就是按照数字土著一代在信息社会中成长的需要，引导全体高中学生在数字化环境中理解人、信息技术与社会的关系，合理使用信息技术解决问题，担负起相应的社会责任，助力我国信息社会的持续发展。

二、核心素养与关键能力：信息技术课程标准修订特征与突破点

（一）理解核心素养

2016 年，我国教育部发布了《中国学生发展核心素养》，该文件指明核心素养是指学生应该具备的，能够适应终身发展和社会发展需要的关键能力和必备品格，是以培养"全面发展的人"为核心，分为文化基础、自主发展以及社会参与三个方面。在具体落实时，则需要将学生全面发展的总体要求转化为具体的品格和能力要素，贯穿到各学段，整合到各学科，最终体现于学生身上。

（二）解析关键能力

"关键能力"这一概念主要强调的是社会成员在"生存就业"方面所需具备的基本能力，这种能力既是一种"跨职业"能力，能随着工作环境的变化迁移到新的工作状态中；也是一种"综合应用"能力，能将新技术、新工具综合融入工作需要之中。如今，当全球化经济已经超越了不同国家经济体制，所追求的人才关键能力也就具有了世界共通性。

（三）信息技术课程标准中的核心素养与关键能力

高中信息技术课程标准将学科"关键能力"融入"核心素养"之中，以提高课程标准的可操作性，也便于将核心素养的要求落实于课堂教学中。

三、高中信息技术课程标准需要进一步思考与解决的问题

（一）"计算思维教育"与"程序设计学习"的关系问题

计算思维教育并不是单纯的程序设计教育，更不是回到以前的计算机语言学习上，它是希望通过"程序语言"的载体发展学生利用信息技术解决问题的一般方法，希望学生在体验计算机解决问题的过程中，能真切认识到从"工业社会思考与解决问题方式"到"信息社会思考与解决问题方式"变革的内在原因，理解当今数字化世界的运转方式，发展为合格的数字化公民。

（二）信息技术课程标准"高中阶段"与"义教阶段"衔接问题

在国家层面信息技术学科也只有高中课程标准，义务教育阶段还没有信息技术

课程标准。那么，义务教育阶段如何落实国家倡导的数字化学习与创新、人工智能教育？如何实现义教阶段和高中阶段教育的衔接？这仍是我国中小学信息技术教育中急需解决的问题。

（三）信息技术课程标准实施中师资能力不足问题

针对创新人才的社会需要，课程内容设计了"人工智能初步""三维设计与创意""开源硬件项目设计"等综合应用模块；按照高中生进入高等院校进一步深造的需要设计了"数据与数据结构""网络基础""数据管理与分析"等专业发展模块。新技能、新模块的融入对当前信息技术教师的教学能力提出了挑战。这也产生当前师资条件是否能满足课程标准实施，教师是否能胜任课程标准中的教学要求等问题。

（四）课程标准的创新要求与传统机房教学环境"不配套"问题

对信息技术课程而言，必要的基础设施、基本设备是课程实施的物质基础和保障。当前我国中小学信息技术教学环境主要还以计算机机房为主，其教学环境能够适合学生对计算机的操作练习，但还难以满足信息技术实验活动。

四、结语

当今，信息技术已成为全球范围内知识更新和技术创新的着力点，社会发展迎来现实空间与虚拟空间并存的新形态。在国际数字化竞争日趋激烈的大背景下，信息技术教育能否培养出具备数字化胜任力的社会公民，不仅关系到国家的经济和产业发展能力，也关系到科技创新和多元创造的活力，更关系到信息时代的社会文明与法治的创建与成熟。

人工智能视域下的信息素养内涵转型及 AI 教育目标定位
——兼论基础教育阶段 AI 课程与教学实施路径

陈凯泉　何　瑶　仲国强
《远程教育杂志》2018 年第 1 期

人工智能（AI）技术的飞速发展与广泛应用，对公民素质提出了新的要求，编程能力、计算思维及对智能化社会的深度认知，成为人工智能时代学生信息素养内涵的重要内容。伴随信息技术的发展，基础教育阶段信息技术课程目标的演进及 STEM 教育、创客教育等新型教育实践的展开，为推广 AI 教育提供了充足准备。基础教育阶段 AI 教育的目标应定位于培养学生的编程能力与计算思维，教学内容要侧重于人工智能技术的应用，内容选择、难度等级需符合基础教育各学段学生的年龄特征及知识基础。应用探究式教学深度融入科学、信息技术、综合实践活动等课程，是人工智能教学实施的主要路径。开展师资专业培训、推进课程体系建设、对接高校及社会培训机构，是建设校本人工智能教学资源的主要策略。

一、引言

人工智能是信息科学领域最前沿的学科之一，经历 60 余年的发展滞后，AI 对医疗、交通、商业、航天、农业等领域产生重大影响。根据麦肯锡国际咨询公司的数据调查研究，基于当前人工智能技术的发展水平，大约 45% 的职业的工作者会失业。

二、人工智能时代信息素养内涵的转型

（一）智能化社会的图景

2016 年 9 月，斯坦福大学发布的《2030 年人工智能与生活》（*Artificial Intelligence and Life in 2030*）报告，详细解读了在交通、家庭服务、医疗保健、社区、公共安全、就业、娱乐、教育八个方面人工智能将产生的深远影响及颠覆性变革。

（二）智能化社会要求学生的信息素养内涵进行转型与再造

1. 计算思维是智能化社会公民的重要素养
2. 编程能力是实现创造力培养的重要支撑
3. 适应"人机协同"工作需要，掌握与学会与机器人协作的技能

三、人工智能教育的目标定位

（一）中小学信息技术课程的变迁

伴随着社会的信息化与智能化发展进程，信息技术课程在中小学课程体系中的定位及学习目标也在不断变迁。从 20 世纪 80 年代至今，信息技术课程的教学目标，走过了从操作技能训练向信息素养提升的转型。当人工智能技术取得突破性进展并推动社会向智能化社会转型之时，AI 相关内容在中小学课程体系中的定位，需要进一步凸显与提升。

（二）AI 教育的目标定位

1. 全面推进 AI 教育，应主要指向培养学生编程能力与计算思维

在教育信息化发展的初期，信息技术教育侧重于培养学生单纯的计算机操作技能，让学生体会到计算机是一门实用的工具。但随着信息技术的快速发展和一系列新型教育实践的展开，信息技术教育更应关注学生的信息素养，旨在培养具有较高

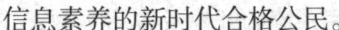

信息素养的新时代合格公民。

2. 中小学阶段的 AI 教育内容，应侧重于人工智能技术及运用

人工智能涉及的知识范围非常宽广，其中涉及脑科学、神经科学、认知心理学等理论层面的内容，对中小学生来说要求过高，因此，人工智能相关内容虽可成为科学类课程的组成部分，但更应定位于技术类课程，重在培养学生的编程能力、机器人操控能力等人工智能技术或技能，这更符合基础教育阶段学生的年龄特征与知识基础。

四、国内外 AI 课程与教学实施的实践探索

（一）我国 STEM 教育与创客教育中的人工智能教学实践探索

1. STEM 教育对人工智能技术的引介

STEM 教育在于鼓励学生利用科学、工程、技术、数学之间的关联性知识解决问题，鼓励学生将不同学科中的思想、方法综合起来，解决实际问题，它打破学科壁垒、促进学科融合。

2. 创客教育中人工智能技术的应用

自 2014 年起，创客教育在全国中小学逐渐开展起来，并建立了大量的创客教育实验室。创客教育和 STEM 教育一样，都是基于学科融合的跨学科项目式教学模式，以期达成创新教育的目的。

（二）国外基础教育阶段 AI 教育概况及案例分析

1. 美国 K-12 AI 教育概况及案例分析
2. 英国 AI 教育概况及案例

五、基础教育阶段 AI 课程与教学实施的策略与路径

（一）AI 相关教学内容的设置建议

当前，人工智能涉及的原理、技术主要包含以下九方面内容：

1. 人工智能基础：概念、发展历程、主要流派、研究领域、最新发展等；

2. 程序设计语言和工具；

3. 数据和知识的表示方法：认识状态空间法、理解问题归纳法、认识谓词逻辑法、认识语义网络法、一阶谓词逻辑表示法；

4. 搜索原理与推理技术：推理的基本概念、推理的逻辑基础、自然演绎推理、归纳演绎推理、基于规则的演绎推理、盲目搜索、启发式搜索、遗传算法；

5. 机器学习：定义、研究意义与发展历史、主要策略与基本结构、基于解释经验的学习、基于事例的学习、基于概念的学习、基于类比的学习、基于神经网络的学习；

6. 专家系统：基本概念、基本结构、新进展、专家系统的开发及应用实例；

7. 自然语言理解（NLU）：NLU 系统应用举例、语音识别、句子自动理解、语言的自动生成和文本的自动翻译；

8. 智能控制：智能控制概述、智能控制的研究领域；

9. 理解规划的作用和任务、基于谓词逻辑的规划等。

（二）AI 教学实施的策略与路径

1. 深度融入科学、信息技术、综合实践活动等课程

2. 探究式教学是 AI 教学的主要策略

六、AI 课程教学实施的资源保障

（一）专任教师培训与课程体系建设

（二）通过对接高校及与社会培训机构合作，将 AI 相关课程引入基础教育

新时代信息素养教育的演进与创新

——2018 年全国高校信息素养教育研讨会综述

王 宇 吴 瑾
《大学图书馆学报》2018 年第 6 期

2018 年 6 月 27—29 日，教育部高等学校图书情报工作指导委员会信息素养教育工作组、中国科学院大学图书情报与档案管理系、沈阳师范大学图书馆以及《图书情报工作》杂志社共同举办了"2018 年全国高校信息素养教育研讨会"。来自国内 20 余位著名专家学者以及 450 位代表参加了会议。会上分享了 9 位国内著名专家及一线教师的报告和全国 12 所高校图书馆的信息素养教育案例，紧扣从"信息素养教育"到"创新素养教育"的主题，探索新理念、新模式、新手段如何植入信息素养教育，推动信息素养教育演进与发展。

一、信息素养教育的重新定义与定位

信息素养教育与培养目标直接相关，是"双一流"高校建设的需要。信息素养教育工作必须要从服务对象主体考虑，考虑学生们的需求，千方百计地提高大学生的信息素养意识与能力，进而提高信息素养教育工作的地位。

二、信息素养教育工作的实践与回顾

欧洲信息素养教育更加关注实践应用、拓宽研究领域、延伸相关概念、扩大服务对象、创新教学方法，信息素养教育的应用更加具体、广泛，逐步嵌入到社会生活的各种应用场景，起到普及信息素养教育、提高公民素养的作用，可为我国信息素养教育工作者提供参考借鉴，使我们看到信息素养教育是蓬勃发展的事业，需要跨界交融的合作，携手共创则大有可为。

三、新框架下信息素养教育的演进与创新

基于《框架》对信息素养的重新定义，"信息素养教育"需要进阶而走向"创新素养教育"，实现从文献检索课到信息素养教育再到创新素养教育的进阶路径。创新素养教育对信息素养提出了新的、更高的要求。高校图书馆要转换信息素养教育视角，对内涵的变化提高认识，拓展教育手段和方法，全面加强能力的培养提升。将创新意识、创新思维、创新精神、创新知识、创新能力、创新人格作为信息素养教育的最终目的，探索信息素养教育的进路与归宿。

四、新时代信息素养教育砥砺前行

信息素养教学要不断打破传统的文献检索课程的内容；按照信息素养的逻辑调整内容、重构框架，先讲确定信息、检索信息、获取信息、评价信息、管理信息。再呈现案例，以讲故事、以图识图、结果中找线索、深挖结果、百科一下、搜狗搜知乎、根据线索继续探究、亲自做张图、干货总结、动手操作慕课等步骤提高学生的信息素养。

五、信息素养教育模式的多元创新

（一）五彩纷呈的信息素养课程设计
高校图书馆无不想方设法地开展信息素养教育课程设计，有目的、有计划地制定教学计划、教学大纲，据以编写教科书，创造了具有本馆特色的教学方案。

（二）春风化雨般的信息素养工具应用
"雨课堂"是学堂在线与清华大学在线教育办公室共同研发的智慧教学工具，目的是全面提升课堂教学体验，让师生互动更多、教学更为便捷。新式的智能教学工具一经出现，许多图书馆都积极采用。

（三）授人以渔的信息素养教育原则
该馆的教学理念十分注重能动型能力的培养，认为信息素养是一门技能课，需要反复训练。目标是培养学生构建信息环境的能力；通过学习检索，训练梳理问题、

分析问题的能力；最终培养学生利用信息解决学习、工作、生活等问题的综合能力；关键是注重能力培养。为此，在教学内容选取、教材编排和教学实施上，完全围绕多种能力的培养。

（四）耳目一新的信息素养考量评估

四川农业大学图书馆的杨长平报告了"文检课成绩评定方法的改革与实践"经验。该馆改变了成绩评定方法。成绩评定的内容和方式是：课堂作业兼考勤，考勤占 10%；上机实习，三次实习报告占 60%；课终作业占 30%。

（五）举重若轻的信息素养精干团队

组建一个高水平的师资团队是高校开展信息素养教育的关键与重要保障。团队成员不仅需要学历高、知识博、能力强，还需要成员上下同心、风雨同舟、聚力合作。

（六）高手如林的信息素养竞技大赛

浙江财经大学图书馆馆长吴利群以"全国财经高校大学生信息素养大赛的实践与思考"为题的报告，介绍了 2017 年举办的首届全国财经高校大学生信息素养大赛的情况及经验与收获。

信息生态视角下大学生信息素养评价

代　磊　　刘羽萱
《现代情报》2018 年第 12 期

本文使用信息生态学与信息素养的相关理论，以信息素养构成要素为基础，构建了信息生态视角下大学生信息素养评价体系。并结合生态学理论的 Shannon Wiener 指数公式和 Pianka 公式，建立了大学生信息素养测度。最后，以吉林大学学生为例，采用纯语言多属性群决策方法采集数据，进行实证研究和验证。

一、理论基础

（一）信息素养内涵

随着当前信息技术的不断革新，信息化已经开始深入各行业发展过程及居民生活当中，而人类具备成熟及完善的信息素养也已经成为不可阻挡的潮流，是新时代衡量居民素质的重要指标之一。

（二）信息生态视角下大学生信息素养

在信息生态视角中关于大学生群体的信息素养即指大学生群体在当前信息化程

度相对较高的社会教育环境当中，不仅需要具备时代发展所需的信息基础知识以及相应的信息基础技能，而且还需要在脑海中灌输与增强信息意识，加强对各种信息的处理方式的能力；此外，大学生群体还应该在信息化的相关规定与法则下进行信息化操作，在具备一定的创造能力的基础上，也应该以不破坏社会为主要前提，承担起更多的社会责任。

（三）信息生态位测度及信息素养评价

运用信息生态位测度以及信息素养评价的意义在于，以生态位测度理论作为理论分析和实践工具进行对大学生信息素养进行能力衡量，采用先进技术构建大学生信息素养评价指标体系，是确立信息素养构成要素分析，进行合理且全面评价的重要途径。

二、信息生态视角下大学生信息素养评价指标及模型构建

（一）评价指标体系构建的理论依据

我国相对完整、系统的信息素养能力体系是基于美国 ACRL 标准制定的《北京地区高校信息素质能力指标体系》，与美国 ACRL 标准相比，增加和细化了信息意识指标。

（二）信息生态视角下大学生信息素养构成

本文从当代大学生群体出发，并就信息生产、信息传递、信息消费、信息分解 4 个要素来对该目标进行有效合理的评价。

（三）信息生态视角下大学生信息素养指标体系

本文以"信息生产素养、信息传递素养、信息分解素养、信息消费素养"为 4 大维度，"信息创新能力"等 11 个一级指标，"信息对比能力"等 42 个二级指标，并对每个指标的评价标准进行具体描述，完成对信息生态视角下大学生信息素养评价体系的构建。

（四）基于信息生态位测度的大学生信息素养评价模型

信息生态位越宽，表明此素养在大学生信息素养评价体系中承担的角色越关键，占据较为重要的地位。信息生态位窄，则此素养在大学生信息素养评价体系中所占比例较低，但是，上述比例所展现的主要内容并不全面，具体的评价结论还需要结合信息素养的价值才能做出合理并且科学的判断与描述。

三、应用算例——以吉林大学大学生信息素养评价为例

（一）数据收集与处理

（二）吉林大学大学生信息素养状态表结果分析

四、结语

本文主要建立在相关专家及学者对信息素养的理论基础之上，并从信息生态的视角，将"信息生产素养、信息传递素养、信息分解素养、信息消费素养"作为 4 大维度，以"大学生"作为评价主体，结合信息视角的特点以及基本原则从而来制定信息素养评价体系的相关指标。

2018 年信息素养研究综述

宋红岩

随着信息技术的快速发展，公众的信息素养受到越来越广泛的关注，与此同时，信息素养也不断被赋予新的内涵。国内外的学者关于信息素养的内涵、评级指标、教育模式等内容进行了探讨。本文将从信息素养概念的新解读、信息素养能力的新评价和信息素养教育的新模式三方面进行综述。

一、信息素养概念的新解读

自 1974 年美国信息产业协会（ILA）主席 Paul Zurkowski 提出信息素养的概念以来，信息素养其内涵被不断丰富。1974 年信息素养主要指利用大量的信息工具及主要信息源使问题得到解答的技术和能力。随后被应用于图书馆，1989 年美国图书馆协会（ALA）在权威报告中关于信息素养的定义是："个体能够认识到何时需要信息，能够检索、评估和有效地利用信息的综合能力。"随后美国大学与研究图书馆协会（ACRL）发布了《高等教育信息素养能力标准》（2000）和《高等教育信息素养框架》（2015），当下国内外学者对《高等教育信息素养框架》进行探讨与解读，重新思考信息素养的内涵。

《高等教育信息素养框架（ACRL）》强调信息具有动态性、多样性和复杂性的特点，信息人既是信息的消费者又是建设者，提出元素养概念，信息素养教育需与学术情景融合，注重批评性思维与参与能力。《框架》确定了以六大主题为核心的内容，每一个主题都由一个"阈概念"、一组知识技能和一组行为方式构成。六大主题分别为权威的建构性与情境性、信息创建过程、信息的价值性、信息的探索、学术研究、策略式探索 6 个方面，具体内容包含信息的反思与发现、理解信息如何产生与评价以及利用信息创造新知识、合理参与学习社区的一组综合能力。

基于国内外学者对信息素养的不断探讨，当下跨媒体信息素养、数据素养、元素养、核心素养等词被提出和强调。黄丹俞指出跨媒体信息素养并不是一项全新的素养技能，而是包含多种素养的综合能力，其核心目标是寻求现有的各种素养进行融合、交互及综合运用的模式和方法。数据素养是在大数据背景下，公民运用数据思维收集、分析、使用、传播数据信息的能力以及在此过程中体现出来的数据伦理和数据规范。金鹏认为公民数据素养是大数据时代国家与社会发展的必然要求。元素养是 ACRL 发布的《高等教育信息素养框架》中的核心理念，元素养最初由美国纽约州立大学特鲁迪·雅各布森首先提出，认为元素养将成为美国下一代高等教育信息素养的标准。元素养从如何查找、获取、确定、了解、使用和生产信息等传统信息技能范畴拓展到在网络数字化环境下参与协作、生产、评价和共享等信息能力，要求学习者需要掌握新兴信息技术，还需要信息的生产者、合作者和发布者协作参与研究与创作，更需要自觉运用批判性思考和自我反思，及时修正、调整认知过程，因此元素养重点关注学习者参与信息的全部活动，包括行为、情感、认知等。"核心素养"也是当下教育研究界非常热门的话题，"核心素养"是指统整的知识、能力及态度之素养，能积极地适应个人及社会的生活需求，使个人得以过上成功与负责任的社会生活，得以面对现在与未来的生活挑战。

除了新词的提出扩展了信息素养的内涵，有学者也开始提出计算机思维、编程能力在信息素养的中的作用。陈凯泉、何瑶、仲国强认为随着 AI 人工智能技术的发展，编程能力、计算思维及对智能化社会的深度认知，成为人工智能时代学生信息素养内涵的重要内容。在 2017 年版《普通高中信息技术课程标准》中把计算思维解释为：运用计算机科学领域的思想方法形成解决问题方案的过程中，所包含的一系列思维活动。

当下，信息素养研究不仅是图情领域的研究热点，信息素养的研究也在不断进行跨学科的拓展，包括健康信息素养、化学信息素养、安全信息素养。这些跨学科的信息素养研究，都伴随着信息技术的发展，公众信息接触越来越频繁，所带来的公众有关信息接触的需求而展开的研究。健康信息素养便是在面对日益复杂的健康信息环境，以及为更好地进行我国卫生机构的大量健康知识的科普而不得不提的概念。健康信息素养是信息素养的一种，是指意识到健康信息需求，确认可能的信息源并运用它来检索有关健康信息，评价健康信息的质量以及具体情境下的适用性，分析、理解并使用健康信息做出合理决策的一系列能力。化学信息素养也是面对当下日益突出的环境问题、社会问题、科技问题而提出的一个信息素养研究的分支，虽然现有的研究主要仍然集中于对中学生的化学信息素养，仍然关注于如何培育中学生的化学信息素养来提高学生的化学学习能力，但笔者认为在未来化学素养也是全体公民需要具备的能力。化学信息素养的研究不应该只停留于学生理解化学学科、学会实验探究、解决化学问题的能力，化学信息素养是公民理解和判断环境、科技中先进概念的能力，从而使公民能通过自身的判断选择可靠的产品，也能成为科学技术研发的决策者，理性地看待垃圾焚烧、PX 项目等。王秉、吴超提出了一个比较新的概念——安全信息素养，安全信息素养是指安全信息用户认识到安全信息需求，并获取、评价和利用所需安全信息以做出合理安全行为的一系列能力。有研究表明绝大多数事故均是由人的不安全行为所致，依据诸多行为干预理论表明，信息是对人的行为具有控制作用的元素。由此可见，安全信息素养具有重大的研究价值和意义。

综上，信息素养概念的新解读主要体现在三个方面：信息素养定义的发展、信息素养词语的丰富以及信息素养研究的跨学科拓展，信息素养研究内容也随着信息素养内涵和外延的延伸在不断丰富。

二、信息素养能力的新评价

现在国内外关于信息素养的评价指标主要集中于对中学生和大学生信息素养的研究，当下国外较有影响的信息素养评价指标分别是美国的《高等教育新信息素养能力标准》、英国的《英国高等教育信息素质能力》、澳大利亚的《澳大利亚和新西兰信息素养评价框架》，国内较有影响的评价指标是《北京地区高等教育信息素养能力指标体系》和《高校大学生信息素养指标体系》。

衣晓冰、王贵海基于国内外信息素养的评价体系进行深入研究，找出这些标准中的共性与特性，构建了四个维度的评价指标，分别是信息意识、信息知识、信息能力、信息伦理。其中信息意识包括信息理论意识和信息应用意识；信息知识包括信息工具知识和信息检索知识；信息能力包括信息获取能力和信息评价能力；信息伦理包括信息安全和信息道德。具体来说是测量大学生对信息技术重要性的认识、对前沿信息的敏感度、信息工具的使用能力和规范运用信息的能力。

石映辉等人对比分析了国内外信息素养评价指标维度的相关特征，将国内外 13 个比较典型的信息素养评价指标体系进行了整理分析，形成了包含信息需求、信息源、信息获取、信息识别、信息存储与管理、信息搜索策略、信息交流与利用、信息评价、信息创新、信息道德、信息意识、信息组织、信息理解与吸收、信息经济法律与社会、信息的元认识、信息成本收益、信息分享、信息安全、信息态度、终身学习、信息监控、公民权利与责任的 22 个不同测评指标。除了学生的信息测量外，医护人员的信息素养评价也一直是国内外学院研究的热点议题，王莹莹结合国外医护人员和医学生信息素养的评价指标，编制了乡村医生信息素养评价体系，主要参照 ACRL 进行设置，包括对乡村患者的诊治、乡村卫生宣传教育等政策的敏锐度，利用移动客户端、社交媒体等方式进行远程学习的能力。

与信息素养的评价指标相对应，信息素养现状的研究也主要集中于中小学生、大学生、医护专业学生和听障学生群体。杨岚基于 ACRL 信息素养的评价指标对小学生信息素养进行了实证研究，发现认为信息技术指数能满足学习需求的学生，其信息意识和信息道德都要略高一些；整体上学生的信息素养较好，其中信息能力较强，信息道德略有欠缺；六年级学生的信息意识高于五年级学生的信息意识，而五年级学生的信息能力略高于六年级学生；家庭因素和学校环境因素均显著正向影响信息意识，学校环境因素显著正向影响信息知识、信息道德和信息能力。

关于医务人员和医学生等特殊人群的信息素养，林霞、肖泽梅指出当下医学生信息意识薄弱、信息知识匮乏、信息能力不容乐观、信息道德有待提高。存在大多数医学生不清楚信息素养的概念，未受过信息素养的系统教育等现象。宋艳玲等人研究了听障学生信息素养的现状，通过对山东特殊教育职业学院的问卷调查，显示出目前听障学生的信息素养水平不理性。在信息意识方面，听障学生能够认识到信息在现代生活、学习中的重要性。但对信息素养的相关概念并不了解，没有形成完整的信息素养知识体系。在信息技能方面，大部分学生可以较为准确地表述自身的信息需求，但是，学生对"信息的产生"理解不足，没有意识到"信息创建的过程性"。对信息源了解较少，基于此种情况，导致学生无法准确判断信息查找的方向，从而降低了信息查找的全面性、准确性、高效性。在信息评价能力方面，大部分学生能够判定获取到的信息是否为自身所需信息，但评价维度不全面，没有形成完整的评价体系。在组织管理与交流能力方面，听障学生通过信息处理软件管理信息的能力较弱。在信息社会的驱动下，大部分高职听障学生能通过现代手段与他人交流，但是，相对于微博、博客等自媒体，高职听障学生更倾向于使用即时通信手段。在信息应用与创造方面，大部分听障学生能将获取到的信息应用到学习、生活中，且近九成的高职听障学生愿意与他人分享信息。在信息道德方面，大部分高职听障学生能够遵守网络道德规范，但是还有一部分学生对网络道德规范意识模糊，信息道德意识有待加强。在信息安全与隐私方面，高职听障学生对信息安全有一定的认识，但是信息隐私意识较为薄弱。

对于当下中学生、医护人员等群体信息素养欠缺的现象，不少学者也对其进行了原因分析。姜贺、莫慧敏在研究护理专业学生信息素养时发现，护理专业的学生中接受过文献检索课程的学生其信息素养得分较高，本科生因在校期间参与科研项目和毕业设计等科研训练，因此其信息素养优于专科生。散国伟等人研究发现中学生的性别、年级都对其信息素养具有显著影响，学生使用计算机的自我效能、使用计算机的兴趣与其信息素养水平也有显著正关系；学校层级中数字资源、机制保障等与学生信息素养有显著正相关性。罗玛和王祖浩建立了全面的 ISM 模型结合层次分析法分析学生的信息素养影响因素，研究了环境因素包括社会环境、家庭环境、学校环境，教师因素以及学习者因素包括学习者信息意识、学习动机、学习策略对学生信息素养的影响。方长春等人基于粗糙集理论来解释信息素养与其影响因素之间的关系，其中将学生的成绩、考级荣誉、自然情况、情绪能力纳入大学生信息素养的影响因素模型。张倩倩对青年农民信息素养的影响因素进行了研究，发现个人因素，"互联网＋"环境因素，政策、经济和教育因素都对农民信息素养有正向显著影响。具体包括网络的普及、互联网技术普及和互联网的使用，政府支持政策、经济水平和教育与培训等八个维度都对农民信息素养有影响。

综上，当下信息素养的评价标准虽然指标更多的还是采用美国的《高等教育新信息素养能力标准》，但在具体进行能力评估的研究中创新了更多的研究模式和假设模型，考察信息素养影响因素的多元性。

三、信息素养教育的新模式

信息全球化时代，高校信息素养教育不再是图书馆的个体行为，而是多个信息组织和学习主体参与互动的教育体系。李峰等人认为应建立信息素养教育生态系统，在高校内部形成一个动态化的网络组织，在外部与政府、社会以及其他高校互动合作。此外，信息素养教育应贯穿一个普通人在初等教育阶段、高等教育阶段、职场工作阶段和退休养老阶段的生活、学习和工作的各种场景，因此需要一个全新的信息素养通识教育内容体系的建立，以满足全民个人发展和终身学习的需要。可见信息素养教育是贯穿个人各个阶段，需要学校、家庭、社会、政府的多方协作，有学者提出我国应建立健全政府（G）、社会（S）、学校（S）与图书馆（L）多领域主体合作，形成学生信息素养教育培养深度合作的"GSSL"模式。其中学校承担着信息素养教育的重要职责，基于中小学课堂教学，有学者提出应将信息素养教育融合到其他学科的教学过程中，在学习科学、数学等课堂中，让学生掌握使用计算机等信息设备以及评价、筛选信息的能力。

除了中小学的课堂教学，1980 年以来中国开始发展信息素养教育，其主要手段便是图书馆开设文献信息检索课程，因此图书馆特别是高校图书馆是信息素养教育的重要渠道，1990 年后，随着中国互联网迅猛发展，电子文献数量的增加，以及各类电子数据库开始出现，文献信息检索课向计算机检索转变，在 2015 年修订的《普通高等学校图书馆规程》中强调了高校图书馆应加强开展信息素养教育，使用现代化教育手段，大力发展信息素养课程体系建设。基于图书馆在信息素养教育中的重要作用，不少学者提出了图书馆信息素养教育的新模式和新要求。

图书馆信息素养教育新模式与新要求主要分为图书馆课堂教育创新、图书馆信息素养教育新形式两个方面。图书馆信息素养教育课堂形式有慕课在线课堂、微视频、讲座等，同时课堂教学应增加学生的积极性，提高课堂的互动性，从信息检索技能的教学转向信息评价、打破学科界限、融合多元素养。何立芳提出翻转课堂教学，在课前学生通过观看教学视频自主学习，课堂上在教师引导下通过协作学习，实现知识内化和拓展，从而能指导学习者课前的自主探究学习和课中的知识的内化。

在图书馆新的教学形式方面，刘庆庆等人提出嵌入式信息素养教育，嵌入式信息素养教育是指将信息检索技能、信息知识、信息道德等信息素养教育内容嵌入到通识课程和专业课程的教学过程中，全方位培养分析、利用、评价信息等综合信息素养能力的一种新型方式。高校图书馆嵌入式信息素养教育不再由高校图书馆员来独立承担，由学校的专职教师、图书馆员和学生等多种力量，以合作方式将图书馆的资源利用与图书馆服务融合到专业教学中，集专业知识教学、科学研究与信息能力实践为一体的教育方式。刘雅琼等人则提出了信息素养教育游戏，创新了信息素养教育实践，"图书馆的初遇"国内图书馆首款主题故事游戏适应当下大学生碎片化的学习特征，有利于学生随时随地地接受信息素养教育，更能激发学生的学习兴趣。总体来说，信息素养教育在课堂教学和图书馆信息素养教育模式上，随着新媒体技术的发展开创了新的模式和形式，这使潜移默化地提高学生的信息素养能力成为可能。

四、结语

总而言之，由于信息素养重要性的凸显，信息素养的研究不再停留于图书情报学科，而是出现了健康信息素养、安全信息素养等跨学科的信息素养研究。在信息素养的评价与影响因素研究中，人们也开始意识到信息素养影响因素的复杂性。在信息素养教学实践方面，利用网络、社交媒体、大数据等开创新的教学方式，将信息素养教育贯穿个人的生活、工作各个阶段。

参考文献

［1］黄丹俞.跨媒体信息素养的概念、特点及对图书馆的意义［J］.图书情报工作，2013，57（14）：56—60.

［2］金鹏.高等学校教学管理人员信息素养研究［D］.山东师范大学，2006.

［3］陈凯泉，何瑶，仲国强.人工智能视域下的信息素养内涵转型及 AI 教育目标定位——兼论基础教育阶段 AI 课程与教学实施路径［J］.远程教育杂志，2018，36（01）：61—71.

［4］邓胜利,付少雄.公众健康信息素养促进中的图书馆参与:驱动因素、国外实践及思考［J］.图书情报知识，2018（02）：5—13.

［5］王秉，吴超.安全信息素养：图情与安全科学交叉领域的一个重要概念［J］.情报理论与实践，2018，41（07）：35—41.

［6］衣晓冰，王贵海.大学生信息素养评价指标体系与模型的构建［J］.四川图书馆学报，2018（01）：46—51.

［7］石映辉，彭常玲，吴砥，杨浩.中小学生信息素养评价指标体系研究［J］.中国电化教育，2018（08）：73—77+93.

［8］王莹莹.乡村医生信息素养评价指标体系的构建［D］.西南大学，2018.

［9］杨岚.小学高年级学生信息素养现状的调查研究［D］.苏州大学，2018.

［10］林霞，肖泽梅.医学生信息素养的现状及培养研究进展［J］.护理研究，2018，32（17）：2681—2684.

［11］宋艳玲，梁胶东，武鲁英.高职听障学生信息素养现状调查与分析——以山东特殊教育职业学院为例［J］.科技视界，2018（21）：76—78.

［12］姜贺，莫慧敏.护理专业学生信息素养现状及影响因素分析［J］.中华护理教育，2018，15（12）：936—940.

［13］散国伟，余丽芹，梁伟维，黎欢.中学生信息素养的多层影响因素及提升策略研究［J］.中国电化教育，2018（08）：86—93.

［14］罗玛，王祖浩.基于ISM与AHP的学生信息素养影响因素研究［J］.中国电化教育，2018（04）：5—11+25.

［15］方长春，李东生，曹晓琳，王双维.大数据环境下高校大学生信息素养影响因素研究——基于粗糙集理论［J］.情报科学，2018，36（02）：58—62.

［16］张倩倩."互联网+"环境下长株潭地区青年农民信息素养影响因素研究［D］.湘潭大学，2018.

［17］李峰，郭兆红.高校信息素养教育生态系统构建路径研究——基于ACRL《高等教育信息素养框架》的视角［J］.情报理论与实践，2018，41（03）：44—48.

［18］李毅，何莎薇，邱兰欢，刘明.北美地区学生信息素养研究现状及其启示［J］.中国电化教育，2018（08）：67—72.

［19］刘庆庆，何燕君，杨新涯，李燕.高校图书馆嵌入式信息素养教育模式研究——以重庆大学图书馆为例［J］.图书情报工作，2018，62（16）：47—54.

［20］刘雅琼，李峰，张春红，王明朕.图书馆信息素养教育手机游戏的设计与实施——以国内高校图书馆首款主题故事类手游为例［J］.图书与情报，2018（06）：91—96.

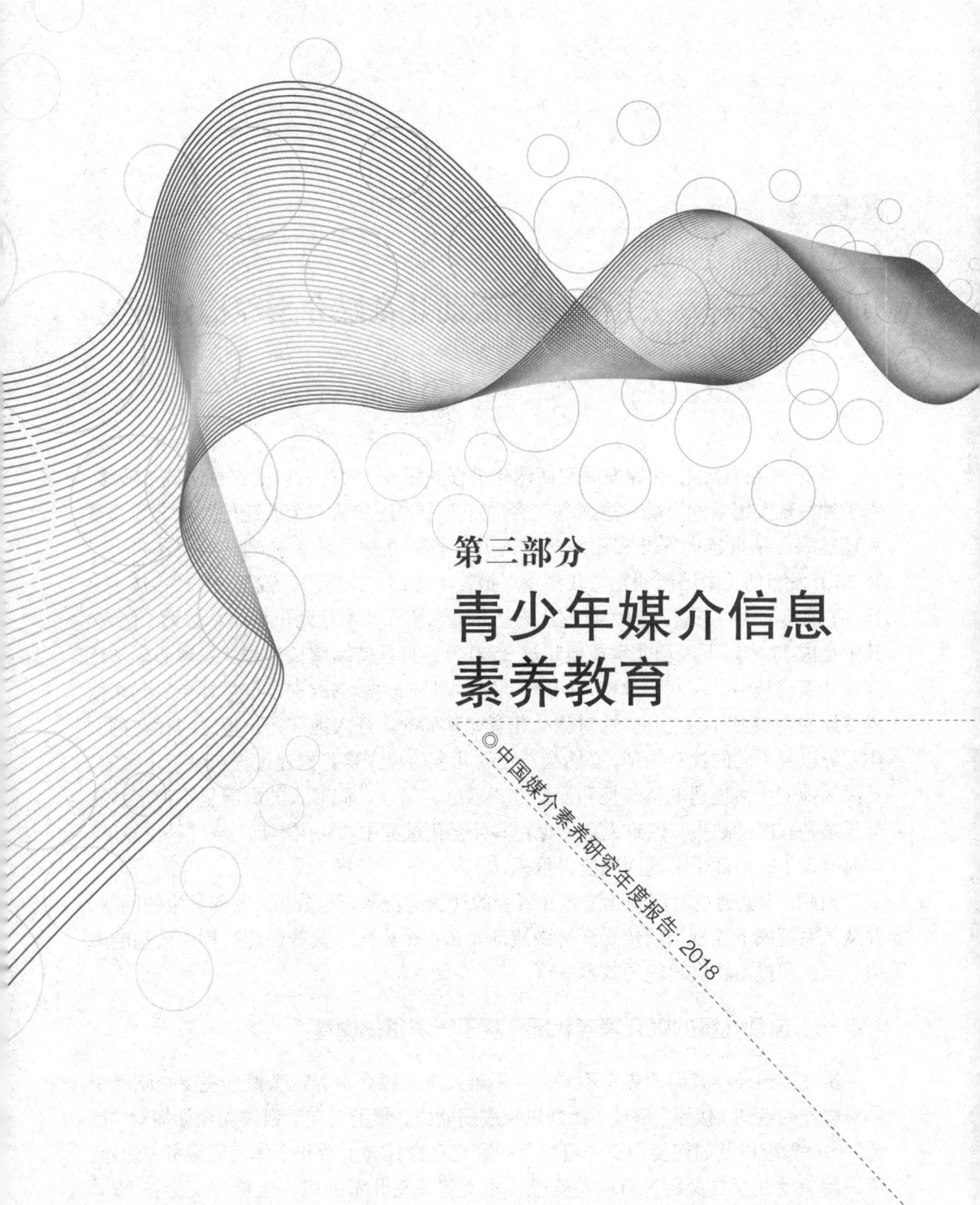

第三部分

青少年媒介信息素养教育

◎中国媒介素养研究年度报告：2018

冲突与和解：关系视阈下流动儿童媒介素养构建研究

王　倩　李颖异

当下，伴随着经济快速发展和城镇化进程的深入，大量人口由农村向城市转移，由于种种现实因素的影响，进城务工者的迁徙方式逐步从"个人迁徙"转变为"举家迁徙"，越来越多的儿童跟随父母离开户籍所在地，成为流动儿童。2017 年 3 月 28 日发布的《中国流动儿童教育发展报告（2016）》显示，截至 2015 年 10 月 1 日，中国流动人口总量约为 2.47 亿，流动儿童和留守儿童这两个群体总数约 1 亿人，其中全国 17 岁以下流动儿童规模超过 3500 万，且呈持续增长趋势。发展心理学认为，儿童成长中，家庭、学校、同龄人和传媒是四大影响因素，信息社会的到来使得传媒的影响力日趋上升，这对流动儿童尤其如此。迁入地和迁出地之间存在的文化差异以及不同的社会构型，必然会对流动儿童的媒介素养构建过程产生一定影响。又因为他们生活境遇的特殊性和变动性，家庭、学校、同龄人的影响呈不稳定状态甚至某种程度的缺失，以致大众传媒在其社会化过程中"缺位不足"或"补位过度"均时有发生，由此带来的问题值得重视。

因此，本文通过对流动儿童媒介素养的现状进行调查与分析，发现其中的问题，并从关系视阈下挖掘当前传媒环境中流动儿童在个人媒介素养构建过程中面临的障碍，且试图提出解决问题的基本思路。

一、流动儿童的媒介素养状况：基于一次量化调查

虽然国内外学者们的界定不同，但不难发现，媒介素养这个概念主要是阐释个体对媒介的认知、接触、解读、批判以及应用能力，其重点在于强调受众如何对"信息"保持警醒以及如何使用媒介或媒介内容为自身社会生活和个体发展服务。此外，考虑到流动儿童自身所具有的特殊性，本文将流动儿童的媒介素养定义为：流动儿童获取、认知、分析和评价媒介信息的能力以及运用媒介信息融入城市、服务自身社会化的能力。

　　流动儿童是一个禀赋了农村文化血缘又试图融入城市文化脉络的庞大而又特殊的群体，是当代城市社会的"边缘人"。就历时态而言，他们处于心智尚未成熟、道德行为逐渐养成的关键期，和所有儿童一样，要经历由"生物人"转化为"社会人"的社会化过程；就共时态而言，他们处于两种体制的接壤处，要跨越城乡二元结构，在城市化进程中完成自身的社会性发展。在以上转化和跨越中，媒介的影响随信息社会的发展而变得日益突出，因此，调查研究流动儿童媒介接触与使用的状况，思考提升其媒介素养水平的策略就变得愈发重要。

　　笔者选取济南文苑小学这所外来务工子女定点学校为样本进行了问卷调查。调查共发放问卷 266 份，采用统一发放和统一回收的方式，共回收问卷 248 份，回收率为 93.2%，其中无效问卷 12 份，有效率为 95.2%；在 236 份有效问卷中，流动儿童问卷为 151 份，非流动儿童为 85 份，通过对问卷数据的分析和整理，主要从媒介接触机会、媒介认知情况、媒介使用情况以及媒介的参与和制作能力四个方面来讨论流动儿童媒介素养的现状。

　　首先，从媒介接触机会来看，在调查涉及的流动儿童家庭中，手机、电视、电脑的拥有率分别为 99.6%、98.1% 和 93.4%，在城市非流动儿童家庭中，手机、电视、电脑的拥有率分别为 99.7%、98.4% 和 99.2%。总体上看，流动儿童与非流动儿童的媒介拥有情况相差不大，流动儿童与非流动儿童接触媒体的机会没有明显差异。但值得注意的是，流动儿童家庭拥有电脑的比例要低于非流动儿童家庭，流动儿童对电脑接触的机会低于城市非流动儿童，这就有可能使流动儿童与非流动儿童相比，在媒介接触的种类与可能性上处于不利状况。

　　其次，从对媒介的认知情况来看，被测试对象在回答"网络上的新闻都是真实的吗？"这一问题时，流动儿童选"是"的比例（56.8%）要高于非流动儿童选"是"的比例（44.1%）；被测试对象在回答"我们看到的广告需要向电视台付费吗？"这一问题时，流动儿童选"是"的比例（34.8%）要低于非流动儿童选"是"的比例（45.2%）。就样本情况而言，我们可以看出无论是流动儿童还是城市非流动儿童都存在对媒介生产专业知识的错误认知，但总体上流动儿童对于媒介生产、运营等专业知识的掌握水平要低于城市非流动儿童。

　　再次，从对媒介的使用情况来看，流动儿童与非流动儿童也存在不同。因这一问题较为复杂，笔者遂将此部分内容细分为家长干预程度、媒介使用倾向和媒介使用目的三个方面进行调查。

　　调查发现，非流动儿童的父母在子女的媒介干预及指导方面，总体上要好于流动儿童的父母。在对子女媒介使用的干预、对子女媒介使用行为的陪同和监督、就媒体信息与子女讨论互动情况以及对不良信息的处理情况上，通过数据交叉分析制表以及对独立样本进行检验，均可得出两组数据存在显著差异的结论。调查显示，非流动儿童的父母对子女媒介使用的干预以及在与子女就媒介问题的交流互动的时间与频率上都高于流动儿童父母，在处理儿童不宜的内容上也表现出更积极的态度。

从媒介使用倾向上看，在被调查的流动儿童群体中，选择看电视的比重最高（37.3%），排在第二位的是上网（26.2%），排在第三位的是玩游戏（19.4%），三者都高于与同辈玩耍的比重（14.8%）。而在非流动儿童群体中，选择看电视（24.4%）、上网（26.1%）和与同辈玩耍（25.3%）的比重相差不大。明显看出，流动儿童选择看电视的比重显著高于城市非流动儿童，而在选择与同辈群体玩耍的比重上则显著低于后者。通过访谈得知，部分流动儿童父母工作较为繁忙，并且在居住城市的人际交往范围相对较窄，所以课余时间他们很少能有机会与同龄的小伙伴一起玩耍，很多流动儿童打发课余时间的方式通常只有看电视、上网、玩手机和写作业等。

从流动儿童与非流动儿童使用媒介的目的上来看，两类儿童也有不同。在回答"接触和使用电脑的主要目的"这一问题时，两类儿童选择为了查找学习资料的比重均为最高，但流动儿童选择该选项的比重（67.2%）略低于非流动儿童（76.4%）。在"看电视剧"和"听音乐"的选择上，两类儿童差别不大（流动儿童分别为40.8%和46.2%，非流动儿童分别为39.6%和47.1%），但是在选择玩游戏和聊天上两类儿童出现了显著差距。流动儿童选择玩游戏的比重（52.1%）超过了半数以上，远高于城市非流动儿童（36.8%）；流动儿童选择上网聊天的比重（48.7%）也高于城市非流动儿童（36.3%）。通过访谈，我们得知有些流动儿童使用电脑的主要目的除了上网查资料之外，还有"打发时间""太无聊""没有人跟我一起玩"，这也在侧面印证了当下部分流动儿童现实人际关系过于单调，导致其只能通过网络来构建虚拟的人际交往，对媒介接触的直接目的具有相当的局限性。

最后，从媒介参与及制作能力上看，两类儿童对媒介信息的参与和制作主要以在QQ空间、百度贴吧、微信朋友圈等渠道发布信息和评论为主，在媒介参与和制作渠道上并无明显差异。但除了这些儿童发声的"主流"渠道外，流动儿童选择"都没参与过"的比重为46.2%，明显高于城市非流动儿童的23.9%，与城市非流动儿童形成较明显差距。有一位四年级小朋友提到，去年暑假他想参与学校组织的小记者训练营，但是父母因为工作原因无法全天照看他，只能将他送回齐河老家由爷爷奶奶照看。由样本可见，在媒介参与和制作上，城市非流动儿童的机会要多于流动儿童，并且在自身媒介参与和制作能力上也要比流动儿童更加活跃。

通过以上四方面的分析，我们不难发现，尽管互联网和移动互联网的兴起使得整个社会的信息流通量和信息接触量增大，信息社会也为流动儿童提供了更多媒介接触的可能，但由于"流动儿童"这一身份的特殊性，卡兹曼笔下的"信息沟"并未因媒介的普及而消弭，流动儿童在媒介的认知、使用以及参与制作能力上，都要

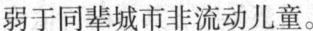

弱于同辈城市非流动儿童。

二、关系视阈下流动儿童媒介素养构建的障碍

在家庭、学校、同龄人和大众传媒对儿童发生影响的过程中，流动与非流动儿童面临不同境遇，流动儿童境遇的特殊性体现在三个方面：第一，因为居住环境的变化带来了身份认同的危机——尽管生活在城市，但却因为农村人的户籍与身份难以真正融入城市和学校；第二，流动儿童家庭流动性的客观状态使他们与同辈群体间的互动较少，塑造了他们心理上的"边缘性"；第三，流动儿童父母工作的繁忙使其难以与子女进行充分、有效的亲子互动，这就使流动儿童对大众传播媒介有了更深的依赖。流动儿童与非流动儿童相比，其最大的特点是流动性，这种流动性割裂了流动儿童原有的关系链接，但一时又难以建立起新的人际关系网络，因此，流动儿童如果不能及时与这种环境冲突达成"和解"，就必然会影响到他们的自我认知与社会化。这也就不难解释，为何流动儿童在与城市非流动儿童媒介接触可能相差不大的情况下，其媒介素养水平总体上要低于城市非流动儿童了。

在当下，虽然流动儿童的生活场域发生变化之后被赋予了更多的媒介接近权，媒介使用的广度在拓宽，大多能正确认识和理解媒介所传达的表层信息，但流动儿童对媒介信息所承载的深层含义不能很好把握，将媒介信息应用到个人生活中的能力还有待提升。这些原因来自社会、家庭以及同辈群体等多个方面，笔者试图引入公共关系学之中的"关系"概念，从人的层面探究流动儿童媒介素养缺位的原因。

（一）以人为本的关系理论

公共关系学中，许多学者将人作为主体，从关系的角度出发来定义"关系"。琼·奥克·尤姆认为，东西方人际关系的主要差异表现在，西方人际关系是一种"普遍关系，陌生人关系，契约关系，短期关系，工作关系，外群体关系"，而东方人际关系则是一种"特殊关系，熟人关系，轮约关系，长期关系，私人关系，内群体关系"。而关系传播理论的创始人雷格里·贝特森则认为，信息具有双重性质，每一个人际交流信息包含两层内涵，即"报告"信息和"指令"信息。报告信息是指传播的内容，指令信息是指传播的关系，这两个要素也被称之为"内容信息"和"关系信息"。

巴赫金指出，人类的思想本质即对话，只有将人的想法置于同他人思想的积极交往之中才会成为真正的思想，真正存在思想的领域并非是个人的头脑，而是存在于与他人交往的联结点中，正是因为有这些结点的存在，多样化的个体才能真正走进彼此依存和信赖的共通空间。胡百精在《公共关系学》一书中也谈到，对话、交往是最基本的人类行为，公关应始终保持对话精神，始终以对话为理念，其目的是为了克服现代"生活世界"的危机，进而达成理解和共识，并最终体现为对话者之间彼此同意、普遍接纳、自觉遵守的共同规范，以此来实现集体的、共享的价值观和思维方式。陈先红在考察了"创新扩散理论"和"技术的社会形成理论"的基础上，更为明确地阐述了媒介与关系的问题。她认为，传播的本质是寓于传播关系的建构和传播主体的互动之中的，传播是社会关系的整合，关系可以按照自身意愿来影响甚至传播内容。当传播者和受众的关系达到最饱和状态时，传播的内容已经失去意义，唯只剩传播关系。最能够说明这一关系的是亲子之间日常的交流，虽然可能包含的信息量极少，但正是在这种"真实的废话"中，亲子关系才得以建立和稳固。

在当今社会化网络和社会化媒体的影响下，人们的网络使用甚至生活习惯都发生了改变，我们所熟悉的通过大众媒介来获取信息和进行信息传播的方式正在被快速、密集的个人直接接触所挑战。在信息社会的背景之下，新媒体重构了人与人之间的关系，个体的情感维度变得愈发重要，甚至逐渐占据了关系传播中的中心位置，从关系的角度来说，当下的信息环境为对话和沟通提供了更广阔的想象空间：一方面，可以增强原有交流的频度和效度，优化信息传播的质量；另一方面，也可以弥合不同社会构型与文化之间的差异，使人与环境在发生冲突之后能够及时达成动态的和解，降低融入新环境的成本。

流动儿童在融入城市的过程中必然要面临多种关系的冲突，在媒介即关系的今天，如果流动儿童不能妥善处理好现实生活中各种关系的冲突，及时与新环境达成和解，就有可能沉溺于网络或与外部隔绝，这势必会影响到其媒介素养的构建。所以，关系视阈可以成为我们审视流动儿童媒介素养教育的全新视角。在全新的传播环境中，媒介作为一个"关系居间者""正以可预见和不可预见的方式对人们的角色关系、文化关系和情感关系等产生深刻而全面的影响"。

（二）关系视阈下流动儿童媒介素养建构的障碍

随着网络技术的发展，人与人之间的联系变得前所未有的频繁、紧密和多样化，媒介技术的发展可以超越时空，但无法超越人的情感，正如托马斯·弗雷德曼指出的："由于网络和卫星电视，世界已经被技术性地链接在一起了，但是这种链接并不是社会性的、政治性的或者文化性的。"因此，人与人之间的关系维度在增加，但是关系信度在降低；关系长度在延伸，但是关系密度在减小，世界正在被技术连接成为地球村，身处地球村里的人成了"熟悉的陌生人"。诚如上文所述，当下快速发展的信息环境固然赋予了流动儿童更多媒介接近和使用的权利，但这种赋权更多地停留在了技术层面。流动儿童由于自身流动性的限制，难以在短时间内适应环境、融入环境，也难以重构因自身流动性而被打破的原有的关系连接，在这个媒介即关系的时代，亲子关系、同辈关系、校园关系以及媒介关系的缺位或疏离都会深刻影响流动儿童媒介素养的构建。

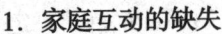

1. 家庭互动的缺失

信息化社会中，媒介在流动儿童成长过程中扮演着越来越重要和越来越多元的角色。家庭环境是流动儿童在社会化过程中接触时间最长、接触频率最高、关系最紧密的环境，流动儿童更多地依靠父母支持在新环境中逐渐适应，因此，流动儿童与家庭、父母之间的和谐关系对其认识媒介、理解媒介有着重要影响。例如，父母之间的关系紧张会给流动儿童造成较大负担，并使流动儿童产生自卑心理。在自卑心理影响下，流动儿童会排斥与他人交流，无法从正常社会交往中获取对媒介的正确认识，更容易被海量的媒介信息所淹没。

然而流动儿童的流动性使其家庭环境与城市同辈相比处于弱势地位，具体来说，包括流动人口家庭生活的不稳定导致学习断层和学习困难；父母受教育水平低、收入低、生存环境和生活条件差，无法为子女提供良好的学习环境；父母因忙于生计而缺乏与子女的沟通；父母对其采用放任或粗暴的教养方式等。在流动儿童的家庭中，一定程度上说，其父母作为进城务工者文化程度普遍不高，而且从事的职业一般以体力劳动及小生意为主，工作时间长又缺乏相关社会保障，虽然他们从内心非常关心孩子的成长，但由于其自身在城市的生存压力，因此往往心有余而力不足，能保证孩子在城市的基本生活与学习条件已属不易，很难在儿童的媒介使用过程中给予子女足够有效的指导和陪伴。此外，进城务工者的社交网络一般以血缘、地缘和业缘为纽带，并无更加深入的关系连接，这就使子女的社会交际网络较为单一，玩手机、看电视和上网已经成了部分流动儿童打发时间和社会交往的主要手段。流动儿童身处全新的城市场域，由于语言、文化、习俗以及价值观的不同，又缺乏有效关系的陪伴，容易对媒介制造出的"熟悉的陌生人"形成依赖，进而产生对媒介信息不加辨别的盲从倾向。

同时，在整体快节奏、高强度、大流量的信息流通环境中，媒介所提供的信息越发碎片化，这些碎片化的信息往往大量简化了推演的过程，是一些事实的集合而非缜密的逻辑，通常不够严谨和全面。流动儿童处于生活状态不稳定、身心发展不成熟的时期，如果没有成年人的指导与监督，其注意力很容易被媒介分割为碎片，深陷快餐式的信息消费中，缺乏深入系统的逻辑思考，并易导致他们忽视人与人之间基于真实关系的互动，进而影响其社会化进程的开展。

2. 校园关系的疏离

学校环境作为流动儿童社会化的主要场所，其制度化、强制性和持续性可以保证流动儿童媒介素养的培育。流动儿童的大部分社会交往都是在学校环境中完成的，他们在学校环境中会初步学习信息收集、使用和创造能力，因此学校老师和同辈群体是流动儿童媒介素养构建过程中除了家庭之外必要的补位因素。然而对于流动儿童来说，其学校适应能力往往弱于非流动儿童，一方面，他们自身特有的流动性使流动儿童需要更多的时间和精力去不断适应新的学校环境；另一方面，一定程度上的社会排斥（社会关系排斥、文化排斥、消费排斥等）也阻碍了流动儿童的学校适应。

金灿灿等学者从心理学的角度指出，良好同伴关系能够缓冲和减弱社会负性环境引起的问题行为，而消极同伴关系也可以与环境的负面效应相叠加，导致儿童行为问题进一步恶化。由于现行户籍制度，流动儿童较难和城市儿童一样获得优质的教育资源，往往只能就读于外来务工子女定点学校和有限的接收流动儿童的公立学校，这就将流动儿童媒介素养的构建置于一种不利的境地。

从学校和教师的角度看，事实上，这些学校的师资力量通常远远落后于普通公立学校，与省、市乃至国家级的规范化学校的差距更大。在这种环境下，学校和老师对成绩等显性素养的重视要高于媒介素养这种隐性素质。为了激励流动儿童好好学习，通常会对其灌输"别人与我比父母，我与别人比明天""好好学习才能有出路""心无旁骛，一心向学"等思想，这固然在激励流动儿童学习方面起到了积极的作用，但这无形中也很可能压制了流动儿童对媒介使用的时间、空间和愿望。当学校里的老师不断强化着网瘾的可怕，身边同辈群体都在埋头苦读的时候，在群体压力之下，很多流动儿童对媒介接触产生了"不想、不敢、不会"的三不观念。

从同辈群体的角度看，除了媒介解读和批判能力，流动儿童的媒介素养还包括参与表达和信息使用能力，而同辈群体是流动儿童接触最多的群体，非强制的、自由的、平等和谐的同辈关系也是流动儿童融入学校环境、参与表达和讨论的基础。由于年龄相仿、认知相似，因此流动儿童在媒介的认知和使用方面很容易受到同辈群体的影响。但根据本次调查，流动儿童选择与同辈群体玩耍的比例要远低于城市非流动儿童，这就在某种程度上切断了流动儿童与同辈进行沟通、对话的渠道，也使得流动儿童与同辈群体之间的公共空间难以形成，真正的媒介理性难以得到激荡和锤炼。

媒介作为一种沟通工具，其最终的落脚点应该回归现实的人际关系。但是在长期的环境融入焦虑和群体压力之下，流动儿童使用媒介进行言说的积极性必然会下降，容易被外部环境所设置的议程影响，最终导致其信息创造和使用能力的削弱。更为严重的是，信息创造和使用能力的缺位会带来流动儿童沟通能力的下降，使其对回归现实校园关系产生强烈的抵触心理，形成负向循环，不利于其媒介素养的构建。

3. 社区关系的制约

流动儿童媒介素养的构建受到个体、家庭、学校以及社区等社会因素的共同影响，因此，应将其放在整个社会生态系统中去审视。瑞士心理学家皮亚杰在研究儿童成长和认知发展过程之际首次提出了"基模"的概念，简单来说，人之所以能够快速有效地认知、分析新事物或新信息，是我们大脑中的"认知基模"在起作用，这种基模的构建来自于我们过去相关的经验和知识。流动儿童因其流动性，需要不断适应新的环境，难以与环境之间建立稳定的关系。这就使得流动儿童的"认知基模"不断被颠覆，他们难以凭借已有的知识和经验对全新的环境快速做出恰当反应。

和谐的社区环境可以提升流动儿童的自信心和言说意愿，增加流动儿童的社会交往，对流动儿童的媒介素养构建有着潜移默化的作用。对于流动儿童来说，其自身的流动性使其认知不断与新环境产生冲突，在对外部环境的适应过程中会遇到种种矛盾，由于缺乏时间积淀和外来帮助，他们难以迅速与新环境达成和解并顺利融入，这就使流动儿童缺乏归属感和安全感，并会对其社会化过程产生深刻的负面影响，进而直接阻碍流动儿童的媒介素养构建。

与学校环境相比，社区环境更加开放和复杂，流动儿童在多元价值观和文化情境的综合作用下，其社会认知、个人行为以及自我意识都会受到社区环境的深刻影响。然而由于家庭经济和父母职业的原因，流动儿童跟随父母生活的地点多为城乡接合部或者外来人口流动频繁地带，即所谓的"城中村"。在这样的社区里，流动儿童没有自己的独立生活空间，周围来往人口众多且鱼龙混杂；周边网吧等娱乐场所众多，而且管理十分不善，允许未成年人出入，使儿童接触电子游戏和黄色信息的机会增加。当下流动儿童所处的社区大都难以落实与流动儿童相关的政策法规，甚至仍然存在对流动儿童的偏见，无法营造流动儿童社区融入的良好氛围。

"社区"既是客观存在的社会实体，也是"市民参与"过程中交往与互动的区域和活动场所，还是满足居民心理归属感和认同感的重要地方。但是我们应该注意到，当下流动儿童所处社区能够为流动儿童提供的媒介支持和媒介教育都十分有限：一方面，社区图书馆、电子阅览室等设施往往处于名存实亡的尴尬境地，流动儿童难以通过这些公共空间重构被割裂的现实关系，更难以通过社区关系来提升自身信息接触频率和信息接触质量；另一方面，流动儿童所处社区由于自身松散的组织架构和种种现实原因，通常不愿引起政府、公益组织及社会工作者的关注，针对流动儿童的媒介干预和社区活动也较为匮乏，这就使得流动儿童难以通过参与这些社区公共事务熟悉社区环境、拓展人际交往，达成自身与环境的和解，也难以在现实的人际关系交往中提升自身的媒介素养。

三、以人为本的流动儿童媒介素养构建

随着高速移动互联网的发展和媒介技术的进步，信息传播的时间、空间已被彻底打破，人与人之间的关系也正在被新媒体重构。在这个似乎是"技术决定一切"的时代，我们更应该停下脚步，反省一下媒介最基本的作用以及我们最初的追求，即利用媒介促进沟通、推动交流。对于流动儿童的媒介素养构建亦是如此。在新媒

体时代，媒介素养作为人的一项基本素质，其构建必然是一个漫长而又艰难的过程，所以其最终应当落脚到人这个核心概念上，应当落脚到流动儿童现实关系的构建上来，落脚到促进流动儿童与社会的沟通交流上来，只有理解现实社会才能够真正理解媒介，才能够从根本上提升流动儿童的媒介素养。流动儿童作为一个特殊群体，其流动性使其挣扎在不同的社会构型与文化差异之间，难以真正地融入生活、学习的现实环境。笔者认为，这种与现实社会环境的冲突才是流动儿童媒介素养构建的真正障碍。在媒介触手可及的今天，仅仅靠几堂媒介素养教育课程，单单凭家长老师几句苍白的语言是难以使流动儿童真正认知媒介，进而真正理解媒介的，所以当下流动儿童的媒介素养构建应当放在更宏观的视阈下去思考。

首先，要解决流动儿童与现实环境的冲突，使其尽快与现实环境达成和解。流动儿童的流动性使其必须要面对全新而又陌生的社会环境，流动儿童在融入新环境的过程中就可能会与现实环境产生一定的冲突，如果不能及时化解冲突，达成和解，就极有可能会影响流动儿童的言说意愿，进而阻碍流动儿童的媒介素养构建。因此，政府和社会应当对流动儿童抱有更多的包容接纳之心，在顶层设计与制度构建层面上有所作为，为流动儿童融入城市构建更多的路径和渠道，加速流动儿童融入新环境的进程，增强流动儿童对新环境的归属感与安全感。从长远来看，政府应当改革户籍政策以及户籍政策所带来的教育不公平等现象，并逐步加强对于流动人口及其子女的社会保障水平。只有从制度层面加强顶层设计，逐渐缩小城乡二元结构下的各种差异，提升流动人口的社会保障水平，才能弥合城乡之间巨大的"文化区隔"，消除"城市人"与"乡下人"的身份差异，使流动儿童不再因其流动性而背负沉重的标签，能够与城市儿童一样，享有平等的公民权利。就当下而言，政府可以对外来务工子弟学校以及接纳流动儿童的民办学校给予适当的资金、政策等方面的倾斜，调动其办学积极性，真正提升流动儿童受教育质量。例如，教育主管部门可以为上述学校单列部分专项资金，用以资助流动儿童进行相关的社会活动，以此来促进流动儿童了解城市文化、增进与城市之间的感情，使流动儿童能够迅速融入城市环境。此外，还可以打通学校之间的界限，探索优秀教师流动任教的可行路径，使流动儿童能够真正享受高质量的教育。

其次，要帮助流动儿童重构被割裂的现实关系，增强流动儿童的社会体验。流动儿童远离故土后，其原本就不多的社会关系与人际交往更是被完全割裂，在这种情况下，如果没有恰当的言说对象，流动儿童就很容易将网络作为现实的替代品，沉溺于虚拟世界，寻求心理上的安慰与满足。所以，在家长和学校层面，应该更多地关注流动儿童的现实关系构建，帮助流动儿童尽快重构被时间和空间割裂的现实关系。就家长而言，要学习科学的教育方法，杜绝简单粗暴或放任自流的教育理念，加强与学校、老师的联系，及时获悉子女在校的生活、学习和精神状态，给予子女更多的鼓励和支持。除此之外，还要注重与子女的交流互动，关注子女的言说需求，在子女的学习生活和媒介使用过程中给予更多的参与和陪伴，努力营造和谐稳定的家庭环境；就学校而言，要对流动儿童多一份关怀和关注，鼓励流动儿童与同辈之间的人际交往，构建流动儿童与同辈之间可以自由言说的"公共空间"。例如，学校可以建立流动儿童的媒介成长档案，记录流动儿童的媒介使用状况以及个性特点，并且做到档随人走，以便后续学校有针对性地对流动儿童开展媒介素养教育，以此来解决流动儿童跨地区、跨学校带来的学习生活上的不连贯问题。

再次，要将流动儿童的媒介素养教育融入真实的社会交往和社会互动之中。流动儿童的媒介素养构建如同人格构建一般，都是一个春风化雨、润物无声的长期过程。学校和家长应当真正树立起对流动儿童进行媒介素养教育的意识，有意识地将媒介素养的相关知识融入流动儿童的社会交往活动和社会互动之中，使流动儿童通过人际交往、社会体验来增强对社会和媒介的认知，培养流动儿童的媒介批判思维，进而从根本上提升流动儿童使用媒介服务自身社会化的能力。

在这方面，可以发挥社区的"涵化"功能，具体来说，可以从以下几点入手：第一，优化社区环境，营造良好的流动儿童融入氛围。地方政府应当重视流动人口聚居地的管理，净化流动儿童居住的信息环境。例如，要注重清理流动儿童居住社区内涉黄、涉赌等不良信息，通过设立宣传栏、儿童海报等形式，引导流动儿童形成正确的媒介使用观。第二，发挥社区功能，促进流动儿童的社会体验。可以通过社区亲子活动、NGO介入等方式，吸引流动儿童参与到社区公共事务中来，通过参与社区公共事务来提升流动儿童对社会的认知和体验，加深流动儿童对社会的理解，从而提升流动儿童的言说意愿和媒介使用能力。第三，增强社区互动，推动流动儿童与城市儿童的人际交往。同辈群体是流动儿童社会化过程中重要的因素，因此，社区应当为流动儿童创造条件，使其有更多的机会与城市同辈群体进行交流和互动，增进彼此之间的信任，获取彼此之间的接纳和认同，拓宽流动儿童的人际交往。此外，社区还可以设置相关媒介知识的议题，引导流动儿童与非流动儿童进行沟通和交流，同时提升两类儿童的媒介素养。当然，这些措施也需要与流动儿童及其父母的需求、习惯切实结合，切忌形式主义式的想当然思维。

四、结语

随着媒介技术的发展，人们之间"点对点"的接触正挑战着传统的"一对多"模式，关系的重要性愈发凸显。从工业社会到共享社会，从亚当·斯密到哈耶克，人一直是所有传播活动的起点和终点，他们才是传播活动真正的主角。流动儿童由于其特殊的社会属性，与城市儿童相比在媒介素养的构建方面处于弱势，因此无论家长、学校、媒介还是社会都应对流动儿童的媒介素养给予更多关注。在媒介即关系的时代，从构建和谐的环境关系与人际关系的层面出发，通过化解流动儿童与环境之间的冲突，将流动儿童与他人之间以媒体为中介的虚拟交往落脚到现实互动中，方可完成其媒介素养体系的建构。这种基于沟通与认同的媒介素养教育既是一种以人为本的教育理念和教育方式，也是媒介本质即对话的重要体现。

参考文献

［1］杨东平. 中国流动儿童教育发展报告（2016）[M]. 北京：社会科学文献出版社，2017.

［2］陈先红. 新媒介推动下公共关系理论范式的创新 [J]. 国际关系学院学报，2006（4）.

［3］巴赫金. 陀思妥耶夫斯基诗学问题 [J]. 刘虎译，北京：三联书店出版社，1992.

［4］胡百精. 公共关系学 [M]. 北京：中国人民大学出版社，2008.

［5］陈先红. 论新媒介即关系 [J]. 现代传播，2006（6）.

［6］栾文敬、路红红、童玉林、吕丹娜. 家庭关系对流动儿童心理健康的影响 [J]. 学前教育研究，2013（2）.

［7］管以东. 影响农民工子女心理健康的家庭因素分析及反思 [J]. 科教文汇（中旬刊），2006（2）.

（作者简介：王倩系山东师范大学新闻与传媒学院教授；李颖异系山东管理学院劳动关系学院教师，山东师范大学新闻与传媒学院硕士研究生。原文刊登于《现代传播》2018 年第 1 期。）

全面提升学生信息素养

——《中小学综合实践活动课程指导纲要》"设计制作（信息技术）"主题解读

林　众

信息技术作为当今先进生产力的代表，推动着社会信息化、智能化的建设与发展，已成为我国经济发展的重要支柱和网络强国的战略支撑。为了适应信息时代对人才培养提出的新要求，在《中小学综合实践活动课程指导纲要》（以下简称《指导纲要》）中的 3—9 年级学段，以"设计制作活动"为形态设计了信息技术的学

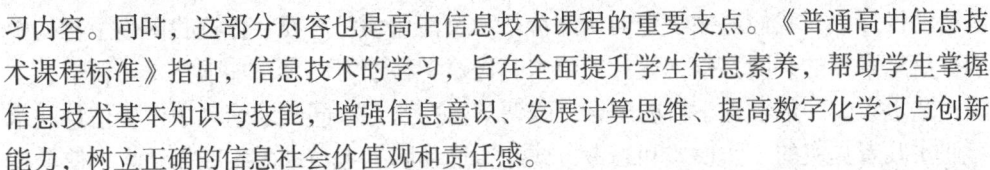

习内容。同时，这部分内容也是高中信息技术课程的重要支点。《普通高中信息技术课程标准》指出，信息技术的学习，旨在全面提升学生信息素养，帮助学生掌握信息技术基本知识与技能、增强信息意识、发展计算思维、提高数字化学习与创新能力，树立正确的信息社会价值观和责任感。

一、主题设计的依据与目的

信息技术涵盖了获取、表示、传输、存储和加工信息在内的各种技术，是人类在信息社会中赖以生存的基础。自 20 世纪 80 年代以来，信息技术沿着以个人计算机为核心、到以互联网为核心、再到以数据为核心的发展脉络，深刻影响着社会的经济结构和生产方式。

信息技术的快速发展使人类进入信息化社会。在经济全球化和信息化相互交织发挥作用的时代，一个国家信息化水平的高低，不仅反映了这个国家的综合竞争实力、经济发展水平，而且也反映了这个国家的创新能力。

21 世纪初，我国就把信息化人才建设作为"国家信息化体系六要素"中的一个重要组成部分。有效开展信息技术的主题活动，不仅有助于学生在信息社会中更好地学习与生活，也有助于他们今后步入信息社会乃至智慧社会时对国家信息化发展的适应与贡献。此次信息技术主题活动的设计，主要从以下三点进行考虑。

（一）树立信息意识，提高信息社会责任感

《指导纲要》中明确"课程目标以培养学生综合素质为导向"，符合《中国学生发展核心素养》中强调的以培养"全面发展的人"为核心这一理念。《中国学生发展核心素养》中特别强调信息意识是"学会学习"素养的基本要点之一，要求学生能"自觉、有效地获取、评估、鉴别、使用信息；具有数字化生存能力，主动适应'互联网+'等社会信息化发展趋势；具有网络伦理道德与信息安全意识等"。因此，在信息技术主题设计中，我们从学生应该掌握的信息技术基础知识与基本技能入手架构总体框架，强调在遵从融入信息技术学科前沿成果、倡导符合时代要求教学理念的原则下，注重学生信息意识的培养。在这个过程中，需要不断加强信息道德与安全教育的渗透，提高学生的信息社会责任感，实现信息技术知识与技能、过程与方法、情感态度与价值观的统一，切实培养具有综合素质、全面发展的信息社会公民。

（二）渗透计算思维，夯实学生信息基础

《指导纲要》在"设计制作"活动中，强调"提高学生的技术操作水平、知识迁移水平"。而当前信息技术教学中也一贯主张有效培养计算思维并迁移到与之相关的其他问题解决中。这种能力的培养，有助于学生为今后转型为信息化人才奠定坚实基础，为切实落实党的十九大强调的"人才强国战略"做好准备。因此，在主

题活动设计中，我们遵循学生的认知特征和个性化学习需要，体现我国小学与初中学生信息素养的共同基础，设计了数字时代跨学科学习内容，加强技术与科学、工程、艺术人文、数学等学科的融合，强调学生在这些不同问题情境中体验信息技术行业实践者真实的工作模式和思考方式，通过动脑思考与动手实践相结合，使学生在多种问题有效解决的思考过程中，激发他们的计算思维与创新思维，使其能更顺利地掌握信息化社会所需要的信息知识与技能。

（三）培养数字化学习与创新能力，强调提高问题解决能力

《指导纲要》在小学阶段学习目标中强调"运用常见、简单的信息技术解决实际问题，服务于学习和生活"，在初中阶段学习目标中强调"通过信息技术的学习实践，提高利用信息技术进行分析和解决问题的能力以及数字化产品的设计与制作能力"。这两个目标的有效实现，都需要注重数字化学习与创新素养的培养。此次主题活动的设计，为提升学生的学习兴趣，我们力求保障活动内容的广度、深度和问题情境的复杂度，在交互性、真实性学习活动中，引导学生依据学习任务进行需求分析，达到运用较合理的数字化学习资源完成学习任务、创作作品的目的。同时，在这个过程中，还要注重提高学生开放、合作、协商和注重证据的行动能力，树立团队意识。

二、主题内容的构成

综合实践活动中的信息技术作为高中信息技术课程的前序学习阶段，设计过程中遵循了为进阶学习打好基础的理念。

小学阶段的主题设计在于通过动手实践与动脑思考相结合的方式，体验使用信息技术的乐趣。学习信息技术的基础知识，初步掌握信息技术应用的基本技能，结合社会生活与学习实际认识信息技术的重要性；丰富对信息技术应用的感性经验；逐渐形成应用信息技术的良好行为和习惯；通过学习程序设计的方法，树立积极利用信息技术解决日常生活与学习问题的意识和信心。

初中阶段的主题设计都建立在非零起点的基础上，目的在于进一步让学生理解信息技术基础知识，提高信息技术应用能力，继续探究程序设计的方法与过程；在利用信息技术解决问题的过程中培养综合实践能力；形成主动应用信息技术的意识，领悟有关的思想方法和基本过程；具有较强的个人信息安全、信息道德和相关法律法规意识。

根据以上思路，信息技术推荐主题可以分为以下五类。

（一）硬件基础与系统管理

3—6 年级	7—9 年级
1. 我是信息社会的"原住民"	1. 组装我的计算机
2. "打字小能手"挑战赛	
5. 电脑文件的有效管理	

　　当前的中小学生都是在我国步入信息社会后出生并成长起来的信息社会"原住民"。尽管他们从小就接触信息社会，体会到了应有的便捷，但从认知角度看，他们并不能有效认识信息社会的内涵，也不了解信息技术的体系。因此，这类推荐主题旨在引导学生对信息社会有初步了解，培养学生对信息技术的兴趣并有进一步探索的欲望。

　　《指导纲要》明确指出，技术制作活动从小学阶段 3 年级开始学习，对零起点的学生来说，主要目的在于打通"人—机"之间的隔阂，让学生对信息技术有初步的接触，消除神秘感；对于非零起点的学生来说，应该利用这个活动疏通信息和信息技术的含义，让学生对信息技术有大体的了解。

　　7 年级的学习内容，是小学和初中阶段学习内容的衔接部分，有必要梳理、归纳、深化学生接触过的信息技术核心概念、技术等。让学生充分了解信息社会的新发展，把握技术的新动态，继续加强信息意识、数字化学习与创新等素养。这部分内容属于原理性内容，理论性较强，内容略显枯燥。教师在教学中要注意多举实例，适度引入信息技术发展中的新知识，例如开源软件、云存储、移动终端设备等，从而强调实用性，加强学生动手操作的机会，利于学生理解和掌握相关概念。

（二）网络与信息交流

3—6 年级	7—9 年级
4. 网络信息辨真伪	2. 组建家庭局域网
7. 信息交流与安全	9. 体验物联网

　　信息社会中，各种资源种类繁多，掌握了互联网上搜索信息的技能，学会使用网络的技能，了解网络信息安全知识和防范措施，不仅可以为今后解决各项信息处理任务提供素材搜索的途径，还能加深学生对网络发展的感受，有助于提升学生信息社会责任的意识。

　　这部分活动的开展，承担着"引导学生对网络世界建立初步正确的认识"的任务，小学阶段建议放在 3 年级开始学习。通过学习，可以让学生认识到网络世界能够帮助自己解决问题，使学生初步具备一些正确的网络世界观。

　　初中阶段应该在 7 年级开始学习，不仅能让学生进一步了解网络相关的知识、技能与概念，还能提升学生网络安全和网络道德方面的意识，引导学生充分认识互联网的"双刃剑"作用，能够自觉从多个角度分析互联网引发的现象和带来的问题。通过物联网的学习，能够帮助学生认识到人类社会的发展需求在不断催生信息技术的升级革新。

（三）信息加工与表达

3—6 年级	7—9 年级
3. 我是电脑小画家	4. 我是平面设计师
6. 演示文稿展成果	5. 二维三维的任意变换
8. 我的电子报刊	6. 制作我的动画片
9. 镜头下的美丽世界	
10. 数字声音与生活	
11. 三维趣味设计	

文字、图形图像、声音、视频动画等已经遍布各个信息渠道，学生是信息社会的"原住民"，具备与生俱来的多媒体信息敏感度。在多媒体信息大环境中，借助计算机、手机、平板电脑等多媒体设备，开展信息处理过程的学习，是学生应该掌握的基本技能。

小学阶段已经可以开展大部分媒体加工与表达的学习：文档编排是学生今后学习和工作中的基本技能，同时文档编排与语文乃至所有学科相关，整合性强；图形图像、声音、视频也是认识客观世界的载体；三维设计中建模的思想有助于培养计算思维的初步意识。通过学习，学生既可以提高操作技能，又可以体会计算机的无穷魅力，保持进一步学习的动力。

初中阶段是属于进阶的设计，侧重于知识与技能背后概念、术语、原理的了解，以及更专业软件的学习。力争让学生认识到，随着信息技术的快速发展，信息的数字化表达已经逐渐深入每个人的工作、学习与生活之中，成为人们交流思想、表达创意和情感的一种重要的信息载体。同时，还要让学生认识到信息技术知识是结合了数学、艺术、材料特性等多个学科领域的知识。

（四）数据与程序设计

3—6 年级	7—9 年级
12. 趣味编程入门	3. 数据的分析与处理
13. 程序世界中的多彩花园	7. 走进程序世界
14. 简易互动媒体作品设计	8. 用计算机做科学实验
	10. 开源机器人初体验

步入信息社会后，无论是信息系统的组建还是人工智能的发展，都需要程序设

计、算法架构的有效支撑。同时，数据（包括大数据）在信息社会中具有重要的价值，有效地利用程序或软件管理与分析数据，可以帮助人们获取有价值的信息，为形成决策提供重要依据。

小学阶段建议在高年级展开这类推荐主题。这个阶段的学生已经具备了一定的逻辑推理能力和空间想象能力，通过学习可以进一步促进学生智能的发展，让学生了解程序设计的基本思想，体验科学、创造性地解决实际问题的方法、步骤，初步了解计算思维，为学生今后学习其他高级程序语言设计铺设道路。

初中阶段学生学习程序设计是锻炼思维灵活性、严谨性、创造性的有效途径。要通过解决实际问题程序的设计，解读人与计算机解决问题方法的异同，并进一步引导学生通过程序设计，初步了解人工智能的魅力。同时，强调信息社会环境下数据处理的重要性，将程序设计的思想与数据分析有效结合，让学生了解到数据处理的社会实用性与现实意义。

（五）STEAM 教育

3—6 年级	7—9 年级
15. 手工制作与数字加工	10. 开源机器人初体验

STEAM 代表科学、技术、工程、艺术、数学多学科融合的综合教育。通过 STEAM 的学习，鼓励学生动手实践，找到自己想要的答案，并能将创造应用于真实生活中，达到潜能开发的目的。需要说明的是，在"信息加工与表达""数据与程序设计"中，也有类似的项目，例如 3—6 年级的主题"11""13""14"，7—9 年级的主题"8""9""10"，但由于涉及内容与其他类别更为相似，因此合并到他处。由此可以看出，STEAM 并不是孤立存在于教学中，而是在教育发展过程中逐步凸显出来的一种教学形式。

小学阶段建议在高年级展开这类推荐活动主题。这个主题打通了信息技术与劳动技术的关系，学生可以体会到贯穿始终的技术制作活动。信息技术与劳动技术是各有特色的两类主题设计，在实际的教学中往往需要优势互补。物理世界与虚拟世界之间的互联互通，能够让学生深刻体会计算机背后的科学技术原理。

初中阶段随着学生认知水平的提升以及知识储备的积累，为融机械、传感与控制等内容为一体的机器人教学进入课堂打下了良好的基础。机器人教学可以让学生在手脑并用解决真实问题的过程中，有效提高逻辑思维能力、动手实践能力和创新能力，同时也结合了计算机技术、物理、生物等学科知识的学习，能够让学生体验跨学科的学习乐趣，更便于了解人工智能的内涵与发展。

三、实施建议

与以往相比，本次信息技术主题活动的设计使信息技术的内容结构有所调整，内容得以充实，内涵更加丰富，教师在实施过程中应重视以下三点。

（一）因地制宜与综合实施并举的理念

比较而言，此次综合实践活动中152个建议主题秉承了整体设计、综合实施的思想，五类活动主题既彼此联系又具备自身的特点。信息技术活动主题的实施，需要把握因地制宜的原则，将本地师资与学生实际情况有效结合，让学生在活动中切实掌握信息技术的知识与技能。

信息技术五类主题中，前三类不仅是信息技术学科的基础知识与基本技能，也是其他活动主题甚至是全学科在开展教学过程中必须借用的基础知识与基本技能。例如，搜索技能、完成项目报告的文档编辑技能，在信息环境的任何学科教学中都是需要学生具备的能力。教师在前三类主题开展过程中，应该多思考如何把其他类活动主题有效融合。例如，教师可以用"我们的传统节日""红领巾相约中国梦"等主题设计"我的电子报刊"中的内容。因此，对于信息技术教学稍显滞后的地区或学校，前三类主题是教学重点。

后两类活动主题的设计目的，主要针对信息技术应用和教学比较前沿的地区，内容设计的广度与难度相当于当今发达国家中小学信息技术的教学水平。由于主题较多，应针对地域实际情况与学生兴趣有选择地开展。同时，在教学过程中应注重综合实施的理念。例如，在讲解编程的三种逻辑结构的选择时，可以通过垃圾分类的案例打通"生活垃圾的研究"主题。又如，在开展考察探究活动"中学生使用电子设备的现状调查"主题时，调查结果的分析需要"数据的分析与处理"学到的技能。

（二）适时借鉴《普通高中信息技术课程标准》中核心素养水平划分等级

《普通高中信息技术课程标准》中关于信息技术核心素养有明确的水平划分等级，在高中最基础的水平1前设计了预备级，目的在于帮助义务教育阶段的信息技术活动设定教学目标。因此，教师在活动教学中建议参考修订后的《普通高中信息技术课程标准》提出的信息技术核心素养，领会核心素养的内涵，凸显"学主教从、以学定教、先学后教"的专业路径，充分发挥学生的主动性，把促进学生成才作为学校一切工作的出发点和落脚点，引导学生在数字化学习过程中领悟数字化环境对个人发展的影响，养成终身学习的习惯。教师依然要在教学中重视学生学会动手、动脑、理论联系实际的原则，倡导自主、探究与合作学习，培养学生的实践能力和科学创新能力，使学生开阔视野，激发对信息技术领域新知识的探索欲望，增强学生自学能力、研究能力、操作实践能力、组织能力与创新能力。例如，为了更好培养学生信息社会责任的意识，教师在教学过程中可以组织学生开展调研、辩论活动，结合"社区（村镇）安全问题及防范""'信息社会责任'大辩论"等其他主题，充分认识信息社会中现实与虚拟的交织对人类生活、学习的影响。

（三）注重教学过程中评价的落实

在信息技术活动过程中，应遵从《指导纲要》中对评价的建议，通过灵活多样的评价方式激励和引导学生学习，促进学生信息素养的全面发展。教师应坚持评价的方向性、指导性、客观性、公正性等原则，同时充分利用学生的评价能力，适时引导学生通过自我反思和自我评价了解自己的优势与不足，以评价促进学习；组织学生开展互评，在互评中相互学习、相互促进，共同提高。评价要关注学生的个体差异，允许学生通过不同的方式展示自己，充分尊重学生的个性和创造性。只有这样，才能将信息技术的主题活动开展到位，促进每个学生的发展，切实落实好立德树人的根本任务。

（作者简介：林众工作于人民教育出版社信息技术编辑室、课程教材研究所信息技术课程教材研究开发中心。原文刊登于《人民教育》2018 年。）

中小学生信息素养评价指标体系研究

石映辉　彭常玲　吴　砥　杨　浩

进入 21 世纪，许多发达国家或地区先后开展了基于核心素养的教育目标体系研究，建构了适应本国或本地区实际需要的学生核心素养指标体系，以培养符合 21 世纪需要的人才。学生核心素养的培养成了当今世界备受关注的热点话题。核心素养是个体应该具备的能满足个人终身发展和适应社会发展需要的必备品格与关键能力的一种综合表现。信息素养，作为 21 世纪核心素养的重要组成部分，在世界范围内得到了越来越广泛的重视。在信息社会，信息素养不仅是教育信息化发展、深化融合与创新应用的关键，更是信息素养教育的重要依据和判断人们信息素养水平的重要尺度，信息素养已经成为人们生存和发展的必备素质。信息素养评价是基于特定的目的和评价指标或标准，采用科学的态度与方法，对个人或组织等进行综合信息能力与素质的考察过程。信息素养评价研究是信息素养理论研究成果应用于教育实践的必经途径，可以为信息素养教育目标的设定、信息素养发展水平评估提供可操作的标准和基本依据。通过开展信息素养评价，可以完善信息素养教育与培养途径，从而提高受教育者的信息素养水平。公民信息素养水平的高低，不仅是衡量国家整体教育水平的重要指标，同时也是影响国家综合实力的重要因素。

一、信息素养及其评价指标体系

（一）信息素养的定义与内涵

信息素养最早由美国信息产业协会（Information Industry Association，IIA）前主席 Paul Zurkowski 于 1974 年提出。他认为信息素养是"利用多种信息工具及主要信息资源使问题得到信息解答的技术和技能"。自信息素养的概念被提出以来，其在世界范围内得到了广泛传播和使用，其定义和内涵均得到了不断的发展、延伸与变迁。不少组织机构，如联合国教科文组织（UNESCO）、美国图书馆协会（American Library Association，ALA）等，都从不同角度提出了关于信息素养的定义和内涵。其中，ALA（1989）将信息素养定义为："要成为一个具备信息素养的人，必须能够明确何时需要信息，并具有查找、评价和有效利用信息的能力。"该定义具有较高的权威性，得到了研究者的广泛肯定和引用。

相比较而言，国内有关信息素养的研究要晚一些。20 世纪 80 年代中期，信息素养概念才被引入国内。国内学者们根据自己研究的领域对信息素养的内涵进行了不同的阐释。例如，王吉庆（1999）认为信息素养是"可以通过教育所培育的，在信息社会中获取、利用和开发信息等方面的修养和能力，包含信息意识与情感、信息伦理道德、信息常识和能力等多个方面"；陈维维和李艺（2002）则认为信息素养是"个体对信息活动的态度以及在信息的获取、分析、加工、评价、创新和传播等方面具有的能力"。

从国内外有关信息素养的定义、内涵及其发展变化来看，信息素养的含义在不断深化，涉及领域也在不断拓展。由此可见，信息素养是一个动态的概念，其内涵也将随着社会的发展以及新技术的更新和突破而不断发展、丰富和扩大。

（二）信息素养评价指标体系

信息素养评价指标或标准是信息素养评价的重要前提和保证。国外较早开展了信息素养评价标准的相关研究，目前已经形成了比较成熟通用的信息素养评价标准。例如，美国学校图书馆员协会（American Association of School Librarians，AASL）和美国教育传播与技术协会（Association for Educational Communications and Technology，AECT）于 1998 年从信息素养、独立学习和社会责任三个方面制定了"面向学生学习的信息素养标准"，并明确了学生在技能、态度和品德等方面的要求，为学生信息素养评价的具体实施提供了一个概念框架和支撑材料。澳大利亚、英国、新加坡等国家也先后制定了本国的学生信息素养评价指标体系和标准，并在部分学校的信息素养教育与评价活动中开展了应用实践。此外，不少国际组织机构，如国际教育成就评价协会（International Association for the Evaluation of Educational Achievement，

IEA）也发布了用于评价国际公民的计算机应用能力与信息素养的《国际计算机与数字素养评估框架》（International Computer and Information Literacy Framework）。

与国外相比，我国关于信息素养评价指标和标准的相关研究直到 20 世纪 90 年代才开始起步。学者们和相关教育组织、机构根据自身研究领域以及中国学生的特点制定了不同的信息素养评价指标和标准。有研究者通过对国外学生信息素养评价标准或框架进行深入分析发现，国外关于学生信息素养的评价具有评价取向多元化、评价主体多元性、评价内容动态性、评价体系层次性等显著特征。这些特征为我国信息素养评价指标和标准的制定提供了有益的参考与启示。

（三）信息素养评价指标维度对比分析

为了探究国内外信息素养评价指标维度的相关特征，本文将国内外 13 个比较典型的信息素养评价指标体系（标准 / 框架）中所包含的测评指标（多为表现指标或成果指标）进行了整理分析，形成了 22 个不同的测评指标，并按照这些测评指标出现的频次，以及各指标体系所包含的测评指标的数量进行了排列，如表 1 所示。

表 1　国内外信息素养标准内容对比

标准/框架名称	信息需求	信息源	信息获取	信息识别	信息存储与管理	信息搜索策略	信息交流与利用	信息评价	信息创新	信息道德	信息意识	信息组织	信息理解与吸收	经济法律和社会	信息元认知①	信息成本收益	信息分享	信息安全	信息态度②	终身学习	信息监控	公民权利与责任
全球媒体和信息素养评估框架	✓	✓	✓	✓	✓	✓	✓	✓	✓	✓	✓	✓	✓	✓	✓			✓	✓		✓	
澳大利亚高等教育信息素养标准框架	✓	✓	✓	✓	✓	✓	✓	✓	✓									✓		✓		✓
香港学生信息素养框架	✓	✓	✓	✓	✓	✓	✓	✓	✓	✓									✓	✓		
北京地区高等教育信息素质能力指标体系	✓	✓	✓	✓	✓	✓	✓	✓								✓						
面向媒体和信息素养的指标	✓	✓	✓	✓			✓	✓									✓					
美国面向学生学习的信息素养标准	✓	✓	✓	✓	✓	✓	✓	✓											✓			
美国高等教育信息素养评价标准	✓	✓	✓	✓	✓	✓	✓	✓		✓												
英国高等教育信息素质能力标准	✓	✓	✓	✓	✓	✓	✓						✓	✓		✓	✓					
计算机与数字素养评估框架	✓	✓	✓	✓		✓	✓	✓					✓					✓				
高校大学生信息素质指标体系	✓	✓	✓	✓	✓	✓	✓	✓				✓										

（续上表）

标准/框架名称 ＼ 测评指标	信息需求	信息源	信息获取	信息识别	信息存储与管理	信息搜索策略	信息交流与利用	信息评价	信息创新	信息道德	信息意识	信息组织	经济法律和社会	信息理解和吸收	信息元认知①	信息成本收益	信息分享	信息安全	信息态度②	终身学习	信息监控	公民权利与责任
澳大利亚与新西兰高等教育信息素养能力标准	√	√	√	√	√	√		√	√	√												
高校学生信息素质综合水平评价指标体系	√	√	√	√		√				√	√											
新加坡21世纪学习者核心素养标准	√	√	√	√	√		√															
合计	13	13	13	13	12	11	11	11	10	10	8	8	7	7	4	4	4	3	2	2	1	1

注：1. 信息元认知：意识到信息搜索过程是不断变化、发展的；理解信息处理需要时间、耐心和实践；将复杂的任务/问题分解成可操作的部分；制定可操作的关注点和时间表；反思探索过程，确定需要提升的领域；设计改进、提升和更新知识的策略；回顾信息搜索过程，进行必要的修正。2. 信息态度：阅读信息感到愉悦；发现、选择适合个人能力和兴趣的材料。

通过归纳和总结国内外信息素养评价指标的内容与维度，发现虽然这些信息素养评价指标体系所包含的内容和维度不尽相同，但是在具体的评价指标上仍具有较高的相似度。鉴于此，本研究根据上述22个测评指标的"重要程度"（在13个评价指标体系中出现的频次），将上述22个测评指标分为了3大类，即核心测评指标（10个，出现次数不少于10次）、次核心测评指标（8个，出现次数处于3—9之间）和边缘测评指标（4个，出现次数少于3次），如表2所示。

表2　信息素养测评指标分类

序号	测评指标等级	测评指标
1	核心指标	信息需求、信息源、信息获取、信息识别、信息存储与管理、信息搜索策略、信息交流与利用、信息评价、信息创新、信息道德
2	次核心指标	信息意识、信息组织、信息理解与吸收、信息经济法律与社会、信息的元认知①、信息成本收益、信息分享、信息安全
3	边缘指标	信息态度、终身学习、信息监控、公民权利与责任

二、我国中小学生信息素养的 SWOT 分析

Marc Prensky 于 2001 年在《数字原生代，数字移民》（*Digital Natives，Digital Immigrants*）一文中首次提出了"数字原生代"的概念，用来称呼出生在数字世界的年轻一代。按照我国中小学生的入学年龄和教育年限来计算，目前我国中小学生基本都出生于 2000 年以后，他们是不折不扣的"数字原生代"。

本研究借助 SWOT 分析法来分析我国中小学生（即"数字原生代"）在信息素养培养与提升过程中的优势（Strength）、劣势（Weakness）、机遇（Opportunity）和面临的威胁（Threat），帮助我们更好地分析我国中小学生在信息化时代应该具备哪些信息素养，从而更加科学地规划和制定我国中小学生的信息素养评价指标和标准。

（一）S：优势分析

首先，中小学生对信息具有较强的敏感性，他们能够在日常学习和生活中首先想到利用电脑、手机、平板等设备上网查询自己所需要或感兴趣的信息。其次，中小学生更注重个体潜力的激发及创造才能的发挥。在信息充分自由流动的网络环境下，他们的视野更加开阔、思想更加活跃、观点更加新颖，更善于质疑，创新意识与能力更强。最后，中小学生信息共享与信息交流的愿望更加强烈。因此，与"数字移民"相比，"数字原生代"（即中小学生）具有更强的信息共享意识与信息交流能力。

（二）W：劣势分析

首先，中小学生的信息识别与评价能力有待提升。由于信息知识储备不够、认知能力不足、社会生活经验缺乏等原因，他们目前还无法在纷繁复杂的信息中快速有效地鉴别和评价信息的真实性、可靠性。其次，中小学生缺乏道德和法律意识。他们通常认为网络空间是一个无拘无束、畅所欲言的场所，因此在网络空间中有意识地忽视、甚至抵制规则和约束，导致在网络空间中经常出现诋毁、侮辱他人的现象。最后，中小学生的信息安全意识缺乏。他们进行信息分享与交流的愿望十分强烈，但缺乏足够的信息安全意识，导致在网络分享与交流中不时出现个人隐私泄露等问题。

（三）O：机遇分析

首先，随着信息化浪潮的到来，国家逐渐开始高度重视信息技术对教育产生的影响，关注中小学信息技术课程教育，修订信息技术课程标准和培养目标，强调培养学生将知识建构、技能培养与思维发展融入运用数字化工具解决问题和完成任务的过程中，以全面提高中小学生的信息素养，培养合格的信息时代公民。

其次，新型信息化教育理念、教学模式（如探究学习、翻转课堂等）和学习工具的涌现能够切实提高中小学生的信息化学习能力与效果，为中小学生信息素养培养提供新的机遇。

再次，随着移动设备（智能手机、平板等）在日常生活中日益普及与无线网络覆盖面的拓宽，中小学生可以不受时间、地点、网络环境等的限制，随时随地上网。这为提高"数字原生代"的信息素养创造了基本条件。

（四）T：威胁分析

首先，目前国内没有形成一个科学、通用的中小学生信息素养评价体系，这给中小学生信息素养水平的评价带来了困难和挑战。其次，中小学生缺乏自我保护与自制能力，导致他们在使用信息技术过程中更容易受到伤害，比如沉迷网络和游戏，视力下降等。因此，有必要加强对"数字原生代"信息保健意识的培养，引导他们合理、健康地使用信息技术。最后，我国互联网法律法规体系不完善。尽管我国目前有一些规范性文件对网络虚拟空间进行规范，但存在效力不高、内容滞后、惩治不到位等问题，不利于信息时代与互联网社会的和谐健康发展，也不利于中小学生信息素养的提高。

三、中小学生信息素养评价指标体系构建

通过对国内外不同国家、地区和组织机构提出的信息素养评价指标体系（标准/框架）的详细测评指标进行对比分析和总结，以及对我国中小学生信息素养的培养现状进行的 SWOT 分析，同时结合教育信息化领域相关专家的意见和建议，我们通过多轮的修订和完善，初步提出了适用于中小学生的信息素养评价指标体系（以下简称《指标体系》）。《指标体系》包括 4 项一级指标（维度）和 13 项二级指标。同时还列出了各二级指标与前文中所总结的国内外 13 个比较典型的信息素养评价指标体系（标准/框架）中所包含的 22 个测评指标的对应关系，如表 3 所示。

表 3　中小学生信息素养评价指标体系

序号	一级指标	二级指标	对应的测评指标
1	信息意识与认知	信息敏感性	信息态度、信息元认知
		信息应用意识	信息意识、信息元认知
		信息保健意识	
2	信息科学与知识	信息基础知识	信息源、信息元认知
		信息应用知识	信息源、信息元认知
3	信息应用与创新	信息的获取与识别	信息源、信息需求、信息获取、信息识别、信息搜索策略
		信息的存储与管理	信息存储与管理
		信息的加工与处理	信息元认知、信息理解与吸收、信息组织
		信息的发布与交流	信息交流与利用、信息分享
		信息的评价与创新	信息评价、信息创新
4	信息道德与法律	信息道德	信息道德
		信息法律与法规	信息经济法律与社会
		信息安全	信息安全

由表 3 可知，4 个一级指标分别是：信息意识与认知、信息科学与知识、信息应用与创新和信息道德与法律，各一级指标分别包含 2—5 个不等的二级指标。除了信息保健意识这一二级指标外，其余二级指标与前文中所总结的 22 个测评指标

有较高的契合度。因而本研究所提出的《指标体系》具有一定的科学性和可靠性。

（一）信息意识与认知

信息意识与认知维度主要考察中小学生对信息的敏感程度，对信息的认识、观念、应用意识和保健意识等。该维度包括 3 个二级指标：信息敏感性、信息应用意识和信息保健意识。

（二）信息科学与知识

信息科学与知识维度主要考察中小学生对信息基础知识（如基本的信息理论知识）和信息应用知识（如信息技术和工具的基本方法）的理解和掌握程度。该维度包括 2 个二级指标：信息基础知识和信息应用知识。

（三）信息应用与创新

信息应用与创新维度主要考察中小学生利用信息技术查找、获取、加工、处理、交流、评价和创新信息等方面的能力。该维度包括 5 个二级指标：信息的获取与识别、信息的存储与管理、信息的加工与处理、信息的发布与交流以及信息的评价与创新。

（四）信息道德与法律

信息道德与法律维度主要考察中小学生对信息社会道德、法律法规和安全的认知与应对能力。该维度包括 3 个二级指标：信息道德、信息法律与法规以及信息安全。对整个中小学生信息素养评价指标体系的具体说明如表 4 所示。

表4 中小学生信息素养评价指标体系及其具体说明

序号	一级指标	二级指标	指标说明
1	信息意识与认知	信息敏感性	1. 对信息及其发展有敏锐的感受力 2. 对信息具有持久的注意力 3. 能发现并挖掘信息在学习、生活中的潜力 4. 具有在信息时代尊重知识和信息、勇于创新的观念
		信息应用意识	1. 具有及时学习、利用信息及信息工具为学习服务的意识 2. 具有积极利用信息技术，并将其视为学习、生活的必要手段之一的意识 3. 具有积极利用信息技术进行独立学习、终身学习、实现个人发展的意识
		信息保健意识	1. 具有自身保健意识和自控力，能避免因不当使用信息技术导致对生理和心理产生不利影响 2. 具有获取和理解健康信息，并运用这些信息维护和促进自身健康的意识 3. 具有分辨有用与有害信息的意识，能避免自己去接触网络上的不良信息和有害信息
2	信息科学与知识	信息基础知识	1. 了解信息的基础理论知识、方法与原则 2. 了解信息技术的作用、发展历程与未来趋势等 3. 理解信息化社会对人类的影响
		信息应用知识	1. 理解并会使用信息时代的读、写、算等新方式（如网络语言、表情文化等） 2. 了解信息技术的相关知识（如计算机、网络等的相关知识） 3. 会使用与学习和生活相关的信息工具和软件（如文字处理工具、浏览器、搜索引擎工具、网页制作工具、社交与通信软件等）

（续上表）

序号	一级指标	二级指标	指标说明
3	信息应用与创新	信息的获取与识别	1. 能根据自己特定的目的和要求，明确所需信息的种类和程度 2. 了解多种信息检索系统，并使用适当的信息检索技术快速有效地获取所需信息 3. 能理解、批判地分析信息及其来源 4. 能对收集的信息进行鉴别、遴选、分析和判断
		信息的存储与管理	1. 能根据需要，有效地对信息进行分类、存储和管理 2. 能根据需要，快速有效地提取与使用信息
		信息的加工与处理	1. 能结合自身的知识背景，重新组织、加工、整合新旧信息 2. 能在对所掌握的信息从新角度、深层次加工处理的基础上，从而产生满足自身需要的信息
		信息的发布与交流	1. 会使用至少一种信息化交流工具或社交媒体软件 2. 能通过多种途径将信息传递给他人，与他人交流、共享
		信息的评价与创新	1. 能根据自身知识对信息进行合理的评价 2. 能欣赏他人发布的成果和作品，并进行有意义的评价 3. 能对获取的信息进行批判性的思考 4. 能有效地整合信息，以创造性地解决学习、生活中的问题
4	信息道德与法律	信息道德	能在获取、利用、加工和传播信息的过程中自觉遵守信息社会中公认的行为规范和道德准则
		信息法律与法规	1. 具有正确的人生观、价值观，学习并遵守有关信息使用的法律和法规 2. 了解平等存取信息的重要性，尊重他人知识产权、版权等相关法律法规 3. 能正确处理信息开发、传播、使用之间的关系
		信息安全	1. 了解信息安全常识，积极维护信息安全 2. 能自觉维护社会信息系统的安全性 3. 能安全、健康地使用各种信息

四、结语

中小学生信息素养及其评价指标体系的研究是当前研究者们关注的热点问题。本研究在综述国内外相关信息素养标准框架与评价指标体系，以及对我国中小学生信息素养进行 SWOT 分析的基础上，从信息意识与认知、信息科学与知识、信息应用与创新以及信息道德与法律四个维度构建了我国中小学生的信息素养评价指标体系。该指标体系包含 4 个一级指标和 13 个二级指标，与本文所总结的国内外 13 个比较典型的信息素养评价指标体系（标准 / 框架）中所包含的 22 个测评指标具有较高的契合度，表明本研究所提出的中小学生信息素养评价指标体系具有一定的科学性和可靠性。如何依据构建的中小学生信息素养评价指标体系设计中小学生信息素养评价工具（如调查问卷、评价量表、测试题等），如何结合定量分析和定性分析方法，以全面客观地评价中小学生的信息素养水平，同时基于中小学生信息素养评价结果完善和改进中小学生信息素养评价指标体系，将是本研究后续需要进一步

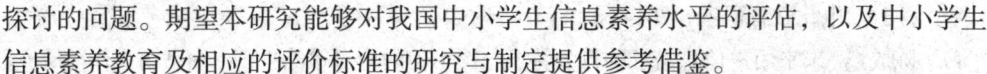

探讨的问题。期望本研究能够对我国中小学生信息素养水平的评估，以及中小学生信息素养教育及相应的评价标准的研究与制定提供参考借鉴。

参考文献

［1］林崇德.21 世纪学生发展核心素养研究［M］.北京：北京师范大学出版社，2016.

［2］焦中明，温小勇.欠发达地区农村教师信息素养与装备使用状态的实证分析——基于江西省 1143 名农村中小学教师的调查［J］.远程教育杂志，2016，34（6）：86—94.

［3］王静.美国加州州立大学信息素养评价的研究［J］.开放教育研究，2005，11（3）：93—96.

［4］马艳霞.国内外信息素养评价标准比较研究［J］.图书馆学研究，2000，（2）：85—92.

［5］江媛媛，张晓娟.中美高校信息素养指标体系及课程设置的比较研究［J］.图书情报知识，2010，（4）：58—64.

［6］Zurkowski，P. G. The information service environment relationships and priorities. Related Paper No.5［M］.Washington，DC：National Commission on Libraries and Information Science，1974.

［7］张瑾，任友群.知易行难：信息素养视角下的高校教学信息化［J］.远程教育杂志，2011，29（1）：68—72.

［8］ALA. American Library Association Presidential Committee on Information Literacy：Final report［EB/OL］. http：//www.ala.org/ala/ mgrps/divs/acrl/publications/whitepapers/presidential/，1989-01-10.

［9］王吉庆.信息素养论［M］.上海：上海教育出版社，1999.

［10］陈维维，李艺.信息素养的内涵、层次及培养［J］.电化教育研究，2002，（11）：7—9.

［11］祝智庭.信息教育展望［M］.上海：华东师范大学出版社，2002.

［12］朱莎，吴砥等.学生信息素养评估国际比较及启示［J］.中国电化教育，2017，（9）：25—32.

［13］Prensky，M. Digital Natives，Digital Immigrants（Part 1）［J］.On the Horizon，2001，9（5）：1—6.

［14］Frand，J. The Information-Age Mindset：Changes in Students and Implications for Higher Education［J］.EDUCAUSE Review，2000，35（1）：14—24.

［15］Yang，Y. C.，Chou，H-A. Beyond critical thinking skills：Investigating the relationship between critical thinking skills and dispositions through different online instructional strategies［J］.British Journal of Educational Technology，2008，39（4）：666—684.

［16］曹培杰，尚俊杰.数字原住民的创造力发展特点调查——以某校"网络班"学生为例

[J]．电化教育研究，2014，（7）：54—59.

[17] 陈成鑫．未来用户信息需求的行为特点与图书馆的应对策略［J］．图书馆工作与研究，2009，（9）：3—8.

[18] 李淑平．基于网络平台的信息交流能力的培养［J］．情报科学，2013，（6）：49—52.

[19] 张学波，纪燕妮．在校大学生手机媒体信息判断能力的调查研究［J］．中国电化教育，2009，（8）：29—32.

[20] 杨浩，徐娟等．信息时代的数字公民教育［J］．中国电化教育，2016，（1）：9—16.

[21] 张晓娟，李贞贞．智能手机用户信息安全意识与行为研究［J］．图书馆学研究，2017，（2）：52—57.

[22] 余胜泉．推进技术与教育的双向融合——《教育信息化十年发展规划（2011—2020年）》解读［J］．中国电化教育，2012，（5）：5—14.

[23] 教育部．普通高中信息技术课程标准（2017年版）［M］．北京：人民教育出版社，2017.

[24] 李葆萍．中小学生信息化学习能力城乡差异分析——基于北京市的实地调查［J］．中国教育学刊，2013，（3）：20—23.

[25] 成诗敏，曹旺．中小学教学中BYOD的现状调查及对策研究［J］．现代教育技术，2016，26（3）：46—52.

[26] 易凌云，周洪宇，王明雯等．推动我国互联网教育立法的思考与建议［J］．现代远程教育研究，2017，（1）：43—50.

[27] 张平．互联网法律规制的若干问题探讨［J］．知识产权，2012，（8）：3—16.

[28] 吴砥，许林等．信息时代的中小学生信息素养评价研究J］．中国电化教育，2018，（8）54—59.

（作者简介：石映辉：博士，讲师，研究方向为信息素养、数字化学习、教育信息化绩效评估等。彭常玲：在读硕士，研究方向为信息素养、信息化教学。吴砥：教授，博士生导师，研究方向为师生信息素养评价、区校教育信息化评价、教育信息化标准等。杨浩：教授，博士生导师，研究方向为数字公民教育、信息技术与课程整合、数字化学习等。原文刊登于《中国电化教育》2018年第8期。）

当"创客"精神遇到教育

——浅析创客教育引领下提升小学生信息技术核心素养的策略研究

徐　驰

《华夏教师》2018 年第 6 期

创客教育是培养学生的创新举措，通过创意驱动学生学习知识，通过创新优化学生动手动脑，通过对实际问题的解决促进学生掌握扎实的科学、技术、工程、艺术、数学基础知识，进而全面提升学生的综合素质，实现全面育人和个性化发展的目标。创客教育尤其对提升小学生信息技术核心素养有很大作用，本文力求探寻创客教育对小学信息技术教学的积极作用。

一、创客教育的特征

（一）创客教育在美国的起源

（二）创客教育的价值特征

创客教育的价值目标在于融合传统教育实践、知识与培养学生创新意识、创新能力，促进学生的全面发展。

（三）创客教育在我国的蓬勃发展

当创客遇见教育，便产生了"创客教育"。创客教育集项目学习、体验教育、创新教育等为一体，符合学生发展的认知规律。

二、创客教育对培养学生的信息技术核心素养的积极作用

（一）创客教育的积极作用

1. 创造、创新在创意驱动的时代越来越重要。

2. 培养学生动手解决问题的能力。

（二）创客教育促进学生的核心素养全面提升

《国家中长期教育改革和发展规划纲要（2010—2020 年）》指出："着力提高学生服务国家人民的社会责任感、勇于探索的创新精神和善于解决问题的实践能力"。可见，提高学生的创新实践能力是中小学教育改革的一项重要任务。

三、创客教育在小学信息技术课堂的实践研究

（一）微课不微渗透教学：从学科教学到课堂实践活动

微课程是通过在线或移动学习为目的的建构主义学习，在较短的时间内，以阐释某一知识点为目标的一种微型学习形式。在小学信息技术课堂教学中引入微课程的理念，将课堂化整为零，让学生自主学习；将知识的重难点进行深度剖析，让学生自己探究。

（二）发挥教育联盟校优势、以点带面层层推进：从兴趣小组到校园礼乐课程

义务教育阶段的信息技术课程是一门以培养学生的信息素养为主要目标、以综合实践活动的一个学习领域作为课程形态的必修课程。如何在课堂以外拓展学生的信息技术知识和技能，是每一个信息技术老师所要思考的。

（三）以赛带练全面培养：从校内评比到市区创客比赛

南京的创客教育一直走在全国前列，提到南京的创客教育不得不提南京市秦淮区的创客教育。2016 年 3 月 21 日，秦淮区教育局在南京航空航天大学附属高级中学隆重召开秦淮区教育信息化工作推进会暨区"创客联盟"成立大会。

四、结论

综上所述，在创客教育的引领下，提升小学生信息技术核心素养的工作任重而道远，创客作为新兴的热点必将在未来的一定时间内占据新技术、新方法的前沿。

高中信息技术学科教学中核心素养的培育

陈 尧

《中国农村教育》2018 年第 24 期

为了适应时代的发展和社会的需求，教育部门顺应学生的成长规律，提出了培养核心素养的理念。按照新课标的要求，高中信息技术教学的核心素养包括了培养学生对信息的认知、对数据的计算思维、创新的意识以及信息在社会中的责任等。

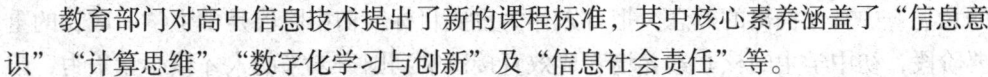

教育部门对高中信息技术提出了新的课程标准,其中核心素养涵盖了"信息意识""计算思维""数字化学习与创新"及"信息社会责任"等。

一、信息意识的强化

在信息技术课程中,学生需要将存在的信息问题,按照发展规律,掌握信息来源及信息获取的方式;结合受众的差异,可以采取合理的形式实现有效的沟通;遵照任务的要求,可以分辨出各类方法的优缺点,还可以采取适当的方式对信息进行检验;在实践中,按照问题出现的可能性,选取合适的工具,加强信息安全的警惕性;随时了解信息技术发展中的最新成果,主动采取新的技术应对信息问题。

二、计算思维的启迪

计算思维在数学、物理等理科类课程中运用得比较广泛,但是此次的课程改革中,将计算思维也加入到信息技术的核心素养中,可见计算思维已经不再局限于一般的数学计算,而是为了实现问题解决而制定的方案,需要结合信息技术进行的思维活动。

三、数字化学习与创新能力的培养

要求学生通过学习,可以对常见的数字化工具和资源有针对性地做出判断;面对不同的学习安排,可以使用有差异的数字化学习方式,从而完成学习任务,交出满意的作品;借助网络工具,可以实现与他人协作配合,共同创新。

四、社会责任的赋予

在对信息进行使用时,自己要掌握好相关的法律规范,在相关规定的约束下进行信息运用的活动,还需要注意保护各类信息的安全,以维护个人和集体的利益不受到破坏。

基于核心素养培养的初中信息技术教学策略研究

戴亚萍

《兰州教育学院学报》2018 年第 5 期

核心素养是教育部在 2014 年《关于全面深化课程改革落实立德树人根本任务

的意见》中首次提出的概念,把育人作为重要目标。初中阶段是学生学习成长的重要阶段,初中学生的核心素养培养成效直接影响到国家未来的人才核心竞争力,因而培养初中学生的核心素养是当前教育发展的迫切需要。初中信息技术教师应准确把握信息技术教育的深度及广度,明确学生在初中阶段应该达到的程度要求,积极融入教育改革的浪潮当中,探索培养初中学生核心素养的方法,不仅关注学生所需的学习内容,而且关注学生学习的目的及方式方法,切实从培养学生核心素养的视角着手,将初中信息技术教育推到一个新的高度。

一、学生发展核心素养概述

学生发展核心素养,主要指学生应具备的、能够适应终身发展和社会发展需要的必备品格和关键能力。研究学生发展核心素养是落实立德树人根本任务的一项重要举措,也是适应世界教育改革发展趋势,提升我国教育国际竞争力的迫切需要。

二、初中信息技术教育中的学生

一般来说,学生发展核心素养可分为三个方面,即文化素养、自主发展和社会参与,这三个方面体现了知识基础、能力技能、情感态度等诸多维度,旨在促进学生的全面和谐发展,使学生掌握适应社会所需的能力。

三、初中信息技术教育中培育学生核心素养的策略

(一)倡导创新性学习

随着知识经济时代的到来,知识创新被不断提及,并逐渐成为经济增长和技术进步的革命性力量,这对人才的创新精神、创新能力提出了更高的要求。

(二)探索多种教学手段和方法

信息风暴下的大数据时代大大拓展了教育教学的时空和形式,在这一形式下,初中信息技术教师应积极探索多种教学手段,开展多样化的教育教学模式,将学生核心素养的培养融入各种教学活动中,以丰富多样的教学手段及形式,增强核心素养的培养成效。

(三)注重信息技术教育中学生情感态度的培养

根据学生核心素养培养框架,学生的核心素养应体现知识基础、能力技能、情感态度等诸多维度。

四、结语

学生核心素养培养框架的出台进一步深化了教育教学改革,也是我国提升未来人才国际竞争力的重要举措。

例谈面向学科核心素养的初中信息技术教学策略

张明亚

《中国信息技术教育》2018 年第 23 期

面对新时代对人才培养的需求，培养学生的学科核心素养逐渐成了教育界的共识。《普通高中信息技术课程标准（2017 年版）》和《江苏省义务教育信息技术课程指导纲要（2017 年修订）》都明确地将信息意识、计算思维、数字化学习与创新和信息社会责任确定为信息技术课程的学科核心素养。那么，面向学科核心素养培养，初中信息技术教学应该如何改变呢？一线教师应该如何在教学中培养初中生的信息技术学科核心素养呢？我结合日常的教学经验和案例，谈一谈面向学科核心素养的初中信息技术教学策略。

一、改变学习途径：从碎片训练到项目学习

面向学科核心素养培养的初中信息技术教学应该改变原有的碎片化学习途径，倡导项目学习。项目学习可将信息技术基础知识掌握、技能培养与思维发展整合在一个完整的综合任务中。

二、改变教学样态：从浅层学习到深度学习

初中信息技术教学要基于原有认知让学生在认知冲突中实现思维发展。教师要引导学生联系真实生活情境，通过探究、合作和自主等方式实现主动积极学习。

三、转变教学评价：从单一评价到多元评价

初中信息技术教学需要构建合理、科学的评价体系，应该朝着多元评价方向进行设计。目前的初中信息技术教学评价呈现出评价标准单一、评价目标功利、忽视个体素质的全面发展、评价工具标准化、评价主体缺失等问题。教学评价不改变，自然难以真正实现学生的学科核心素养的培养。

论信息技术教学视域下学生核心素养的培养

曲 慧

《科技风》2018 年第 22 期

随着信息技术的不断发展，在信息技术学科教学中培养学生的核心素养成为信息技术教学关注的重点问题。如何通过信息技术教学使学生形成正确的信息意识、具备良好的信息社会责任、培养灵敏的计算思维等核心素养是进行信息技术教学实践的首要目标。本文将从信息技术的实际教学出发，充分挖掘信息技术涵盖的核心素养，制定有效的素养培养策略，以此来丰富信息技术的教学实践价值。

一、核心素养和信息技术核心素养的内涵

从信息技术教学视角出发，把培养信息意识、激发计算思维、提高数字化学习与创新能力、加强信息社会责任感四大要点作为信息技术教学中培养学生核心素养的重点内容，以培养各学科学生的"核心素养"作为立德、树人的教育大计。

二、信息技术视域下学生核心素养的培养策略

（一）积淀人文情怀，增强信息意识

文化是一个民族发展的灵魂，而人文情怀正是促进学生核心素养发展的根基，学生通过习得文化知识、积淀人文情怀，从而在各阶段的学习中掌握必备的各项技能。

（二）发扬科学精神，激发计算思维

计算思维就是运用计算机科学的基础知识把看似困难的问题重新阐释成一个可解决的问题，涵盖了计算机科学多维分析的一系列思维活动。尤其在信息技术教学中，处处都存在计算思维，我们要发现它、学习它，借助科学精神来激发学生的计算思维。

（三）开展数字化学习，提升创新能力

学习者只有具备良好的信息素养，才能够进行数字化学习；学习者只有具备良好的核心素养，才能够进一步提升创新能力。

（四）融入信息社会，加强责任使命

信息社会要求学生弘扬中华民族的优良传统，践行社会主义核心价值观，兼具

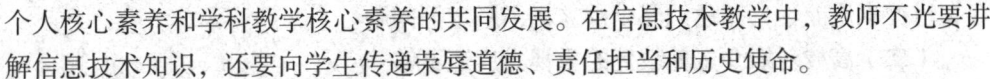

个人核心素养和学科教学核心素养的共同发展。在信息技术教学中，教师不光要讲解信息技术知识，还要向学生传递荣辱道德、责任担当和历史使命。

三、结语

处于飞速发展的现代信息社会中，信息技术教师在教学中合理有效地培养学生的核心素养显得格外重要，让学生在数字化学习环境中获取资源，掌握辨别真假信息的信息意识，懂得如何运用计算思维解决问题并发扬不畏艰难的科学精神，加强创新意识和社会使命感。

媒体视域下的大学生媒介素养教育创新策略研究

王一涵

《传媒》2018 年第 13 期

新媒体的普及，使当前高校学生的理想信念教育面临挑战。因此，在培育大学生媒介素养教育方面加大创新力度，寻找新的教育手段，建立新的教育模式，在当前媒体产业快速发展的大背景下显得极为紧迫。本文对新媒体和媒介素养的相关概念及内容进行了阐述，并分析了新媒体给高校媒介素养教育带来冲击与挑战的原因，对新媒体视域下的大学生媒介素养教育创新策略加以审视，从而为新媒体视域下的大学生媒介素养教育提供更多参考依据，以此促进大学生媒介素养教育的有效开展。

一、新媒体和媒介素养的基本概念阐述

所谓新媒体是相对传统媒体而言的，是伴随科学技术水平提升而出现的媒体总称，指的是建立在计算机技术、网络技术、信息技术、通信技术、数字技术等基础之上，借助互联网、无线通信网等渠道，实现信息的双向传播和双向互动的媒体信息传播媒介。

二、新媒体给高校媒介素养教育带来冲击和挑战的原因

（一）高校对媒介素养教育的认识存在偏差

综观当前高校的大学生，在其学习和生活的过程中，对网络媒体和手机媒体等新媒体的使用频率极高，几乎到了寸步不离的地步。在使用新媒体的过程中，大部分大学生都带有明显的目的性，更偏向于娱乐、游戏等通俗化的功利目的，同样也

存在道德素质差、自律意识弱以及立场不坚定等问题。

（二）高校对媒介素养教育的重视力度还不够

不可否认的是，高校在媒介素养的教育过程中确实投入了大量的人力、物力和财力，但是获得的效果却不太理想。

（三）政府对媒介素养教育的关注度有待提高

我国作为一个发展中大国，新媒体和信息化技术起步较晚，媒介素养教育开展的时间并不长，更多的关注点在社会，而针对高校的媒介素养教育并未引起足够的重视，相应的教育政策和方针也未出台，还有较大提升空间。

三、新媒体视域下大学生媒介素养教育的创新路径研究

（一）转变教育理念，树立与时俱进的新思维

传统的媒介教育理念已经无法符合新媒体发展的要求，也满足不了增强大学生媒介素养的实际需要。对于大学生的媒介素养教育，在新媒体视域下，必须要转变教育理念，将新媒体视域下的媒介素养教育理念更多地融入实际教育的过程中。

（二）丰富教育手段，构建多元化教育结构

新媒体视域下的大学生媒介素养教育，其创新不仅体现在教育理念上，还体现在教育手段上。以往，在对大学生进行媒介素养的教育时，单一的教育手段严重影响了媒介素养教育的质量，而这在当前新媒体环境下是无法符合现实要求的。

（三）加强本土化，提升媒介素养教育实效

从当前大学生媒介素养的教育来看，大部分以西方发达国家的媒介素养理论为基础，有的甚至出现照搬照抄的现象。需要注意的是，不同国家的国情是不同的，他国的媒介素养理论可以作为参考，但是不能全盘照搬，要从中吸取精华，舍弃糟粕，否则将无法起到实质性的作用。

全媒体时代学生媒介素养培养研究

韦立立
《教育理论与实践》2018 年第 23 期

全媒体时代，学生必须具备一定的媒介素养，才能防止媒体"垄断"学生的生活，避免被裹挟在媒体旋涡中不能自拔，这是学生适应信息化社会的必备素养。学校是学生媒介素养培养的主阵地，可以通过教育活动、课程、课外指导等多元化路

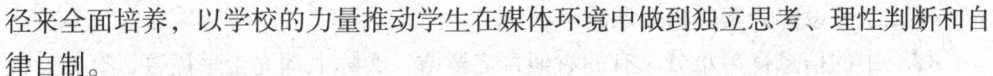

径来全面培养，以学校的力量推动学生在媒体环境中做到独立思考、理性判断和自律自制。

一、现实：全媒体时代学生的媒介素养需求

（一）媒介素养已经成为学生的生活必需

全方位的媒体环境影响着学生生活，媒介素养已经成为学生的生活必需。在全媒体环境下，学生学习生活的各个领域处处有媒介，无论是家庭还是学校，及其他场合，媒介充斥于学生的周围。

（二）自媒体全面崛起提出的要求

自媒体全面崛起影响着学生的价值追求，形成正确的价值追求需要较强的媒介素养。从根本上讲，虽然全媒体时代和传统社会有所不同，学生有了各种接收信息的渠道，从电视、报纸到手机、电脑等，同时也有了向外界大众发布信息的便利，每个人都是自媒体，但是其是社会生活构成的本质并未改变，即个体在多媒体环境下的生活学习应该还是按照现实社会标准、法律、道德来进行的，要按照现实社会要求来要求自身在媒介上的表现。

（三）网络监管被动性的需要

信息技术的飞速发展在短时间内快速造就了全媒体环境，但是由于网络监管的难度、监管的立法滞后、流程繁杂等因素，使得网络监管缺位或滞后，这就意味着全媒体环境下的学生必须要有更高的素养来应对网络监管的空白或滞后，对于不良的信息环境有更为强大的免疫力。

（四）学生年龄特点的需要

学生的年龄限制了思想，需要媒介素养使之理性应对信息传播。

二、现状：学生的媒介素养缺失

（一）媒介意识不够端正
（二）媒介素养知识缺乏
（三）学生的媒介能力不足

三、问题解决：媒介素养培养的学校策略

（一）学校教育工作媒体化

全媒体时代，媒介广泛应用于各个领域，教育领域也不例外，对于学生来说，实践中得来的经验和意识更加深刻。因此，可以直接通过媒体化的教育工作，让学生在教育实践中对媒介的认识更加清晰。

（二）开设媒介素养相关课程

媒介中的信息良莠难分，有的看似言之凿凿，实际上却完全是谎言，有的看似合情合理，实际上只是部分信息的剪辑，有时无心的一句话实际在网络上会掀起轩然大波，而这些情况往往并不是所有的学生都能够完全知道。基于此，就需要开设相应的媒介素养课程，提高学生辨别、评估虚假信息的综合能力。

（三）开展校园媒体实践活动

全媒体时代，媒体无处不在，媒介手段多种多样，可以说现代生活一定程度上就是媒介生活，在学校内开设媒介素养课程是十分必要的，同时媒介素养的培养主要是让学生能够正确、合理、有能力应对媒体生活现实，即媒体素养最终要为生活实践服务，实践性是媒体素养的重要特征。

（四）学生课下媒体应用指导

对于学校来说，学校对于学生媒介素养的培养不仅仅是课程培训或者是媒介实践活动，同时还需要对学生媒体实践活动进行指导，在实践中促进学生媒介素养的发展。

（五）媒体公共事件实例探讨

在现实生活中，全媒体生活中的公共事件层出不穷，很多公共事件具有强烈的道德意味，或者是由于媒体介入而使得事件发生了偏转。这些热点事件往往也是学生重点关注的对象，具有很强的实践性，在对学生的媒介素养进行培养时，可以有选择地进行媒体公共事件分析，借助学生对媒体事件的聚焦，使学生对其中的媒介素养问题有深刻理解。

新媒体语境下大学生媒介素养教育的挑战和应对

周　婧

《传媒》2018 年第 23 期

新媒体的发展引发媒介环境剧变，包括信息内容增多、话语形式改变、舆论发酵速度加快、新兴文化大量诞生、传受界限打破、媒介趋向融合等，这些剧变，给大学生媒介素养教育带来全新挑战。作为新媒体使用者的主力军，大学生群体也应当与时俱进，更好地认识、参与、使用媒介。对此，高校、行业、社会应当三方联合，积极改革媒介素养教育体系，使之更符合时代潮流和大学生自身需求，帮助大学生实现自我价值，营造良性媒介生态。

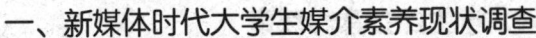

一、新媒体时代大学生媒介素养现状调查

（一）问卷回收情况

（二）大学生的媒介认知情况

大学生对媒介信息的接收有基本的辨识度，不会盲目轻信网络信息，但也有很多大学生表示会受到网络信息的影响而做出判断，应该说，对大学生的媒介素养教育应进一步加强。

（三）大学生对媒介素养和媒介素养教育的了解情况

从调查结果来看，对于媒介素养的含义，大学生已经有了一定的认知，并对开设媒介素养课程的必要性有深入认识，只是在选择上更倾向于以多元化的形式而非课堂教学的方式提高媒介素养。

二、新媒体语境下大学生媒介素养教育面临的挑战

（一）选择能力的挑战：信息内容海量化

新媒体提供了多元化的信息渠道、海量化的信息内容，从而提高了大学生的信息判断和信息选择难度。

（二）理解能力的挑战：话语形式丰富化

新媒体的进步不仅为许多小众文化创造了成长空间，新媒体自身也形成了一些独有的话语方式。

（三）质疑能力的挑战：舆论发酵速度加快

新媒体具有即时性、速度快的传播特点，实现了前所未有的舆论发酵速度，然而与此同时，一些网络媒体和自媒体也受其鼓舞，为求速度而放弃真实性，不细究信息来源的可靠度，散播谣言和虚假信息，进行不负责任的传播。

（四）评估能力的挑战：新兴文化大量滋生

新媒体打破了空间、圈层的限制，大量新兴文化孕育而生，但大部分发展尚未成熟，价值性和危害性欠缺参考，大学生仍需具备一定的评估能力，才能化为所用。

（五）创造和生产能力的挑战：人人皆可发声

交互性是新媒体最重要的特性之一。新媒体时代，发声门槛降低，传受界限打破，人人都是传播者，人人皆可发声。因此，微博、微信等新媒体成为大学生参与政治、社会活动的主要工具。

（六）思辨反应能力的挑战：跨知识媒介融合

互联网技术将各个知识领域和社群连接，不同媒介彼此之间的互联性、互换性也得到前所未有的加强，呈现一体化媒介融合趋势。

三、新媒体语境下如何应对大学生媒介素养教育

（一）高校：丰富教学手段，培养专业人才

首先，在教学手段方面，学校可以充分利用新媒体多样融合的形式、海量开放的信息，以及便捷低成本的平台，最大化地将新媒体优势与媒介素养教育相结合，联动线上线下，把课程讲好玩、讲丰富，激发学生的主动创造性、参与感和成就感，在校园内部发起媒介素养学习热潮。

（二）行业：打通实践领域，培养多元思想

新媒体的迅速发展，让传媒行业、互联网行业、文化行业的社会影响力较以往更大。

（三）社会：强化数据意识，优化舆论环境

营造良性的社会舆论生态环境，不仅是实现大学生媒介素养提升的根本所在，更是引导主流价值观的重要途径。

四、结语

由于新媒体具备速度快、信息大、形式多、互动强等颠覆性特征，人们所处的媒介环境发生巨变。大学生作为新媒体的主要使用群体，尚处在认知世界、学习知识的阶段，更易受到媒介塑形和舆论环境的影响。因此，在新媒体语境下，重新审视大学生媒介素养教育议题也变得尤为重要。

用信息技术助推小学数学学科核心素养培养

王秀丽
《中国信息技术教育》2018 年第 23 期

随着教育改革的深入，数学教育发展学科核心素养已经逐渐成为数学教育者的共识。虽然《义务教育数学课程标准（2011 版）》中并没有直接明确小学数学课程的学科核心素养，但借助高中数学学科素养的概念与定义，再加上义务教育数学课程标准公布的十大学科大概念，仍然可以将小学数学学科核心素养定位为数学抽象、逻辑推理、数学建模、直观想象、数学运算和数据分析六大学科核心素养。培养学生的小学数学学科核心素养，需要教师在教学中进行深度改革，而信息技术为面向学科核心素养的小学数学教学改革提供了支撑和帮助。

一、创设有效问题情境，引发认知冲突

引发学生的认知冲突，让学生能够在强烈的探究欲望支配下进行数学学习，这对于学科核心素养培养至关重要。而借助信息技术，教师可以创设多样化的真实问题情境，让学生产生强烈的求知欲。

二、组织深度探究活动，促进数学理解

培养数学学科核心素养不是简单的训练等教学活动，而是要让学生经历深度的探究过程，让其真正地具有相关数学学习的活动经验。借助信息技术，我们可以让探究学习活动真正地发生，使学生能够探究数学原理，而不是直接得到结论。

三、设计数学应用活动，促进素养内化

在面向学科核心素养培养的过程中，教师应精心设计数学应用活动，促进学生素养内化。借助信息技术，可以将家庭作业和课堂教学贯通，让学生在家庭中实现在真实生活情境中数学知识的活学活用。

中学生信息素养的多层影响因素及提升策略研究

散国伟　余丽芹　梁伟维　黎　欢
《中国电化教育》2018 年第 8 期

信息素养在信息化时代对于促进个体发展、终身学习具有重要意义。当前关于中学生信息素养的实证研究较为匮乏，对学生信息素养水平差异的归因分析仍显不足。因此，该文立足现有研究的不足，通过分析学生信息素养的多层影响因素，构建了中学生信息素养影响因素的研究模型，并基于调研数据来检验中学生信息素养的影响因素。研究发现：（1）学生个体层级的性别、年级对其信息素养具有显著影响，学生使用计算机的自我效能、使用计算机的兴趣与其信息素养水平显著正相关；（2）学校层级中数字资源、机制保障、教师课堂 ICT 使用与学生信息素养显著正相关，而学校 ICT 基础设施、教师 ICT 态度与学生信息素养显著负相关；（3）家庭层级中家长对 ICT 态度与学生信息素养显著正相关，此外，家庭的居住环境、拥有 ICT 设备情况对学生的信息素养具有显著影响。最后，基于研究发现，提出了相关策略建议，以促进中学生信息素养的培养与提升。

一、文献综述

文献研究发现，中学生信息素养受多层次、多方面因素共同影响，具体可归纳为学生个体层级、学校环境层级、家庭社会层级。

此外，在家庭社会背景方面，已有研究认为家庭 ICT 基础设施、父母对 ICT 的支持、使用 ICT 的态度等方面对学生信息素养具有显著影响。

二、研究设计

三、研究结果

（一）信效度检验

（二）中学生信息素养整体水平

从整体来看，中学生信息素养总分以 100 分计，而所调研区域的总分均值为60.85，这说明大部分学生的信息素养还处于刚合格的基准线。从各维度得分来看，在信息意识与认知、信息道德与法律的得分率较高，分别为 77.27%、78.07%，这说明中学生在这两个维度的表现较好，而在信息科学知识（52.10%）、信息应用与创新（54.80%）的得分率较低，说明中学生在这两个维度的能力亟待提升。

（三）中学生信息素养的学段差异

初一学生的得分最低，为 55.02，而高一学生的得分最高，为 69.02。初中学段初一、初二年级学生信息素养得分呈现显著差异，且初二年级得分（58.44）显著高于初一年级得分（55.02），而高一、高二年级得分无显著差异。

（四）性别对中学生信息素养的影响

研究发现，男生与女生在总分、信息意识与认知、信息科学知识、信息应用与创新、信息道德与法律方面均存在显著差异，且女生在总分及各维度的得分显著高于男生。

（五）中学生信息素养的多层影响因素分析

为探究不同层级的因素对学生信息素养的影响，笔者采用回归分析法，将学生信息素养的总分作为因变量，将学生使用计算机的自我效能、学生使用计算机的兴趣、学生使用互联网的态度、ICT 基础设施、数字资源、机制保障、教师 ICT 态度、教师网络自我效能、教师课堂 ICT 使用、家长网络自我效能、家长对 ICT 支持、家长使用网络的态度、家长 ICT 态度作为自变量。

结果发现，农村地区的学生的信息素养均值（60.80）显著低于城镇学生的均值（62.48）（t=-5.72）。而家庭拥有 ICT 设备的学生信息素养得分（61.66）显著高于家庭未拥有 ICT 设备的学生得分（59.93）（t=2.47）。

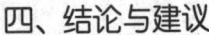

四、结论与建议

（一）研究结论与讨论

1. 关于个体层级变量对学生信息素养的影响

在学生个体层级方面，本研究发现性别、年级对学生信息素养具有显著影响。此外，本研究还发现学生使用计算机的自我效能与使用计算机的兴趣与其信息素养显著正相关，也即是表明，具有较高的使用计算机自我效能与兴趣的学生，其信息素养水平也较高。

2. 关于学校层级变量对学生信息素养的影响

关于学校层级变量，本研究发现在学校的信息化环境如数字资源、机制保障与学生信息素养正向相关，这一研究结论与已有研究相吻合，如在确保硬件设备资源充足的前提下，软件资源如计算机课程的开设和教师的ICT培训对学生信息素养的影响呈正向相关。

3. 关于家庭层级变量对学生信息素养的影响

关于家庭社会环境方面，本研究发现家庭居住环境及拥有ICT设备情况与学生的信息素养水平显著相关，居住在城镇地区的学生信息素养水平显著高于农村地区，而家庭拥有ICT设备比未拥有ICT设备的学生信息素养得分高。

（二）提升策略与建议

1. 培养学生应用ICT的兴趣，提升学生ICT应用的自我效能

学生个体层面的应用ICT的兴趣、自我效能等作为学生信息素养发展的内生动力，对其信息素养提升具有主导作用。

2. 提升学校信息基础条件的应用效益，鼓励教师应用ICT开展课堂教学

学校信息基础条件是开展学生信息素养培育的基础条件，首先应进一步完善学校信息化基础条件，以保障师生人人均有上网的机会及有效应用ICT设备的条件。

3. 增加学生在家庭应用ICT的机会，引导学生形成正确的ICT应用态度与意识

从本研究结果来看，家庭居住环境、拥有ICT设备情况、家长ICT态度对学生的信息素养具有显著影响。学生的家庭社会经济环境占优则意味着拥有更多优质的教育资源，学生的学业成就与能力素养也就更高。

自媒体环境下大学生网络媒介素养"六位一体"能力建构模式

王玉娥

《重庆邮电大学学报(社会科学版)》2018 年第 2 期

自媒体的出现引发了信息传播的变革。自媒体以其门槛低、个性化、交互强等特点受到了众多大学生的追捧,给大学生的学习、生活带来了新的契机、资源和路径,也给大学生的网络媒介素养提出了新要求。自媒体环境下大学生网络媒介素养的提高需要以网络媒介素养理论为基础,结合自媒体的传播特点,从理论研究、师资建设、教育课程、法制建设、实践平台、家校协作方面构建"六位一体"的网络媒介素养教育模式。

一、媒介素养、网络媒介素养及自媒体媒介素养

媒介素养,广义地讲,就是人们对于各类媒介信息的认知及批判能力,还包括通过媒介信息优化个人生活品质以及服务于社会的能力。

网络媒介素养(network literacy)最早由美国学者麦克卢尔提出,认为网络媒介素养由知识和技能两方面能力组成。

自媒体媒介素养是指人们对自媒体信息进行认知、理解、判断、选择、质疑、评估、创造、生产和回应的能力,以及在处理自媒体信息的过程中所表现出来的独立判断、逻辑分析、全面平衡、理性传播、严格自律、温暖情怀等态度。

二、自媒体及其传播特征

(一)门槛低、易操作

(二)平民性、个性化

(三)交互强、传播快

三、自媒体环境下大学生网络媒介素养存在的主要问题

(一)娱乐类应用偏好明显

大多数大学生的兴趣点均集中于媒介所播放的娱乐性栏目及内容,从全球电影、

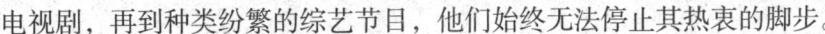

电视剧，再到种类纷繁的综艺节目，他们始终无法停止其热衷的脚步。

（二）获取信息的能力不够

大部分大学生在接触网络媒介时并没有具体的目的和计划，要么是漫无目的地浏览网络信息，要么只是在需要完成作业或完成毕业论文时才接触网络媒体。总体而言，大学生使用网络进行检索信息以及收集信息资料等方面的相关信息能力严重不足。

（三）辨析信息的能力不强

传统媒介的管理审核是比较严格的，通常不会有过于糟糕的信息发布，但在以自媒体为主的网络环境下，网络信息内容鱼龙混杂，令人防不胜防，当各种纷繁复杂的信息同时被呈现时，大学生无法辨析信息的真伪且无法抵抗不良信息。

（四）信息道德法规意识差

信息道德法规意识是指媒介使用者在获取信息、使用信息的过程中应该具备的道德意识和自律能力。大学生社会阅历浅、社会经验少，几乎不了解媒介接触的安全规则。

（五）家庭网络媒介素养欠缺

家庭作为大学生接触网络媒介最早的场域，是影响大学生网络媒介素养的不可忽视的环境。家长扮演着大学生课外业余时间了解、辨别以及运用网络媒介的主要引导者角色，在学生网络媒介素养的形成过程中发挥着至关重要的作用，因此家庭教育通常被称为推动大学生媒介素养培育的重要外围方式。

（六）网络媒介监管不力

近几年来，我国政府也开始尝试网络监管，相继出台了一系列的相关法律条文，虽然在一定程度上规范了网络环境，但依旧存在很多问题，如网络监管制度不够明确细化、盲点较多、多头执法、时间滞后、可行性不强等。

四、自媒体环境下大学生网络媒介素养"六位一体"能力建构模式

（一）深化理论研究： 现状→理论→实践
（二）加强师资培养： 自学→培训→提高
（三）开设教育课程： 知识→素养→应用
（四）加强法制建设： 规则→秩序→规范
（五）搭建实践平台： 体验→内化→提升
（六）实现家校协作： 关注→垂范→引导

自媒体时代大学生媒介素养教育探究

桑晓丹

《科教导刊》2018 年第 10 期

自媒体时代，新媒体的飞速发展对大学生的媒介素养教育造成了不可避免的冲击。面对新的要求，政府应充分发挥主导作用，高校发挥着媒介教育的主体地位，媒体发挥着示范作用，大学生积极主动地参与，多方联动形成合力，注重实效，不断完善大学生媒介素养教育。

一、自媒体发展对大学生媒介素养的影响

（一）自媒体隐性传播要求大学生正确合理地使用

自媒体传播的隐性特征将导致个人不会对于获得的信息进行精确的价值判断，而依靠信息的新奇度或者个人的兴趣爱好来进行传播。因此，大学生在参与和使用自媒体时，应该明确自己的目的，正确合理地使用。

（二）自媒体放射性传播要求大学生加强对信息的辨别

微博和微信等即时通信工具的出现，导致了信息传播方式的放射性，形成了横向和纵向传播的立体共享网络，同时，传播速度也非常快。对于享受自媒体方便快捷特点的大学生，为使他们给社会传递更多的正能量，交给他们辨别和判断所收到信息的真伪、主动摒弃负面信息、表达积极向上的观点，传播正面可靠的信息的工作势在必行。

（三）自媒体的即时互动性要求大学生不能沉迷

虚拟的世界容易让一部分学生沉迷其中，甚至出现现实和网络不分，而导致强烈的内心冲突，这就要求教育者对这种现象及时进行干预和引导，帮助学生提高平衡自身主观世界和客观世界的能力。

二、自媒体时代大学生媒介素养教育存在的问题

（一）缺乏与正规传统媒体的接触

网络等新媒体已经成为学生获取信息的主要渠道，对于专业知识和社会新闻等内容，他们也更倾向于使用网络媒体。报纸、杂志等传统媒体在信息传播迅速的自媒体时代相对滞后，这就导致学生越来越依赖于网络媒体形式。

（二）媒体监督作用减弱

传统媒体受时间和空间的限制，作为社会意志的媒体，传统媒体对舆论负有监督责任，对网络信息的传播发挥着积极的作用。在自媒体疯狂发展的情况下，媒体的监督作用明显减弱。

（三）真正的沟通被忽略

这是一种专注于虚拟环境状态的力量，使学生对周围事物不那么关心，视野也逐渐变窄，与人进行真实沟通的能力不断减弱。

（四）自我监管不力，媒体道德不强

自媒体信息时代的到来改变了信息传播的方式，人们可以以自己的感知改变、丰富他们收到的信息。在商业利益至高无上的市场环境中，为了吸引公众的眼球，媒体可能会采用一些不良的信息为载体，大学生们会因为媒体缺乏自我监管，而被动接受一些不合适的信息。

（五）个人信息敏感度降低，信息反馈能力差

自媒体时代，在新媒体的不断发展下，大学生的媒介素养、判断水平较低。在接收信息的过程中，大学生有很强的接受不同媒体的能力，但对基本信息内容的分析判断、系统信息的收集和反馈能力较差。

三、自媒体时代提高大学生媒介素养的途径

（一）充分发挥政府的关注和支持作用

相关教育机构为大众媒介素养教育提供制度支持，为高校做好大学生媒介素养教育对接工作，注重大学生媒介素养教育的一致性，形成终身媒介素养教育体系。

（二）充分发挥高校媒介素养教育的主阵地优势

对于大学生来说，在学校接受媒介素养教育应该是最重要的。因此，高校应该根据自身的条件和本校学生的需求建立、健全大学生的媒介素养教育体系。

（三）充分发挥媒体在引导和论证方面的积极作用

大力推广和普及媒体相关知识，运用新媒体传播客观公正的内容，不要滥用媒体话语权，积极主动发挥"看守者"的作用，引导大学生批判性地接受新媒体传播的内容，充分调动自己的媒体资源，利用传播信息的优势来帮助缺乏认同能力的学生去思考、去分析，正确处理相关信息。

（四）充分发挥大学生群体的主观能动性

面对众多的媒体信息，大学生应该摆脱依赖自己的直觉来感知信息的习惯，不断提高他们的思考信息真实性的能力、对媒体信息进行甄别和区分，并积极主动参与到媒介素养教育中，运用自己掌握的知识和技能，建立有利于个人积极发展的网络社区，运用自媒体传播即时、互动、共享的特点来帮助他人和自己提高媒介素养。

自媒体时代大学生媒介素养现状调查与分析

邹静昭　武　琳　赵　冬　徐昭娟
《产业与科技论坛》2018 年第 6 期

依托于网络技术的快速发展，自媒体引发了信息传播方式的变革。在自媒体环境下，大学生对于信息的分析、批判能力，利用、驾驭能力均需提高。为此，本文在阐述自媒体环境特点的基础上，有针对性地调查、分析大学生媒介素养方面的特点和存在的问题，进而提出提高大学生媒介素养的有关建议。

一、自媒体：大学生成长的新环境

（一）传播主体的泛化

传播主体的泛化可以在一定意义上理解为每一个公民都是信息传播的主体。自媒体环境下，每个人都成为信息传播网络中的一个节点，参与实现节点共享、节点互动以及新信息的生产。

（二）"交互性"的传播方式

在自媒体的传播体系中，每个人都可以发布信息并收到反馈，这改变了长期以来单一的信息传播模式。

（三）"草根性"的传播内容

自媒体工具赋予草根阶层极大的话语权，其兴起为草根文化的酝酿、展示和传播提供了最佳的平台。这也意味着，在自媒体环境下成长起来的大学生群体，被赋予了更为充分和自由的媒介话语权。

（四）强大的传播效应

"时效性"是新闻的生命力所在，自媒体的新闻传播在时间上、观念上已开始超越传统媒体，任何人、任何时间、任何地点都可以在微博、微信等平台上发布新闻，这些信息的传播速度之快、范围之广，往往让人始料不及。

二、自媒体环境下的大学生媒介素养现状

（一）媒介接触情况

可以看出大学生的使用习惯趋于娱乐化，他们在网络上使用社交平台表达情感、维系社会关系，"刷朋友圈"已经成为多数大学生闲暇时的不二选择，自媒体以更

加高效便捷的传播优势逐步取代了面对面的沟通方式，然而需要警觉的是，在网络空间的过度沉迷，必然造成现实生活中同学之间关系的冷漠和疏远。

（二）对于媒介信息的分析、批判能力

调查显示，大学生群体的政治参与意识不强，尽管他们在很多方面都表现出独立意识和责任意识，但社会责任感有待提高。

（三）对于媒介信息的利用、驾驭能力

这种懒散懈怠的态度不容乐观，也说明很多人不能有效利用新的学习方式。在网络平台上有丰富的学习资源、学习社区和在线课程，大学生应养成主动探索、积累经验、自主学习的学习习惯。

三、提升当代大学生媒介素养的建议

（一）推广媒介素养课程

目前，我国开设媒介素养课程的高校不多，媒介素养教育没有得到足够的重视，而开设课程是提高大学生媒介素养水平的最直接、最有效的途径。

（二）注重媒介素养教育的实践

实践是检验真理的唯一标准。理论教育是否有效，学生到底学到了什么，需要在具体的实践应用中验证，并通过实践夯实理论习得的成果。高校应该有效利用既有资源，努力为大学生创造参与媒体活动的机会。

（三）社会媒介平台的协助"把关人"作用的发挥

因此，社会媒介应履行社会教育责任，发挥"把关人"的作用，在纷繁芜杂的信息中遴选出正向的新闻消息，引导大学生认识社会，在正确价值导向中积累知识、提高自身素质。

（四）教职员工媒介素养的提升

高校应注重专业师资队伍建设，提高专业教师数量，以便媒介素养课程得到普及。

自媒体时代如何提高高校学生媒介素养，强化信仰教育

赵　平
《中国记者》2018 年第 10 期

自媒体对高校马克思主义信仰教育提供了新的机遇与挑战。要通过巩固、拓展

马克思主义信仰教育网络传播阵地，增强主流意识形态话语权；搭建马克思主义信仰教育平台，实现传统媒体与自媒体的融合发展，加强大学生媒介素养教育，增强网络道德自律意识等，探索强化高校马克思主义信仰教育的路径。

一、巩固、拓展信仰教育网络传播阵地，增强主流意识形态话语权

高校是互联网意识形态斗争的前沿阵地，大学生是各种意识形态争夺的主要对象。习近平总书记强调，宣传思想阵地，我们不去占领，人家就会去占领，作为马克思主义信仰教育传播主体，高校要有高度的政治警觉、强烈的责任感，不断强化网络阵地意识。

二、搭建信仰教育平台，实现传统媒体与自媒体融合发展

在马克思主义理论教学中，充分利用自媒体内容海量性、交流即时性、辐射范围大的特点和优势，通过对海量信息的提炼和选择，丰富、拓展教学内容，增强马克思主义理论传播的吸引力和时代感。利用自媒体平台实施讨论式教学，构建互动式教学新模式。

三、提高大学生媒介素养，强化网络自律意识

利用校外实践基地，引导学生参与到新闻实践第一线，成为真正的"采写编评摄"的实践主体，使他们在实践体验中切实认识和理解信息传播的价值和意义，从而自觉主动地提高自己的媒介素养。

四、完善高校舆情监管机制，筑牢网络信息安全防线

高校不仅要探索完善自媒体环境下各种信息平台的舆情监管机制，而且要不断完善自媒体信息管理机制，既要加强网络舆情的监控、研判和引导，也要做好其他信息的监控、研判和引导，对网络舆情、网络信息要及时准确地研判、回应和正确引导，而对于不良信息和有害信息的渗透则要予以严厉打击，以健康的思想观念引领大学生成长。

中小学生核心素养培育与新媒体语境下大学生媒介素养教育创新研究

——2018年学校媒介素养教育研究情况综述

卢　锋

21世纪初，经济合作与发展组织（OECD）为了应对全球化浪潮和知识经济的挑战，提出了以"核心素养"（Key Competences）作为总体教育目标与教育政策的参照框架。这一做法不但得到欧盟各成员国的广泛认可和积极响应，世界各国和地区也开展了类似探索。作为我国媒介素养教育的重要力量，中小学信息技术教师也以核心素养培育为出发点，开展了一系列信息技术及学科教学策略的研究。与此同时，新媒体的快速发展对高等教育形成的冲击，使得针对大学生媒介素养教育创新的思考也在继续深入。

一、中小学生核心素养培育研究

教育部2014年颁布的《关于全面深化课程改革落实立德树人根本任务的意见》（以下简称《意见》），明确要求各级各类学校要从实际情况和学生特点出发，把核心素养和学业质量要求落实到各学科教学中；同时要求依据学生发展核心素养体系，进一步明确各学段、各学科具体的育人目标和任务，完善高校和中小学课程教学有关标准。由于中小学信息技术课程在培养学生信息素养、合作参与、创新实践等方面发挥的重要作用，很多学校均利用创客教育开展、信息技术新课程标准制定的契机，进行了一系列教学实践和研究。

（一）信息技术课程中的核心素养培育研究

根据《意见》的要求，2017年修订的《普通高中信息技术课程标准》和《江苏省义务教育信息技术课程指导纲要》，都将信息意识、计算思维、数字化学习与创新、信息社会责任确定为信息技术课程的学科核心素养。针对这些改变，信息技术课程的教师进行了思考和实践探索。

曲慧提出的信息技术学科核心素养培养策略包括：第一，积淀人文情怀，增强信息意识。人文情怀是促进学生核心素养发展的根基，学生通过习得文化知识、积淀人文情怀，从而在各阶段的学习中掌握必备的各项技能。面对网络处处存在的风险，信息技术教师要努力提高学生辨别信息真伪、判断信息价值的能力。第二，发扬科学精神，激发计算思维。发扬科学精神是培养学生核心素养的必然要求，有利于培养学生具备严谨的理性思维。教师在信息技术教学中要善于发现处处存在的计算思维，引导学生自主思考。第三，开展数字化学习，提升创新能力。通过数字化学习可以实现全球学习资源的共享，教师可以在信息技术的教学中借助教育云平台、蓝墨云班课、智慧树、云计算、大数据等教育平台和教学手段，引导学生进行数字化学习，满足培养学生信息技术核心素养的要求。第四，融入信息社会，加强责任使命。在信息技术教学中，教师不光要讲解信息技术知识，还要向学生传递荣辱道德、责任担当和历史使命，让学生学会遵守网络规则和信息社会的道德要求，增强自身责任感和使命感。

张明亚主要探讨了初中信息技术教学中学习途径、教学样态和教学评价三个方面的改变。他认为，面向学科核心素养培养的初中信息技术教学，首先应该改变原有的碎片化学习途径，倡导项目学习。开展项目学习不但要选择贴近生活的项目主题，提升学生的积极性和参与度，而且要牢牢把握住学科核心素养培养主线。其次要基于原有认知让学生在认知冲突中实现思维发展，引导学生联系真实生活情境，通过探究、合作和自主等方式实现主动积极学习。这就要求基于深度学习视角培养学科核心素养，重视学生的真实生活学习体验。再次需要构建合理、科学的评价体系，朝着多元评价方向进行设计，包括充分重视过程性评价、强化学科核心素养的多模态评价体系设计。

戴亚萍认为，初中信息技术的教学目标指出了信息技术教学的核心素养构成应以信息素养、科学素养为主，因而初中信息技术教师应准确把握信息技术教育的深度及广度，明确学生在初中阶段应该达到的程度要求，积极融入教育改革的浪潮当中，探索培养初中学生核心素养的方法。她提出的初中信息技术教学中培养学生核心素养的策略主要包括倡导创新性学习、探索多种教学手段与方法、注重信息技术教学中学生情感态度的培养等。其中，创新性学习不仅包括学生的自主学习，而且包括协作性学习等形式，教师可根据教学内容及学生实际开展教学；教学中可以采用在线课堂、微课、翻转课堂等多种方法，借助公共教育服务平台、网络多媒体教学平台等，进一步延伸课堂教学的广度，同时要注意信息技术与其他学科知识的整合，使学生在学习的过程中不仅掌握信息技术课程的相关知识，而且提高解决其他学科问题的综合能力，助力学生核心素养的培养。情感态度的培养则包括道德规范、法制观念、信息甄别、安全防范、行为自律等。在教学中，教师可以利用丰富的优秀网络资源，结合具体事例，帮助学生树立起正确的信息道德观念，养成良好的信息观念，培养健康的审美情趣和良好的信息道德情感。

根据教育部门对高中信息技术提出的新课程标准，核心素养涵盖了"信息意识""计算思维""数字化学习与创新"及"信息社会责任"等。陈尧指出，高中信息技术课程中对识别信息源的教学，对学生的信息思维意识提出了更高要求。因此，教师可以在课堂上创设普通的生活场景，或者结合实际案例，通过实践性的教学让学生在课堂知识与实际生活之间建立联系，更好地将理论运用到实践中。计算思维的培养已经不再局限于一般的数学计算，而是加入到信息技术的核心素养中，结合信息技术教学促使学生使用计算机技术解决实际问题，体验不同的案例，进而形成完整的思维方式，提高学生解决问题的能力。数字化学习与创新能力的培养需要学校为学生创设数字化的学习环境，教师和学生共同收集相关的资源，并不断地进行创新，从而激发学生的学习兴趣，提高学习效率，保证教学质量。除了掌握基础知识，学生还需要认清信息技术对生活带来的改变，遵守相关的法律规范，注意保护各类信息的安全，以维护个人和集体的利益不受到破坏。

（二）创客教育引领下的核心素养提升策略研究

创客教育集项目学习、体验教育、创新教育等为一体，符合学生发展的认知规律。创客教育是培养学生的创新举措，通过创意驱动学生学习知识，通过创新优化学生动手动脑，通过对实际问题的解决促进学生掌握扎实的科学、技术、工程、艺术、数学基础知识，进而全面提升学生的综合素质，实现全面育人和个性化发展的目标。创客教育的产生适应新技术、新媒体发展的要求，具有无限的价值潜能。

杨现民和李冀红认为，信息技术因为其综合性强与实践性高的学科特点，适合开展创客教育的教学新探索。以党的十九大报告"大力实施创新驱动发展战略"为指引，徐驰认为在教学中引入创客精神，鼓励小学生努力把各种创意转变为现实，有助于形成"大众创新"的风气，培养学生动手解决实际问题的能力。基于创客教育促进学生核心素养全面提升的理念，他在小学信息技术课堂中开展了三位一体的创客教育实践。一是微课程自主学习。制作以3D打印建模、图形设计、机器人搭建为主题的微课教学视频，将课堂化整为零，让学生自主学习；将知识的重难点进行深度剖析，让学生自己探究。二是以夫子庙小学联盟的资源优势，从3D打印创新社团到"乐创车工坊"科技特色校本课程，再到礼乐课程，以点带面层层推进。三是积极参加中小学创客邀请赛，全面提升学生动手能力、创新能力等综合素质水平。

（三）小学数学学科的核心素养培养

除了信息技术教学中的核心素养培养，其他学科教学发展核心素养也逐渐成为教育者的共识。例如，《义务教育数学课程标准》中并没有直接明确小学数学课程的学科核心素养，但借助高中数学学科素养的概念与定义，再加上义务教育数学课程标准公布的十大学科大概念，仍然可以将小学数学学科核心素养定位为数学抽象、逻辑推理、数学建模、直观想象、数学运算和数据分析六大学科核心素养。王秀丽借助信息技术的力量，在小学数学教学中开展了核心素养培养的实践探索。一是创设有效问题情境，引发认知冲突。引发学生的认知冲突，让学生能够在强烈的探究欲望支配下进行数学学习，这对于学科核心素养培养至关重要。而借助信息技术有声、有形、可动的特点，教师可以将课本上静态的知识通过动画演示出来，创设多样化的真实问题情境，调动了学生的视觉、听觉等各个感官共同参与，使学生产生强烈的求知欲。二是组织深度探究活动，促进数学理解。培养数学学科核心素养不是简单的训练等教学活动，而是要让学生经历深度的探究过程，让其真正地具有相关数学学习的活动经验。借助信息技术，教师可以让探究学习活动真正地发生，使学生能够探究数学原理，而不是直接得到结论。三是设计数学应用活动，促进素养内化。在面向学科核心素养培养的过程中，教师借助信息技术，将家庭作业和课堂教学贯通，让学生在家庭中实现在真实生活情境中数学知识的活学活用。

（四）信息素养的影响因素与提升策略

信息素养是世界各国教育领域关注的重点。我国高度重视学生信息素养提升，2018 年教育部颁布的《教育信息化 2.0 行动计划》，将"师生信息素养提升行动"作为新阶段教育信息化发展三大转变中的重要一环。散国伟等人针对当前有关学生信息素养水平差异的归因分析不足的现状，构建了中学生信息素养影响因素的研究模型，以检验中学生信息素养的影响因素。研究发现：学生个体层级的性别、年级对其信息素养具有显著影响，学生使用计算机的自我效能、使用计算机的兴趣与其信息素养水平显著正相关；学校层级中数字资源、机制保障、教师课堂 ICT 使用与学生信息素养显著正相关，而学校 ICT 基础设施、教师 ICT 态度与学生信息素养显著负相关；家庭层级中家长对 ICT 态度与学生信息素养显著正相关，此外，家庭的居住环境、拥有 ICT 设备情况对学生的信息素养具有显著影响。根据这些发现，他们提出了中学生信息素养的提升策略，包括培养学生应用 ICT 的兴趣，提升学生 ICT 应用的自我效能；提升学校信息基础条件的应用效益，鼓励教师应用 ICT 开展课堂教学；增加学生在家庭应用 ICT 的机会，引导学生形成正确的 ICT 应用态度与意识等。

二、新媒体语境下的大学生媒介素养创新策略研究

面对大学生的媒介素养研究，主要以全媒体、新媒体语境、自媒体时代的媒介素养教育挑战和应对为中心。

（一）新媒体的挑战与媒介素养教育创新

新媒体的迅猛发展，催生出了微信、短视频、虚拟社群等丰富多彩的媒介形态。大学生网络媒介、手机媒介等新媒介的使用情况，是开展大学生媒介素养教育的重要基础。周婧以山西省部分高校大学生为研究对象，调查了大学生的媒介认知情况、对媒介素养和媒介素养教育的了解情况。根据调查，周靖将新媒体语境下大学生媒介素养面临的挑战归纳为信息内容海量化带来的选择能力挑战、话语形式丰富化带来的理解能力挑战、舆论发酵速度加快带来的质疑能力挑战、新兴文化大量滋生带来的评估能力挑战、传受界限打破带来的创造生产能力挑战以及跨知识媒介融合带来的思辨反应能力挑战。在这样的语境下，高校需要丰富教学手段，建设专业人才；行业需要打通实践领域，培养多元思想；社会需要强化数据意识，优化舆论环境。在有效联合高校、行业、社会三个主体的同时，还要积极改革媒介素养教育体系，切实提升大学生认识、参与和使用大众媒介的能力。

王一涵将媒介素养看成当代大学生必须具备的一项素养以及对综合素养的有力补充，并认为媒介素养的高低，很大程度上影响着综合素养的高低。目前新媒体的快速发展，给高校媒介素养教育带来了不小的冲击与挑战，包括高校对媒介素养教育的认识存在偏差，高校对媒介素养教育的重视力度还不够，政府对媒介素养教育的关注度也有待提升。在新媒体视域下，大学生媒介素养教育的创新路径主要是：第一，转变教育理念，树立与时俱进的新思维。媒介素养教育的基础性目标是要加强对媒介素养信息概念的理解和对技能掌握的能力；此外要锻炼和培养大学生对媒介信息的研判能力，增强其客观理性地分辨和接受信息的能力。相关部门也要进一步完善网络相关的法律和规章制度，净化新媒体环境。第二，丰富教育手段，构建多元化教育结构。大学生媒介素养教育要与理想信念教育、思想政治教育有机结合，更多地为大学生提供实践的机会，并且完善新媒体信息预防、监管机制和反馈机制。第三，加大媒介素养教育基础理论的研究力度，使西方发达国家的理论本土化，提升媒介素养教育实效。

（二）自媒体环境下的大学生媒介素养研究

自 2003 年美国学者提出自媒体（We Media）的概念，学术界开始对自媒体时代的特点进行总结。自媒体的广泛应用，引发了信息传播的巨大变革，表现为：信息传播的传播主体泛化为每一个公民；交互性的传播方式；草根性的传播内容；强大的传播效应。邹静昭等通过问卷的方式，对河北大学生接触和使用媒介的情况、解读和批判媒介的能力、利用和驾驭媒介的能力、高校媒介教育开展情况进行了调查。根据调查的情况，他们提出了开展媒介素养教育的建议，包括：推广媒介素养课程；有效利用既有资源，努力为大学生创造参与媒体活动的机会，如开办校园DV 大赛；让学生参与维护官方微信、微博账号；定期开展形式多样的媒体技能培训活动等；社会媒介履行社会教育责任，发挥"把关人"的作用；加强专业师资队伍建设，提高专业教师数量，推动媒介素养课程普及。

赵平认为，自媒体对高校马克思主义信仰教育提供了新的机遇与挑战。要通过巩固、拓展马克思主义信仰教育网络传播阵地，增强主流意识形态话语权；搭建马克思主义信仰教育平台，实现传统媒体与自媒体的融合发展，加强大学生媒介素养教育，增强网络道德自律意识等，探索强化高校马克思主义信仰教育的路径。

桑晓丹认为，自媒体时代的到来在给大学生的生活带来空前便利的同时，也直接影响了大学生媒介素养的提高，表现在：自媒体的隐性传播要求大学生正确合理地使用，放射性传播要求大学生加强对信息的辨别，即时互动性要求大学生不能沉迷。微博和微信等自媒体方便快捷的特点让更多的学生愿意在新媒体花费时间，逐渐对传统媒体失去了兴趣。与传统媒体相比，自媒体的监督作用减弱，而且使大学生与社会中真实存在的人的接触和沟通相对减少。媒体中的失范行为模式影响了学生的基本职业精神和职业能力，使得个人信息敏感度降低，信息反馈能力差。为此，自媒体环境下大学生媒介素养的提高需要政府、高校、媒体和大学生的共同合作，建立健全大学生媒介素养培养教育的相关制度，包括充分发挥政府的关注和支持作用、高校媒介素养教育的主阵地优势、媒体在引导和论证方面的积极作用和大学生群体的主观能动性。

王玉娥则根据自媒体门槛低、个性化、交互强等特点，提出了由理论研究、师资建设、教育课程、法制建设、实践平台、家校协作方面构成的"六位一体"网络媒介素养教育模式。所谓深化理论研究，是指从网络媒介素养的现状、内涵、目标、内容、路径等内容入手，努力创新大学生网络媒介素养的培育模式。师资建设是指高校教师需要通过自学、培训、研讨等多种渠道，全方位提高自身的网络媒介素养水平，了解自媒体传播的规律和特征，意识到自媒体在大学生思想政治教育过程中的影响，不断更新教育观念，改进教育方法和手段，将自媒体作为大学生思想政治教育的新场域。要在原本的公共课程基础上进一步开设网络媒介素养通识课，内容不仅限于认知能力，还要涉及相关的操作能力。政府要完善各种网络媒介相关的法律法规，从法律的角度制裁网络犯罪、限制不雅内容、掌控传播秩序，从而约束网络媒介传播主体的传播行为。要围绕着实践育人的目标，结合大学生日常实际，从社会实践、团队合作和实践平台三个角度入手推进网络媒介素养教育工作，不断丰富网络媒介素养教育的渠道。家长应在遵循趋利避害原则的基础上做到关注、垂范和引导，更好地发挥家校协作的作用。

（三）全媒体时代的学生媒介素养培养研究

科学技术的飞速发展生成了众多传播工具和传播手段，信息可以通过文、图、声、光、电全方位、立体化地进行传播，民众的视听、形象、触觉等全部接收资讯的感官被充分利用，且众多传播手段和渠道深度融合，提供了超细分的信息传播服务，最终实现了所有民众生活空间的全面覆盖，这便是所谓的全媒体时代。在这样的环境下，学生媒介素养存在一定程度的缺失，表现为媒介意识不够端正、媒介素养知识缺乏、媒介能力不足。韦立立结合学校教育的基本特征，提出了学生的媒介素养培养路径：一是学校教育工作媒体化，包括教学工作的媒体化、师生沟通活动的媒体化和校园活动的媒体化。实现教育工作媒体化，一定程度上建构了学生在校园内的媒体环境，有利于增强学生的媒体意识，也有助于提升学生的媒体技能，同时还能让学生习得更多的媒体活动规则。二是开设媒介素养相关课程，课程内容包括媒介知识、媒介应用原则和媒介应用技巧等。三是开展校园媒体实践活动，包括校园活动媒体化、媒体为主题的实践活动、学校和外部媒体的联动活动等。四是学生课下媒体实践活动应用指导，主要通过媒体活动原则规定、媒体活动倡议、学生媒介活动修正等方式实施。五是媒体公共事件实例探讨。要使探讨真正发挥对学生媒介素养的培养作用，要选择合适的公共事件，梳理事件中的媒介素养问题，并对事件中的媒介素养表明观点。

可以看出，教育部"核心素养"的相关政策和媒体技术的快速发展，造就了2018 年学校媒介素养教育研究的开展状况。从研究数量上看，2018 年与 2017 年基本持平；从研究质量上看，这些研究脚踏实地，因地制宜，能融合信息技术课程、信息素养培养、创客教育、小学数学教学、高校思政教学、专业教学等开展媒介素养教育研究，取得了不可小视的成绩。

参考文献

［1］曲慧.论信息技术教学视域下学生核心素养的培养［J］.科技风，2018（22）：18.

［2］张明亚.例谈面向学科核心素养的初中信息技术教学策略［J］.中国信息技术教育，2018（23）：36—37.

［3］戴亚萍.基于核心素养培养的初中信息技术教学策略研究［J］.兰州教育学院学报，2018.34（5）：171—172.

［4］陈尧.高中信息技术学科教学中核心素养的培育［J］.中国农村教育，2018（24）：101.

［5］杨现民、李冀红.创客教育的价值潜能及其争议［J］.现代远程教育研究，2015（2）：23—34.

［6］徐驰.当"创客"精神遇到教育——浅析创客教育引领下提升小学生信息技术核心素养的策略研究［J］.华夏教师，2018（6）：92—93.

［7］王秀丽.用信息技术助推小学数学学科核心素养培养［J］.中国信息技术教育，

2018（23）：107.

［8］散国伟，余丽芹，梁伟维，黎欢.中学生信息素养的多层影响因素及提升策略研究［J］.中国电化教育，2018（8）：86—93.

［9］周婧.新媒体语境下大学生媒介素养教育的挑战和应对［J］.传媒，2018（23）：80—83.

［10］王一涵.媒体视域下的大学生媒介素养教育创新策略研究［J］.传媒，2018（13）：76—78.

［11］邹静昭，武琳，赵冬，徐昭娟.自媒体时代大学生媒介素养现状调查与分析［J］.产业与科技论坛，2018，17（06）：109—111.

［12］赵平.自媒体时代如何提高高校学生媒介素养，强化信仰教育［J］.中国记者，2018（10），100—101.

［13］桑晓丹.自媒体时代大学生媒介素养教育探究［J］.科教导刊（中旬刊），2018（10）：181—182.

［14］王玉娥.自媒体环境下大学生网络媒介素养"六位一体"能力建构模式［J］.重庆邮电大学学报（社会科学版），2018，30（02）：73—79.

［15］韦立立.全媒体时代学生媒介素养培养研究［J］.教育理论与实践，2018，38（23）：20—22.

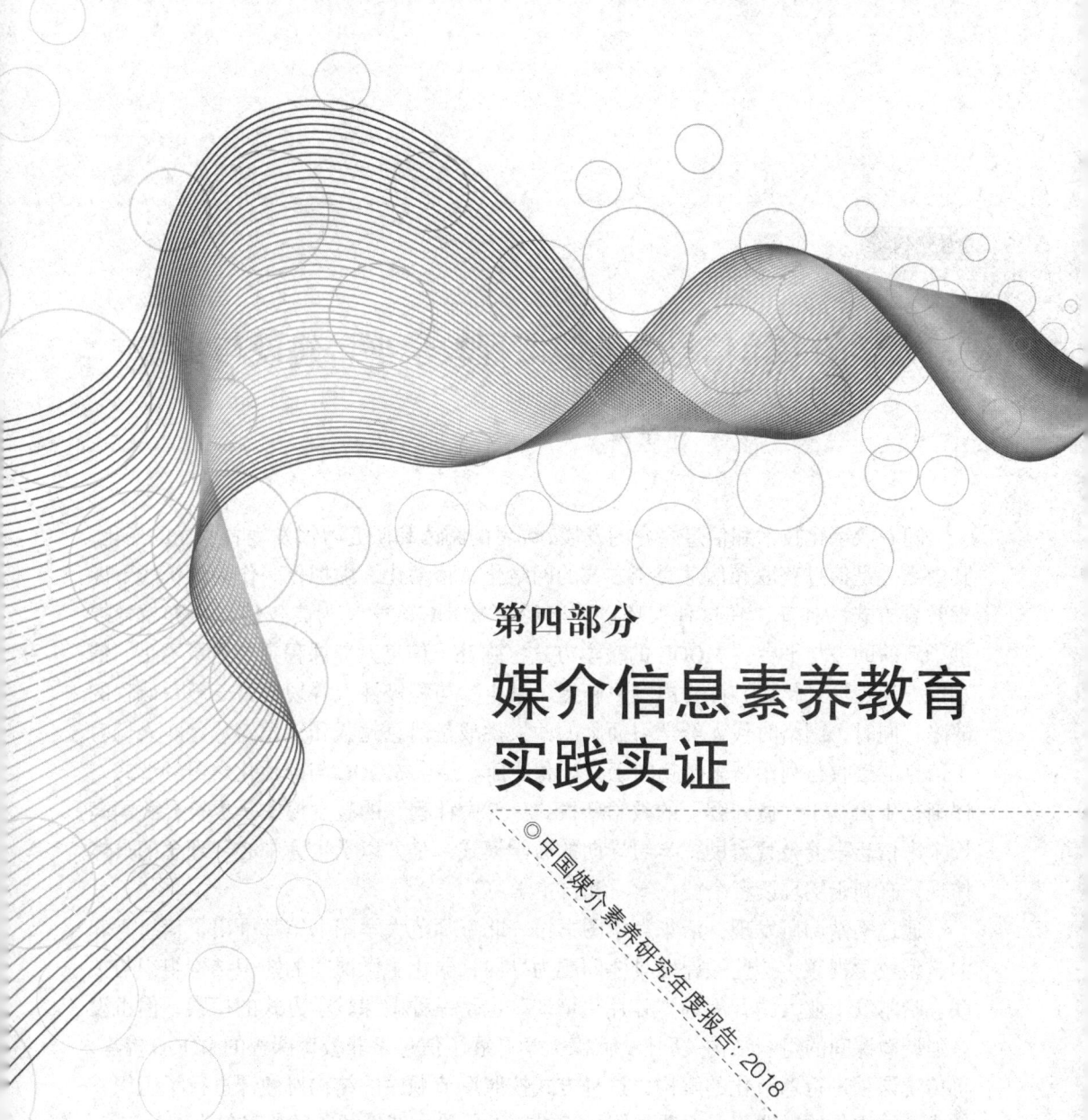

第四部分

媒介信息素养教育实践实证

◎中国媒介素养研究年度报告·2018

大学图书馆信息素养微课程教学平台建设与实践

邢卓媛　郑巧英　李　芳

随着数字化技术和信息媒介的发展，读者的阅读和研究习惯发生着明显的变化，其中之一是信息获取和信息交流方式的网络化、移动化、虚拟化。作为传统线下课堂教育方式的补充，在这种大环境下出现的 MOOC 教学，为高校信息素养教育提供了新的助力与平台。MOOC 的教学方式，弥补了信息素养课程师资力量不足、信息素养课程形式枯燥、课程内容更新慢、学生参与积极性低等现有素养教育课程的缺陷。同时，网络时代人类学习面临的两大挑战是信息超载和知识碎片化。人们对于信息的接收与利用越来越趋向于直观和便捷。结合 MOOC 与碎片化学习的形式，逐渐衍生出基于"微课程"的教学新模式。"微课程"的教学模式是更符合我国高校未来信息素养教育自助式学习导向的教学模式，是"以学生为中心"理念的具体体现，有利于实现读者个性化学习和自主学习。

通过网站调研发现，清华大学图书馆、北京师范大学图书馆都推出了信息素养的微型教学视频，这些微课以具体问题为导向，弱化了微课间的知识结构组织与关联。哈尔滨工业大学开展的"碎片化培训"也是一种微课教学方式的探索，但也没有强调微课间的组织结构关联性。武汉大学开展了信息素养教育课程的 MOOC 构建，将传统课程进行章节化的解构，这种方式按照章节顺序的结构对微课进行了组织，形成了结构化的微课程，但课件体量相对较大，单个课件涵盖的信息较多。

由此可见，"微课程"这类以问题为导向的教学方式，将系统化、结构化的知识体系拆分为零散的"微课"后，掩盖了知识体系的主干及脉络，为信息素养教育带来发展契机的同时也带来了问题。如何在保持"微课"面向知识点、小体量、细粒度的基础上，为读者呈现一定的知识结构，让读者更为容易地构建自己的知识体系，尽快掌握知识，是一个值得研究和探索的问题。

一、信息素养微课程教学平台构建

（一）建设目的

通过对信息素养微课程建设模式的探讨发现，信息素养微课程建设的基础是细粒度知识点拆分，在解构知识点的同时，需要揭示知识点之间的关联性。因此，需要构建一个信息素养微课程教学平台（以下简称"教学平台"），通过教学平台提供信息素养微课程知识点与知识结构的录入、组织、关联、展示、管理等各种服务应用。同时，该教学平台需要记录学习者的行为和教学过程，收集用户的行为数据，以供分析与挖掘。此外，作为教与学的技术平台，教学平台也需要为教和学的交流提供支持。

（二）需求分析

一门信息素养教育课程从设计到实施，共涉及三种类型的角色：教师、学生、信息素养课程管理人员。为取得各种角色对教学平台的实际功能需求，梳理三种角色对教学平台的应用流程，如图1所示。

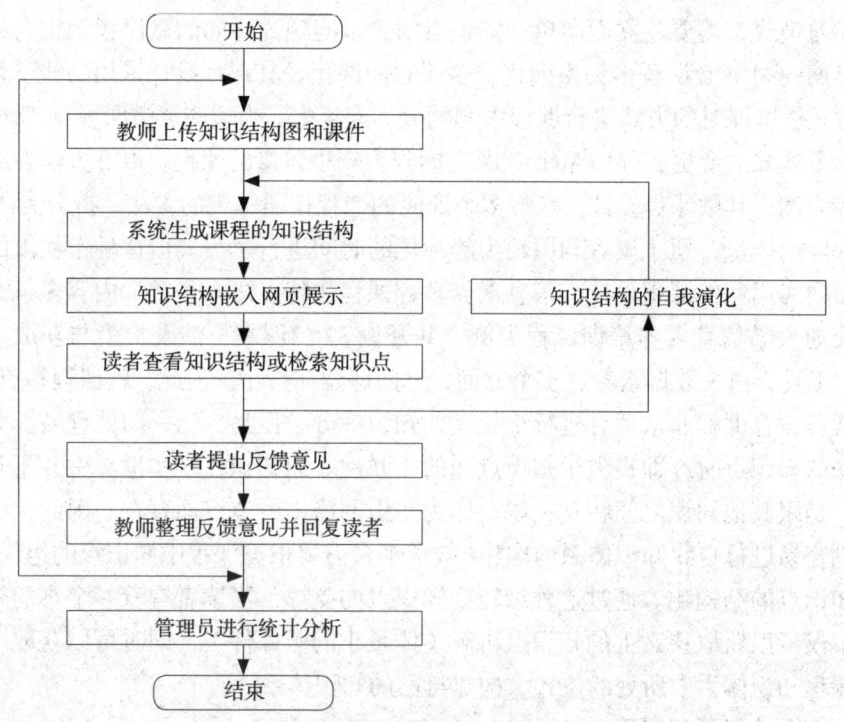

图1　微课程系统建设与服务流程

根据应用流程进行分析可知：（1）对教师而言，需要能够完成对课件与知识结构的上传，并通过反馈渠道与读者进行交流互动，因此，教学平台应具备课件与知识结构上传及反馈功能。（2）对读者而言，需要能够在线查看知识结构、检索知识点、查看课件以及提出反馈意见等，因此，教学平台应具备课程结构展示、课件播放及知识检索的功能。（3）对管理人员而言，需要获取课程的统计分析数据，因此，教学平台应能收集各种数据并进行保存，提供统计分析功能。对系统管理而言，管理人员还有系统权限控制及课程维护等需求。（4）知识结构的自动演化也是教学平台应提供的核心功能之一。

平台之外，仍有部分需求需要线下完成：如教师对知识点的拆分、课件的制作、对知识树结构的不断完善；读者在获取信息后的实际应用与知识体系构建；信息素养课程管理人员对培训效果的跟踪反馈以及对信息素养培训的宣传营销等。

（三）建设思考

通过对多个微课教学平台的调研以及对本校图书馆微课程教学涉及的各方需求进行整理，从应用角度出发，分析信息素养教育微课程教学平台应具备如下特征：

1. 面向实用性的细粒度知识点支撑

为满足以问题为导向、面向模拟学习情境、知识点内容单一、搜索引擎友好的快速学习模式，需要建立面向单一知识点的、以问题为导向的微课程知识与结构设计。早期的 MOOC 课程多为系列化、多课时的课程，其课程设计采用与线下教学相同的方式，以课时的方式进行课程内容划分。近年来，为适应"微课程""碎片化"读者学习模式的变更，很多 MOOC 课程拆分为较小体量的课程。以好大学在线和可汗学院为例，其微课程设计，是将多个课时的课程按照一定的方法，拆分为 10—15 分钟一段的体量，便于读者利用较为碎片化的时间进行学习。但这种粗粒度的拆分不是面向实用性的课程设计。信息素养教育课程的特点之一是教学内容多且杂。以上海交通大学信息素养培训课程为例，共开设 32 门课程，涉及检索与获取、研究利用、工具方法、数据素养等多个方面，单门课程体量小。因此，就课程特点而言，信息素养教育课程非常适合进行细粒度的知识拆分。但是，当一门课程被拆分为多个独立的知识点时，即丧失了知识点间的关联性。而知识在现实世界中并不是独立存在，是跟其他知识之间相互关联，作为知识网络中的节点而存在。因此，为了让读者更容易进行自我知识体系的构建，教学平台需要根据课程中知识点的组织方式，进行知识点的结构化。通过这种细粒度知识点的支撑，当读者查看一个小的知识点时，不仅可以获取狭义上的知识点讲解（体量小的微课件），同时可以获取当前知识在课程知识体系中所处的位置，构建自己的知识体系。

2. 跨平台的课程展示

随着终端设备的不断丰富，读者更多地使用各种便携式设备进行知识获取与分享。针对目前"碎片化"学习的应用场景，教学平台应能够支持在多种设备、多种浏览器上进行应用。无论读者是通过何种终端设备访问微课程，均能获得良好的用户体验，即系统响应迅速、知识结构效果绚丽、课件播放流畅，实现跨平台的课程展示。

3. 多种微课程课件的应用支持

知识的表达方式是多样的，可以是文字性的描述、一段音频、一段视频或是结合游戏元素的表达。其中最为常见的是文字性描述以及视频方式的说明。由于信息素养微课程知识点体量小，对知识表达方式的应用可以更加灵活多样，因此，教学平台应支持微课程课件表达方式的多样性与丰富性。

4. 读者行为数据的收集

为顺应服务领域的发展浪潮，信息素养教育课程应能为读者提供个性化相关的服务。个性化服务的数据基础是读者使用数据的收集与清洗，通过服务的设计，对数据进行分析与应用。因此，教学平台应完整记录读者各种使用数据，为统计与分析及个性化服务的开展准备数据。

5. 基于读者反馈的知识结构演化

目前信息素养教育课程的设置，多是基于图书馆对用户需求的识别及馆员擅长领域的综合考量结果，缺失了课程受众的参与。没有读者的直接参与，就无法真正理解读者需求。因此，教学平台需支持读者反馈信息的收集，提供教师与读者间信息交互的渠道，进一步提升读者在信息素养教育中的主导地位，真正实现"教读者所需"的目标。

二、信息素养微课程教学平台框架

（一）平台架构体系

根据教学平台需求分析与建设思考结果，基于层次化、模块化的设计理念，设计信息素养微课程教学平台的架构体系，如图 2 所示。

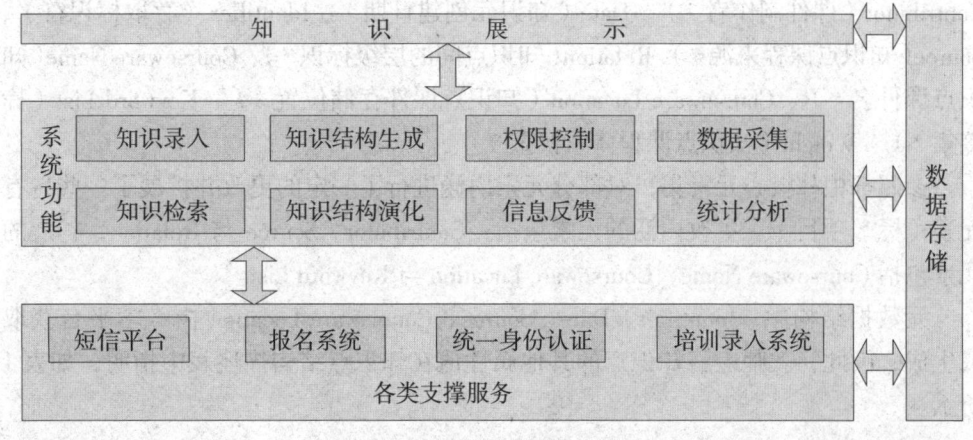

图 2　教学平台架构体系

4层结构从底向上依次为数据存储层、支撑服务层、系统功能层与应用展示层。

数据存储层：用于支撑平台中有数据存储需求的功能模块，在底层提供数据持久化、数据同步等功能，保障数据的一致性和正确性，并对上层结构提供数据访问与修改支持。

支撑服务层：用于完成教学平台与各类支撑服务之间的对接与交互，主要涉及短信平台、信息素养培训报名系统、信息素养培训录入系统和统一身份认证系统的集成。

系统功能层：是教学平台的核心功能集，完成各类与教师、读者、信息素养课程管理者相关的各类教学平台核心功能。

应用展示层：运用可视化技术，通过界面设计与交互设计的方法，将系统功能层的各种功能，根据各类用户的不同需求，进行封装展示。

通过这种层次化、模块化的架构体系设计，可以降低各功能模块间的耦合性，便于后期进行功能扩展与系统维护等各类工作。

（二）知识结构体系

信息素养微课程教学平台的核心功能是知识点与知识结构的应用，因此，通过对知识点与知识结构体系进行规范化设计，教师可以在知识点的解构过程中构建知识点的元数据结构。这种知识点元数据结构在经过教学平台解析后，形成计算机可读、可理解的数据结构，用于之后知识点与知识结构的展示。

知识元是最小的知识元素，是构造知识系统的基元。微课程中的知识点与知识元的概念有些类似，知识点作为微课程知识系统中的基元而存在，两者都具有独立性、拓扑性和链接性。因此，参照《中文元数据标准框架》，并参考知识元的标引方式与元数据结构，结合教学平台中对知识点的实际应用，设计知识点的元数据结构应包含以下元素：Title（题名）、Creator（创建者）、Description（内容描述）、Contributor（课件制作者＊）、Date（知识元创建日期）、Identifier（存取标识符）、Source（知识点课程来源＊）、Relation（知识点间的层级标识＊）、Courseware Name（知识点课件名＊）、Courseware Location（知识点课件存储位置＊）、Keyword List（标签集＊）、Weight（知识点课程体系权重＊）。

参照都柏林核心元素集，对部分元素内涵进行了一定的更改并扩展了一些特有元素（标＊项目）。更改内涵的元素包括：Contributor、Source 与 Relation，扩展的元素包括 Courseware Name、Courseware Location 与 Keyword List。

元数据结构中，Identifier、Date、Source、Courseware Location 由教学平台获取或生成，因此，教师应将知识点的其他属性值在知识点结构描述表中指明，如表1所示。

表 1　知识点结构描述表字段说明

标记	Rlation	层级结构，格式为 x-x-x-x。用于定义知识点间的层级结构：（1）标记中所含有的级数说明了当前知识点的级数，如 2-3-1 代表当前节点为 3 级节点；（2）标记说明了各节点间的层级关系，如 2-3-1，表明该知识点是被标记为 2～3 的知识点的第一个子知识点。1 级节点的父节点为课程节点
标题	Title	知识点的名称
内容描述	Description	知识点的详情
创建者	Creator	知识点的创建人姓名（一般为课程的授课教师）
课件名称	Courseware Name	知识点关联的课件名称，需要教师制作并上传
课件创建者	Contributor	课件的制作人姓名（一般为课程的授课教师）
标签	KeywordList	知识点各种标签值，一个知识点可以有多个标签，用于进行知识点搜索、知识推荐及知识网络的构建
初始权重	Weight	权重越大，知识点在可视化过程中越突出

（三）知识结构可视化应用

可视化技术是通过对计算机图形学和图像基础技术的运用，将数据转换为图形或图像在屏幕上显示出来并进行交互的技术。可视化技术应用的目的，是通过合理的组织、创建数据结构以及提供有意义的数据描述，将数据转化为人们更容易理解的探索形式，帮助人们浏览并理解数据中包含的信息。因此，对于一门信息素养微课程知识点的层级化结构，通过可视化应用，能够更容易为读者所理解，进而用于构建自身的知识结构。

信息素养微课程知识结构的可视化展示设计，应能够动态切换不同层级的展示效果。为保障知识结构的展示，对知识结构额外设置两个限制条件：（1）若知识点存在子知识点，则该知识点不能关联课件；（2）不同知识点关联的课件名称不能重复。

一门信息素养微课程的知识结构展示效果如图 3 所示。实心圆点代表当前知识点包含子节点；空心圆点表明当前知识点不包含子节点，点击可查看其知识点关联的微课程课件。任意实心圆点均可通过点击，隐藏与展示其下的子节点信息。

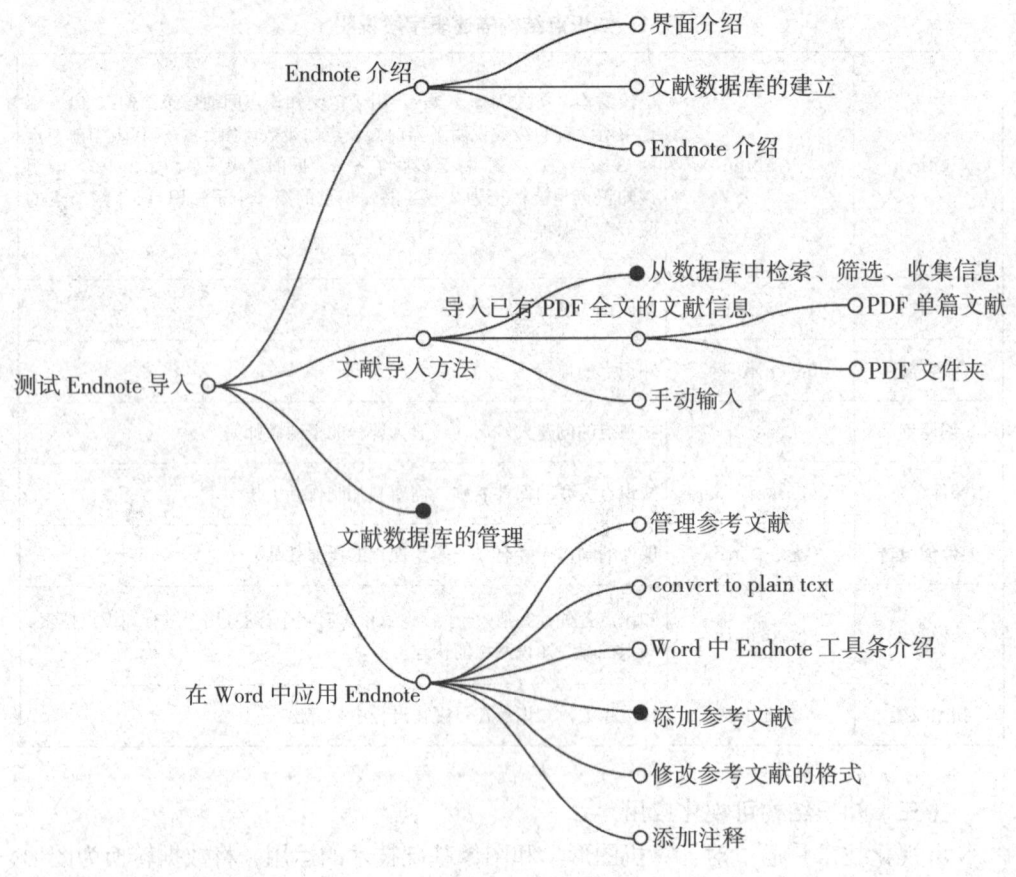

图 3　一门信息素养微课程展示效果

三、信息素养微课程教学平台应用与实践

基于以上需求分析与平台设计,上海交通大学图书馆(简称"上海交大图书馆")于 2016 年 10 月着手对信息素养微课程教学平台进行构建,并利用少量课程开展信息素养微课程教学的实践。目前已完成教学平台基本功能的开发并组织制作了两门示范性课程。

(一)平台功能

根据教学平台需求分析结果,分别从教学维度、组织管理维度与学习维度对平台功能进行划分与模块化设计。从教学维度看,教师的工作将为信息素养微课程体系建设提供数据基础。数据的准备需要通过线下完成,教学平台主要为教师提供知识点录入与信息反馈相关功能。学习维度是微课程体系的应用,体现了读者对微课程系统的使用需求。从读者使用角度出发,微课程教学系统应具备知识检索、知识结构可视化、课件播放等功能。组织管理维度为信息素养微课程体系建设提供服务支撑，管理员通过教学平台可以完成权限控制、课程维护和统计分析等管理功能。因此，从教学平台的功能划分来看，其结构如图 4 所示。

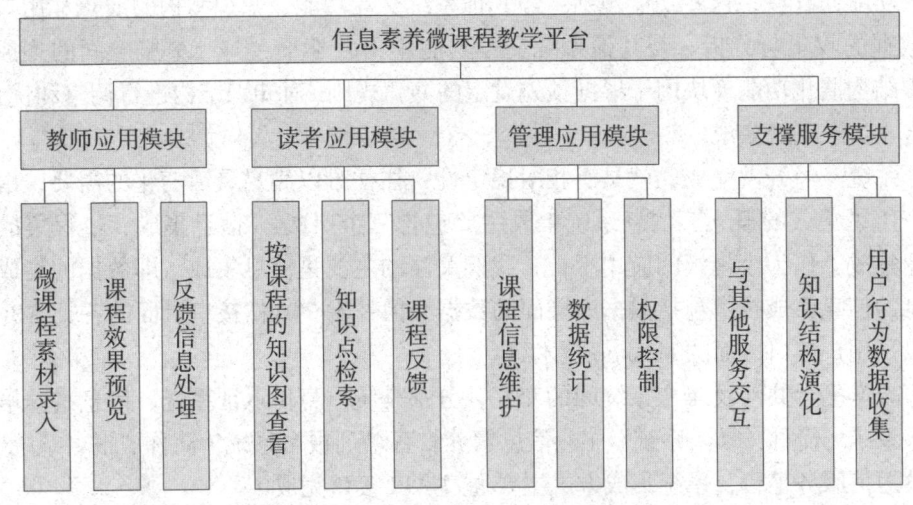

图 4　微课程教学平台功能模块

1. 教师应用模块

教师应用模块用于支撑教师登录系统后需要完成的与课程设置和反馈信息处理相关的工作。具体包括：微课程素材录入、课程效果预览与反馈信息处理。微课程素材录入包括微课程课件上传与知识结构描述表的上传；预览功能以读者视角查看当前课程的所有知识点及知识结构的可视化效果；反馈信息处理功能用于当读者对某课程提出反馈意见时，教师对反馈意见进行审核或回复。

2. 读者应用模块

读者应用模块为读者有效获取知识而服务。包括课程知识图查看、通过检索直接获取知识点以及对课程内容进行反馈等功能。课程知识图查看可以获取一门信息素养课程的完整知识结构与所有知识点课件。信息检索可以让读者在众多知识点中通过搜索的方式快速获取所需知识。读者通过课程反馈功能提出反馈意见，提高读者对知识内容建设的参与度。

3. 管理应用模块

管理应用模块是为管理在线信息素养教育体系而设立，其功能主要包括课程信息维护、数据统计与权限控制。课程信息维护功能可以维护课程体系，并设定课程访问权限，包括开放获取、校内可访问、报名读者可访问、教师可访问与不可访问；数据统计可以辅助管理者做决策调整；权限控制可以有效提高系统安全性，降低用户对系统的误操作。

4. 支撑服务模块

支撑服务模块服务于信息素养微课程教学系统本身，为完成一些独立于用户操作的功能而存在，这些功能包括：与其他系统交互功能、知识结构的演化和用户行为数据的收集与分析。与其他系统交互功能用于教学平台与支撑服务间的集成；知识结构演化功能模块用于根据预先设定的演化规则，对知识结构进行调整和优化。

（二）系统集成

系统一经开发完成，就具有相对稳定性，往往难以满足灵活变化的需要，由此便产生了集成的概念。信息系统集成主要包含三个层次：信息集成、过程集成和企业集成。作为小规模的应用平台，我们关注的主要是信息集成，即数据的集成。常见的信息集成技术包括数据库层面的数据交换技术、软件接口层面的各类 API 技术以及用户接口层面的 Mashup 技术等。

教学平台共涉及 4 个系统间的交互，分别是统一身份认证系统、信息素养培训录入系统（简称"录入系统"）、信息素养教育培训报名系统（简称"报名系统"）以及短信服务平台，系统集成方式主要通过 API 接口完成。

1. 与统一身份认证系统的集成

统一身份认证系统用于实现用户、角色与组织机构统一化管理，在 OAuth 授权体系与开放 API 基础设施的基础上，实现各种应用系统间跨域的单点登录和身份认证功能。通过统一身份认证，可以完成用户管理、用户认证、单点登录、权限管理等多种功能，并具备良好的跨平台接入能力。

因此，集成上海交通大学统一身份认证系统后，教学平台无须进行用户信息管理与维护等各类与登录相关的功能，只需要根据读者登录后，统一身份认证返回的用户信息，进行平台内的权限控制即可。使用时，未登录用户将被定向到登录页面，在用户输入用户名和密码后，由统一身份认证系统返回用户基本信息。用户与管理平台中的权限控制的关联，通过用户身份关键字完成。关键字可以是统一身份认证系统中的用户 ID，或用户学工号这类可以唯一标识用户的字段。

使用这种登录方式，代表了仅拥有统一身份认证账号的在校师生可以使用该系统。未登录用户只能查看课程访问权限设置为"开放获取"的培训课程。

2. 与录入系统和报名系统的集成

为在教学平台建设初期，通过小范围的读者试用，完善教学平台各方面功能，结合上海交大图书馆的线下信息素养培训实际情况，设定仅通过报名系统报名参加线下培训的读者方能使用教学平台访问微课程。因此，教学平台需对接报名系统，获取读者报名信息。此外，教学平台与报名系统均需获取信息素养培训课程信息，这部分信息由录入系统进行统一管理并对外提供数据服务。录入系统与报名系统均集成了统一身份认证系统，因此，对用户标识与识别方式在各个系统中保持一致，降低了系统集成的复杂度。

系统集成完成后，读者通过管理平台，可以查看其已报名的，且管理平台中已经存在的，同时当前课程的开放程度设置为开放获取、校内可访问、报名读者可访问之一的微课程。

3. 与短信服务平台的集成

管理平台与短信服务平台集成后，可以在需要时，如当读者提出的反馈意见通过审核或教师已对反馈意见做出回复时，向读者发送短信通知。短信服务平台基于上海交通大学网络信息中心提供的短信服务搭建。管理平台将需要发送的信息内容与手机号码记入短信库后，经过轮询，由短信平台将待发送信息通过网络中心的短信服务 API 发送到用户手机上。

（三）应用可视化

知识可视化指可以用来构建、传达和表示复杂知识的图形图像手段，除了传达事实信息之外，知识可视化的目标还在于传输人类的知识，并帮助他人正确地重构、记忆和应用知识。目前国内普遍接受、作为认知工具的五种图表分别是：思维导图、概念图、认知地图、思维地图以及语义网络。针对单门信息素养微课程的知识体系结构，其层次化的特点较为明显，因此我们采用概念图的方式作为知识结构的表达方式。

为达到动态展示、画面美观的效果，需要利用一些与网页前端设计相关的可视化技术来实现知识结构的网页在线展示。D3.（全称 Data-Driven Documents）是一个 JavaScript 的函数库，它能够通过 HTML、SVG 与 CSS 等工具来帮助呈现数据的可视化。它允许用户绑定任意数据到 DOM（Document Object Model），然后根据数据来操作 DOM，以实现可交互式的图表。D3 将生成可视化的复杂步骤精简到几个简单函数，只需要输入数据，即可转换为各种绚丽的图形。通过 D3，还可以有效屏蔽浏览器兼容性带来的各种显示问题。

在管理平台中，教师上传知识结构描述表后，经系统解析，将知识结构数据进行存储。当读者通过页面访问微课程时，课程知识结构数据将传递给 D3 框架，由 D3 将其绘制在页面上，实现知识结构的动态展示效果。

（四）知识结构的演化

一门信息素养微课程知识结构的初稿由授课教师进行知识点拆分后形成，之后其结构的更新与演化由三方面共同作用形成：教师修正、读者反馈和知识点权重变更。

教师对课程进行重新设计或需要扩展其内涵与外延时，需要对知识结构进行较多的调整。在此情况下，教师可通过更新知识结构描述表的方式更新知识结构。读者完成微课程学习后，可以对课程提出意见反馈，包括问题咨询以及当前知识结构扩展建议。

为明晰重点信息，应进行强调提示的视觉化，基于知识可视化视角，强调提示应适时适度、简洁有效。因此，设计知识的权重体系，根据知识权重的不同，在可视化过程中，进行区分展示。目前系统使用的权重策略有两条：一为授课教师在进行知识点拆分及知识结构设计时，对每个知识点拟定其初始权重；二为基于读者使用行为进行权重调整，具体策略是读者点击次数越多的知识点，其权重加成越大。对同一知识点的两部分权重值进行一定计算后，可获得当前课程中所有知识点的权重值。该权重值越大，知识点在可视化展示时通过颜色、大小越突出展示。

四、实践效能分析

在上海交大图书馆信息素养工作组的不断推进下，针对《EndNote 使用方法和技巧》及《如何进行开题与课题申请前的文献调研》两门信息素养培训课程，通过对知识结构的反复推敲与课件制作技术的不断尝试，利用教学平台进行发布测试。

通过教学平台的应用，读者能够更清晰地了解课程知识结构，提高了信息素养课程的逻辑性与结构性表达。通过反复的课件播放与学习，读者可以更加自由自主地进行选择性学习、重复性学习，学习效果得到了一定的增强。同时，相较从前，也加强了教师与读者间的互动频率，读者可以更便捷地提出意见，教师可以更迅速地做出响应。总体而言，增强了信息素养培训的效用。

五、结语

通过对信息素养微课程教学平台的建设与实践可以看出，在"碎片化"学习盛行的当下，利用在线学习的优势并结合面向知识点的微课程知识体系设计，不仅可以提高图书馆信息素养培训的实际效果、增加课程受众、扩大其服务面与影响力，同时还能让读者随时随地获取知识，实现真正的学以致用。

虽然目前对学习与教学模式的研究和设计已逐渐成熟，但要真正实现知识的高效组织和关联，仍有许多问题可以进行更深入的研究探索与实践：

（1）目前的信息素养微课程知识结构设计主要面向单一课程，当课程逐渐丰富、知识点内容逐渐完善时，需要实现跨课程的知识结构关联，形成真正的知识网络，系统构建难度大。

（2）知识结构演化的设计较为单一，主要依赖于教师对知识结构进行人为设置。在人工智能与机器学习技术日渐成熟的今天，如何在知识结构的演化过程中，利用读者的各种使用数据及网络资源，更为智能、有效地发展知识结构网络是可以关注的技术方向。

（3）在倡导资源共享的时代，基于数字技术和网络化通信建设的信息素养微课程体系具备天生的开放获取能力与属性。但如何在保护版权的基础之上，将上海交大图书馆信息素养工作的成果为更多读者所用，是管理层面需要更多考虑的问题。

参考文献

[1] 田丽丽，刘竟 . 我国高校未来信息素养教育的五个导向——以信息检索课程为例 [J]. 国家图书馆学刊，2017（1）：71 —76.

[2] 郭军 .MOOC 环境下的高校信息素养教育探析［J］. 网络安全技术与应用，2017（8）：122—123，125.

[3] 王晓丹，田永梅 . 论高校图书馆的"碎片化"培训［J］. 图书馆学研究，2014（1）：71—74.

[4] 清华大学图书馆 . 教学与培训 EB/OL – 2016 –05 – 16］. http：//lib. tsinghua. edu. cn/service/instruction. html.

[5] 于静，郝永艳，赵敏，杨明博 ."微课程"在信息素养教育服务中的实践探索［J］. 图书馆建设，2015（10）：60—62，67.

[6] 黄如花，李英子 .MOOC 中富媒体素材采集的特点——以信息素养类课程为例［J］. 图书与情报，2014（6）：8—13.

[7] 董珏，余晓蔚 . 大学图书馆信息素养微课程建设模式探讨[J]. 图书馆学研究，2016(15)：7—10.

[8] 上海交通大学慕课研究院 . 好大学在线 EB/OL –0017–11–15］. http：/ /www. cnmooc. org/home/index. mooc.

[9] Khan Academy. KHANACADEMY［EB / OL］.［2017 –11 –15］. https：//www. khanacademy. org/.

[10] 原小玲 . 基于知识元的知识标引［J］. 图书馆学研究，2007（6）：45 —47.

[11] 肖珑，陈凌，冯项云、冯英 . 中文元数据标准框架及其应用［J］. 大学图书馆学报，2001（5）：29—35.

[12] 徐志熹 . 知识元的元数据描述［J］. 产业与科技论坛，2017（22）：54 —56.

[13] 钱吟，曲建峰，郑巧英 . 多种媒体特色资源的可视化应用研究[J]. 图书馆杂志，2016(3)：86 —94.

[14] 王萍萍，马素霞，林天华 . 信息系统集成技术研究[J]. 中国电力教育，2007（S3）：300—302.

[15] 上海交通大学软件开发者平台 EB/OL – 0015–03–13］. http：//developer. sjtu. edu. cn/wiki/JAccount.

[16] 施晓华 . 构建高校图书馆个性化信息素养平台［J］. 图书馆学研究，2011（5）：12—16.

[17] 孙雨生，张梦珍，李沁芸，朱礼军 . 国内知识可视化研究进展：实践应用［J］. 情报

理论与实践，2017（5）：139—144.

[18] 吕之华. 精通 D3.js [M]. 北京：电子工业出版社，2015：1—2.

[19] 廖倩，王明娟. 微课的知识可视化设计探究 [J]. 中国管理信息化，2017（4）：233—234.

（作者简介：邢卓媛，上海交通大学图书馆馆员。郑巧英，李芳，上海交通大学图书馆研究馆员。原文刊登于《图书馆学研究》2018 年第 3 期。）

当代媒介文化背景下大学生媒介素养培养探析

孙　婧　金国华

随着信息技术的快速发展，人类步入数字媒介时代，任何人都能通过计算机和智能手机等终端生产和传播文化。这使得我国当代媒介文化呈现价值取向多元化的特点。它体现在，纵向来看，传统文化、现代文化和后现代文化并存；横向来看，东西方文化、国内不同地域文化并存；从文化价值上看，高雅文化和低俗文化并存。多元化的媒介文化一方面拓宽了当代大学生的视野，另一方面也给处在价值观形成阶段的大学生造成了困扰，产生了负面影响。近年来，我国大学生在媒介文化消费和传播中暴露出诸多不良行为，有的大学生为此付出了惨痛的代价。究其原因，是由于当代大学生媒介素养不足。本文将借鉴国外大学生媒介素养培养的先进经验，立足我国国情，探讨我国大学生媒介素养培养的思路和策略，以期为推动我国大学生媒介素养培养提供参考。

一、当代大学生媒介素养待加强

媒介素养这一概念最初是由英国学者利维斯和汤姆森在 1933 年共同提出，目的是应对当时英国日渐肤浅和低俗的媒介环境对青年人产生负面的影响。此后，不同媒介素养研究机构和专家都为媒介素养下过定义。我国社会科学院新闻研究所卜卫将媒介素养这一概念引入国内时提出："媒介素养不仅包括判断讯息的能力，还包括有效地创造和传播信息的能力。"英国媒介素养监管机构（OFCOM）认为，"媒介素养是在各种情况下获取、理解信息和创建沟通的能力。"美国媒介素养研究中心（CML）提出："从印刷媒介到视听媒介再到互联网的媒介环境中，媒介素养提供了一个在各种形势下引导人们获取、分析、评价、创造、参与使用媒介信息的知识框架。"此外，知名的"核心素养"研究组织，经济合作与发展组织（OECD）、欧盟、美国 21 世纪技能伙伴协会等均认为媒介素养是复杂情境中运用信息通信技术、媒介知识和批判性思维，有效地获取、分析和创造信息的能力，也是 21 世纪公民的必备品格和终身能力。

综上所述，媒介素养是指运用信息技术、媒介知识和批判性思维，有效地获取和分析信息、创建沟通、创造媒介作品的能力。

从近年来的典型媒介文化事件中可以看出，部分大学生在媒介消费中缺乏价值判断力。有些大学生因过度沉迷网络游戏导致多门课程不及格，最终被校方退学，这些退学生中不乏清华、北大等"985"高校的高才生。有此大学生轻信诈骗信息，导致财产与生命受损，如"徐玉玉案"中的准大学生徐玉玉就因轻信诈骗短信被骗取学费而导致猝死。有此大学生为满足奢侈消费，在网络平台抵押不雅照片非法借贷，2016 年某借贷平台不雅照泄露事件中流出大学生不雅照的数量多达 10GB，这反映出了大学生"裸贷"现象之普遍。还有些大学生寄情网络、迷恋网络主播，将生活费、学费甚至父母存款都用来"打赏"主播。

不仅如此，部分大学生在参与媒介传播时缺乏约束力。有些大学生对传统文化、经典文化缺乏尊重，借"娱乐"之名肆意恶搞、改编经典名篇名著，如故意歪曲其原意，用网络流行语改写《出师表》、用戏谑的语言为《西游记》等四大名著影视剧配音等，一味追求夸张、搞笑的效果。有些大学生对革命文化缺少敬畏之心，如将革命先烈形象制作成微信表情包；歪曲事实、改写革命先烈英雄事迹等。有些大学生不顾网络道德，在新浪微博、天涯论坛等公共社交平台用粗俗语言评论、回帖；对他人使用语言暴力、进行人身攻击等。还有大学生罔顾法律，利用网络进行犯罪，如山东一大学生利用"黑客"技术入侵某理财网非法盗取钱财；湖北一大学生冒充网警在百度贴吧中散布洪灾谣言，造成大规模恐慌等。

在虚拟环境中出现不良行为的大学生在现实生活中并不一定是不良青年，他们往往循规蹈矩。他们深谙在现实的学习和社交场合中如何自处以及与他人相处，因而很少犯错。部分大学生之所以出现上述不良行为，原因是多方面的。首先，大学生尚处在价值观建立、型塑阶段，难以有效地甄别鱼龙混杂的海量信息。面对分秒间成指数式增长的新知识、新观点，他们充满好奇、如饥似渴。但限于自身认知水平等因素，他们无法对这些新知识和观点形成深入、全面、科学的认识。加之随着时代的发展，道德多元化和文化多元化对学生思想的影响不断加深，学生在各种价值取向中无法分辨，难以取舍。因而，面对垃圾信息和诈骗信息时，"徐玉玉们"难分真伪；面对过度沉迷网络游戏、奢侈消费等不良诱惑时他们难以抉择。其次，刚刚成年的大学生迫切地渴望发出自己的声音，以获得来自家人、朋友、老师和社会的关注与认同。自媒体的发展为学生提供了"发声"的平台和机会，一些大学生为获得关注，只得依靠某些夸张、过激的行为，从而获得高点击率、点赞率，获得评论、转发等数据的增长。除此之外，外部正确引导的缺位也是大学生在媒介环境中出现不良行为的重要原因。上述媒介文化事件充分显示了我国大学生媒介素养水平亟待提高，说明了媒介素养教育的重要性。因而，我们应重视大学生媒介素养培养，并重新思考其培养思路和策略，以期有效提升我国大学生媒介素养水平。

二、培养大学生媒介素养的思路

通过以上分析，我们不难发现当代媒介文化对大学生媒介素养培养提出了新挑战和新要求。在此新形势下，我们应遵循"以学生为中心"，以适应社会发展为导向，以创造知识、改变社会为根本目的的培养思路。前两者是手段，后者是目的，三者密不可分、辩证统一。

"以学生为中心"：1998 年联合国教科文组织在世界首届高等教育大会宣言中提出：要求国家和高等教育机构的决策者将学生以及他们的需要置于中心位置。该宣言中"以学生为中心"的新理念对我国高等教育改革产生了深远影响。刘献君教授认为，提高我国高等教育质量，必须确立"以学生为中心"的教育理念，即以学生的学习和发展为中心，实现从以"教"为中心向以"学"为中心转变，使学生在知识、能力和素质上获得全面提升。因此，在大学生媒介素养培养中，应遵循"以学生为中心"的教育理念，由知识灌输型教学模式向自主学习模式转变，激发学生的学习兴趣，引导学生主动积累媒介知识、分析和解决媒介问题、创造媒介产品。

以适应社会发展为导向：潘想元教授曾提出"教育必须与社会发展相适应"，也就是说，教育既受社会条件的制约，反之亦为社会发展服务。因此，我们在设置人才培养目标时，应着眼于帮助学生具备适应社会发展所需的能力和素养。经济合作与发展组织（OECD）、欧盟和美国 21 世纪技能伙伴协会这三大知名国际组织均将媒介素养界定为核心素养，充分说明了媒介素养是学生在 21 世纪信息化、全球化和终身学习时代适应社会和走向成功的必备能力。因此，我们在培养大学生媒介素养时，应准确把握时代特征，开发与之相适应的课程内容，为学生将来的生活和学习做充分准备。

以创造知识、改造社会为根本目的：世界著名教育学家保罗·弗莱雷曾指出，改造社会既是教育的内在要求，也是社会对教育的需求。换言之，新时代的大学生不能仅是顺应时代潮流的适应者，而应是知识的创造者，是推动社会发展的改造者。遵循教育的根本目的，我们在培养大学生媒介素养时，应以批判性思维和创新能力为重要着力点，鼓励学生突破思维定式，发挥创造性，生产新知识，从而构建更为和谐民主的社会。正如利尔威所言，人们能够参与民主必须通过教育，如果没有受过教育、见多识广和精通读写的公民，强大的民主是不可能存在的。

三、培养当代大学生媒介素养的策略

刘献君教授曾在《大学课程建设的发展趋势》一文中论述了课程对于学生发展的重要性，他认为"课程是教育教学的基本依据，是实现学校教育目标的基本保证，对学生全面发展起着决定性的作用"，并强调"课程是学生和大学的结合点，是学生和社会的结合点，是教学和科研的结合点，是学生个体文化和社会文化的结合点"。由此可见，媒介素养相关课程，是大学生媒介素养培养的基本依据和保证，对提升大学生媒介素养水平起着决定性的作用。近年来我国高校为提升大学生媒介素养水平开发了一些显性和隐性课程，如信息技术和媒介文化相关的通识课程；以媒介素养为主题的文化节、辩论赛。然而由于课程目标不明晰、课程资源匮乏等，大学生媒介素养培养难以有效实施。借鉴国外先进经验，结合我国的现实条件和需求，推进我国大学生媒介素养培养应抓住以下三个方面：

1. 确立媒介素养课程目标、开发媒介素养课程内容

课程论的开创者博比特认为，课程目标指的是学生需要掌握和形成的能力、态度、习惯、鉴赏和知识的形式。我国课程论专家廖哲勋教授提出，课程目标是一定教育阶段的学校课程力图促进这一阶段学生的基本素质在其主动发展中最终可能达到国家所期望的水准。可见，中外学者均将课程目标理解为学生通过课程获得的能力。那么，我国大学媒介素养课程的课程目标应如何编制？换言之，该课程应培养大学生的何种能力？

根据前文界定的媒介素养六大能力：信息技术运用、信息获取分析、媒介借鉴、合作沟通、批判性思维、创造媒介产品，笔者对 2017 年 USnews 美国本科综合排名前 50 名大学的通识课程（General Education Requirements）的课程目标中关于媒介素养培养的内容进行了关键词统计，统计结果见表 1。

从表 1 可见，笔者归纳总结出的媒介素养六大能力均频繁出现在美国前 50 名大学通识课的课程目标中，出现次数依次为"批判性思维"38 次、"合作沟通"37 次、"媒介鉴赏"35 次、"信息获取分析"31 次、"创造媒介产品"29 次、"信息技术运用"28 次。由此可见：首先上述的美国一流大学十分重视大学生媒介素养培养；其次，美国一流大学媒介素养通识课程目标与笔者归纳出的媒介素养六大能力具有一致性，因此这六大能力可被看作是媒介素养需要培养的关键能力。

表 1　媒介素养六大能力及在美国前 50 名大学通识课程的课程目标中的出现频数

六大能力	频数	六大能力	频数
批判性思维	38	信息获取分析	31
合作沟通	37	创造媒介产品	29
媒介鉴赏	35	信息技术运用	28

表 2 列举了美国大学媒介素养通识课程的实例，如哈佛大学的"影视艺术"、麻省理工学院的"想象中的媒介：理论和实践"、斯坦福大学的"社交媒介和操作实践"等。从课程目标描述中可以看出，每一门课程的课程内容都涵盖了跨学科的知识，旨在培养学生的跨学科能力。如"影视艺术"课融合了信息技术、传播和文学等学科的知识，旨在培养学生媒介鉴赏、信息获取分析和批判性思维三方面的能力；"社交媒介和操作实践"融合了美学、文学、政治学、计算机技术、软件工程等学科的知识，旨在培养学生创造媒介作品、信息技术运用、媒介鉴赏、批判性思维、合作沟通五方面的能力。

表 2　美国一流大学媒介素养通识课程举例及主要培养目标

学校名称	媒介素养通识课程举例	主要培养目标
哈佛大学	影视艺术（The Art of Film） 本课程是一门介绍性的课程，主要关注电影和移动影像媒介的语言，课程将为学生提供分析工具，以批判性和创造性的方式解读移动图像媒体，并进行具体全面的分析。为了解移动图像丰富的多样性，我们将在全球范围内搜罗大量的叙事和非叙事作品，并与经典的故事片一起观看。	媒介鉴赏 信息获取分析 批判性思维
麻省理工学院	想象中的媒介：理论和实践（Phantasmal Media: Theory and Practice） 本课程旨在使学生掌握运用计算机技术开发富有表现力的数字媒介作品的理论与实践。用以理解人类想象过程的调查方法有多种，如构建概念、隐喻和叙述等，我们可以将其运用到数字媒介作品创作，以及从社会、文化与批判性的视角来理解有意义的数字媒介作品。阅读材料的视角涵盖认知语言学、文学和文化理论、符号学、数字媒体艺术和计算机科学等。学生可以创作交互性故事、游戏和类似形式的软件艺术。可借鉴一些编程和交互式网络脚本经验（如Flash, Javascript）。	信息技术运用 创造媒介作品 批判性思维 媒介鉴赏
斯坦福大学	社交媒介和操作实践（Social Media and Performative Practices） 本课程旨在检视当代艺术家和设计师如何透过现有的媒介和非传统的艺术实践，让人们参与到社会对话、批判和政治变革的过程中。课程将向学生介绍各种各样的艺术作品范例，整个课程将高度重视实践，会让学生创作媒介作品。为帮助学生们完成创作，Photoshop、"首映专业"、"影响"等制作工具将在课堂上介绍。	创造媒介作品 信息技术运用 媒介鉴赏 批判性思维 合作沟通
圣母大学	多媒体写作与修辞（Multimedia Writing and Rhetoric） 本课程将向学生介绍那些对当今阅读、写作和研究实践产生巨大影响的数字化文化和新媒体，教会学生如何在博客、维基百科和视频等多种媒介中运用修辞方法。本课程旨在提高学生对于印刷媒介和电子媒介的读写能力，这些能力能够帮助学生处理复杂的现实问题和应对 21 世纪基于伦理、公平、争论等问题带来的挑战。	合作沟通 媒介鉴赏 信息技术运用 信息获取分析
加州大学洛杉矶分校	文学、文化和批判性探究（Literature, Culture, and Critical Inquiry） 本课程旨在使学生在文化语境中分析文学作品时，能够对有关学术探究和成为负责任公民的重要问题进行批判性的思考和写作。	批判性思维 媒介鉴赏
东北大学	电子信息检索（Electronic Information Retrieval） 本课程旨在使学生在计算机实践操作中提高在多种电子格式中检索信息的技能、技术和策略，并提供互联网、万维网、电子索引和线上目录的教学指导。	信息获取分析 信息技术运用

　　我国在确立大学媒介素养课程的课程目标时应借鉴美国一流大学的先进经验：注重培养和发展学生批判性思维、合作沟通、媒介鉴赏、信息获取分析、创造媒介产品、信息技术运用这六大能力；通过跨学科的课程内容，培养学生的跨学科能力。然而，从媒介素养课程目标的描述中来看，美国一流大学在培养大学生媒介素养时更关注媒介知识和媒介能力这两方面，鲜有涉及态度和价值观方面。那么，我国大学媒介素养课程的开发者、大学媒介素养教师应具备批判性思维，借鉴国外先进经验的同时，还要继承我国优秀的教育传统，立足我国国情。因此笔者认为，在确立我国大学媒介素养课程的课程目标时，还应融入上述在大学生媒介素养培养思路中提出的坚持以社会主义核心价值观为价值判断标准，坚持文化自信、继承和发扬中华优秀传统文化等内容，旨在从知识、能力、价值观这三方面全面提升学生媒介素养水平。

　　课程内容是一系列比较系统的直接经验和间接经验的总和，是根据课程目标从人类的经验体系中选择出来的，并按照一定的逻辑序列组织编排而成的知识和经验体系。依据新闻传播学理论和国外媒介教育实践经验，笔者认为媒介素养课程内容应主要涵盖三个部分，即媒介知识、媒介能力和媒介态度，其中媒介知识是基础，媒介能力是本领，媒介态度是根本。这三部分相辅相成，融为一体，缺一不可，在开发媒介素养课程内容时应一以贯之。

　　媒介知识包含媒介语言、媒介再现、媒介行业、媒介受众这四大领域的相关知识。媒介语言这一部分应要求学生理解媒介如何通过不同传播形式、代码、惯例等传达意义；科技发展如何影响媒介语言；互文性在媒介作品意义建构和传达中的作用等。媒介再现这一部分应要求学生理解政治、经济、文化、历史等多种因素如何影响媒介生产，换句话说，即理解媒介如何通过选择、组合和过滤向公众呈现事件的"真相"。这里的"真相"不等同于客观现实，而是指媒介主体为获取利益描绘出的象征性现实。媒介行业这一部分应要求学生理解媒介行业的生产、分销和流通过程如何影响媒介传播形式和发布平台。如了解全球化背景下，媒介产品的生产、分销和发行的规律和特点；政治、经济和科技发展对媒介行业的影响等。媒介受众这一部分应要求学生理解各种媒介形式如何锁定目标受众，并与其互动、对话；受众如何理解、解释和回应媒介信息，以及一部分受众怎样由媒介接受者变成媒介生产者。进一步而言，受众使用媒介的不同方式如何反映年龄、性别和社会阶级等人口学因素、身份认同以及文化资本；受众解读的不同如何反映社会、文化和历史影响因素等，这两方面也都应被了解。

　　媒介技能指运用信息技术，有效获取、分析和使用媒介信息以及批判和创造媒介作品的能力。有效获取、分析和使用媒介信息主要指能从各种数字媒介中获取知识和经验。媒介批判能力包括能在纷繁复杂的媒介信息中鉴别是非对错；能运用跨学科知识解读媒介文化作品；能通过分析媒介文化作品阐明时代性的潮流、冲突和焦虑等。媒介创造力指运用信息技术制作媒介文化作品。

媒介态度则指贯穿媒介实践始终的情感、态度和价值观，包括批判性思维、网络伦理道德和法制意识、文化自信等。批判性思维是三位一体的概念，包涵求知、求真、理性和辩证思考的态度；对媒介的批判性认识，即所有媒介信息都是建构而成的，绝非现实世界的简单反射，媒介信息是主观、存在偏见的，媒介信息是有商业或政治意图的等；以及有效获取、分析、解读、批判媒介信息的能力。伦理道德和法制意识包括抵制网络霸凌、具有国防意识、谨防恶性病毒和网络诈骗，安全上网等。文化自信则强调对自身文化的继承、充分肯定和践行，以及创造可供选择的媒介文化作品的能力。

2. 发挥高校社团、课外活动等隐性课程作用

在培养大学生媒介素养的过程中，既要依靠显性课程，也要依靠高校社团、课外活动等隐性课程。隐性课程指学校情境中以间接的、内隐的方式呈现的课程，如学生团体交往、校园文化等，这些活动不直接传授经验，经验隐于其中。通过高校社团等组织，以及开展主题讲座、论坛、参与新媒体项目实践、媒介素养支教等课外活动，能够为大学生营造良好的媒介素养学习氛围，使学生在参与活动的过程中，潜移默化地接受媒介素养教育，同时又能够为学生提供合作沟通、媒介鉴赏、创造媒介产品、运用信息技术等媒介素养能力的实践平台。我国"一流民办大学"武昌首义学院在此方面进行了一系列有益尝试。武昌首义学院近年来多次组织、举办校内外媒介实践活动。为提高学生网络安全意识，2016 年 9 月武昌首义学院组织大一新生赴武汉国际博览中心参观网络安全博览会。学生通过观看手机丢失、WiFi 钓鱼、黑客攻击等场景，了解网络安全风险，学习网络安全知识，学会如何应对和预防无处不在的网络安全威胁，进一步提高网络安全意识和应对网络安全风险的能力，更好地参与到媒介活动中。武昌首义学院还承办了 2017 全国大学生机械产品数字化设计大赛决赛，旨在鼓励学生踊跃参加课外科技活动，加强对数字化领域知识的了解和学习，培养学生创新意识、团队协作等精神。除此之外，武昌首义学院还倡导学生自主创作媒介产品，以此号召人们正确看待媒介文化、合理使用媒介产品。如2017 年 11 月，武昌首义学院几位大学生，在校园中心广场上完成了题为"低头族"的公益漫画，以此警醒人们不要过度沉迷智能手机。总体来说，武昌首义学院充分发挥了学生社团、课外活动等隐性课程在大学生媒介素养培养中的重要作用，切实运用它们为提高大学生媒介素养水平服务。

3. 加强大学教师媒介素养的在职培训

为了有效培养大学生媒介素养，大学教师首先要具备良好的媒介素养。然而现实中，存在大学教师对媒介的认识和使用存在偏差、对媒介素养教育意识的缺失、

对媒介素养教育能力的不足等问题，因此，学校应针对这些问题加强大学教师媒介素养的在职培训。目前，国内一些高校为提升大学教师媒介素养水平进行了一系列有益尝试。

以我国"一流大学"华中科技大学为例，该校教师教学发展中心近年来以教学工作坊、专题讲座、教学沙龙、研讨会、观摩课、短期课程等多种形式对校内教师进行媒介素养在职培训。如邀请普渡大学教授以"信息技术如何促进教与学——世界一流理工科大学的教学管理经验分享"为主题来校讲座；针对华中科技大学首门上线运行慕课——公选课"天文漫谈"，举办慕课沙龙及讲座活动，分享慕课建设成果及经验；邀请美国高校教师教学发展中心专家举办以"设计翻转课堂来促进学生学习"为主题的工作坊；邀请美国歌剧表演艺术家来校讲授短期艺术课程"西方歌剧史八讲"等。另外，华中科技大学教师教学发展中心还曾选送教师参加由教育部高等学校文化素质教育指导委员会组织、批判性思维和创新教育分指导委员会与北京大学相关单位主办的全国性批判性思维教师培训班。总体而言，华中科技大学所开设的各类媒介素养课程在全面提升该校教师媒介素养水平的同时，也进一步推动了该校课程教学的改革和创新。

参考文献

［1］张玲，秦学智，张洁.媒介素养教育课程论［M］.北京中国广播影视出版社，2013.

［2］卜卫.论媒介教育的意义、内容和方法［J］.现代传播——北京广播学院学报，1997（1）：29—33.

［3］Center for Media Literacy.Literacy for the 21st Century［EB/OL］.http：//www.medialit. org/sites/default/files/ProductFLYERLit21c. pdf.

［4］Office of Communication.Ofcom's Strategy and Priorities for the Promotion of Media Literacy［OB/OL］.hops：//www.ofcom. Org. uk/-data/assets/pdf-file/0021/72255/strat-prior-statement.pdf.

［5］OECD.The Definition and Selection of Key Competencies：Executive Summary［EB/OL］.http：//deseco.ch/bfs/deseco/en/index/02.parsys.43469.downloadList. 2296.DownloadFile.tmp/2005，dskcexecutivesummary，en，pdf.

［6］Official Journal of the European Union. Recommendation of the European Parliament and of the Council on key competences for lifelong learning［EB/OL］.http：//eur-lex.europa.eu/legal-content/EN/TXT/? uri=celex0o3A32006H0962.

［7］Partnership for 21st Century Learning.P21 Framework Definitions}EB/OL］.http：//www. p21，org/storage/documents/does/P21-Framework-Definitions-New-Logcr2015. pdf.

［8］联合国教科文组织.面向二十一世纪高等教育宣言：观念与行动［EB/OL］.（2015-6）［2017-12-5］. http：//old.moe.gov.cn//publicfiles/business/htmlfiles/moe/moe-236/200409/712.html.

［9］刘敲君.论"以学生为中心"［J］.高等教育研究，2012，33（8）：1-s.

［10］潘恐元.教育外部关系规律辨析［J］.厦门大学学报哲社版，1990（2）；1—7+38.

［11］保罗·弗莱雷.被压迫者教育学［M］.上海华东师范大学出版社，2016.

［12］John Dewey.Democracy and education；An Introduction to the Philosophy of Education［M］. New York；Free Press.1997.

［13］刘敲君.大学课程建设的发展趋势［J］.高等教育研究，2014，35（2）：62—69.

［14］约翰·富兰克林·博比特.课程［M］.刘幸，译.北京：教育科学出版社，2017：36.

［15］廖哲勋，田慧生.课程新论［M］.北京教育科学出版社，2003.

［16］施良方.课程理论——课程的基础、原理与问题［M］.北京教育科学出版社，1996.

（孙婧，华中科技大学教育科学研究院讲师，教育学博士；金国华，武昌首义学院理事长，博士。原文刊登于《高等工程教育研究》2018 年第 2 期。）

高校图书馆嵌入式信息素养教育模式研究

——以重庆大学图书馆为例

刘庆庆　何燕君　杨新涯　李　燕

一、引言

信息容量的扩大化、信息处理的智能化、传播范围的全球化已成为当今信息化时代发展的大趋势。党的十八大以来，以习近平为核心的党中央高度重视信息化和网络安全工作，提出了一系列新主张和新理念。党的十九大报告也明确指出中国特色社会主义进入新时代，并对 5 年来的历史性成就给予了充分肯定。正是因为过去 5 年网络和信息化工作的扎实推进，才能保障和促进中国特色社会主义新时代的关键时期各领域长足发展。与此同时，报告提出了"加快建设创新型国家""加强互联网内容建设""坚持总体国家安全观""推动全社会形成维护国家安全的强大合力"等基本要求。顺应新时代发展要求，需要不断提高技术水平、科研水平和信息化水平，为建设网络强国、数字强国提供有力支撑。众所周知，这一切都离不开全民信息素养能力的提升和信息化人才队伍的建设与培养，而大学生群体既是国家信息化建设和网络空间治理的重要力量，也是网络人才队伍的后备力量。

作为提供资源服务与教学辅助的教育和科研机构，高校图书馆是新时代背景下大学生信息素养教育的关键力量，而嵌入式信息素养教育（embedded information literacy education）已经成为高校图书馆提供泛在知识服务的主要途径。因此，对高校图书馆嵌入式信息素养教育的研究显得尤为必要。

二、嵌入式信息素养教育研究概述

（一）嵌入式信息素养教育的内涵

嵌入式信息素养教育是对传统信息素养教育方式的创新。根据美国大学与研究图书馆协会（the Association of College and Research Libraries，ACRL）的界定，嵌入式信息素养教育是指将信息检索技能、信息知识、信息道德等信息素养教育内容嵌入到通识课程和专业课程的教学过程中，全方位培养分析、利用、评价信息等综合信息素养能力的一种新型方式。与传统方式相比，高校图书馆嵌入式信息素养教育不再是由高校图书馆员来独立承担，而是由学校的专职教师、图书馆员和学生等多种力量，以合作方式将图书馆的资源利用与图书馆服务融合到专业教学中，集专业知识教学、科学研究与信息能力实践为一体的教育方式。根据嵌入的深度和广度来划分，高校图书馆嵌入式信息素养教育分为3种类型：（1）"一次嵌入式"，指图书馆员一次性参与专业课程的教学；（2）"局部参与式嵌入"或"相关嵌入"，即图书馆员参与专业课程的部分教学；（3）"全程参与式嵌入"或"完整嵌入"，指图书馆员全程参与专业课程的教学。

（二）高校图书馆嵌入式信息素养教育研究概述

嵌入式信息素养教育最早源于20世纪60年代末和70年代初期。国外高校医学图书馆率先进行了实践探索，自20世纪90年代以来在世界范围内尤其是欧美澳日等国日益盛行。随着信息技术的迅猛发展以及在社会各个领域中的广泛应用，嵌入式信息素养教育成为高校图书馆面向用户群体的主要服务之一，是高校图书馆面向教、学、研提供服务的重要举措。笔者选取"中国知网"作为主要数据来源，以"嵌入式信息素养教育"为主题词进行检索，时间范围从2010—2018年，共检索到论文154篇。目前，高校图书馆嵌入式信息素养教育的研究主要集中在3个方面：（1）对嵌入式信息素养教育内涵概念的探讨，不同学科从不同理论视角进行了解读，包括建构主义学习理论、协同理论、元素养概念、行动者网络理论的引入，有学者认为嵌入式信息素养教育以解决问题为目的、以用户为中心，还有学者指出嵌入式信息素养教育已经逐步得到社会的广泛认可，并被推崇为最佳的信息素养教育方法。

（2）嵌入式信息素养教育的实证研究，主要包括国外教育特点的阐释和国内教育现状的评价。国外主要着眼于欧美等发达国家高校图书馆嵌入式信息素养教育的课程内容、合作模式、技术应用的研究，国内基本以个案研究和本土化思考为主导。

（3）嵌入式信息素养教育实现路径的研究，伴随着新兴教育理念的产生，文献检索型、游戏化和多层次立体化等嵌入式信息素养教育方式的探索成为主流，并在嵌入式信息素养教育的改革发展中发挥着重要作用。综上所述，高校图书馆嵌入式信息素养教育的理论研究在我国愈加受重视，取得了一定的成果，累积了丰富的经验，但可借鉴与推广的模式研究并不多见。本研究立足于前人研究，基于高校图书馆嵌入式信息素养教育实践的梳理，以重庆大学图书馆为例，对嵌入式信息素养教育的基本要素进行分析，力图构建有效可行的信息素养教育模式，更好地发挥高校图书馆的育人作用，为高校开展嵌入式信息素养教育注入新动力、开辟新空间、启迪新方向。

三、高校图书馆嵌入式信息素养教育的实践效果分析

如前所述，我国的嵌入式信息素养教育相较于国外起步较晚。近年来，由于嵌入式教育、课程整合式教育、信息共享空间和学科服务等新兴的图书馆服务理念的引入，信息素养教育获得了新的研究视角和发展空间，但纵观全局，目前我国高校图书馆嵌入式信息素养教育的发展存在一定的问题与不足。

（一）教育主体有待强化

我国高校图书馆嵌入式信息素养教育过分依赖学科馆员个体的作用，并未形成全员参与课堂教学的高度融合，且高素质师资相对缺乏。在嵌入式信息素养教育过程中，授课教师主要是图书馆工作人员，既要完成图书馆本职工作又要开展信息素养教育，这种"双肩挑"现象导致图书馆员精力有限，而师资队伍的不稳定也加剧了人力资源的流失与浪费。同时，嵌入式信息素养教育多是基于馆员与教师的自发合作，缺乏长效的合作机制，忽视了来自学生自身的需求和国家社会的要求，应该以读者为中心，构建一个适应其个性化信息需求的信息保障环境，提供集约化的深层次信息服务。

（二）教育平台有待强化

嵌入式信息素养教育是高校图书馆参与教学过程、发挥教育职能的重要方式。在 Web2.0 时代，虽然信息技术的不断发展为嵌入式信息素养教育模式和手段的革新带来了契机，推动了教育信息化的转型升级，网络在线教育资源和网络虚拟教学平台得到了一定程度的开发。然而，就线下而言，高校图书馆仍以课堂面授作为主要形式，以教师为中心、知识灌输主导的教学模式难以激发学生的兴趣和参与的积极性，并且课程开设和内容设置的随机性和偶然性现象依然突出。另外，

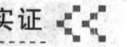

对于教育内容的结构体系关注得不够，未能根据不同性质的专业课程需求创新教学内容，仍以信息检索技能和知识应用作为信息素养教育的主要内容，忽视了教材的实时更新和信息道德、信息意识等教育内容与实际应用的结合，教学实践不足或效果欠佳。

（三）教育对象有待细化

我国部分高校图书馆已经有了学科馆员与院系教师合作的尝试，将信息素养教育嵌入到院系专业课程之中，有效弥补了当前信息素养教育的诸多不足。但目前在嵌入教学的过程中，大多仍采用模块化或阶段化的相关嵌入，即图书馆员对学生某一学业阶段的专业课或信息素养教学的局部嵌入，并集中解答学生遇到的问题和需求。虽然能在一定程度上解决学生在文献资源使用中的困惑，却未能对包括教学目标计划的确定、研究性任务的设计、相关成绩的评定和整个嵌入式教学的评价等在内的教育过程进行全程跟踪式参与，无法形成学业各个阶段完整的、体系化的信息素养教学内容。同时，国内缺乏兼具系统性和可推广性的信息素养标准设计和教学考核方法，导致嵌入式信息素养教育的效果无法评估。

四、重庆大学图书馆嵌入式信息素养教育的实践案例分析

在新时代的教育背景下，重庆大学图书馆全面深化改革，通过循序渐进、由浅入深的教学探索，以学生多样化需求为导向，以教育主体、教育平台和教育对象为落脚点，创造性地构建了涵盖课程教学、讲座培训和个性化教育等多方面，连接物理虚拟、线上线下两个空间的多层次、多渠道、立体化的综合性嵌入式信息素养教育体系。

（一）打造嵌入式信息素养教育主体

教育主体是教育实践活动的组织者和实施者，嵌入式信息素养教育主体是构成嵌入式信息素养教育的基本要素。重庆大学图书馆积极围绕学校培养"适应和引领未来的高素质创新型人才"的目标，更新教育理念，改革教育机制，构建基于"管理—教学—评价"三位一体的嵌入式信息素养教育主体，见图1。

1. 图书馆嵌入式信息素养教育管理主体

重庆大学图书馆将信息素养教育纳入学科服务的管理范畴，建立了规范化、科学化、系统化的组织管理体系，主要包括办公室、资源建设部、网络服务部、馆际合作部文化育人中心、特藏部。各个部门分工明确，又相互协调。其中，资源建设部和馆际合作部进行基础设施建设，细化信息资源需求，并对校院间和院系间所有资源配置进行整合、共享，为教学管理提供资源保障。网络服务部搭建坚实的技术支撑体系，为嵌入式信息素养教育提供可靠的技术保障。

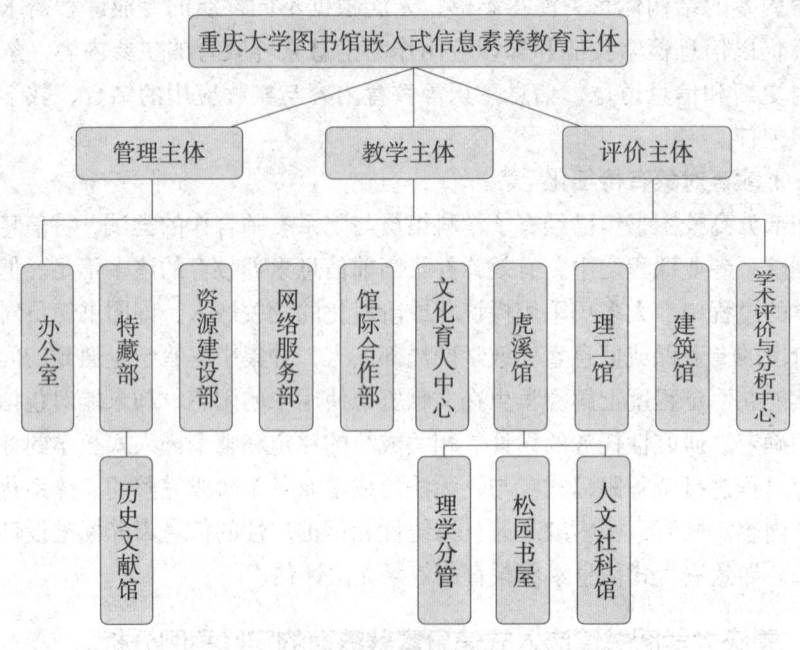

图1 重庆大学图书馆嵌入式信息素养教育主体

2. 图书馆嵌入式信息素养教育教学主体根据

根据实际教学需求，图书馆打破原有的教学壁垒和教育屏障，制定信息素养教育计划和图书馆服务计划，优化教师队伍的学缘结构、地缘结构，安排具有专业学科背景的图书馆员作为"排头兵"分别嵌入到人文学部、社会科学学部、理学部、工程学部、建筑学部以及信息学部这六大学部当中，以理工馆、建筑馆、虎溪文科馆、虎溪理学分馆、历史文献馆等专业分馆和3个学生宿舍区阅览室为依托形成了多方参与、共同推进的教育格局，确保嵌入式信息素养教育工作的有效衔接和良好运行。

3. 图书馆嵌入式信息素养教育评价主体

重庆大学图书馆以构建富有特色、科学严谨的评价分析方法论为目标，成立了学术评价与分析研究中心，该中心致力于建立一个全球性的文献资源大数据分析的基础数据平台，打造专业化的学术评价与分析团队作为"研究制定信息素养教育标准和评价体系"工作组的成员馆，重庆大学图书馆也积极参与信息素养教育现状的数据调研，针对高等教育的不同层次、不同学科，探索具体可操作的多维评价标准。

（二）搭建嵌入式信息素养教育平台

教育平台是泛在知识环境下嵌入式信息素养教育的教学载体。重庆大学图书馆通过学科馆员嵌入学术科研和课程教学过程中，逐步形成了依托物理空间和数字空间，以物理嵌入和虚拟嵌入相结合的全方位信息素养教育交互平台。

1. 普及推广物理空间

在课堂教学方面，研究信息素养教育在专业学科课程中的嵌入模式，打造适合学科发展需求的信息素养教育课程是重庆大学首批"管理与服务创新项目"支持的教学实践探索。重庆大学图书馆牢牢抓住传统教学的主渠道，直接与机关部处、重点实验室、科研团队、院系班级等建立起教学联动机制，将图书馆资源利用渗透进系统化的通识课程和专业课程的课堂教学之中，并不断整合、优化、共享信息素养教育资源配置，协同搭建新型的、覆盖广泛的嵌入式信息素养教育课堂教学平台。在讲座培训方面，重庆大学图书馆在具体实践中通过以定期培训与滚动培训、专场讲座与预约培训相结合的形式，建立了覆盖信息资源与数据检索、学科研究与论文写作、使用工具与软件操作等在内的培训讲座体系，同时注重培养学生的批判性思维和媒介素养认知。

2. 拓展深化虚拟空间

以大数据和移动互联网技术为依托开展嵌入式信息素养教育。一方面，重庆大学图书馆积极拓展网络在线教育空间，搭建了新生入馆教育平台和信息素养教育平台，并在该载体基础上开发网络在线教育资源。其中，最有代表性的是"私博课（small private online course，SPOC）模式下研究生信息素养教学新框架的构建与实践"，该模式借鉴MOOC和"翻转课堂"的先进理念，融合传统学习和数字化、网络化学习（E-Learning）技术，采用小规模限制性在线课程SPOC形式，对现有研究生信息素养公共课"科技文献检索"的教学框架进行结构性调整，构建了以固定班理论教学和开放性研讨式讲座相结合、实体课与网络在线课相结合的"复合8+8"混合式教学模式，即打破全程由老师教授的传统做法，对课程进行"基础板块＋提升板块""课堂教学＋开放性讲座""实体课＋网络在线教学"的复合式设计，采用混合式教学模式，构建一个兼具交互性和个性化的学习过程。如图2所示。

另一方面，重庆大学图书馆还依托新型信息技术，建立以用户为中心的知识服务门户系统，推出了以手机为移动终端的移动图书馆和依托智能手机应用软件的微信图书馆。在移动图书馆方面，自2007年开发"重庆大学移动图书馆服务系统"以来，重庆大学图书馆依托丰富的馆藏资源，致力于为用户提供馆藏查询和基于元数据的一站式检索服务，促进了实体图书馆与虚拟图书馆的结合、纸质资源与数字资源的结合。在微信图书馆方面，重庆大学图书馆加强对移动环境下图书馆资源利用的引导与培训，突出移动互联网环境下信息获取与利用的特点与优势，为用户提供个性化的信息检索指导和移动化的信息咨询服务，满足用户随时随地的学习需求，提升图书馆的服务效果和各类专业数据库的利用率。

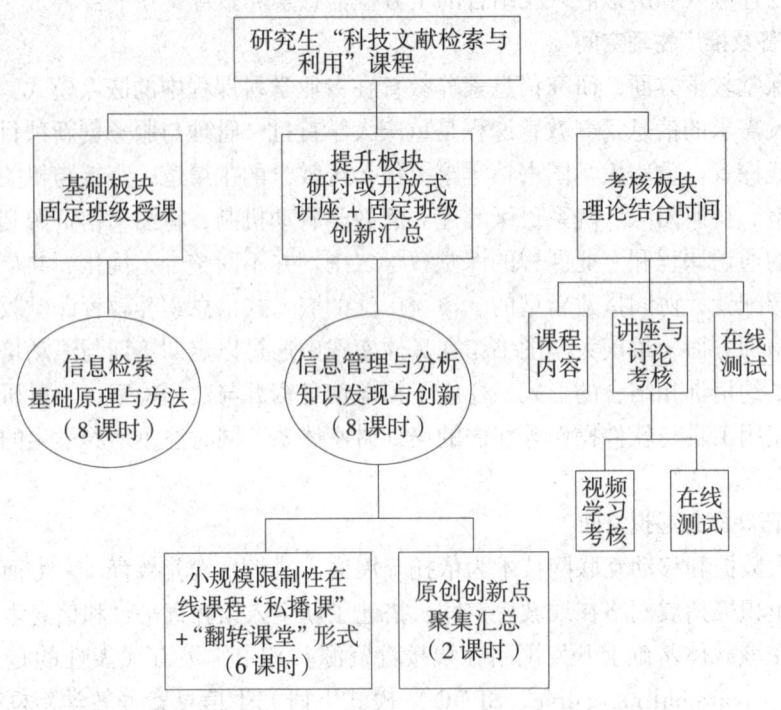

图2　"复合8+8"文献检索课混合式教学模式

（三）细化嵌入式信息素养教育对象

教育对象即嵌入式信息素养教育的客体。细化教育对象对提高教学质量、实现教学目的、完成教育任务具有特殊价值。重庆大学图书馆在教学结构上突出系统性、层次性、灵活性，在教育过程中创造性地打通线上线下双渠道，依托双向协同式和多元个性化的教育方式进一步精细化教育对象。

首先，重庆大学图书馆学科馆员一直致力于与不同学科专业教师和不同学院科研团队的通力合作，共同讨论课程安排和教学内容，先后在通识课、专业课、新生研讨课等课程教学中展开嵌入式信息素养教育，充分利用课堂教学的系统性满足不同学科背景学生的个性化、专业化信息需求，帮助其更加方便快捷地熟悉和掌握学科文献资源，实现知识转化和知识创新，从而提高科研创新能力，见表1。

表1　图书馆员开展嵌入式信息素养教育情况

学院	课程名称	对象	授课内容	嵌入方式
建设管理与房地产学院	科技文献检索及利用	本科生	科技文献检索及利用	双向嵌入全程嵌入

（续上表）

学院	课程名称	对象	授课内容	嵌入方式
光电工程学院	专业英语	本科生	中外文数据库的使用技巧和功能介绍、智慧图书馆主页的集成汇编功能介绍	一次性嵌入
	研究生研讨课	研究生	引文索引数据库的使用技巧、论文他引频次和追踪论文最新引用情况介绍	一次性嵌入
	研究生研讨课	研究生	资源检索的方法和发现创新的技巧、CQVIP 的科学指标分析系统和 ESI 基本科学指标数据库介绍	一次性嵌入
光电工程学院	项目申报辅导	本科生	提供关于 SRTP、国创和挑战杯等大学生科研训练项目申报的科研辅助服务	一次性嵌入
	信号检测与分析	研究生	讲授如何利用不同检索平台的检索特点和检索技巧来完成资源查找	一次性嵌入
材料科学与工程学院	金属材料的力学行为	研究生	材料专业常用数据库资源及服务介绍、检索技巧、文献管理、学科前沿的发现与跟踪介绍	局部嵌入
	轻合金材料及加工技术	研究生	专业资源介绍、检索能力训练、文献管理软件使用和选题开题技巧介绍	局部嵌入
经济与工商管理学院	数据库实操指导讲座	研究生	CNKI、Web of Science、Elsevier、ERSCO 等数据库资源检索、论文写作辅导	一次性嵌入
重庆大学—辛辛那提大学联合学院	本科生研讨课	本科生	图书馆参考咨询服务、专业的文献资源以及相关的学科服务	一次性嵌入
体育学院	数据库实操指导课	研究生	CNKI、Web of Science、Elsevier、ERSCO 等数据库资源检索、论文写作辅导	一次性嵌入
外国语学院	文献检索课	本科生	图书馆空间、馆藏资源和服务介绍，文件检索技能辅导	局部嵌入
城市建设与环境工程学院	文献检索课	本科生	图书馆空间、馆藏资源和服务介绍，文件检索技能辅导	局部嵌入
马克思主义学院	文献检索课	研究生	文献资源获取、调研辅导、发现研究前沿和追踪学科热点的方法和技巧	一次性嵌入

其中较有代表性的是图书馆与学院联合开设的文献检索课。如学科馆员邀请建管学院的专家教师嵌入到"科技文献检索及利用"课程之中，学科馆员首先给本科学生布置撰写课程报告的任务。课程报告要求学生自拟一个课题名称，阐述如何进行信息搜集、整理、分析，如何对知识信息进行加工改造（分解、重组、联想、质疑、假设等），基于此，探寻课题的研究价值和研究方向。最后，学科馆员与学院专家教授一起就学生撰写的课程报告中研究方法的科学有效性、主要学术概念的理解与规范、相关文献的批判性阅读等方面进行点评指导。此外，材料科学与工程学院教师邀请学科馆员协同开设"如何做好文献综述：《金属材料的力学行为》的嵌入教学"课程，该课程包括文献检索和论文写作两个部分的内容，涵盖了资源服务、检索基础、文献管理、选题开题以及写作投稿等学习环节。这种学科馆员—院系教师之间"双向嵌入"的协同式教学方式有利于促进信息素养教育与专业课程教学的结

合，扩大教育纵深度，增进师生之间的互动交流，从而实现信息素养知识和专业学科知识的内化，提高学生差异化学习效果。

其次，图书馆不断优化资源建设结构，根据不同学院、年级、学科师生的信息服务需求开展异质化信息素养教育，为师生提供专业化、多层次、向导式的参考咨询与信息服务。在推出的 PC 端信息素养教育平台上，学科馆员可以按照用户要求开展有针对性的定制培训，如每年的"走进重大图书馆"新生入馆培训、每月的信息素养系列日常讲座，包括理工科专场培训、社科专场讲座、新闻信息员专场培训以及文献资源调研专场等，培训对象涵盖本科生、硕博士研究生、留学生、青年教师和科研团队，以互动交流为基本形式，实现信息素养教育和信息资源服务等教育职能的优化升级。同时，选课学生通过身份认证进入信息素养平台提供的 SPOC 课程、EBSCO 网络课程中进行在线开放性学习，通过点击视频、嵌入式在线小测试、网上讨论、网上答疑、网上考试、网上作业提交等进行网上自主和交互式学习，并利用"翻转课堂"增强师生线下互动，让信息素养教学与信息资源紧密结合，充分满足学生多元化、个性化的学习需求。如图 3 所示。

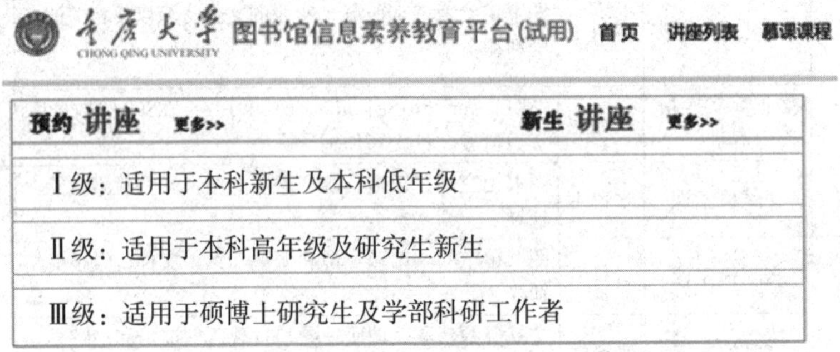

图 3　嵌入式信息素养教育对象

五、高校图书馆嵌入式信息素养教育模式构建

基于高校图书馆嵌入式信息素养教育的实践反思和个案梳理，为了更好地提高信息素养教育的质量和效果，笔者提出构建"3 all"模式是高校图书馆嵌入式信息素养教育的实现路径。"3 all"理念最早源于习近平总书记 2016 年 12 月在全国高校思想政治工作会议上的重要讲话。他指出，高校应紧紧围绕"立德树人"这一主线，遵循教书育人规律、遵循学生成长规律、遵循思想政治工作规律，努力实现全员（all-staff）、全方位（all-around）、全过程（all - process）"三全"育人的大思政工作格局。应该说，"三全"育人理念为高校图书馆嵌入式信息素养教育提出了可借鉴的研究范式和模式框架。高校图书馆嵌入式信息素养教育"3 all"模式是指高校图书馆应在明确教育主体和教育对象、科学把握教育内容、合理利用教育平

台的基础上，因时而进、因势而新，凝聚系统教育力，努力实现全员、全方位、全过程"三全"嵌入式信息素养教育格局。

（一）着力打造全员教育主体，提高全层次教育质量

打造高素质的信息素养教育队伍是做好嵌入式信息素养教育工作的基本保障。"全员"即除学科馆员、专业教师外，还可以联合学生服务人员、学校技术管理人员以及社会力量等不同主体参与信息素养教育，并在不同主体之间建立联系与沟通，形成教育合力。

1. 建设信息素养教育专业队伍

高校图书馆要聘请既具备情报学、信息资源管理、信息处理技术等图书馆专业基础理论知识，又具备其他学科专业知识的信息素养教育骨干和专家全程参与到信息素养课程教学之中，并对信息素养教育研究型人才和专业性人才的学术论著、科研水平、教学成果、资质认证和职称评定进行量化考核，提高评审考核的公开度、透明度，以激励教育专业团队的教学热情和研究热情。同时，加强与院系教师的长效合作，积极探索可扩展、多层次的"双向嵌入"教学体系的建构，尝试吸纳多样化的专业课教师嵌入到信息素养课程教学中来，为嵌入式规模化教育打好基础。

2. 依托学生社团建设学生服务队伍

新媒体环境下信息素养教育更要突出动态性、灵活性及其与高校学生个人成长的相关性，通过潜移默化、循序渐进的方式融入学生的学习中。大学生兼有信息使用者和信息创造者的双重身份，可以依托群众性学生社团的亲和力、感染力和凝聚力，充分发挥学生社团自我管理、自我教育、自我服务、自我监督的作用，有的放矢地做好学生及读者服务、组织和管理工作，重视参与式、合作式信息素养教育，提高学生的主观能动性，使图书馆与广大学生之间建立良性互动的长效机制，搭建起一个学术交流、信息共享的服务平台。

3. 建设"学校—社会"协同的教育队伍

学生信息素养水平的影响因素具有复杂性和多样性。高校图书馆要以综合为基础导向，坚持面向全体、逐层递进的教学原则，汇聚学校全体教职工和社会等多方力量的全员参与，互补长短，拓展更为丰富的教学形式和活动形式，实现教师个体教育力与社会系统教育力的融通、学校教育与非学校教育的融通、学校教育与终身教育的融通，最大限度地调动各方力量融入教学环境中来，构建信息素养教育的全面支持系统。

（二）着力搭建全方位教育平台，提升全要素教育能力

全方位育人即不只利用某一特殊载体进行如信息检索技能教育、数据库利用教育等内容的信息素养教育，而是把信息素养教育的理念与目标渗透进学生综合素质测评、学生组织建设与管理、校园文化建设、社会实践等多种育人载体之中，并基

于信息素养教育目标，实现不同育人载体、育人资源的系统整合。教育平台是集教学理念、教学方法、教学内容、评价体系等要素为一体的教学载体。

1. 坚持线上线下两者协同促进的嵌入教学方式

高校图书馆要深化嵌入式信息素养教学改革，充分利用学分制计划性强、严密性高的优势，对与信息素养教育相关的必修课、选修课、讲座培训进行规范化、标准化、量化管理，并对教学目标、教学计划、教学内容、教学方法、教学手段进行拓展深化；统筹规划其他学科专业嵌入布局，针对嵌入式信息素养教育与各学科专业教师协作开展跨校区、跨分馆的整合式、渗透式教学试点，加强综合型课程、创新型课程和研究型课程的设置；实现信息素养教育资源的合理配置，充分利用时间弹性和课程弹性，将信息素养教育从线下向线上拓展，依托网络教学平台，形成一种用户需求驱动、主动交互、灵活支持知识创新的开放式信息素养教育和服务模式。

2. 坚持教、学、研三者紧密结合的嵌入教学方式

信息素养教、学、研一体化教学模式改革是对实现符合时代需求创新型人才培养目标的探索。高校图书馆作为教学和科研服务的学术性机构，具有情报和教育的双重职能，要采取问题导向式的教学方式，秉承以学生为中心的教学理念，向学生提供集"信息意识培养—信息知识教学—信息技能实践—信息道德规范"于一体的教学内容，全方位提高学生的信息获取、信息管理、信息分析以及信息利用等方面的能力，切实提高教、学、研的效率和质量。

（三）着力细化全过程教育对象，提升全链条教育水平

全过程育人是指不仅只在某一特定阶段或时间节点对学生进行信息素养教育，而是从入学到毕业每一个时期、从开课到结课每一个阶段对不同的学生进行持续性、贯穿性和针对性的信息素养教育，弥补学生成长关键期的教育缺位，保持不同育人阶段之间的持久性和稳定性。完善的制度体系是开展嵌入式信息素养教育的行动指南。

1. 建立长效嵌入式学业生涯教育机制

始业教育阶段即新生入学教育阶段，侧重于在思想上为大学生"引路"，以信息意识、信息道德等信息素养理念的渗透引导为主，为大学生在大学初期树立正确的信息观念指引方向。成长教育阶段侧重在学习上为大学生"探路"。高校图书馆可按照年级递进的顺序以引导学生成人、教会学生成事、培养学生成才、激励学生成功为主线安排信息素养教育主题，并兼顾理论上的基础通识教育和应用上的专业教育。就业阶段侧重在职业上为大学生提供"出路"。信息素养教育的定位和目标终归是指导和服务学生。高校图书馆要根据高年级学生的个性特征、能力水平、兴趣需要、专业方向以及就业需求开展个性化的信息素养教育和服务。

2. 建立进阶嵌入式信息素养教育机制

高校图书馆要将嵌入式信息素养教育作为一项系统化、正规化、常态化工程来抓，建立进阶式嵌入机制。针对各年级学生的实际需求来开展信息素养教育，如对低年级学生进行以图书馆资源与服务推荐为主题的新生入馆教育，使其快速了解图书馆的资源与服务；对高年级学生开展文献查阅、开题立项前的文献调研及论文写作与投稿指南等主题的培训，以提高其获取各类资源的能力，为科研创新奠定基础。同时从宏观、中观、微观层面制定科学有效的阶段性信息素养能力量化标准，建立科学的教育评估激励机制，细化基于专业学科层次和通用层次的信息素养能力指标结构体系，保证嵌入式信息素养教育的教学质量，形成一个有监督、有评价、有反馈、有指导、有改进的闭环系统。

六、结语

信息素养教育是新时代高校人才培养的基本需求，也是实现国家发展战略的基本要求。作为一种新型信息素养教育方式，嵌入式信息素养教育是应对信息生态环境变革而提出的教育框架和核心概念，并在实践中取得了长足的发展。但通过对实施现状的反思和个案分析，发现教育的效果和质量均有待于进一步加强和提高。基于此，笔者认为，高校图书馆应不断深化水平和发挥教育基地作用，积极拓展嵌入式信息素养教育新内涵和新形式，构建以打造全过程大机制、全方位大平台和全员大队伍为基础的嵌入式信息素养教育"3 all"模式，以适应日益发展的信息技术以及用户不断增强的信息需求，为深入推进我国内涵式发展、提升国家综合国力提供支撑。

参考文献

[1]唐权.基于学习过程的嵌入式信息素养教育实践[J].图书情报工作，2015，59（S1）：222—225.

[2]胡艳，胡芳.对高校图书馆嵌入式信息素质教育的思考——以首都师范大学图书馆为例[J].大学图书馆学报，2013（4）：88—92.

[3]刘咏梅，赵宇翔，朱庆华.行动者网络理论视角下嵌入式信息素养教育运行机制分析[J].图书情报工作，2016，60（18）：35—42，70.

[4]黄萍莉.嵌入式信息素养教育在欧美澳盛行的原因探析[J].高校图书馆工作，2016（2）：55—60.

[5]张文佳，涂文波.国内外高校图书馆嵌入式教学案例比较研究[J].高校图书馆工作，2015（3）：67—71.

[6]龚芙蓉.国外高校信息素质教育之"嵌入式教学模式"的思考与启示[J].图书馆论坛，

2010, 30（3）: 147—149.

[7] 李燕, 杨新涯, 陈文. 学部制下学科服务创新模式探索与思考——重庆大学图书馆学科服务的拓展与深化[J]. 图书情报工作, 2016, 60（11）: 21—28.

[8] 王英, 王伟, 邓朝全, 等. "学部制"背景下高校图书馆工作的创新——以重庆大学为例[J]. 图书情报工作, 2012, 56（5）: 98—101.

[9] 图书馆获得2016年全国高校信息素养教育案例大赛一等奖[EB/OL].[2017-09-14].http://news.cqu.edu.cn/newsv2/show-14-4071-1.html.

[10] 袁辉, 杨新涯, 王宁. 移动图书馆的实践与展望——以重庆大学图书馆为例[J]. 图书馆建设, 2011（11）: 66—70.

[11] 建管专家嵌入科技文献检索课, 同学晒出原创知识清单[EB/OL].[2017]-12-23. http://news.cqu.edu.cn/newsv2/show-14-6262-1. html.

[12] 图书馆获得两项"2017年重庆大学教学成果奖"二等奖[EB/OL].[2017-03-03. http://lib.cqu.edu.cn/news/newsdetail.aspx? pid=60 & coid=253.

[13] 张妍妍. 嵌入课堂学习与教学过程的信息素养教育模式述评[J]. 图书馆论坛, 2013, 33（3）: 175—178.

[14] 姚媛, 魏群义, 杨新涯, 等. 高校图书馆嵌入式课程服务的探索与思考——以重庆大学图书馆为例[J]. 图书情报工作, 2016, 60（17）: 60—65, 94.

[15] 秦新立. 高校图书馆嵌入式信息素养教育研究J. 图书情报导刊, 2013, 23（14）: 63—64.

（作者简介: 刘庆庆, 副研究员, 硕士生导师, 博士; 何燕君, 硕士研究生; 杨新涯, 馆长, 研究馆员, 博士; 李燕, 副研究馆员。原文刊登于《图书情报工作》2018年8月。）

"四化"撬动课堂培育核心素养

——信息技术条件下道德与法治"三化"课堂教学实践研究

李圣德

《福建教育学院学报》2018 年第 6 期

文章重点从课题化设计预热课堂，关注整体性、探究性和自主性，体现素养；主题化教学丰盈课堂，掌控系统性、合作性和有效性，落实素养；社会化发展出彩课堂，注重开放性、融合性和知行性，凸显素养；素养化实践核心课堂，把握综合性、创新性和全面性，聚焦素养等四个方面，努力实现在道德与法治课堂教学实践中以小课堂接轨大社会，促进课堂社会化，培育学生核心素养，为学生终身学习、持续发展和幸福人生奠基。

2017 年度河南省基础教育教学研究项目"信息技术条件下道德与法治'三化'教学实践研究"，是借助课题研究的方式方法，渗透整合课程资源，以小课堂接轨大社会，助力学会学习、自主发展，促进课堂社会化，培育核心素养，给课改补钙添柴。

一、课题化设计——预热课堂，体现素养

实践道德与法治教学课题化，需做好设计预热，要特别关注整体性、探究性和自主性。

道德与法治课堂教学之前，从教材问题或课题设计目标任务出发，结合生活实际和学生实践，展开积极主动的学习活动，通过观察思考、调查分析、假设预判等多种形式的探究活动，自觉参与、收集信息、合作研讨、激发兴趣，发挥个性特长，获得探究结果，或制作自己的有用作品，预热课堂。然后，在课堂上通过表达、交流、验证、修正或改进自己的作品，不断提高学生自主学习的能力。

二、主题化教学——丰盈课堂，落实素养

实践道德与法治教学主题化，力求课堂丰盈，需要重点掌控系统性、合作性和有效性。

要切实把握学生、教师、学校实际和地域特点，因人而异，因地制宜，创造性地利用教材、生活、时政等课程资源，努力实现教材的规范严谨性与课堂教学的生动活泼性的有机统一，实现教材的相对稳定性与社会生活的不断变化性的有机统一，实现课程资源充分利用。

三、社会化发展——出彩课堂，凸显素养

实践道德与法治教学社会化，实现课堂出彩，需要切实注重开放性、融合性和知行性。

课前设计有探究，提高兴趣勤动手；课堂教学有主题，体验合作更交流；课后实践促升华，反思强化做合一。课题组的课堂教学只有真正做到学以致用、知行合一，让学生更好表现出社会生活中真实的、发展的自我，才能诲人不倦，立德树人，真正出彩，真正使课题组的课程成为学生品德、精神、情感、责任、能力等素养成长的园地。

四、素养化实践——核心课堂，聚焦素养

落实核心任务，实现道德与法治课堂教学全程的素养化，还需要精准把握综合性、创新性和全面性。

课题组培育学科核心素养，着力把课堂教学转化成素养实践，在人文化、生活化的课堂教学实践中不断提升学生的能力和智慧。

大学生网络媒介素养教育目标探寻

季　静
《江苏高教》2018 年第 7 期

网络媒介素养是当代中国大学生文化素质的重要组成部分，"高接触"与"低素养"、开放的网络环境与传统的教育方法、技术层面的丰富与精神领域的空虚是当前大学生网络媒介素养教育中亟待解决的三个矛盾。大学生的网络媒介素养教育

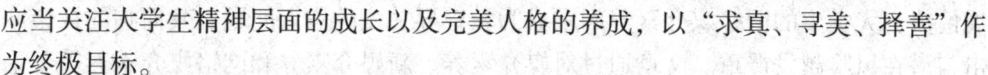

应当关注大学生精神层面的成长以及完美人格的养成，以"求真、寻美、择善"作为终极目标。

一、大学生网络媒介素养教育中亟待解决的三个矛盾

（一）"高接触"与"低素养"

在与互联网保持"高接触"的现代信息社会，大学生网络媒介素养中的各部分能力发展不均衡，媒介素养整体处于较低水平，这显然不利于大学生的全面发展与健康成长。

（二）开放的网络环境与传统的教育方法

现有的高校网络媒介素养教育课程多以传统的课堂讲授为主，重视理论知识的传授，而网络媒介素养的习得不仅仅需要理论支撑，更强调将理论应用于实践。

（三）技术层面的丰富与精神领域的空虚

理想信念意识弱化、价值观混乱、集体主义淡化、人际关系淡漠、道德意识淡化、社会责任感缺失等，是互联网时代大学生精神"缺钙"的表现。互联网对年轻的使用者的心理健康产生严重的负面影响，增强他们的抑郁感和好斗情绪。

二、大学生网络媒介素养教育的终极目标：求真、寻美、择善

网络媒介素养教育的核心是培养人的网络媒介素养，使之具备对网络媒介的正确有效利用能力，从而形成对网络媒介所传递的信息的正确解读及独立价值判断的能力。正如施拉姆在其著作《大众传播的责任》中指出：大众的基本责任，是运用一切可能性，使自己成为机警而又有能力的阅听大众。"高等教育的内在驱动是人的自我成长的需要"，其使命是使人成为一个独立的、自觉的人。大学生的网络媒介素养教育应当更为关注大学生精神层面的成长以及完美人格的养成，以媒介知识的学习阶段、批判与反思阶段、使用与表达阶段为基本步骤，以"求真、寻美、择善"作为终极目标。

大学生网络媒介素养体系重构与培育机制研究

杨延圣　左　蒙　袁和静
《北京青年研究》2018 年第 2 期

伴随参与文化发展、虚假新闻泛滥、网络舆情频发、大学生高度活跃的社会发

展情势，大学生的网络媒介素养问题成为教育界关注的焦点问题，其面临的社会冲击与潜在风险越发严重。文章通过对媒介素养、新媒介素养和网络媒介素养等理论梳理与概念辨析，考察与建构大学生网络媒介素养的能力体系。结合大学生网络媒介素养现状与当前教育的突出问题，从培育主体协同联动、培育载体科学高效、培育方式多元有效等多重视角，进行大学生网络媒介素养的培育机制建设。

一、问题的提出

（一）参与文化的发展

传播不仅仅是单纯的信息传输过程，更为重要的是维护文化世界的秩序和情感与意义的交换。如此来看，传播网络的建构既能够赋予参与者自主权，也能提升个体的自我效能感，激发参与的热情，获得参与者的社会认同。参与文化的迅速发展是社会参与主体泛化的重要原因。

（二）虚假新闻的泛滥

脸书的新闻推送和微信、微博推动等具有订阅性质和信息发布功能的社交媒体的媒体平台属性，正随着产品的升级换代和用户需求的变更不断被加强，与此同时，缺乏内容审核机制和辟谣机制的社交平台正被不法分子所利用，成为假新闻传播的沃土。尽管社交媒体上的假新闻已经不再是新鲜事物，但是似乎席卷全球的假新闻难题短期内无法解决。

（三）网络舆情的频发

网络舆情是社会政治、经济、文化等诸多要素综合作用的结果，我国正处在体制和发展的双重转型阶段，社会的剧烈变迁所引发的"阵痛"之一便是网络舆情的频发。

（四）大学生群体的高度活跃

从舆情主体视角分析，大学生群体是重要的参与主体，一方面表现在参与的速度与人数，另一方面体现在参与的深度与广度。大学生群体的高学历社会属性决定了他们在网络媒介的接触和网络信息的获取方面具有一定的优势，因此对社会问题具有较强的感知能力。

二、大学生网络媒介素养体系的重构

（一）网络媒介素养的内涵辨析

1. 媒介素养与新媒介素养的内涵

有学者认为新媒介素养最大的变化是从消费转向产销合一。他们认为新媒介素养包括四种要素：（1）功能性消费；（2）功能性产消；（3）批判性消费；（4）批判性产消。新媒介素养应该是上述四种核心要素的集合。显然，新媒介素养更加关注批判性思维和内容产消能力的培养。

2. 网络媒介素养的内涵

综合上述观点笔者认为网络媒介素养的本质是个体处理与网络媒介关系的能力。具体而言包括五个方面：一是接触网络媒介的能力，二是网络媒介的认知能力，三是网络媒介的产消能力，四是网络媒介的批判能力，五是网络媒介的反思能力。

（二）大学生网络媒介素养的考察体系

1. 网络媒介的接触能力

2. 网络媒介的认知能力

3. 网络媒介的产消能力

4. 网络媒介的批评能力

5. 网络媒介的反思能力

三、大学生网络媒介素养培育体系的建设

（一）大学生网络媒介素养的现状研究

通过调查结果发现，大学生群体的网络媒介接触能力、产消能力和批判能力较强，但是网络媒介认知能力和反思能力方面亟待提高。大学生群体网络媒介素养的现状是大学生群体的心理特征、社会网络媒介素养教育引导缺乏和复杂的社会环境共同导致的，因此大学生网络媒介素养培育也应当从这几方面入手。

（二）大学生网络媒介素养教育的突出问题

1. 教育标准和规范缺位

学界对媒介素养教育、网络素养、网络媒介素养教育的关注由来已久，媒介素养教育的理论研究具备了一定的规模，并且取得了较大进展，但目前尚未形成区域性乃至全国性的标准和规范，网络媒介素养教育更是无从谈起，这也与国家网络立法进展缓慢有一定联系。

2. 教育渠道和主体单一

媒介素养教育相关的研究主要集中在传播学、教育学等学科的专业人士，而学科之外的高校教师、社会人士和学生家长都对此缺乏深入的认知和理解，具有较大的局限性，因而网络媒介素养教育的主体显得单一。

3. 教育内容与现实脱节

缺少实践渠道也是造成理论脱离实践的重要原因，导致学生在具体的社会实践中迷失了自我。如何将教育内容与社会实际紧密连接起来帮助学生理解，并培育学生的理性认知是摆在我们面前的关键问题。

（三）大学生网络媒介素养培育机制建设

1. 协同联动的培育主体

从培育主体来看包括但不限于高校、家庭、政府机构，彼此之间做到协调联动，主次分明，权责清晰。

2. 科学高效的培育载体

培育载体通俗地说就是网络媒介素养所借助的工具，是培育内容与现实紧密的关键。

3. 多元化的培育方式

高校方面具体的培育方式包括：一是通过开设专门的课程，二是通过既有的思修课程，三是通过开设选修课程和讲座，四是在校园内举办网络媒介知识竞赛和社团活动，五则是利用校园官方微博、微信公众号、宣传栏进行宣传和引导。从社会机构的角度而言，一是搭建校企合作平台，二是通过组织学生老师到企业参观，三是义务参与公益广告的制作和传播。而从政府的角度而言则需要通过官方的影响力。

高校微课资源建设与师生信息素养提升研究

王媛媛

《中国成人教育》2018 年第 3 期

加强微课资源建设是高校应对信息化趋势的必然选择。高校微课资源建设应坚持针对性、实用性、组块化、微型化、交互性和简洁性等原则。图书馆应发挥师生信息素养培训的主导作用，培训内容全面化，培训方式多元化，培训平台优质化。

一、高校微课资源的特点及意义

微课是微型课程的简称，是以在线或移动技术为载体，针对某一教育内容与活动的微目标、微教案、微活动、微课件、微评价和视频微课的总和。微课资源类型主要有问题教育微课、案例教育微课、资源教育微课、情景教育微课和协作教育微课等。微课资源是在成熟的信息技术、网络社交技术的基础上建设而成的，具有课程性、微型化、优质性和共享性等特点。

微课资源的广泛使用正在给社会公民提供更多的学习便利，赋予了他们在学习时间、地点、方式等方面更多的自主性，使学习方式更加移动化和泛在化。社会各界民众无须到学校校园，而是在家、在公司、在社交场所都可以通过在线微媒体获取所需知识，实现网络学习、移动学习和泛在学习。而且，微课资源不仅可以承载教育资源，也可以承载科普、文化、艺术、体育和传媒等资源，这将极大地促进社会知识的广泛传播、即时传播和优质共享。

二、高校微课资源建设的基本原则与策略

一些高校微课资源开发存在着一种教育者的主观愿望与学生学习意愿之间的矛盾，针对性和适切性不强。在微课资源的呈现形式上，仍然以系统的文字材料和长时间的教育视频为主，不便于学生利用碎片化的时间来学习。数量较少，内容陈旧，过于零散，也是高校微课资源建设面临的问题。结合师生的混合式教育特点，微课资源建设应坚持针对性、实用性、组块化、微型化、交互性、简洁性等基本原则和要求。

三、图书馆应发挥师生信息素养培训的主导作用

信息素养是师生微课教学和学习的基础。近年来，电脑、平板、数字电视、智能手机等微媒体的普及为微课教育提供了良好的物质条件。在互联网时代，师生获取、利用和运用信息的方式发生着根本性的技术变化，基于新媒体技术的泛在教育成为人们主要的教育方式。

图书馆具有丰富的信息素养培训资源。在承担师生信息素养培训工作中，高校网络中心、教务部门和图书馆等部门应通力合作，共同为师生信息素养提升发挥积极的作用。

基于《高等教育信息素养框架》的信息素养教育创新实践

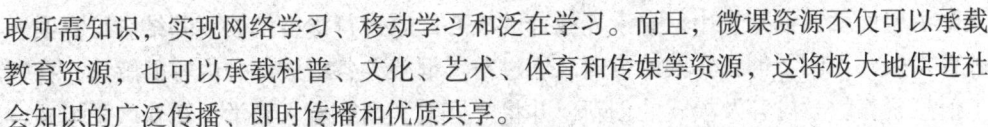

张艳英 刘 昆 朱 婕
《情报科学》2018 年第 9 期

2015 年美国大学与研究图书馆协会（ACRL）颁布了《高等教育信息素养框架》，通过梳理《框架》发展的脉络和现有研究成果，发现因地制宜地展开教学是高校信息素养教育关注的焦点。运用思维导图对《框架》从宏观层面以 45 组知识技能及 38 项行为方式进行关联结构体系的构建，并对《框架》中涉及的核心概念进行解析。

从微观层面就《框架》中信息素养教育的核心内容进行深度解读，并结合信息素养教育实践，指明了创新实践的方向。通过对《框架》各组成部分内容的解读，探讨了信息素养教学内容及模式的创新，并将《框架》内容融入教学，转变教学模式，提升学生的信息素养。

一、引言

本研究以现有研究为基础，以思维导图的方式从宏观层面把握《框架》的体系结构，从微观层面聚焦《框架》中的核心内容，并紧密结合实际工作提出了信息素养教育创新实践的理论框架，以期推动《框架》的功能拓展和教学创新。

二、《框架》宏观结构体系构建

《框架》中的阈概念按英文名称字顺排列为：权威的构建性与情境性；信息创建的过程性；信息的价值属性；探究式研究；对话式学术研究及战略探讨式检索。而每个分支又以知识技能及行为方式继续展开。

三、《框架》微观核心内容解读

（一）资源的接受能力与发现能力

权威的构建与语境元素，包括 6 项知识技能和 5 项行为方式。跟信息素养课内容有关的主要是提出信息资源的权威出处，信息资源的类型。如何判断及利用相应的评价工具来判断信息资源的权威性，涉及信息资源的类型，只是与以往的资源类型不同，没有固定对资源的类型描述及定义，是用权威类型来界定。

（二）信息创建与信息挖掘的过程

关注不单单是信息产品，而是更多关注信息的过程。过程与生态环境、技术手段都有着直接的关系，信息创建的过程性中指出信息包装不同给人的感觉不同，信息创造过程的动静态性，要从信息创新的过程到信息挖掘的过程。

（三）信息的引用与信息的价值

我们获取信息更为容易和便捷，需要在信息发布、信息利用时遵守信息伦理、信息道德和信息法规，从而使信息的引用更为科学、合理和生态化，使信息的价值以自然的方式体现，让更多人尽可能在最短的时间内，发现最有价值的信息。

（四）文献检索与文献调研能力

文献检索与文献调研是相辅相成的，在文献调研的基础上进行文献检索，在文献检索的基础上进行调研，对于提升文献检索能力和文献调研能力意义重大，在实际中应结合使用。

（五）学术研究与学术交流

学术交流是行业内针对某一个大主题和某几个分主题进行业内学术讨论、学术分享、学术交流的一种形式。学术交流有助于科研人员开阔视野，更好地进行学术研究。

（六）检索策略与检索战略

检索策略与检索战略的学习过程是提升学生检索能力，培养信息素养的过程。

四、基于《框架》的信息素养教育创新思维

（一）教育创新实践模型构建

教育创新实践模型分为信息素养教育目标、教育种类、教育任务和教师职责四个大项。其中素养教育目标包括：创新思维、创新能力、《框架》阈概念和元素养；素养教育种类包括：文献检索课、信息素养培训、嵌入创新教育项目教学和学科服务；素养教育任务分为两类，分别是内容设计（大纲内容和嵌入《框架》内容）和教学模式（传统讲授、信息接收融入、MOOC、反转课堂、SPOC、微课和PBL、混合教学、嵌入科研和创新项目）；教师职责包括通读《框架》、传授《框架》和解读《框架》。

（二）教育创新实践模型解析

信息素养教育创新实践模型将整个信息素养教育分为四个部分。为此，按照这四个部分结合实际对其进行解析如下。

1. 信息素养教育目标
2. 信息素养教育种类
3. 信息素养教育任务
4. 信息素养教师职责

五、基于《框架》的信息素养教育创新实践

（一）教学内容设计创新

1. 创新思维与创新能力
2. 头脑风暴发散式与收敛模式检索
3. 资源接受与发现
4. 学术研究及交流
5. 技术为翼
6. 科学调研

（二）基于教学模式的创新

现代的教学模式离不开数字技术及软件，目前移动技术走进了教室，智慧课堂

也走入了高校。这要求我们在应用新技术的同时，强迫学生为获取知识的学习，必须了解掌握新技术，开启好奇的求知欲望，与时俱进地创新教学模式。

1. 传统的讲授、PBL
2. 翻转课堂、MOOC、微课
3. SPOC（Small Private Online Course）即小规模私人在线课程
4. 混合教学
5. 新技术融入传统教学
6. 嵌入教学

聚焦核心素养的信息技术教学设计

颜士刚　冯友梅　李　艺
《课程·教材·教法》2018 年第 7 期

教学设计是信息技术学科核心素养落地的关键。知识与素养是内在统一的，且须经问题解决过程通达素养。学科思维的建构需要学生的主体身份作为前提。学科思维在既有教材中的体现不容乐观。

一、核心素养与学科思维

2016 年 9 月 14 日，《中国学生发展核心素养》发布，标志着我国核心素养研究正式走向实践。核心素养研究的根本目的，是满足信息社会未来发展的需要，培养既能适应社会又能引领社会健康发展的人。从哲学意义上看，是为了培养"人"，培养现实活动的主体。《中国学生发展核心素养》进一步将其明确为：全面发展的人。所谓全面发展，绝非大而全地发展，而是全面占有自己的本质，成为有独立思考、判断能力的"主体人"。

学科思维如何培养？与学科知识是何关系？是否可通过学科知识通达学科思维？对于以上诸多与教学实践紧密相关的问题，我们曾给出核心素养"三层结构"予以回应，表明了知识与思维内在一致的基本立场。随着研究的不断深入，我们将双基进一步确定为"学科知识"，于是，自下而上的学科知识、问题解决、学科思维三层结构便成为以下教学设计各环节的内在逻辑和线索。

二、教学目标确定与写作

核心素研究对教学目标的确定提出了新要求。当下，应继承新课改以来三维目标对主体身份的肯定等积极作用，但也应避免陷入"人性割裂"的困局，着力探索在促进学生成"人"这种根本教育目的面前，恰当的教学目标描述方式。

三、教学内容的选择与组织

核心素养主导的教学活动，对教学内容的选择与组织提出了新要求。主要体现在两个方面：一是差异化情境的素材选取，二是一节课中如何把握学科思维并组织相关素材。

四、教学活动的设计与实施

素养培养，从教育的根本目的层面，重申和丰富了学生的主体身份，因而"教师主导，学生主体"教学原则应更加彻底地贯彻执行。但要避免误区，将学生的主体身份真正体现在教学活动过程中。这里拟从接受式学习的价值、差异化情境的活动设计以及主体性活动的终极目的三个方面，探讨教学活动的设计与实施。

五、结束语

聚焦核心素养的教学设计与实施，无疑是复杂的。本文的探索建立在既有认识和相关研究的基础之上，特别强调了学科思维的重要性，由此延伸出的两个问题需要特别说明。其一，学科思维的建构需要学生的主体身份作为前提。其二，学科思维在既有教材中的体现，不容乐观。

融媒体时代高校研究生媒介素养教育探索

刘庆庆　杨守鸿　包　晗　何燕君
《学位与研究生教育》2018 年第 3 期

在对媒介素养教育内涵进行阐释的基础上，以范式转换为分析框架对高校研究生媒介素养教育的重要价值进行论证，参照域外媒介素养教育，梳理了我国研究生媒介素养教育的现状、困境及原因，并以教育主体、目标、模式为主线构建高校研究生媒介素养教育体系，提出了开展高校研究生媒介素养教育的策略，以期为我国融媒体时代高校研究生的媒介素养教育指明方向。

一、媒介素养教育的发展与定位

媒介作为现代社会大众生活中日常伴随式的文化实践，不单单与每一个社会成员有着日益复杂的关系，与政治、经济、文化之间的关系也处于不断发展与变化中，也因如此，作为现代社会公民素养组成部分的媒介素养成为一个内涵丰富的概念。

作为一种明确的教育理念和实践，媒介素养教育在西方已有 70 余年的历史。英国率先提出了媒介素养教育。随着媒介的多元化发展，西方国家对媒介素养教育的认识经历了从抗拒媒介到解读媒介再到培养批判能力的过程，其教育实践由开始的学界呼吁、政府号召，到联合国教科文组织的介入、媒介素养教育被纳入学校正规课程体系，并逐渐成为西方高等教育重要组成部分和终身教育的发展历程。

二、高校研究生媒介素养教育的重要性

媒介素养已经成为 21 世纪的核心生存能力。媒介素养教育既是一项社会的战略工程，又是高校的素质教育工程，既是信息时代合格公民的需要，又是大学生自我成长的需要。

（一）高校人才培养的要求

（二）信息时代的发展需要

（三）研究生自我成长的需求

三、高校研究生媒介素养教育的具体实践

近年来，在我国媒介素养逐渐成为热门话题的同时，也开展了许多有关媒介素养教育的尝试，但都处于起步和探索阶段。一方面，在理论研究领域，价值取向、研究范式、基本理念尚未达成共识，仅仅停留在理论争辩阶段，直接影响到理论深度。另一方面，在实践推广层面，缺乏本土化和针对性，没有形成正规且系统的教育体系，社会效果和影响力比较有限。就研究生群体而言，有关媒介素养教育的研究更为匮乏，在绝大多数高校中，关于媒介素养教育的相关内容并未纳入研究生培养方案予以考虑和设置，从而导致研究生的媒介素养并不乐观。

四、高校研究生媒介素养教育的策略

（一）发力源：高校研究生媒介素养教育的主体

我国研究生媒介素养教育的主体主要分为政府、高校和社会组织三个层次，三者相互配合、相互支持。

1. 政府是研究生媒介素养教育的支撑力量

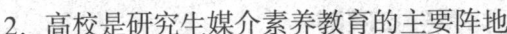

2. 高校是研究生媒介素养教育的主要阵地

3. 社会组织是研究生媒介素养教育的重要场所

（二）着力点：高校研究生媒介素养教育的目标

具有科学的使用和选择媒介工具的能力、理性的媒介批判意识和媒介法律意识、正确的媒介环境交往观、健全的媒介心理素质、高尚的媒介思想道德观的高素质人才是新时期研究生媒介素养教育的新坐标。

（三）实施面：高校研究生媒介素养教育的模式

1. 融入第一课堂，建立课程渗透模式

2. 活跃第二课堂，建立体验教育模式

3. 延伸第三课堂，建立媒介参与模式

师范生媒介素养教育研究

李　丽

《教育评论》2018 年第 11 期

媒介素养教育受到师范教育关注的根本原因在于媒介已经实质性地渗透和控制了教育活动的各个环节，从根本上影响了教育本质属性。高校师范生媒介素养水平的提高及媒介素养教育能力的培养是我国媒介素养教育的切入点和可靠途径，构建"三位一体"师范生媒介素养教育课程体系，是解决当下青少年媒介素养教育师资缺乏的根本途径，也是推进我国媒介素养教育和教师专业发展的必由之路。

一、问题的提出

当下，我国各级媒介素养教育还未发展成熟，仅就学校媒介素养教育而言，还未脱离社会需求，实现由学校开设到学生自我开展的根本转变。中国特色的教育体制下，师范生恰好具备了接受教育与教育他人的双重功能。

二、相关文献综述

素质教育改革背景下的师范生媒介素养教育只有以提升师范生作为"准教师"的专业性为出发点和落脚点，建构出一套适合师范生的媒介素养教育课程体系，才能适应社会进步的需求和高等教育改革的需要。

三、师范生媒介素养教育课程体系建构原则

课程理念上，注重打造具有中国本土化的媒介教育特色。要注重发挥师范生媒介素养教育的受教育与教育他人的双重特性，打造具有中国特色的媒介素养教育。

课程建构上，打造媒介知识、能力与意识并重的课程类型。师范生媒介素养教育的课程建构目标是指导师范生积极认识媒体、善于制作传播作品，具备处理媒介信息的主体意志和思辨能力。

课程应用上，切实提高师范生在教学实际中应对和解决媒介问题的能力。如缓解中小学生沉迷于网络游戏和电子产品的教育引导问题，中小学生易受互联网不良信息影响的化解办法以及如何帮助青少年分辨媒体世界和现实世界等。

四、构建"三位一体"的师范生媒介素养教育多元课程体系

基于不同地区、不同专业师范生在知识结构和认知水平等方面存在的差异，师范生媒介素养教育还是应当分层次、分阶段、多样化地开展，通过确立"三位一体"的课程教育体系，满足当下各层次各地区师范教育对媒介素养教育课程的多方位需求。

（一）"一体"：提升师范生媒介素养能力
（二）"三位"：设置核心课程、融合课程、实践课程
1. 设置核心课程：分层分类走班教学
2. 融合课程：形成序列化、常态化教学模式
3. 实践类课程：以能力培养为中心，内容丰富多样

思想政治教育视域下大学生数字媒介素养现状及提升对策研究

——以杭州高职大学生为例

张　燕
《林区教学》2018 年第 11 期

加强高校思想政治教育工作，是事关大学生健康成长与顺利成才、事关国家前途与民族希望的基础工程、民心工程，必须高度重视，狠抓不懈。在数字经济时代，

数字媒介的层出不穷给高校思想政治教育带来诸多挑战。大学生作为数字媒介的土著民，其学习生活已完全融于数字媒介之中，因此，提高大学生的数字媒介素养，让大学生科学健康参与数字媒介生活，是当前思想政治教育工作者应高度关注的问题。

一、数字媒介素养基本内涵

结合数字媒介的特点，数字媒介素养的基本内涵应包括如下几个方面：

（一）知识掌握能力

（二）信息获取能力

（三）内容创建能力

（四）交流沟通能力

（五）问题解决能力

二、大学生数字媒介素养存在的问题

（一）知识掌握相对片面，学习意愿较为强烈

（二）信息检索方式单一，易受其他信息干扰

（三）内容创建形式简单，规范意识相对缺乏

（四）交流沟通频繁，安全意识较为薄弱

三、大学生数字媒介素养提升对策

（一）充分利用现有的思想政治教育资源

在思政课的实践教学过程中，学校可与地方电台、新闻制作中心等建立合作联系，不定期带学生参观考察，让学生了解新闻信息的产生和传播过程。

（二）加快数字媒介素养教育队伍的建设

教师在教育过程中发挥着主导作用，而教育力量的缺乏成为制约高校开展数字媒介素养教育的重要因素。思想政治教育研究的综合性使得思想政治教育工作者成为数字媒介素养教育主要师资力量具有一定的优势，但数字媒介素养教育涉及的学科内容较多（如计算机、新闻学、传播学），所以教育任务的开展应形成以思想政治教育工作者为主体，以相关学科教育者为辅的模式。

（三）增强大学生的自我培育意识

数字媒介对大学生的影响已经渗入其学习生活的每个角落，学生数字媒介素养水平的提高不仅靠教师教育，还需要学生的自我培育。

（四）创设良好的数字媒介素养教育环境

大学生数字媒介素养的提升不应仅局限于校园的教育环境，而应将其置于整个

社会媒介环境中进行思考。大学生数字媒介素养的提升应充分重视政府部门与大众传媒的作用，为大学生数字媒介素养的提升搭建有利平台。

新媒体环境下大学生媒介素养培育研究

高加友
《产业与科技论坛》2018 年第 3 期

新媒体时代的到来，为思想政治教育工作提出了新要求、新挑战。针对当前大学生媒介素养存在媒介的使用目的存在偏差、媒介信息的质疑和思辨能力不强、媒介信息的创造和生产层次较低、媒介素养概念认识不足等弊端，提出：政府为媒介素养开展保驾护航、社会创设良好网络信息传播环境、高校积极开展媒介素养教育、大学生主动增强媒介素养认知"四位一体"策略，提升大学生媒介素养。

一、研究背景

积极开展媒介素养教育，提高大学生对媒介信息的分析和批判能力，培养大学生良好的网络行为习惯，培育大学生正确的网络道德认知，增强大学生的自省、自律能力，成了高校思想政治工作的新形式、新内容。

二、新媒体环境下大学生媒介素养现状

（一）媒介的使用目的存在偏差
（二）媒介信息的质疑和思辨能力不强
（三）媒介信息的创造和生产层次较低
（四）媒介素养概念认识不足

三、提升新媒体环境下大学生媒介素养的策略

（一）政府为媒介素养教育的开展保驾护航

政府要加大网络监管力度，制定相应的法律法规，加大新媒体的建设和管理，把握新媒体管理的主动权，避免不良事件的发生；要高度重视大学生媒介素养教育，将大学生媒介素养教育纳入高等教育改革体系中，为媒介素养教育提供人力、物力、财力支持，保障我国媒介素养教育的顺利开展。

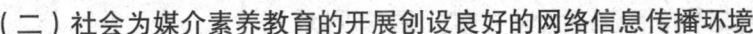

（二）社会为媒介素养教育的开展创设良好的网络信息传播环境

社会媒介是媒介素养教育的有机组成部分，具备信息传播的独特优势，引导着学生媒介素养的养成。

（三）高校积极开展媒介素养教育

学校教育是最基本也是最核心的教育主体，是媒介素养教育开展的主渠道、主阵地。目前，英国、美国等欧美国家已将媒介素养教育列为各级各类学校的课程内容之一，纳入正规的课程体系中，我国香港及台湾地区也已研究、推广并实施了各式各样的媒介素养教育计划。

（四）大学生主动增强媒介素养认知

大学生媒介素养反映的是大学生的综合素质和能力，所有的理论说教和道德教化必须要落实到大学生对媒介的切身体验上。

新媒体环境下高校大学生媒介素养问题研究

黄立佳

《传媒论坛》2018 年第 21 期

信息时代，个人的生存和发展与媒介息息相关。当代大学生作为网络原住民，他们伴随着网络、媒体一起成长，他们是新兴媒体的拥趸。如今 QQ、微信、微博等社交媒体更是渗入大学生的日常生活，影响着他们的学习习惯、思维方式、价值判断标准。而当代大学生的媒介素养却和新媒介环境下的要求存在相当差距，对大学生进行媒介素养教育迫在眉睫，而高校在其中应扮演重要角色。本文将分析新媒介环境下高校大学生媒介素养存在的问题，在此基础上提出解决该问题的有效策略，以期为高校做好大学生媒介素养教育提供指导和借鉴。

一、提高大学生媒介素养的重要性

大学是人生观、价值观、世界观形成的重要时期，在媒介提供给大学生三观参考框架的同时，只有大学生有足够的能力去认识、判断、利用媒介，有强大的媒介适应能力，才有助于他们形成正确的三观。

（一）推动高校教育改革

（二）推动大学生形成正确的媒介观

（三）有利于提高大学生的素质

二、新媒体环境下高校大学生媒介素养现状

（一）对媒介的甄别和选择能力有待加强

新媒体环境下，传媒提供了海量的信息，其传播迅速、覆盖面广泛、自由度非常高，许多没有经过筛选的信息铺天盖地地涌来。大学生在应用媒体时，有目的地选用媒体的能力不足，同时对其内容与传播方式缺乏足够的评价能力。

（二）过度使用新媒体

现阶段，伴随科技以及经济的不断发展，大部分学生均通过新媒介来获取信息，而传统媒介却使用较少。值得注意的问题是一些大学生因过度使用智能手机与网络，成为手机控、微博控。

（三）自我约束与媒体道德规范、法制意识薄弱

部分大学生在使用媒介手段时，多为发泄或寻求心理慰藉，以至于在虚拟世界中沉醉，根本不能建立自我约束意识，处于被动地位。

媒体道德规范意识薄弱。面对扑面而来的新媒介信息，因缺少人际关系与道德约束的束缚，因媒介素养不足而误入歧途的案例比比皆是。

（四）高校媒介素养教育不足

现阶段，中国媒介素养教育依旧停留在起步时期，现实状况普遍滞后，一些学校尚未设置相关课程，就算有的学校设置了课程，然而其内容并不完善，并未明确教育目标，同时教育方法和模式落后，很难取得理想的效果。

三、新媒介环境下培养大学生媒介素养的有效策略

（一）将媒介素养培养内容引入教育之中

除新闻传播专业外，多数大学生对媒介素养了解不足，而高校的相关课程设置相对较少，使得媒介素养教育易于被遗忘。新形势下，媒介素养教育已经发展成高校素质教育的有机内容之一，应当大力开展。

（二）强化网络德育教育，引导大学生合理利用网络

首先，强化对大学生的网络德育教育，引导他们的网络行为。其次，引导大学生正确运用网络教育资源。

（三）开展媒介素养实践活动

媒介素养的教育、养成以及提高，离不开丰富多彩的实践活动，应当以此为载体开展教育活动。充分利用我们身边的资源，是提高大学生媒介素养的重要渠道，使他们在亲身参与的过程中实现辨别、应用媒介信息能力的逐渐提升。

（四）实现媒介素养教育与心理健康、思想政治教育的有机结合

首先，加强媒介心理健康教育。其次，在大学生思想政治教育中融入媒介素养

教育。新媒体环境下，大学生对新媒介充满好奇，面对大量繁杂的信息，非常易于被误导而做出不正确的选择。

新媒体环境下媒介素养教育的探讨研究

——兼论媒介素养教育对"工匠精神"传播的推动

陈　珂
《中国报业》2018 年第 2 期

新媒体为网民获取信息提供了便捷的渠道，同时也带来了信息驳杂、优劣难判断的后果，造成不良的社会影响。网络匿名的发言环境，让涉世未深的青少年获得了网络赋权，在评价和转发中容易形成网络暴力，媒介素养缺乏的问题日益显现。本文从新闻传播、教育和实践的角度，探讨媒体、学校和企业如何发挥各自特长，创建系统的青少年媒介素养培养体系，提升青少年媒体素养水平。

一、虚假信息源于媒介素养缺乏

如何在新媒体环境中正确地获取、评价、转发和驾驭各类信息，被称为"媒介素养"。媒介素养教育是一个跨领域话题，属于新闻传播范畴，是教育领域的短板。由于新媒体快速发展，获取和发表信息言论的渠道增多，网络的匿名环境让一些大学生成为网络暴力的始作俑者，媒介素养的短板显现。

二、缺乏媒介素养的三种表现

首先，获取信息存在障碍，社交媒体成为信息主要源头。网络上海量信息扑面而来，尤其是随着论坛、博客、微博、微信、视频和交友网站的更迭，网民从各类社交网站获取信息。

其次，缺乏分析能力，是青少年媒介素养问题的硬伤。教育缺乏会导致知识的不足和方法的欠缺。媒介素养不是知识，而是一种分析问题的方法，是大量知识积累后产生的应对策略。

再次，矛盾激化点在于无法驾驭信息。自论坛、校友录等社交形式出现后，微博和微信实现了社交媒体的高度发展，网民可以随时随地发布信息，没有严格的内容审查，受关注度高的自媒体账号拥有大量读者，一旦发布信息，就会实现大面积覆盖。

三、应用阶段对工匠精神传播的影响

大学生整体媒介素养缺乏，从一定程度上导致当前网络信息混乱，没有发挥正确引导舆论的积极作用。对职教类学校的毕业生来说，媒介素养教育缺乏程度更甚，因为职业教育有更强的就业目的，更多地追求技术和职业素养，人文素养尤其是媒介素养被严重忽视。

四、跨界融合提升青少年媒介素养

教育机构要重视媒介素养的实践教育。虽然中小学教育阶段受到应试教育压力，但随着素质教育的普及，课外教育增多，应在提升科学素养的同时，通过课外阅读、案例分析来提升中小学生的媒介素养。

企业应具备提升员工媒介素养的意识。各类用人单位都有内部保密协议和工作流程，这是媒介素养的一种体现，企业信息发布因此得以正规化、流程化。然而媒介素养除了遵守规则外，还有驾驭信息的层面。

媒体应打造媒介素养精品课程。缺乏专业教师和教材，是高校难以实施媒介素养教育的重要因素，而缺乏该领域的教育意识，是高校教育缺位的主要原因。

新媒体视域下大学生媒介素养提升的对策研究

陈 湧

《领导科学论坛》2018 年第 1 期

随着互联网技术的迅猛发展，新媒体应运而生。新媒体是大学生获取信息、融入社会、了解世界的重要渠道，良好的媒介素养是当代大学生信息化生存的必备能力。媒介素养影响着大学生的理想信念、理性思辨能力以及学习和生活方式。要提高大学生的媒介素养，教育工作者需要更新教育理念，以科学的方法和丰富的手段教育学生树立正确的新闻观。同时要发挥好高校学生社团的凝聚力和影响力，发挥校园文化的强大功能，实现全员、全程、全方位育人，增强育人工作实效。

一、当代大学生媒介素养现状

（一）新媒体视域下意识形态话语权挑战着大学生的理想信念

互联网的发展使中国进入到一个平民话语时代，在很大程度上改变了传统媒体

在意识形态宣传上的天然优势，"去中心化"现象由此凸显，普通民众可以通过新媒体的多种路径发表个人言论，表达个人的思想政治观点以及各种情绪。每一种观点和情绪都有可能逐步演化为意识形态范畴的思辨和斗争。

（二）新媒体视域下良莠不齐的海量信息考验着大学生的理性思维能力

在良莠不齐的海量信息面前，青年学生没有时间去识别和思考，"快餐文化"和"标题文化"成为青年学生学习、阅读的主流形式，不求甚解的碎片化思维在不知不觉中逐步取代了完整的、立体的、多维度的知识体系学习，严谨的理论架构逐步被肢解，严密的逻辑思维逐步被打乱，年轻一代在铺天盖地的信息里逐步变得被动、迟钝、懒散和懈怠，理性思维能力面临退化的危险。

（三）新媒体视域下虚拟信息的飞速传播冲击着大学生的学习生活方式

新媒体技术的飞速发展，在带来科学进步的同时，也改变了大学生的学习和生活方式，手机已经成为大学生使用率为100%的"贴身依赖物品"。高校校园里"外卖控""颈椎凸"们正在增多，青年大学生的健康状况和学习状态令人担忧。

二、提高大学生媒介素养的对策

（一）更新教育理念，把第一课堂的思政课讲"新"

充分发挥新媒体技术的功能和优势，强化思政课堂教学在思想教育和意识形态领域教育的话语权和主动权，正面教育引导学生，指导帮助学生提高媒介素养，提高正向思辨能力，确保第一课堂发挥出第一位的教育影响力。

（二）树立马克思主义的新闻观，把形势政策和舆论宣传课讲"透"

高校"形势与政策"课要旗帜鲜明地讲政治、讲马列，理直气壮地讲好中国故事，深入浅出地讲清马克思主义科学理论、观点和方法，准确解读我们党的路线方针政策。

（三）采用丰富多彩的教育方法和手段，把主题教育班会课讲"活"

要运用网络资源优势、信息资源优势、图像传播技术优势，积极探索"慕课""微课"等新型课程形式，发挥其覆盖面广、开放性强、无边界、低成本、知识容量大、传播路径宽的特点，把主题教育的形式办"活"；通过"翻转课堂"、线上线下混合教学等多种模式，突出学生主体，激发学生的学习兴趣、主观能动性和创造性，拓展学生的自我教育空间，将大学生思想政治教育的主题班会课程生动化、形象化、立体化，把教育内容教"活"。

（四）多措并举，突出文化育人功效，把教育阵地做"大"

用新媒体，找准切入点，精心设计，打造校园文化活动精品，形成有持续影响力的校园育人品牌，使学生在科技、文化、艺术、体育等各类活动中潜移默化地接受主流价值观教育，提高综合素养。

新时代网民媒介素养的培育路径

王艺超

《现代交际》2018 年第 8 期

自党的十九大以来，中国特色社会主义进入了新时代，"互联网+"、数字经济、共享经济得到了迅猛的发展。然而网络是一把双刃剑，它在给人们的生产和生活带来便利的同时，也滋生了网络暴力。网络媒介素养决定着网络社会的未来，因此要通过多手段、多层次的教育来提高网民的媒介素养，减少风险，让网络空间更加晴朗。

一、新时代媒介素养的含义

1933 年英国文学批评家利维斯首次提出了"媒介素养"一词。1992 年美国媒介素养研究中心对"媒介素养"给出了定义："媒介素养是指人们面对媒介各种信息时的选择能力、理解能力、质疑能力、评估能力、创造和生产能力以及思辨的反应能力。"陈夏蕊在其硕士论文中认为："所谓媒介素养就是指公众能否正确地、建设性地享用大众传播资源、能够充分利用媒介资源完善自我，参与社会进步。主要包括公众利用媒介资源动机、使用媒介资源的方式方法与态度、利用媒介资源的有效程度以及对传媒的批判能力等方面。"

二、新时代网民缺乏媒介素养的表现

（一）网络信息辨别能力弱

网络信息辨别能力是衡量媒介素养的一项重要指标。它既包括网民对信息内容真假的辨别能力、质疑能力，还包括对信息的正确选择和传播能力。

（二）网络道德认知偏差

网络媒介素养的水平直接决定网络道德认知的水平。在我国"互联网+"、数字经济的迅猛发展，使越来越多人参与到网络社会中，然而网络媒介素养教育却没有跟上网络发展的步伐。

（三）网络法律意识薄弱

数字经济、共享经济的发展使更多的交易通过网络发生，在中国，微信支付、支付宝支付早已遍布了每一个商铺，市场上真正实现了无现金的货币流通。但在人们乐于出门不用带钱包，只需带手机时，个人信息泄露风险也悄然增加。

三、新时代网民媒介素养的培育路径

（一）开设媒介素养教育课程

目前我国媒介素养教育滞后，还未形成系统的媒介素养教育系统，所以应逐步开设媒介素养课程。应在有条件、有基础的发达地区，选择一部分高校开设媒介素养课程教育试验区，观察教育效果，在此基础上改进教育方式方法后，推向全国。

（二）加强网络道德意识培养

网络的虚拟性和匿名性使越来越多的网民道德素质滑坡。因此净化网络空间必须加强网民网络道德意识的培养。

（三）扩大网络法律宣传力度

网络法律是维护网络空间秩序和安全的重要保障。网络媒介素养的培养更与网络法律联系紧密，网民只有正确了解网络法律，才能提升自身的网络媒介素养。

信息素养通识课翻转课堂的设计与实践

徐菊香

《图书情报知识》2018 年第 4 期

翻转教学是对传统讲课模式的创新，是教学时空的翻转而非课堂主客体的翻转。信息素养是一系列能力，也是数字世界的一项基本人权。其课程内容符合布鲁姆对高等教育知识的不同层次分类思想。信息素养通识课程既有必要也有条件实施翻转教学。馆员在全校信息素养通识课堂可从新媒体综合教学环境、案例教学、课程内容、考核指标以及教学目标五方面进行设计与实践，并在实施过程通过网络工具对学生的满意度、收获以及自学时间等进行微调查，来保证教学效果。实践表明，翻转教学延长了学时，群组学习方式适合翻转课堂。教师需要重点对群组合作给予充分指导，并保证学生全方位的课堂体验。另外，翻转教学首先要在图书馆的支持下保证课前充分预习和学习进程中的及时答疑。学生在翻转课堂上的综合体验是正面积极的。

一、理论基础与前提

（一）翻转课堂不是主客体的翻转而是教学时空的翻转

翻转教学并非主客体的翻转，而是教学时空的翻转，即将在课堂上获取知识翻转为课堂解决问题。传统课堂上的教学活动通过新技术发生在课外，而传统在课外

的小组学习及完成作业则翻转到课内。

（二）信息素养教育实施翻转教学的必要性

首先，《高等教育信息素养框架》确立了信息素养教育的新目标：使翻转课堂成为信息素养教育的必要选择。信息素养被认为是信息社会公民必备的一种基本能力，是数字世界的一项基本人权。

其次，国内对信息素养的翻转教学研究现状需要实践样本。从目前国内的现状来看，信息素养翻转课堂的研究与实践，尤其是实践方面需要加强。

（三）在信息素养通识课堂实施翻转的可行性

第一，信息素养通识课在中南财经政法大学的现状决定在该校实施翻转教学是可行的。

第二，从国外的经验看，翻转课堂要取得满意效果必须具备三要素：强制学生预习新材料、强制性的到课率，以及学生在教师深入解惑下通过积极主动的学习与实践掌握新知识。

第三，从图书馆资源组织的保障看，2016 年初图书馆对数字资源的组织进行了改版。

第四，从教材与教学大纲看，我馆组织编写出版了从研究问题出发认识信息资源后检索与利用资源解决问题的教材。

二、翻转教学的实施

（一）构造新媒体教学环境确保师生交流

正如前文所述，翻转课堂三要素之一是学生在教师深入解惑下积极主动地学习。大课堂更需要开拓多种师生交流的途径保证深入并及时的答疑，因此，交流与沟通网络是翻转课堂设计的要点之一。

（二）确立案例教学吸引学生全程关注

在翻转课堂上案例教学可以通过预先给出学习及考查的具体选题，促使学生通过从选题的确定、相关信息资源的了解、定位、获取，到信息共享，最后合作研究并再生出新知识、新信息。

（三）通过内容与时空的交织翻转保证内容与过程紧密结合

《框架》的六个概念框中有两个是强调过程。信息素养教学过程是从放眼世界高等教育到个人定位，再从具体问题（选题）起步，结合教学形式与内容，以文献信息资源为检索对象，筛选与选题相关的有价值的文献信息，再进行科学管理与梳理后，完成知识再生，呈现研究论文及检索过程展示。

（四）利用考核指标作为学习指导

通过制定考核指标及打分细则来引导学生学习。考核指标包括两种：参与小组学习的考核指标与独自学习的考核指标。

（五）促进全程合作完成教学目标

翻转课堂既关注学生的检索技能，同时关注课堂对学生未来学习与研究的促进作用，关注在网络协同环境下，通过社交媒体及在线研究社群，取得合作研究与社交经验。

三、课堂实效与要点

（一）群组学习在翻转课堂更受欢迎

（二）翻转课堂延长了学时

（三）课前预习及时答疑是实施要点

（四）必须保障学生全方位体验

四、主观感受效果评价

（一）学生主观感受，尤其是群组学习的主观感受正面积极

信息素养翻转课堂群组学习方式有利于学生在课堂互动体验中调动多种感官系统，激发其观察和反思，从而提高信息素养。

（二）教师对群组学习的组织与指导是翻转教学重点

课程设计中尽量使小组成员专业背景不同，以实现不同学科知识的嫁接。从调查中可知，在这一点上还需要加强对小组的指导。

五、结论

信息素养课的内容符合布鲁姆的高等教育知识分类思想的完整链条，适合翻转教学实践。尤其是网络及新媒体工具的便利，使得课外预习与实践、强制到课率、多维度的互动、及时的答疑解惑以及全程抓住学生的注意力等方面得以充分实施。

自媒体时代大学生媒介素养提升的路径探究

刘 浩 张 帆
《世纪桥》2018 年第 1 期

在自媒体时代下，新媒介素养已经成为大学生生存和发展的基本技能和必备素质。本文以媒介素养为研究对象，就如何解决大学生对新媒体的思辨能力，如何提升大学生的媒介素养，如何加强和改进大学生思想政治工作提出了富有创见的新思想、新观点、新举措，丰富发展了自媒体下媒介素养的理论内容和实践路径，以期为我国大学生媒介素养教育的开展提供有益借鉴。

一、自媒体时代大学生媒介素养的理论阐发

（一）加强大学生思想政治教育，提升媒介素养认知

不断提高学生思想水平，提高学生实践能力，提高学生道德品质及媒介素养，提高大学生综合素质，形成适应网络时代的自主型学习方式，让学生成为德才兼备、全面发展的人才。

（二）加强大学生思想政治教育，提升媒介素养能力

要善于培养大学生主动分辨信息真伪的能力，深入挖掘批判自主性，寻找对自己具有使用价值的有效信息，塑造健全的人格，提高大学生对媒介的驾驭能力，增强大学生思辨能力，提升其媒介素养。

（三）加强大学生思想政治教育，提升媒介素养成效

当代大学生是伴随着互联网和新媒介的发展而成长起来的，必须提升媒介素养成效，提高大学生的思辨能力，加强思想政治教育和法制教育，提高其综合素质，做践行社会主义核心价值观的先行者，服务社会，实现自身价值。

二、自媒体时代大学生媒介素养的现实意义

（一）加强改进媒介素养，是适应大学生思想政治教育，构建立德树人培养的内在要求

（二）加强改进媒介素养，是加强网络校园文化建设，促进教育形式与途径创新的迫切需要

（三）加强改进媒介素养，是创新构建学生的精神家园，提高思想政治教育工作的重要环节

三、自媒体时代大学生媒介素养的实践路径

（一）强化媒介素养，创新思想政治教育工作的新载体

思想政治教育工作者要充分利用丰富的信息资源搭建信息平台，寓教于乐，并将其应用到学生校园文化活动及社会实践活动当中。

（二）强化媒介素养，创新构建学生的精神家园

加强校园文化建设，构建学生的精神家园，是媒介素养的重要实践基地，是构建学生精神家园的重要保障，是加强大学生思想政治教育的核心。

（三）强化媒介素养，提高思想政治教育工作的现实性

思想政治教育工作者在大学生的思想教育工作中发挥着重要作用，他们要与时俱进，不断学习，不断提高自身的媒介素养，提高学生网络媒介素养水平，同时也应结合实际情况构建出新媒体环境下的大学生思想政治教育新载体，强化媒介素养，为大学生思想政治教育实效性的提升提供更可靠的保障。

2018 年中国媒介素养教育实践实证研究述评

韩永青

20 多年前，媒介素养教育在中国还是一个只有少数学者知道的默默无闻的舶来品，随着信息与传播科技的急遽发展，网络传播尤其是移动网络传播趋于普及化的今天，媒介素养教育已经为越来越多人所知晓，为越来越多的学科所关注和研究。2018 年被称为移动网络技术史上具有转折意义的一年，这一年，4G 技术走向全面应用，5G 技术呼之欲出，也标志着中国媒介素养教育研究进入了全面发展阶段。为此，笔者以"篇名"为依据，"媒介素养"为关键词，在中国知网（CNKI）中进行搜索，发现 2018 年总计发表了 343 篇中文期刊论文，其中"大学生媒介素养教育"方面的中文期刊论文 76 篇。

在这些论文中，受到国家级项目资助的有 8 篇，包括国家社会科学基金项目、全国教育科学规划项目、教育部人文社会科学研究项目等；受到省市级项目资助的有 31 篇，包括部分省市的哲学社会科学规划项目、高等教育教学改革研究项目等；受到地市级项目资助的有 2 篇，校级项目资助的有 17 篇。这些论文发表在双核期刊（CSSCI 源刊、北大核心期刊）上的有 2 篇，CSSCI 源刊上的有 1 篇，北大核心期刊上的有 6 篇，其他 67 篇均发表在普通期刊上。经过筛选，笔者选择了 76 篇论文中的 38 篇，从以下六个方面进行述评，力求概览 2018 年中国大学生媒介素养教育研究状况。

一、大学生媒介素养教育总体性研究

在各类人群中，大学生群体由于时间充沛、精力旺盛和求知欲强等因素，是接触媒介最频繁的群体之一。随着媒介技术的快速发展，媒介日益多元化、便捷化、娱乐化，信息传播早已脱离报刊、广播、电视等传统媒介的垄断。基于网络技术尤其是移动网络技术的媒介大行其道，人类社会逐渐步入"人人皆媒介"的时代。在此背景下，部分学者延续以往思路，着眼于对大学生媒介素养教育总体状况，从宏观层面进行研究。

（一）大学生媒介素养现状

多元媒介造就了多样化媒介生态，对大学生媒介素养教育提出了巨大挑战。刘静认为，中国大学生在媒介选择方面，主要选择使用手机，同时也有报纸、电视、书籍等其他媒介；在使用动机方面，主要为信息获取及娱乐，而对于学习资料如何获取的专业渠道知之较少；媒介使用的自控能力不强，普遍认同媒介对于政治、经济和社会生活及个人生活的巨大影响，对于媒介信息的来源和背后的动机以及信息的真实性存在一定质疑；部分大学生创造有效信息的能力薄弱，并且缺乏媒介互动意愿和能力，媒介信息的制作参与度不够。赵宏、周润娟认为，网络化成为当代大学生一种不可或缺的生活方式，网络化影响成为大学生媒介素养教育的基本逻辑起点；网络行为异化导致大学生社会角色迷失以及人格支离破碎，网络行为约束机制的缺失与自由放纵的媒介行为模式挑战着大学生网络道德主体性的构建，网络媒介负面影响侵蚀着大学生身心健康；在网络化社会中，大学生的媒介素养状况不仅关乎媒介迷失者的健康成长，更关系到社会和谐与稳定，强化媒介素养教育刻不容缓。

（二）大学生媒介素养教育的必要性

人每天拥有的有限时间和媒介传播的无限增长的信息之间必然会出现很多矛盾。季静认为，目前这种矛盾在大学生群体中具体表现为三个方面，即"高接触"与"低素养"、开放的媒介环境与传统的教育方法、技术层面的丰富与精神领域的空虚。如何在互联网时代引导大学生塑造健康的精神世界，促进人的现代化与全面发展，是当下网络媒介素养教育的难点所在。因此，大学生媒介素养教育应当更为关注大学生精神层面的成长以及完美人格的养成，以媒介知识的学习阶段、批判与反思阶段、使用与表达阶段为基本步骤，以"求真、寻美、择善"作为终极目标。张蕾认为，开展大学生媒介素养教育具有重要现实意义，即能够在一定程度上引导他们树立正确的信息观，改变他们被动接受信息的状态，使他们能够对媒介信息进行有效利用；能够让他们具备解析媒介信息的能力，使他们具备正确使用媒介工具的技能，改变以往被动接受媒介信息的状态，进而成为具有"媒介智慧"的人；能够让他们对媒介资源进行合理的利用，学会自我约束与管理，使他们具备抵御不良信息侵袭的能力。

（三）大学生媒介素养教育的路径

媒介种类的快速增长与媒介功能的快速变化，要求高校针对大学生的特点，从多层面、多维度的思路入手，构建行之有效的大学生媒介素养教育路径。刘浩、张帆认为，高校可以多利用校园公众号、微博等，也可以举办相关主题的讲座、辩论赛、社团活动、校报等，促使大学生形成正确、健康的媒介素养；应该鼓励和动员大学生参与社会实践，制作成视频等发布在校园网络平台上，征集大学生社会公益活动的文字和图片等，不断增强大学生的媒介素养；教育过程中需要更加具有针对性的介绍，评析非主流社会思潮，让大学生辨明其合理与偏颇之处，避免将理论简单化、庸俗化，体现马克思主义理论教育的价值性，而非只强调理论性，使马克思主义理论教育更具有说服力，真正地融入大学生的精神世界中，自觉地内化为自身的价值标准和行动指南，树立崇高的人生理想和人生追求，实现媒介素养的提升；只有良性的媒介意识和习惯才能保障大学生在媒介时代去伪存真、理性科学地评估和处理媒介信息，而不至于迷失在虚拟世界之中。

从以上研究情况来看，部分学者对当前大学生媒介素养存在的问题进行了反思性剖析，尤其是赵宏、周润娟从网络行为的角度分析大学生媒介素养缺乏可能带来的严重后果，具有一定的理论价值。从大学生媒介素养教育的重要性来说，季静提出"求真、寻美、择善"这个理想目标，很具有启发性；张蕾认为大学生要做"媒介智慧"的人，很有新意；刘浩、张帆认为大学生媒介素养教育应该结合马克思主义，树立崇高的人生理想和人生追求，实现媒介素养的提升，为大学生媒介素养教育指出了一个值得探索的方向。

二、基于特定地域的大学生媒介素养教育研究

在中国大学生媒介素养教育研究中，已经形成了一个本土化研究模式，即依据学者自己对大学生媒介素养的理解，设计若干问题，在特定范围内进行问卷调查，然后对问卷结果进行分析，体现了定量研究取向。很多研究者还会就某些具体问题进行访谈调查，体现了将定量研究与定性研究相结合的研究取向。这些研究力求追求科学的研究方法，虽然总体来看较为简单，但反映了学者某些客观性思考。本年度有部分学者基于某些地域范围对大学生媒介素养状况进行问卷调查，并提出有针对性的建议，呈现了新的研究成果。

（一）对华北地区大学生的调查分析

大学生媒介知识的来源以及是否重视对媒介素养的学习是一个重要问题。杨艳芳对山西工商学院大学生进行问卷调查后发现，学生的媒介知识主要来自于课堂教学过程当中教师的耳濡目染；通过新媒体获取的信息量超过了90%，获取信息的种类有时政新闻、时政新闻、民生新闻、娱乐信息等；普遍会主动去处理相关的信息，在媒介信息处理方面具备一定的积极性和主动性；参与媒介的主要动机是为了获取知识、人际交往以及打发无聊时间，会对自己感兴趣的某些话题进行一定范围内的传播。她提出，需要结合现在已有的媒介环境，需要从大学生自身、学校环境以及课堂教学三个方面一起努力，切实提升大学生的媒介素养。王晋宁对山西省部分高校大学生进行问卷调查后发现，学生在媒介素养方面存在的问题有大学生缺乏有效

利用媒介的能力，对媒介资源的利用不充分，媒介接触习惯不够科学，易受负面信息干扰；对媒介素养教育认知不足，重视程度不够。她提出，要开设媒介素养教育课程，采取多样化的教育方式，提高学生参与实践的积极性；学生自身要不断进行自主学习，提高自身修养和责任意识。

（二）对华东地区大学生的调查分析

在大学生媒介素养研究中，应该加强对大学生媒介使用动机和媒介使用习惯的研究。秦名娟、陈紫纯对安徽师范学院大学生进行问卷调查后发现，学生媒介接触时间长，媒介依赖性较大，喜爱多元化的信息表达方式，媒介接触动机娱乐化；媒介信息接收有比较清醒的认识和正确的判断，媒介信任感较强；对媒介的批判能力弱，根据个人兴趣学习掌握媒介技能，多数学生具备多任务处理能力，但专注力有待提高。她们提出，要利用校园媒介资源，营造媒介素养教育氛围，引导大学生坚持社会主义核心价值观，提高大学生的媒介意识；将理论与实践相结合，进一步深化媒介素养课程教学改革；大学生应树立正确的媒介观，自觉提高自我教育的能力；社会对信息传播媒介的监管亟待进一步加强。王文荟对位于南京市的中国药科大学"95 后"大学生进行问卷调查后发现，学生接触新媒介的娱乐化倾向严重，过分热衷于网络社交，"浅阅读"压倒"深阅读"；媒介综合应用能力稍显薄弱，大学生媒介使用过程中的道德意识和法律意识不足等。她提出，要依托传统课堂推行媒介素养教育，依托随身课堂开展体验活动，依托实践课堂融合思想政治教育实践。

（三）对西部地区大学生的调查分析

部分学者对大学生媒介使用方法和媒介认知结构进行了很好的探究，获得较为可靠的结论。贺立凯对位于四川省南充市的西华师范大学生进行问卷调查后发现，学生使用便携式移动设备占主流，媒介接触时间长；媒介使用方式呈现多元性，实用性和娱乐性突出；对信息真实性求证程度低，发布信息责任意识高。他提出，高校要重视大学生媒介素养教育，要对大学生的媒介使用加以科学合理地引导；要开设媒介素养教育相关课程，有针对性地提高大学生的媒介素养。郭小平、张杰对陕西省榆林市的榆林学院大学生进行问卷调查后发现，移动终端在学生日常生活中所扮演的角色已经远远超过传统媒介，俨然成为当代大学生每天接触时间最多的媒介；学生媒介认知结构不够科学全面，信息主要来源于网络媒介，热衷于碎片化阅读，对媒介信息缺乏全面深入的阅读，缺乏多方求证；对媒介信息的可信度主要源于感性的、表象的认知和感受，缺乏科学理性思考。他们提出，高校应针对全校学生开设媒介素养类公共选修课，学生要加强自我控制能力，提高自身综合素质，大众媒介要构建良好的媒介环境。

大学生媒介素养研究涉及多个层面，以上这些调查研究涉及了大学生媒介使用动机、媒介使用习惯、媒介使用方法、媒介认知结构等，既有对目前大学生媒介素养存在的问题的梳理，也有对大学生媒介素养水平提升的肯定。例如秦名娟、陈紫纯指出，实际上大学生对媒介信息的接受有比较清醒的认识和正确的判断，多数大学生具备任务处理能力等，让我们看到了大学生媒介素养状况的另一面。王文荟提出要依托传统课堂推行媒介素养教育，依托随身课堂开展体验活动，具有很强的实践价值。

三、基于新媒体的大学生媒介素养教育研究

新媒体相对于传统媒体而言，是报刊、广播、电视等传统媒介以后发展起来的新的媒介形态，是利用数字技术、网络技术、移动技术等，通过互联网、无线通信网、有线网络等渠道以及电脑、手机、数字电视机等终端，向用户提供信息和娱乐的媒介形态。因此，联合国教科文组织将新媒体定义为"以数字技术为基础，以网络为载体进行信息传播的媒介"。新媒体所呈现的个性化、互动性、全天候等特点吸引了大学生受众群体，给他们的媒介素养带来全新的考验。

（一）新媒体对大学生的影响

目前在校大学生绝大多数属于"90后""00后"，已经很少接近传统媒介，更多是在新媒体快速发展的时代下成长的。周婧认为，手机已经成为大学生使用率最高的新媒体终端；学生上网主要以休闲娱乐为主，而获取信息、学习知识、聊天交友、购物选择比较平均；学生使用手机的目的多样化，容易受到网络的干扰，进而影响学习计划；学生使用手机交流的意愿较强，参与性、互动性诉求较高。赵晓露、马志强认为，大学生已深度依赖新媒体环境，接触并使用手机占据了他们生活和学习的大部分时间；大学生使用媒介的用途较为单一，主要集中在信息查询和休闲娱乐方面，没有深度地去学习和了解媒介的更多用途，没有有效促进个人的成长和进步；在广泛接触和使用媒介的过程中，大学生对媒介的表面特征和结构内容缺乏足够的判断能力和警惕力，对媒介所传递的信息缺乏辨识和运用能力；大学生在媒介使用上已掌握基本技术，需要更多的是深层次的理解、判断和运用等方面的知识。陈湧认为，新媒体视域下意识形态话语权挑战着大学生的理想信念，良莠不齐的海量信息考验着大学生的理性思维能力，虚拟信息的飞速传播冲击着大学生的学习生活方式。

（二）基于新媒体的大学生媒介素养教育意义

新媒体环境自由、开放、多元，受众的价值判断标准也呈多元化趋势。高校是大学生人生观、价值观、世界观形成的重要时期，大学生要有足够的能力去认识、判断、使用媒介，有强大的媒介适应能力，才有助于他们形成正确的价值认知。黄立佳认为，在新媒体时代，对大学生进行媒介素养教育具有重要现实意义，可以使他们形成正确的媒介观与信息观，辨别各种信息的优劣，充分利用各种媒介信息不

断完善自己；将大学生媒介素养教育纳入高等教育的范畴，不仅是教育信息化建设的必经之路，也是培养高素质人才的需要，并且能够推动高等教育改革不断前进；高校加强大学生媒介素养教育，能够使他们正确理解与选择各种媒介信息，使他们能够充分应用各种媒介来表达自己，与媒介进行有效交流和沟通，为他们的生活、学习提供有利条件，促进其综合素质不断提升。高加友认为，新媒体时代的到来，在开拓了大学生的视野、丰富了知识的同时，不良信息也影响着大学生人生观和价值观的形成；积极开展媒介素养教育，可以提高大学生对媒介信息的分析和批判能力，培养大学生良好的媒介行为习惯，培育大学生正确的媒介道德认知。

（三）基于新媒体的大学生媒介素养教育现状

在媒介素养教育起步比较早的国家，媒介素养教育已被纳入学校教育课程，并已形成符合国情的、系统正规的教育体系。中国媒介素养教育虽然已经为学界所重视，但是绝大多数停留在理论研究的阶段，政府和社会以及学校层面对媒介素养教育的重视还有待进一步加强。强亚莉对山西省高校媒介素养教育情况问卷调查后发现，尽管新媒体发展迅速，但是高校普遍对大学生媒介素养不够重视，直接以"媒介素养"为名设置课程的院校占32%，其中超过一半的院校将该课程设置在新闻传播类专业下；媒介素养教师多为新闻专业教师，有专业的媒介素养师资队伍的院校为零；在课程设置上，仅开设"影视鉴赏""大众传媒与文化""网络文化"等选修课程，学生在教学目的中选择"欣赏电影""不清楚"的达73%。师妍认为，虽然大学生已经成为新媒体使用的主力军，但是目前国内高校缺乏对大学生全面媒介素养的培育，大多数高校还未建立系统完善的媒介素养教育体系；媒介素养教育缺少科学、合理的指导方针和实践指南，培养方案的制定、师资队伍的建设、实践教学的设备场地等没有落到实处，甚至还有一些高校教学体系中还未涉及媒介素养教育。

（四）基于新媒体的大学生媒介素养教育创新

新媒体不同于传统媒体的特征必然对大学生媒介素养水平提出了新的要求，也给高校媒介素养教育提出了新的挑战，需要高校转变教育观念，创新教育模式。吴秋燕认为，在新媒体发展背景下，大学生媒介素养的教育话语亟待转换，应形成开放、平等、交互、自愿的"对话式"教育话语，充分尊重学生的媒介话语权，突出学生的主体地位，实现学生教育与自我教育的结合；要挖掘、激活有关媒介素养的缄默知识并使之显性化，这是媒介素养教育在选择内容时需要考虑的一个维度；要将媒介批判能力放在内容设计的首要位置，这个能力可以影响大学生对媒介的选择；多从所涉及的教育系统入手，集中关注政府、高校、社会、家庭、个体等方面形成的合力。工一涵认为，高校要转变教育观念，树立与时俱进的新思维，确定媒介素养教育的目标；要丰富教育教学方式，构建多元化教育结构，完善新媒体信息预防机制，健全新媒体信息监管机制；要分析新媒体背景下的媒介环境、媒介技术等方面的差异性内容，创新新媒体环境下高校大学生媒介素养教育的策略。

新媒体显示出极强的技术创新特征，建构了"形式新颖""与众不同""流行时尚"等传播氛围，与当今大学生更加注重个性化、多样化、体验式消费特征相契合。周婧等学者的研究深刻揭示了这种状况。黄立佳指出，着力开展大学生媒介素养教育不仅可以培养高素质人才，还可以推动高等教育改革，点到了当前中国高等教育改革的关键点。强亚莉等学者描述的大学生媒介素养教育现状令人担忧。王一涵的观点表明，稳步推进大学生媒介素养教育已经跟不上形势发展要求，必须要创新高校媒介素养教育策略，实施跨越式发展。

四、基于自媒体的大学生媒介素养教育研究

自媒体是指普通大众通过网络等途径向外发布他们本身的事实和新闻的传播方式。目前，随着移动互联网的发展，个人用户对互联网的深度使用，论坛、微博、微信以及新兴的视频网站、移动视频 App 等构成了自媒体的主要表达渠道。自媒体传播主题的多样化、平民化和普泛化，使其爆发出巨大的影响力。自媒体的广泛流行引发了信息传播方式的变革，其门槛低、个性化、交互强等特点受到大学生的追捧，给他们的学习、生活带来了新的契机、资源和路径，也对他们的媒介素养提出了新的挑战。

（一）自媒体对大学生的影响

目前，以微信、微博、微视频和 App 客户端构成的"三微一端"成为大学生使用手机、平板等移动设备的宠儿，成为自媒体的核心组成。自媒体有利于大学生有效利用碎片化时间，广泛接触各类信息资源，为他们营造了一个封闭空间。这个空间与现实环境相隔绝，褪去了现实的压力、乏味，具有非凡的吸引力。邹静昭、武琳、赵冬、徐昭娟认为，大学生对自媒体非常熟悉且依赖性较强，自媒体设备已经深深嵌入他们的生活，但是他们缺乏对不良信息的"免疫力"，难以筛选和甄别有价值的信息，继而引发困惑和迷茫。张晓、鞠煜认为，自媒体中信息泛滥，情况复杂，大学生处于身体、心智成长时期，自我控制能力差，好奇心驱使下，极易受到外部环境因素的影响，导致行为习惯和思想观念的转变；部分大学生抵制不住不良信息的诱惑，触及色情等负面信息；随着市场竞争越来越激烈，一步步走向功利化、娱乐化的自媒体出现了大批的不良信息，侵蚀着大学生的行为习惯、世界观和价值观，甚至一步步诱导着大学生冲破道德的底线，做出违规甚至违法的事情。

（二）基于自媒体的大学生媒介素养教育价值

自媒体是一种新的社交平台，用户成熟的标志是创造有价值的信息，拥有良好的媒介礼仪、能够表达自己的思想以及有效处理人际关系等。基于自媒体的大学生

媒介素养教育需要提高大学生的自媒体运用能力与社会交往能力，从而促进其全面发展。肖志芬认为，在自媒体发展空前繁荣的今天，大学生获取信息的绝大部分渠道来源于自媒体；自媒体时代的大学生媒介素养教育，要让学生学会对手机的自我管理，规避各种风险，例如个人信息泄露风险、色情信息风险、经济风险、技术风险等，并提供风险防范的方法。莫峥认为，在自媒体视域下，媒介素养教育的目的就是培养大学生的语言组织与表达能力；同时，还应让大学生明确权利与义务是紧密相连的，行使了权利就必须承担相应的责任与义务。章雪颖认为，媒介素养伴随媒介形态与格局的变化而变化，在社会生活中发挥着越来越大的影响力，也逐渐成为公民在信息社会中生存的一种基本素养；高校求学阶段是大学生树立价值观最重要的阶段，各种信息在自媒体中自由地呈现，对大学生媒介素养的要求也更高，也对大学生媒介素养教育提出了更高要求。

（三）基于自媒体的大学生媒介素养教育现状

目前，高校媒介素养教育开展现状和大学生学习媒介素养的需求存在较大的矛盾。陈雨对郑州市部分高校媒介素养教育状况调查后发现，高校开设有媒介素养教育课程的占33.85%，不清楚的占43.08%，没有的占23.08%。在"对学校有无必要开展媒介素养教育"调查中，认为学校非常有必要开展媒介素养教育的学生占38.46%，有必要的占36.93%，没必要的占3.08%。徐蓓玲、高国元认为，媒介素养教育课程采用的教材往往具有滞后性，并不能给予学生当前新的媒介素养教育方面的信息，对于媒介能力的培养力度也不够，学生学习到的书本上的知识在信息繁杂的自媒体时代并不能起到很大作用。房立认为，目前大学生媒介素养教育存在的问题主要包括媒介素养教育受关注程度低，媒介素养教育的理念未能与自媒体充分接轨，社会媒介素养教育缺位，以及家庭媒介素养教育的作用发挥不够等。自媒体时代的媒介素养教育有了新的内涵，因此要调整已有的媒介素养教育理念，使之适应自媒体时代媒介素养教育理念；但是，当今的媒介素养教育仍停留在传统媒介阶段，虽然部分学校的课程名改变了，但是仍然是"新瓶装旧酒、换汤不换药"。

（四）基于自媒体的大学生媒介素养教育创新

自媒体的出现，标志着Web3.0时代的到来。网络创造的媒介环境早已不是某种虚拟环境，而是人们每天需要接触的实在环境，也是当代大学生实际生存方式之一。朱锦龙、孟莉认为，既然阻断不了自媒体快速发展的潮流，倒不如顺应自媒体发展趋势，引导大学生借助自媒体技术获取知识进行学习，如点击微视频、观看视频公开课，参加在线讨论，开展在线教育；学校要借助自媒体开展思想教育、开展数字阅读、传播校园文化等。这样，通过引导微媒体在学生学习生活中广泛应用，既迎合了自媒体时代发展趋势，又丰富了大学生获取知识的途径，使网络信息资源优势发挥到最大化。朱倩认为，一是高校要将自媒体线下教育与线上教育相结合，开设基于自媒体的媒介素养教育课程，通过典型案例不断纠正学生的世界观、人生观和价值观，定期对学生使用自媒体的状况开展调研，根据学生反馈的问题，通过入学教育、主题班会、座谈会等形式开展媒介素养教育；二是要建立自媒体思想政治教育公众号，要充分利用自媒体网络平台，教育大学生提高自媒体传播信息的政治正确性，提高自媒体使用的法制意识，树立正确的自媒体伦理观。

从以上研究来看，学界的观点非常丰富。邹静昭等学者从微观层面分析了自媒体给大学生带来的行为改变，这是值得继续深入探究的问题。莫峥指出在大学生媒介素养教育中，要让大学生明确权利与义务是紧密相连的，为理论研究提供了很有价值的路径。陈雨的观点意味着大学生对媒介素养教育需求很大，媒介素养教育大有可为。朱锦龙、孟莉反对很多学者在大学生媒介使用方面"堵"的思维，认为要引导大学生借助自媒体获取知识进行学习，是一种非常有价值的超前的认识。

五、基于其他学科的大学生媒介素养教育研究

自媒介素养教育在西方产生以来，较多得到传播学、教育学领域学者的研究，因此传播学、教育学通常被认为是媒介素养教育的基础学科。近年来，随着媒介素养教育研究影响力的日益增加，其他学科领域学者对媒介素养教育尝试开展跨学科研究，或者研究媒介素养教育的学者尝试结合其他学科领域知识，深化了媒介素养教育的内涵，取得了很多重要研究成果。本年度，以大学生媒介素养教育为圭臬，出现了基于政治学、文化学、美学等学科的研究，给我们带来了新的启发。

（一）结合网络民主参与的分析

"网络民主参与"的概念理解建立在"政治参与"之上，例如网络政治选举、网络政治交流、网络政治传播以及网络政治结社等，是在权利义务范围内借助计算机、通信、网络等技术手段，通过网络发布、在线交互、微平台推送等网络形式开展意愿表达、利益诉求，参与公共事务的社会活动和行为过程。为此，范良辰以"当代大学生网络民主参与"为主题，对广西壮族自治区四所高校大学生媒介素养状况进行问卷调查，并采用 Logistic 回归模型进行分析后发现，大学生网络民主参与总体处于低层次的被动接收讯息阶段，主要依赖网络意见领袖发起的政治民主活动来满足自身社会化需求；相比于网络讨论政治议题或公共事务，大学生更倾向转发、分享公共事件消息或政治新闻；相比于围绕政治议题或公众事务发起网络签名等形式的维权活动，大学生更倾向参与相关的网上投票、网络征求意见调查；与大学生现实政治民主生活的身份相关的属性对其网络民主参与方式产生了相关性影响，特别是现实中担任学生干部的民主生活身份，对大学生在网上政治民主参与的活动产生了重要的影响。

（二）结合跨文化传播的分析

当今的媒介环境已不再是传统媒介独霸天下的局面，全球化经济的到来使传统媒介正经历一场全新的革命，与此同时，新媒体的加入也使原来的传播环境变得更加复杂以及多样化。不论是传统媒介还是新媒体，在传播的过程中都不可避免地与政治、经济、文化、教育等方面交互，在交互的过程中也再一次扩大了传播的范围，从地域到思想，无一不体现了媒介环境的"跨文化"。叶之宁认为，当代大学生通过先进的数字技术参与大众传播，充当着接收者与传播者的双重角色，但是他们却对媒介信息的表征和建构功能缺乏足够的判断和警惕；当代大学生能够接触到的不局限于本国媒介，同时也能够通过数字技术接触到境外媒介，媒介之间的良莠不齐、过度竞争导致品位低下的内容不断呈现在大学生面前。如何在全球化媒介环境带来的跨文化语境中，通过媒介素养教育使当代大学生学会主动区别与抵制不良信息，自觉追求符合传统精神和美德的价值观、人生观，以及如何通过媒介进行跨文化传播更为有效，是亟待解决的问题。为此，他提出，要提供良好的媒介生态环境，明确跨文化传播媒介素养教育的重点，加强大学生跨文化传播媒介素养的自我教育。

（三）结合美学教育的分析

在接触影视媒介时，部分大学生更愿意接受集音效画面于一体的媒介形式，但会简单地把这种影视、戏剧、音乐作品中的内容认为是作品的全部，而往往忽视了文学作品原著的意旨和美之所在。罗国干认为，有的媒介为了吸引受众，谋取商业利益，放弃职业操守和社会责任，偏重媚俗、猎奇和暴力，这对价值判断力尚未成熟的大学生的健康成长产生直接危害，导致一些大学生优劣难辨、善恶不分，美丑不明，以庸俗取代高雅，以视觉感触取代艺术品位，以表面认知取代理性思考，以简单纯粹的快感取代审美的愉悦感受。一方面，有的大学生为了追寻单纯的感官刺激或是宣泄情绪，沉迷于网络游戏和色情暴力等不健康的虚拟场景中，甚至主动传播这种不健康内容。另一方面，一些大学生在大量的不真实信息中失去应有的分辨能力，价值观被大量的媒介渲染改变，甚至追求奢华的生活和虚无的人生目标。为此，他提出，美学教育与媒介素养教育在培养大学生理性思考和批判意识的目标上都是一致的，因此可以将美学教育融入媒介素养教育，通过文学阅读教育和艺术教育，提高大学生审美能力和驾驭媒介能力。

跨学科研究是指跨越不同研究领域、打破不同学科界限以实现学科创新发展的科学研究活动。范良辰聚焦"网络民主参与"，基于问卷调查数据，采用 Logistic 回归模型进行分析，描述了大学生目前参与公共事务的现状，体现了研究的严谨性与科学性，这样的研究方法值得其他学者学习和应用。叶之宁敏锐地意识到网络时代跨文化传播的日常性和重要性，体现了大学生媒介素养教育在意识形态战略层面的重大意义。罗国干认为新媒体造成基于传统媒介的美感的衰落，需要引起高度重视。

六、大学生媒介素养教育与思政教育融合研究

新媒体、自媒体出现以来，给大学生生活带来重大变化，很多学生存在走路玩手机、吃饭用微信、休息逛淘宝、付钱用支付宝的情况，这在一定程度上反映了学生在高校中的真实生活。这种状况给高校思想政治教育工作带来重大挑战，使得大学生媒介素养教育目标与高校思想政治教育目标趋于一致。因此，近年来，大学生媒介素养教育逐渐得到高校学生工作人员的关注，以辅导员为主的学生工作人员成为中国研究大学生媒介素养的重要力量，论文发表数量逐年上升。

（一）高校思政教育遇到的挑战

新媒体、自媒体在大学生中广泛流行，给高校思想政治教育工作带来重大影响。刘心认为：一是削弱了思想政治教育者的主导地位，尽管各种媒介也在大力宣传党的路线、方针、政策，倡导主流价值的教育，但是由于高校更重视对学生"才"的培养，某种程度上弱化了"德"的教育，因此对大学生并未产生太大的吸引力。二是影响大学生正确世界观、人生观、价值观的形成，各种媒介信息内容良莠不齐，大学生辨别是非能力还较弱，很容易受到错误思想和观念的影响。三是影响大学生的思想观念，许多不良信息不经查证、以讹传讹、肆意传播，很多大学生本身并不具备足够的知识积淀和良好的是非分辨能力，容易轻信这些扭曲事实的内容，这对大学生的成长造成了不良影响，对高校思政教育产生抵触情绪。四是淡化了大学生的政治观念，很多大学生对国家政策、社会发展、国际关系等内容漠不关心，相比之下，网络社交、游戏追剧、娱乐八卦等则成了他们日常生活的主要内容，这使得很多大学生国家意识淡薄、政治素养缺乏，这种趋势给高校思政工作带来了挑战。

（二）将媒介素养教育融入思政教育的必要性

将媒介素养教育融入大学生思想政治教育是时代发展的必然要求，是思想政治教育的客观需要，也是落实"以人为本"教育理念的重要举措。韩靖雯认为，将媒介素养教育融入高校思想政治教育，不断提高大学生媒介素养水平，可以切实增强大学生对于媒介负面效果的"免疫力"，教育引导学生正确认识媒介、准确判断信息、合理利用媒介，树立正确的人生观、价值观，帮助大学生在媒介化社会中更好地生存和发展；媒介素养教育也是高校占领文化阵地的必要前提，有利于形成良好校园舆情，构建和谐校园文化，延续高校思想政治教育对大学生的良性效果。林男认为，将媒介素养教育融入思想政治教育，既是高校学生工作者开展思想政治工作的必然要求，也是思想政治工作紧跟信息化时代旋律的内在要求；对学生进行媒介素养教育，让他们学会判断信息背后隐藏的信息，自觉抵制不良信息，成为思想政治教育中确保学生意识形态安全的重要途径之一；通过对学生的媒介素养教育，可

以帮助学生利用新媒体学习科学文化知识、培养高尚的道德情操，完善"优质公民"的素质，使得学生成长成才。

（三）将媒介素养教育融入思政教育的方式

在新媒体环境下，需要转变将思想政治教育当成任务的看法，充分地考虑到思想政治教育的境况，积极利用媒介素养教育来促进思想政治教育的效果。谭安捷认为，将新媒体与思想政治教育之间相互结合，鼓励大学生利用新媒体，通过媒介素养教育来提高学生的思想政治水平；重视微博、微信信息平台，对大学生这个群体有针对性地发布有正面引导性的内容，对于学生之间流传的不恰当的信息，要第一时间指正并且引导舆论，用新媒体的优势去弥补传统思想政治教育的劣势，用更加符合时代特点、更加科学的方式开展学生思想政治教育工作；要把媒介素养纳入高校教师培训体系中，并且要定期培训，紧跟社会发展。邸晓静认为，在学校中，工作者可以适量地开设关于媒介素养教育培养的课程，或者是在思想政治的知识和理论课堂以及其他与思想政治相关的课程中，适当地将媒介素养教育的有关内容加入其中；在课堂之外，学校也可以进行媒介素养专题讲座、选修课程等有关内容的开设；学校每年可以安排教师在其他国家或是其他学校进行进修、学习；可以通过假期进修以及在职培训的方式来进行自身的培训。

思想政治教育工作在中国高校中占有非常重要的位置，对大学生生活学习习惯养成以及正确的世界观、人生观、价值观培养发挥着不可替代作用。新媒体、自媒体等的发展，对大学生生活、学习和"三观"培养造成较大冲击，刘心全面阐述了这个问题。韩靖雯等指出了将媒介素养教育融入大学生思想政治教育的重大现实意义。谭安捷主张用新媒体的优势去弥补传统思想政治教育的劣势，很有新意；邸晓静提出要加强教师进修、学习、培训，既指出了目前大学生媒介素养教育实践存在问题的症结所在，也指出了今后努力的重要方向。

结语

总体来说，从项目资助情况来看，本年度大学生媒介素养教育研究呈现"两热两冷"的局面，即国家冷、地方热，高校冷、教师热。从论文发表情况来看，发表在核心期刊上的论文数量较少，发表在权威核心期刊上的论文基本没有，反映出大学生媒介素养教育这个研究主题还没有完全进入国内主流学术话语体系。从具体研究情况来看，亮点在于基于新媒体或者自媒体的研究，发表论文数量超过了一半，反映出学界能充分结合媒介环境演变特点，从微观层面进行具体探索，很多学者能够结合自己的调查和思考提出很有见地的观点，具体参见每部分后面的点评，此处不再赘述。

不过，在具体研究中还存在很多问题。一是研究框架几乎没有变化，大多数论文在某种框架内打转，即概念、现状、意义、价值、影响、措施的某几种组合，使得很多论文看起来千篇一律、似曾相识。二是研究方法几乎没有变化，大多数论文基于学者自己对媒介素养概念的某种理解，设置一些问题并开展问卷调查，然后进行简单的统计分析，科学性和可信度不够，表明还没有研究出公认的科学的媒介素养水平测量方法。三是对策建议重复较多，大多数是政府、社会、高校、教师、大学生自己等的某几种组合，且点到为止，深度论述不够等。如何突破以上这些问题，需要学界今后重点研讨。

参考文献

［1］刘静.大学生媒介素养现状探究［J］.新闻研究导刊，2018（18）.

［2］赵宏，周润娟.加强大学生媒介素养教育的基本逻辑与现实路径［J］.西安石油大学学报（社会科学版），2018（3）.

［3］季静.大学生网络媒介素养教育目标探寻［J］.江苏高教，2018（7）.

［4］张蕾.大学生媒介素养教育的现实意义及实施途径［J］.视听，2018（11）.

［5］刘浩，张帆.大学生媒介素养教育复合式路径研究［J］.经济师，2018（6）.

［6］杨艳芳.媒介融合环境下山西省高校艺术类大学生媒介素养研究［J］.戏剧之家，2018（35）.

［7］王晋宁.山西省大学生媒介素养现状调查研究［J］.新媒体研究，2018（2）.

［8］秦名娟，陈紫纯.安徽高校大学生媒介素养调查研究——以合肥师范学院为样本［J］.合肥师范学院学报，2018（2）.

［9］王文荟.95后大学生媒介素养现状调查与研究［J］.管理观察，2018（19）.

［10］贺立凯.大学生媒介素养现状调查研究［J］.新媒体研究，2018（2）.

［11］郭小平，张杰.地方性高校大学生媒介素养现状调查与分析——以榆林学院为例［J］.榆林学院学报，2018（4）.

［12］周婧.新媒体时代大学生媒介素养现状调查与思考［J］.青年记者，2018（35）.

［13］赵晓露，马志强.新媒体时代大学生媒介素养现状调查及提升路径［J］.和田师范专科学校学报，2018（1）.

［14］陈湧.新媒体视域下大学生媒介素养提升的对策研究［J］.领导科学论坛，2018（1）.

［15］黄立佳.新媒体环境下高校大学生媒介素养问题研究［J］.传媒论坛，2018（21）.

［16］高加友.新媒体环境下大学生媒介素养培育研究［J］.产业与科技论坛，2018（3）.

［17］强亚莉.新媒体时代大学生媒介素养教育现状探析［J］.新闻研究导刊，2018（23）.

［18］师妍.新媒体时代大学生媒介素养成路径探索［J］.榆林学院学报，2018（3）.

［19］吴秋燕.新媒体依赖下大学生媒介素养教育的路径重构［J］.新闻战线，2018（14）.

［20］王一涵.新媒体视域下的大学生媒介素养教育创新策略研究［J］.传媒，2018（13）.

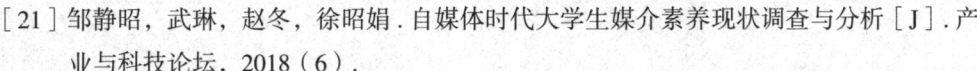

[21] 邹静昭，武琳，赵冬，徐昭娟 . 自媒体时代大学生媒介素养现状调查与分析 [J] . 产业与科技论坛，2018（6）.

[22] 张晓，鞠煜 . "微时代" 背景下大学生媒介素养的现状与培育路径 [J] . 传媒观察，2018（12）.

[23] 肖志芬 . 大学生媒介素养教育的内容、途径和方法 [J] . 新闻世界，2018（7）.

[24] 莫峥 . 论自媒体视阈中的大学生媒介素养教育 [J] . 西部广播电视，2018（22）.

[25] 章雪 . 颖微时代背景下大学生媒介素养提升策略探析 [J] . 新闻研究导刊，2018（4）.

[26] 陈雨 . 微传播时代大学生微信媒介素养现状调查研究——以河南郑州地区为例 [J] . 传播力研究，2018（11）.

[27] 徐蓓玲，高国元 . 自媒体时代大学生媒介素养教育研究 [J] . 视听，2018（10）.

[28] 房立 . 自媒体时代大学生媒介素养教育质性研究 [J] . 西部广播电视，2018（23）.

[29] 朱锦龙，孟莉 . 微媒体时代大学生新媒介素养提升策略研究 [J] . 昌吉学院学报，2018（3）.

[30] 朱倩 . 大学生自媒体媒介素养调查报告——以无锡高校为例 [J] . 晋城职业技术学院学报，2018（3）.

[31] 范良辰 . 当代大学生网络民主参与的媒介素养现状调查——以广西高校大学生为例 [J] . 玉林师范学院学报，2018（4）.

[32] 叶之宁 . 跨文化视域下大学生媒介素养研究 [J] . 新闻研究导刊，2018（12）.

[33] 罗国干 . 美学教育下大学生媒介素养提高研究 [J] . 广西社会科学，2018（3）.

[34] 刘心 . 自媒体时代大学生媒介素养及思政工作应对挑战研究 [J] . 中国报业，2018（10）.

[35] 韩靖雯 . 思想政治教育视域下大学生媒介素养提升路径研究 [J] . 潍坊学院学报，2018（6）.

[36] 林男 . 基于学生工作视角的新媒体时代高校大学生媒介素养教育 [J] . 智库时代，2018（50）.

[37] 谭安捷 . 新媒体环境下大学生媒介素养教育与思想政治教育的有效融合 [J] . 新闻传播，2018（18）.

[38] 邸晓静 . 新媒体时代媒介素养融入大学生思想政治教育的路径探析 [J] . 新闻研究导刊，2018（18）.

（作者简介：韩永青，重庆文理学院文化与传媒学院教授，芬兰坦佩雷大学访问学者。）

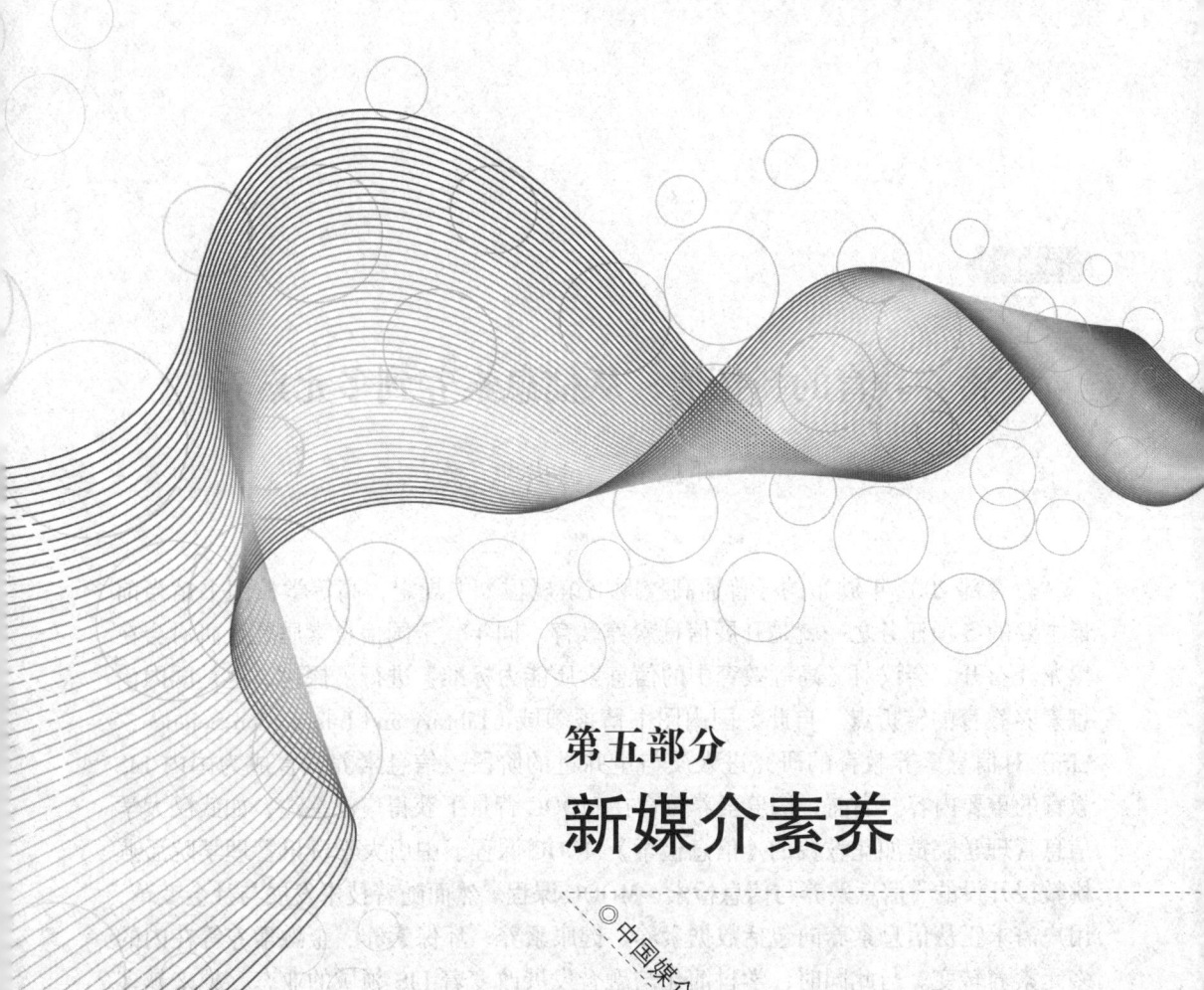

第五部分

新媒介素养

◎中国媒介素养研究年度报告：2018

素养教育的新拓展：从信息素养到多元素养

邓胜利　　付少雄

　　教育部 2002 年颁布的《普通高校图书馆规程》中规定，高等学校图书馆当前最主要的 5 项任务之一就是开展信息素养教育。同年，全国信息素质教育研讨会在黑龙江召开，会议对《高等教育中的信息素质能力标准》进行了探讨，这是国内信息素养教育的转折点。自此，国内图书情报领域（Library and Information Science，LIS）对信息素养教育的研究进入质与量并进的阶段，信息素养教育成为国内 LIS 教育的重要内容。当前，信息素养教育在 MOOC 背景下获得广泛关注，如武汉大学信息管理学院黄如花教授的《信息检索》MOOC 课程、中山大学资讯管理学院潘燕桃教授开设的《信息素养与信息检索》MOOC 课程。然而随着技术发展与社会变革，用户需求正从信息素养向包括数据素养、健康素养、环保素养、金融素养等在内的多元素养转变。与此同时，学科演化与融合发展改变着 LIS 领域的业态，越来越多的 LIS 毕业生走向 LIS 领域以外的职业，涉及政府公务人员、企事业单位运营与管理、互联网企业的产品开发、数据运营与技术研发等，这些岗位对 LIS 毕业生提出了更高的要求。

　　面对社会与用户的切实需求，上海图书馆原馆长吴建中先生提出了"多元素养"的概念，强调我国 LIS 领域应保持与社会同步发展，以用户的切实信息需求作为发展导向，更加注重提升多元素养，培养用户的数据、健康、环保、金融等方面的素养。作为 iSchools 联盟首批成员的马里兰大学信息研究学院，近年来也重新审视了 LIS 硕士项目，着重强调了未来的信息专业人才不应局限于单纯的信息素养，而应该拥有完备的核心技能，包括使用多种技术、数据采集与利用、了解项目预算等多方面的综合能力，实现 LIS 学科的突破与创新。因此，基于未来的用户需求，LIS 领域可有针对性地进行教育改革，高校与图书馆各司其职，实现从信息素养教育到多元素养教育的转变。

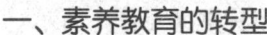

一、素养教育的转型

（一）当前素养教育的局限性

随着社会发展，LIS 领域需要不断审视素养教育，以更好地实现社会需求与 LIS 教育的有效匹配。对于信息素养的定义，当前应用最广泛的是由《美国大学与研究图书馆协会高等教育信息素养框架》（ACRL Information Literacy Framework for Higher Education）提出的：信息素养是指包括体现获取信息、理解信息价值与生产、利用信息参与社群学习与创造新知识的综合能力的集合。但是，由于信息素养教育的局限性，很难满足社会对新的素养的要求，因此有专家提出了"元素养"。元素养是指"催生其他素养的素养"。元素养的培养涉及认知（理解与应用）、情感（态度）、行为（强调能力、技巧）和元认知（对认知过程的思考）。但在元素养培养过程中，并未强调是催生哪类素养，不能明确指明 LIS 教育需要培养的新素养，具有局限性。同时，元素养的模糊性也使元素养教育的实施具有盲目性，元素养教育应采用何种教育模式，元认知中的批判性思维如何融合到内容中去，这都是元素养教育过程中尚待解决的问题。而多元素养能明确指明 LIS 教育中应该培养的素养内容。

（二）多元素养的概念阐述

当前图情领域并未系统地对多元素养进行阐述，吴建中馆长虽然提出 LIS 教育应发展多元素养，但并未完整定义多元素养。综合国内外 LIS 教育实践，本文认为 LIS 教育所涉及的多元素养可以理解为"图情领域涉及的职业、机构、部门、用户需要的素养，涵盖核心素养与拓展素养"。核心素养主要指图书情报事业发展需具备的基本素养，也是当前 LIS 领域研究与教育主要涉及的内容，包括信息素养数字素养与视觉素养、数据素养、科学素养、版权素养、媒介素养、阅读素养等，本文主要探讨信息素养与数据素养；拓展素养指未来 LIS 教育可以延伸的方向，主要涉及健康素养、环保素养、金融素养、技术素养等。其总目标如下：

1. 基本理念。多元素养理念包括基本认知与态度：基本认知是指对各类素养的基本理解；基本态度是指对如健康、环保问题的责任意识与预防意识。

2. 基本知识。多元素养知识涵盖科学与行为知识：科学知识是指有关数据分析、健康管理、环境保护、财务预算等方面的知识；行为知识是指健康维护、环境保护、成本控制等方面的知识。

3. 基本技能。多元素养技能涉及认知与操作技能：认知技能是指搜集、分析、理解与利用各类信息的能力；操作技能是指面对日常素养需求时解决实际问题的能力。

4. 内涵丰富。根据图书馆领域新的需求不断扩展多元素养的内涵，即根据社会与用户需求，丰富多元素养包含的内容。多元素养总目标框架见图1所示。

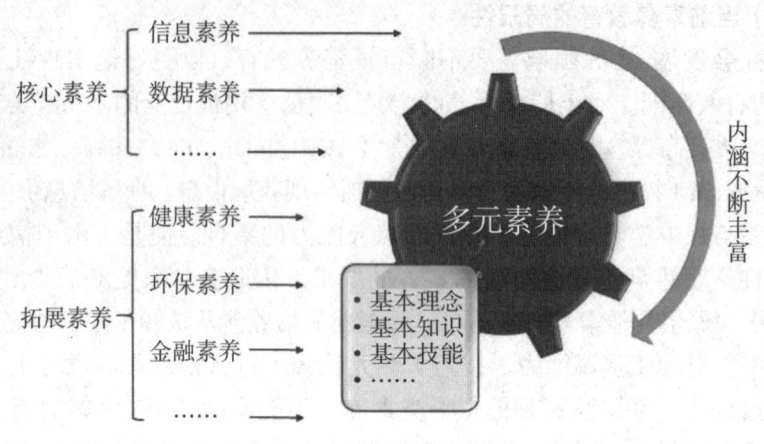

图1　多元素养框架

（三）多元素养教育的目标

多元素养教育可结合用户、馆员或社会的需求有选择性地分类培养，即从学习到工作阶段的按需培养，而非一味追求多元素养的全面培养。高校与图书馆的多元素养教育应做到有所区分：对于高校，LIS 教育培养的是图书情报专业人才。高校多元素养教育应针对信息、数据等素养教育的现状与不足，制定高校多元素养教育框架，结合学科发展与社会需求动态调整，以满足图书情报事业发展的需求；对于图书馆，LIS 教育则面向更广泛的社会群体。图书馆应体现社会与文化包容，依据社会主体的社会教育职能和分工协作，服务于金融、技术等职业素养的提升，为各类人群公平获取信息、参与发展提供条件。

根据多元素养总目标框架，面对学习、生活与工作等方面的需求，多元素养教育的具体目标如下：（1）数据素养应培养用户的数据驱动意识，掌握数据管理的知识、技能与工具，学会获取利用数据；（2）健康素养应培训用户在工作与生活中有效获取、传播以及利用健康信息的能力；（3）环保素养应使用户拥有较强的环保意识、理论与知识，能运用环保理念与知识推动绿色信息服务的开展，特别是促进图书馆等信息机构的绿色信息服务；（4）金融素养应让用户具备金融意识，掌握金融管理的知识、技能与工具，能够解决工作或生活中遇到的金融问题。无论是企事业单位还是图书馆等信息机构，都需要从业人员具备一定的金融素养，公众金融素养教育也需要图书馆领域的参与。同时，LIS 教育应着重培养 LIS 领域从业人员开展多元素养教育的能力，以适应日后图书馆、信息机构等社群的素养教育工作。本文对多元素养教育的具体目标进行了归纳（见表1）。

表 1 多元素养教育的具体目标

目标	内容	主要涉及领域
数据素养的目标	数据驱动的创新精神与理念	科研工作者
	对数据的获取、利用、共享和管理的能力	一般性工作岗位
	数据采集、使用以及取舍过程中的隐私问题	科研工作者
	以用户需求为导向的数据素养培养	
	能开展基础的数据素养教育及培训	图书馆／信息机构
健康素养的目标	能意识到健康信息需求，确认可能的信息源并运用它来检索有关健康信息	一般性工作岗位
	评价健康信息的质量以及具体情境下的适用性的能力	
	分析、理解并使用健康信息做出合理决策的一系列能力	
	能开展基础的健康素养教育及培训	图书馆／信息机构
环保素养的目标	具备较强的环保意识，并能将环保理念传播给公众	一般性工作岗位
	能够将环保理论与知识运用于绿色信息服务中	图书馆／信息机构
	能参与到图书馆等信息机构的绿色建筑建设和节能管理中	图书馆／信息机构
	能开展基础的环保素养教育及培训	图书馆／信息机构
金融素养的目标	能理解金融相关的术语及文件	一般性工作岗位
	具备解决基础的金融问题的能力	
	能开展图书馆等信息机构的财务预算等方面工作	图书馆／信息机构
	能开展基础的金融素养教育及培训	

二、多元素养教育的驱动因素

（一）社会需求

LIS 教育只有不断地满足社会需求，才能与社会同步发展。数据素养是图书馆员与科研工作者的核心素养之一，是多元素养教育中需要培养的核心素养。同时，数据素养也是当前 LIS 学科发展的新领域，多源异构数据的挖掘、分析、整合以及应用成为信息服务拓展的关键驱动因素，数据服务、数据可视化、数据驱动采购、数据驱动决策以及数据关联分析等是 LIS 领域亟须解决的研究主题；对于健康素养，面对日益复杂和专业的健康信息环境，公众需具备较强的健康素养去获取、理解与利用健康信息。当前"健康中国"已成为国家战略，为此卫生机构进行了大量健康知识的科普性工作，但是公众健康素养的提高程度并不高。中华预防医学会会长、中国工程院院士王陇德表示，健康问题的解决不能仅依靠卫生机构，公众健康素养的提高是需要全社会参与的复杂工程，其他社会部门必须各司其职、步调一致。日本学者 Sakai Y 认为，公众健康信息服务的提供，健康信息能力的培育，需要有情报学以及图书馆界的参与。

对于环保素养，我国承诺到 2020 年实现 40%—45% 的减排目标，信息服务涉及各行各业，推动信息服务的绿色化对于整个社会生态的节能减排都大有裨益。绿色信息服务的推动需要 LIS 领域的介入，绿色信息服务主要是实现从信息产生到访问、使用和处理的整个生命周期中的可持续使用。同时，绿色信息服务也是 LIS 领域的关注重点。LIS 学科通过环保素养教育的开展，不仅能优化绿色信息服务，更是有助于推动全社会信息产业向环境友好型发展。对于金融素养，美国威斯康星大学金融安全中心在《公共图书馆作为金融素养提供者》报告中，指明了公共图书馆的建设计划、员工培训以及馆藏发展方面在金融信息领域的空白，应加强金融馆藏建设、金融参考咨询、金融素养课程与培训、政府金融计划的配合、特定人群的金融信息服务。报告也指出仅有不到 10% 的图书馆从业人员接受过金融素养教育，但图书馆从业人员在日常工作中面临各类财务信息需求。

（二）政策规划

国内外政府以及协会制定了一系列政策与规划，从顶层设计推动多元素养教育的开展，要求高校与图书馆等信息机构各司其职、互相配合，实现从学习到工作中用户各类素养的提升，形成多元素养（见表 2）。

表 2　多元素养教育的政策基础

多元素养	政策／规划	部门／机构	主要思想／方案
数据素养	《促进大数据发展行动纲要》	国务院	提高对大数据的采集、分析与利用
	《大数据对发展的挑战与机遇》	联合国	促进数据驱动发展
	《美国数据素养计划（SDL）》	美国博物馆与图书馆服务协会（IMLS）	提高科研工作者的数据素养
	《共同核心州立标准》	美国学校图书馆员协会（AASL）	促进数据素养，提高数据的获取、利用、共享和管理的能力
健康素养	《中国公民健康素养—基本知识与技能》	国家卫计委	公众应有意识地关注健康信息，利用各类资源提高健康素养
	《国民经济和社会发展第十三个五年规划纲要》	全国人大	提高全民健康水平列入大纲，健康中国被纳入国家整体发展战略
	《"健康中国 2030"规划纲要》	中共中央、国务院	"共建共享、全民健康"作为战略主题，坚持以政府为主导，动员全社会参与
	《关于促进健康服务业发展的若干意见》	国务院	统筹公共健康服务资源，发展多样化健康服务，重点发展健康咨询等健康信息服务
环保素养	《中国公民环境与健康素养》	环保部	通过环境与健康素养的培养，促进公众健康

（续上表）

多元素养	政策/规划	部门/机构	主要思想/方案
环保素养	《全国环境宣传教育工作纲要（2016—2020年）》	环保部、教育部等六部委	推行环境教育，提高环境教育在环境保护中的地位
	《珍惜环境资源，建设节约型图书馆》	中国图书馆学会	号召图书馆与其他信息机构开展LIS领域的节能建设
	《全国图书馆能耗现状调研》	中国图书馆学会、中国建筑标准设计研究院	促进环保型图书馆建设
金融素养	《推进普惠金融发展规划（2016—2020年）》	国务院	通过开设金融公开课等方式开展金融知识普及性教育，促进各类人群金融素养
	《关于加强金融消费者权益保护工作的指导意见》	国务院	普及金融知识，增强金融素养
	《金融智慧周：在图书馆中促进金融素养》	美国图书馆协会（ALA）	通过一系列课程和活动促进用户金融素养

（三）行业发展

随着社会环境改变，LIS教育应以用户需求为导向，拓展生存空间，加快发展转型。结合国内外LIS教育情况，当前国内LIS素养教育面临如下现实问题：首先是教育范畴，当前LIS教育着重强调信息素养的重要性，而忽视社会对健康、环保、金融等多元素养的需求。虽然数据素养教育逐渐开展，但尚未形成系统的培养体系。而大数据时代的到来，用户信息行为的多样性、信息的泛在化对LIS领域的从业人员提出了更高的要求，除具备基本的信息素养，还应拥有更丰富的知识面以及多学科背景。国外图情界已在多元素养教育中承担着重要责任，这种趋势应引起我国图情界的重视。其次是功能拓展，社会对图书馆员的专业需求正在减少，图书馆不应仅限于作为阅读场所，更应承担公众多元素养与学习能力提高的责任。国际图联（The International Federation of Library Associations and Institutions，简称IFLA）发表的《图书馆与社会发展宣言》，也明确鼓励图书馆转型，强调图书馆的社会功能。

2.4 实践探索

面对多元素养需求，国内LIS领域已开展诸多实践活动，但多元素养教育尚未系统化。对于数据素养，高校如武汉大学信息管理学院开设数字资产管理、科学数据管理专题研究等方面课程，南京大学信息管理学院开设数据挖掘技术、数字资源管理技术等课程。图书馆如北京大学图书馆结合学科服务，举行了"数据素养与统计数据资源"系列讲座；上海交通大学图书馆在2015—2016年对用户数据素养进行培训；江汉大学图书馆以"用数据量体为科研裁衣"为题进行数据素养教学讲座。

国内LIS领域也在健康素养、环保素养与金融素养教育方面做出了有益尝试，主要集中在图书馆领域。部分图书馆开始尝试健康信息服务，如北京师范大学、首都师范大学、北京工业大学等高校图书馆设立健康公益书架；苏州图书馆为图书馆员开展了主题为"健康素养检索"的培训；三亚图书馆、湘潭图书馆、芜湖市图书馆等公共图书馆举办健康知识讲座。同时，国内图书馆开展了大量绿色环保实践，如中国图书馆学会从 2010 年起，协同国际环保产业促进中心在各省市普及环保型图书馆建设；上海交通大学图书馆以"保护生态环保，建设美好家园"为主题促进环保素养，通过传播环保知识，增强大学生的环保意识。对于金融素养，营口市图书馆联合人民银行营口市支行，面向不同文化阶层开展金融素养教育，普及金融知识。在新形势下，LIS 业态正在发生改变，基于当前实践探索，国内 LIS 领域可加强多元素养教育，推动 LIS 教育转型。

三、国外 LIS 领域多元素养的实践

国外 LIS 领域多元素养实践主要集中在高校与图书馆，与国内实践探索相类似，国外 LIS 领域高校与图书馆均开展了数据素养教育，而健康素养、环保素养与金融素养教育主要集中于图书馆领域。

（一）核心素养实践

本文主要介绍核心素养中的数据素养实践，国外 LIS 领域的数据素养实践主要面向学生、教师、科研人员等，涉及数据素养课程、数据素养平台、数据素养研究课题，以及数据馆员设置等（见表3）。数据素养教育通常分为三阶段：数据素养学科教育、数据素养通识教育、数据工具使用。数据素养课程包括面向用户/馆员数据素养培养、数据素养思维和方法、数据采集、管理与利用课程、跨学科的数据分析方法等。同时，通过对 50 所世界顶尖大学图书馆的调研，数据管理技能培训已成为图书馆服务的核心，国外多所高校图书馆增设数据图书馆员。

表 3　数据素养教育

内容	涉及高校/机构
数据素养课程	谢菲尔德大学、约克大学等高校；耶鲁大学、明尼苏达大学、华盛顿大学等高校图书馆
数据素养平台	爱丁堡大学的研究数据库（DataShare）、康奈尔大学的数据分段存储库（Data Staging Repository）等
数据素养研究课题	雪城大学、肯特州立大学、埃塞克斯大学等高校；哈佛大学、麻省理工学院等高校图书馆
数据馆员	牛津大学、耶鲁大学、纽约大学、麻省理工学院、密歇根大学等高校图书馆

（二）拓展素养实践

1. 健康素养实践

根据美国国立医学图书馆（National Library of Medicine，简称 NLM）规定，为促进当地居民健康信息素养，提供健康信息查找与咨询服务，每个州至少设立一个

健康科学图书馆。美国目前至少拥有 937 所健康科学图书馆。国外不仅专业的医学图书馆提供健康信息服务，普通的公共图书馆和大学图书馆也开展健康信息服务，并成立健康类图书馆协会促进公众健康素养（见表 4）。

表 4　国外健康（医学）图书馆协会

健康（医学）图书馆协会	国家 / 地区
加拿大健康图书馆协会	加拿大
北美医学图书馆协会	北美
美国学术健康科学图书馆协会	美国
欧洲健康信息和图书馆协会	欧洲
图书馆和信息专业研究所的健康图书馆小组	英国
德语国家医学图书馆协会	德国
日本医学图书馆协会	日本
澳大利亚亚健康图书馆协会	澳大利亚

对于图书馆员的健康素养教育，匹兹堡大学健康科学图书馆针对图书馆员开展健康素养教育面临的困难，为宾夕法尼亚州西部 16 家公共图书馆的 298 位馆员提供健康素养教育，通过包括培训需求评估、培训影响因素和课程评估在内的评估方法用于制定课程，评价培训对公共图书馆员健康专业活动的影响。对于公众的健康素养教育，美国卫生及公共服务部 （Department of Health & Human Services，简称 HHS）指出公共图书馆可以在培训公众如何检索易于访问的优质健康信息网站方面发挥更大作用。为解决图书馆员在提供健康信息服务中的障碍，提高公众健康素养，韩国为图书馆员和公众开发出一套健康素养培训程序。结合当地情况制定培训程序，有利于图书馆更好地参与健康素养促进，有效规避图书馆参与过程中的定位不清、责权不明等问题。同时，为保证健康素养教育的有效开展，图书馆应加强与卫生机构、新闻媒体等开展合作。

2. 环保素养实践

绿色图书馆运动正广泛兴起，形成了丰富的理论成果，通过环保素养教育在节能管理以及绿色建筑等实践领域不断取得突破（见表 5）。为了促进环保素养教育与图书馆的可持续性发展，美国图书馆协会（American Library Association，ALA）下设环境工作小组（Task Force on the Environment），同时，国外图书馆还特别设置了可持续发展馆员或生态馆员（Eco-Librarians），以满足环保素养教育需求。图书馆的环保实践既减少了图书馆的碳排放，响应了政府绿色环保政策，更能够提高用户、图书馆员等的环保意识。

表 5　国外 LIS 环保素养的教育内容

对象	教育内容
素养教育形式	绿色环保讲座、环保材料的采购（无酸纸、植物性油墨等）、环保的行为习惯、节能环保阅读的推广、终身环保理念的培养
信息技术	数据中心的节能策略、个性化的信息推荐系统、便捷的信息检索软件
用户服务	友好的用户交互系统设计、高效的用户服务流程
环保建筑	环保材料的采用，可再生能力的使用（太阳能供电供暖等），节能材料的使用（节能灯、带运动传感器的照明系统等），周边便捷的交通、周边绿化带
水资源	节水标识的张贴、节水功能的测评、水的循环利用
图书馆运作	垃圾分类，空闲时间设备的关闭，打印材料的减少（U 盘、移动硬盘），升级软硬件设备（能耗减少）
馆藏建设	电子资源的采购（减少纸质资源）、环保型纸质图书馆的采购、数字设备采购的环保决策、数字设备 / 资源冗余的去除

3. 金融素养实践

金融素养教育有助于用户更好地理解社会的经济运行规律，从而使图书馆教育更好地服务于社会发展。吴建中指出图书馆可以通过举办金融素养讲座等方式，进行金融素养教育。美国参考和用户服务协会（the Reference and User Services Association，RUSA）研究表明在金融素养教育中图书馆能够扮演重要角色，并因此获得了由美国博物馆和图书馆服务协会（the Institute of Museum and Library Services，IMLS）颁布的 SPARKS 奖。SPARKS 专门用于奖励图书馆新的服务与实践以及衍生的工具产品。美国图书馆协会（ALA）与全美最大的投资者教育基金会 FINRA 于 2007 年启动合作，累积授权超过 1000 万美元的捐款用于推动图书馆的金融素养教育，全美目前超过 1300 多家图书馆受到影响。FINRA 资助用来面向不同的图书馆用户，增加用户获取和理解财务信息的方案。参与图书馆将利用各种技术和推广策略，将图书馆用户与最佳的金融教育和信息联系起来。受资助图书馆将与学校、社区、非营利组织和地方政府合作，扩大资助金融素养项目的服务和资源的影响力，FINRA 部分资助计划见表 6。 ALA 还与芝加哥联邦储备银行从 2011 年开展合作，每年开展"智慧财富周"的金融素养促进活动。同时，ALA 主席 Molly Raphael 指出，图书馆正将金融知识纳入现有的计划和服务，并使金融素养在图书馆及其所在社区中得到高度重视。

表6   FINRA 部分资助计划

年份	资助金额	关注群体或年度计划特别关注	受资助图书馆
2009	$882000	青年，成年人，老人，家庭，新移民和低收入群体	法戈公共图书馆、格林维尔图书馆系统等
2010	$1500000	青年，老年人，英语学习者，新移民和低收入群体	奥尔巴尼公共图书馆、休斯敦公共图书馆等
2011	$1400000	青年，老年人，英语学习者，当地就业辅导员，军人及其配偶，以及低收入家庭	伯灵顿图书馆系统、华盛顿—维多利亚公共图书馆等
2012	$1200000	青年，老年人，英语学习者，大学生，农村居民和低收入家庭	爱荷华州立图书馆、锡康克公共图书馆等
2013	$1120000	关注代际学习，帮助父母为子女制定有效的财务方案	乔治城图书馆、特洛伊公共图书馆等
2014	$1190000	重视代际学习，帮助成年人为儿童塑造有效的金融行为	佛罗伦萨图书馆系统、圣菲学院图书馆等
2015	$1800000	旨在为英语学习者，妇女代际计划和军人家庭的图书馆方案中融入金融素养	芝加哥公共图书馆、夏威夷州立公共图书馆系统等

Balestra 等建议公共图书馆可为意大利公共图书馆员开设基本财务课程，以提高馆员的金融素养。

四、国内多元素养教育的举措

（一）多元素养教育的总体实施

多元素养教育的开展，必须结合国内外 LIS 领域素养教育现状，以及素养教育的未来发展方向，制定多元素养教育的方案与政策。本文对总体实施建议如下：

1. 多元素养教育框架的制定

由于国内 LIS 领域并未系统开展多元素养教育，需要借鉴国外素养教育经验，如美国大学与研究图书馆协会（ACRL）制定的《高等教育信息素养框架》，结合国内需求，制定符合中国特色的多元素养框架。框架能够作为指引，创新性地开展多元素养教育，充分释放 LIS 素养教育改革的潜力。

2. 分阶段的终身素养教育

多元素养教育可以分为三个阶段：多元素养通识教育、专业多元素养教育和特色多元素养教育。LIS 教育应根据群体差异，面向不同阶段分别制定培养方案。同时，应多项措施并举推行终身素养教育，高校与图书馆相互配合，从单一的课程教学（培训、选修课等）转而着力于多元素养意识的培养。

3. 与社会需求的动态结合

多元素养教育不应画地为牢，将范畴局限于固定的内容，上述素养只是多元素养教育的一部分。应关注社会变迁对用户服务的影响，当前服务具有超前性，而用户素养具有滞后性，因此应不断拓展多元素养教育的内涵与边界，满足用户服务发展的需要。LIS 教育只有以社会的切实信息需求作为发展导向，才能在不断增强话语权的同时使自身不断得到建设。

（二）多元素养教育的分类培养

多元素养教育涉及核心素养与拓展素养，不能一概而论。应在总体实施方略的指导下，围绕素养意识 / 理念、素养知识、素养技能，面向具体素养类别，开展差异化的多元素养教育。基于多元素养教育现状，数据素养教育可在高校与图书馆中开展，而健康素养、环保素养、金融素养主要面向公众，集中在图书馆。

1. 数据素养培养

数据素养是"互联网 +"与大数据环境下的关键技能。数据素养教育内容包括数据意识、数据管理技能以及数据管理知识，而 LIS 领域一直承担着数据素养教育的责任。无论是高校还是图书馆，都应加强数据意识的培养，指能够意识到对数据的需求，数据可以作为一种资源。数据意识的培养可以穿插在整个 LIS 教育中，增强数据驱动意识，认识到大数据时代数据对于科研与工作的重要性。

对于高校数据素养教育，由于是培养 LIS 领域专业人才，应着力于数据管理技能的培养，可以结合搜索引擎、数据库及数据库管理工具（如 MongoDB、MySQL、Oracle、DBeaver）、数据开源平台（如 Fedora、Dspace、Dataverse）、数据共享平台（如 Pure、Nesstar）等培养包括数据获取、组织、存储、发表、采集以及分享等在内的数据管理能力。对于高校数据素养培养模式，可传统与网络教学相结合，传统教学可采用选修课、实训等方式，网络教学可结合 MOOC、互动网络教学平台、面向特定数据管理工具与技术的网络教学程序等方式进行。

对于图书馆数据素养教育，面向社会大众，应强调数据素养通识教育，对数据管理知识进行普及，如数据资源的管理和建设、数据支持服务、数据素养的培训以及数据管理与咨询平台的维护，可通过开设理论课程分阶段进行培养。对于图书馆数据素养培养模式，可采用讲座、培训等培养模式进行。

2. 健康素养培养

面对社会的现实需求，图书馆教育应当加强公众健康素养的培养，同时图书馆也需要提高馆员的健康素养，以开展面向公众的健康素养促进工作。当前图书馆领域利用健康培训提升图书馆员与公众的健康素养已被证明是行之有效的，图书馆可以面向图书馆员、公众、学生等开展健康素养教育。

对于健康素养培养的形式，既可采用线下集中教学或培训的方式，也可以通过网络教学（如 MOOC 等）的形式。图书馆的健康素养教育，可以联合医疗机构开展健康培训，与产业界进行跨界合作，在利用产业界成熟的互联网健康产品，如春雨医生、阿里健康等，进行健康素养教育的同时，可借用图书馆的场地帮助产业界举办一些健康 App 等方面的推广活动，以实现图书馆、产业界与用户的互利共赢。

健康素养教育主要基于如下三方面：首先是理念培养，用户需要具备较强的健康信息意识，即主动获取与传播健康信息知识；然后是健康信息获取，应实现信息检索与健康素养的结合，即如何实现高效的健康信息检索，获取有效的健康信息知识；最后是健康信息评价、分析与运用的技能，将已有的信息质量评价指标体系运用到健康信息质量的评价与分析中，进行有针对性的优化。

3. 环保素养培养

为了适应可持续的发展趋势，图书馆应加强对用户和馆员的环保素养教育。通过环保素养的培养，图书馆员能将绿色环保理念运用于图书馆楼宇的设计、图书馆资源浪费的减少，并向公众传递绿色环保理念。绿色图书馆运动通过各类方式将环保理念运用于图书馆工作中，其中最重要的一环便是环保素养的培养，研究已经论证了图书馆开展环保素养教育的可行性，并对图书馆领域实现环保素养教育制度化的问题进行探讨。

图书馆环保素养教育应分为理论与实践两方面：对于理论教育，主要涉及环保知识与理念。首先是宣传环保知识，提高馆员和公众的环保意识；其次可介绍绿色建筑的内涵、建设目标以及影响因素等节能设计方面理论。对于实践教育，主要是提升环保技能，可通过案例介绍、实地调研、案例实施等方式，从践行环保理念、绿色建筑的建设、节能计划的制定、环保产品的使用等方面开展。如旧金山图书馆（San Francisco Public Library）制定了"图书馆绿色环保计划"，美国多家图书馆获美国绿色建筑委员会（U.S Green Building Council）认证。

4. 金融素养培养

在国内图书馆教育中，并未系统阐述金融素养教育。经济全球化提升了用户对金融素养的需求，具备丰富金融信息资源的图书馆是提供金融素养教育的理想场所。为满足用户需求，图书馆员需要提升自身的金融素养技能，以及可靠的金融知识。同时，图书馆能够通过提供参考咨询和金融课程提高公众的财务决策能力，促进公众金融素养。

对于金融素养的培养，首先是普及金融知识与提高金融意识，对用户、图书馆员等进行金融通识教育，帮助理解金融相关的术语及文件，同时，提高用户利用金融知识解决日常与工作中财务问题的意识；其次是金融技能的培养，这需要结合国内 LIS 领域面临的切实问题，针对预算管理的有效性、绿色转型节能核算、信息化建设以及工作岗位上常见的金融问题等方面切实提升金融素养。对于金融素养教育模式，既可由受过专业金融教育的大学教师和图书馆员开展，也可紧密联系产业界，邀请金融专业人士开展用户讲座与培训。

参考文献

[1] 普通高校图书馆规程［EB/OL］.［2017-06-10］.http://www.moe.edu.cn/publicfiles/business/ htmlfiles/moe/moe_23/200202/221.html.

[2] 黄蕾.20 年来国内信息素养教育研究与实践综述［J］.图书馆杂志，2015，34（3）：16—22.

[3] 雷水旺，李维.我国图书情报领域 MOOC 研究述评与展望［J］.图书馆工作与研究，2017（1）：105—110.

[4] 余波，温亮明，李洋，等.基于关键词共现的图书情报领域 MOOC 研究热点解析［J］.图书馆工作与研究，2017（4）：69—77.

[5] Ballestra L，Cavaleri P. Enhancing financial information literacy in Italian public libraries：a preliminary study［M］// Information Literacy：Key to an Inclusive Society. Berlin：Springer International Publishing，2016：45—55.

[6] 吴建中.再议图书馆发展的十个热门话题［J］.中国图书馆学报，2017，43（4）：1-15.

[7] 吴建中.走向第三代图书馆［J］.图书馆杂志，2016，35（6）：4—9.

[8] 崔旭.美国绿色图书馆建设的理论、实践及启示［J］.中国图书馆学报，2015，41（1）：38—49.

[9] 李英杰.马里兰大学"重新展望图书馆学硕士项目"报告解读［J］.图书馆工作与研究，2016（10）：5—9.

[10] 肖希明.应对 LIS 教育的挑战［J］.图书情报知识，2014（1）：1.

[11] ACRL Information Literacy Framework for Higher Education［EB/OL］.［2017-06-13］http://acrl.ala.org/ilstandards/wpcontent/uploads/2015/01/Framework-MW15-Board-Docs.pdf.

[12] 杨鹤林.元素养：美国高等教育信息素养新标准前瞻［J］.大学图书馆学报，2014，32（3）：5—10.

[13] 刘丽萍，刘春丽.元素养：信息素养教育转型新导向［J］.情报资料工作，2017（1）：100—104.

[14] 郝若扬，逯万辉.我国人文社会科学领域学科交叉情况定量研究［J］.江苏大学学报（社会科学版），2017（1）：85—92.

[15] 孟祥保，常娥，叶兰.数据素养研究：源起、现状与展望［J］.中国图书馆学报，2016，42（2）：109—126.

[16] 王子舟，刘君，周亚.方法根植于精神与素养——图书馆学研究方法问题三人谈［J］.图书馆，2014（4）：1—7.

[17] 隆茜.国外文化机构信息服务与科研人员版权素养研究进展［J］.图书馆，2017（7）：80—86.

［18］阮海红.引入媒介素养教育，优化信息素养教育［J］.大学图书馆学报，2010，28（4）：102—105.

［19］范敏.拓展图书馆服务领域提升市民阅读素养［J］.国家图书馆学刊，2008，17（4）：57—59.

［20］邓胜利，付少雄，陈晓宇.信息传播媒介对用户健康信息搜寻的影响研究——基于健康素养和信息检索能力的双重视角［J］.情报科学，2017（4）：126—132.

［21］亢琦.大学图书馆开展环境素养教育的思考［J］.图书馆杂志，2016，35（11）：56—61.

［22］Ballestra L，Cavaleri P. Enhancing financial information literacy in Italian public libraries：a preliminary study［M］// Information Literacy：Key to an Inclusive Society. Berlin：Springer International Publishing，2016：45—55.

［23］Landau S. Control use of data to protect privacy［J］.Science，2015，347（6221）：504—506.

［24］中共中央、国务院."健康中国2030"规划纲要.［EB/OL］.［2016-04-11］.http：//www.gov.cn/ zhengce/2016-10/25/content_5124174.htm.

［25］新华网.健康教育［EB/OL］.［2017-06-06］.http：//news. xinhuanet.com/health/2016-11/18/c_1119937117. htm?from=timeline&isappinstalled=0.

［26］万方.健康素养［EB/OL］.［2017-06-06］.http：// shizheng.xilu.com/20140217/1000150000906635.html.

［27］Smith C A，Eschenfelder K R. Public Libraries as Financial Literacy Providers［EB/OL］.［2017-06-28］.https：//minds.wisconsin.edu/handle/1793/55445.

［28］王晰巍，郭宇，石静，等.大数据时代背景下中美图书情报专业研究生课程体系建设比较研究［J］.图书情报工作，2015，59（23）：30—37.

［29］孟祥保，李爱国.国外高校图书馆科学数据素养教育研究［J］.大学图书馆学报，2014，32（3）：11—16.

［30］Si L，Xing W，Zhuang X，etal. Investigation and analysis of research data services in university libraries［J］.The Electronic Library，2015，33（3）：417—449.

［31］Kennedy M G，Kiken L，Shipman J P. Addressing underutilization of consumer health information resource centers：a formative study［J］.Journal of the Medical Library Association Jmla，2008，96（1）：42—49.

［32］Wessel C B，Wozar J A，Epstein B A. The role of the academic medical center library in training public librarians［J］.Journal of the Medical Library Association Jmla，2003，91（3）：352—360.

［33］Picerno P V. Health and medical information on and off the Internet［J］.Journal of Consumer Health on the Internet，2005，9（4）：11—25.

［34］Ivana Truccolo Scientific & Patients Library Head Patient Education & Empowerment Group Coordinator. Providing patient information and education in practice：The role of the health librarian［J］. Health Information & Libraries Journal，2016，33（2）：161—166.

［35］Ntlotlang T，Grand B. The role of libraries in the dissemination of health information in Botswana：A study of Mochudi and Molepolole public libraries［J］. Library Review，2016，65（4/5）：320—349.

［36］Miller K. Public libraries going green［J］. New Library World，2012，113（1/2）：96.

［37］IMLS. The purpose of SPARKS［EB/OL］.［2017−06−23］. http：//www.districtdispatch. org/2014/12/imls− announces−sparks−ignition−library−grants/.

［38］ALA and FINRA. Financial literacy support［EB/OL］.［2017−06−29］. http：//www. finra.org/search/global/ financial%2520literacy.

［39］Jankowska M A，Marcum J W. Sustainability challenge for academic libraries：Planning for the future［J］. College & Research Libraries，2010，71（2）：160—170.

（作者简介：邓胜利，武汉大学信息资源研究中心，教授，博士生导师。研究方向：用户行为与信息服务。付少雄，武汉大学信息资源研究中心，博士生。研究方向：用户行为与信息服务。原文刊登于《图书馆杂志》2018年第5期。）

新时期大学生网络素养存在的问题与对策

——基于浙江省部分高校的调查研究

胡余波　潘中祥　范俊强

随着网络技术从 Web 1.0 进入 Web 3.0 时代，移动互联网迅速发展，大学生已成为网络用户的主要群体之一，网络不仅深刻地影响着他们的学习与生活，也暴露出诸多网络素养问题。因此，分析大学生网络素养的特征及其存在的问题，探讨提升大学生网络素养的策略，不仅是新时期高校提高大学生综合素质的基本要求，也是检验高校立德树人成效的重要观测点。

一、研究综述

20世纪30年代英国学者丹尼斯·托马森和富兰克·雷蒙德·李维斯首次提出

媒介素养的概念。最初，网络素养研究是作为媒介素养研究的一部分出现的，随着互联网的出现和普及，国内外学者对网络素养的研究日益活跃。

1994 年，麦克·库劳（Me Clure）最先提出并界定了"网络素养"的概念，他认为，"网络素养是了解网络资源的价值，能够利用搜索工具在网络上得到所需信息，并对信息进行加工、利用以协助个体解决问题的能力"，"知识与技能是网络素养最重要的两项素养"。（1）麦克·库劳对网络素养的认识着眼于个体获取并利用网络信息的能力，跟计算机素养、信息素养等概念有部分重合，这符合当时网络在初始阶段的发展特征。1999 年，布兰查德（Blanchard）和卡特（Carter）对高校工程学专业的大学生进行了网络素养的实证研究。（2）2012 年，塔伊（Tayie）和帕塔克 – 谢拉特（Pathak–Shelat）等学者采用媒介日记的方式，记录青少年如何借用媒体工具搜索信息，并针对青少年的媒介使用特点开展网络素养教育研究。（3）2013 年，霍华德·莱茵戈德（Howard Rhein- gold）以"Net smart"一词界定网络素养，并在《网络素养——数字公民、集体智慧和联网的力量》一书中详细阐释了网络素养的概念，他认为"注意力、对垃圾信息的识别能力、参与力、协作力和联网智慧是网络素养的五个组成部分"，这一看法给人的思维方式和社会关系带来重要影响。这一概念从网民参与的角度，描述了个体借助网络获取资源并与他人协同合作的过程，学界对这一定义较为认可。

1997 年，中科院研究员卜卫在国内首次提到网络素养的概念，他认为网络素养是"了解计算机和网络的基础知识及对其管理的能力、创造和传播信息的能力以及具备网络安全保护能力"，这一提法与西方学者的观点相似。陈华明、杨旭明认为，"网络素养是网络用户在与网络的接触与交往过程中所学习到的正确使用并有效利用网络的一种能力。"这一界定使学者对网络素养内涵的探讨从网络技能层面扩展到利用网络自我发展的层面。彭兰侧重于对网民素养的研究，他认为理解"网民的素养，需要将媒介素养与公民素养两者结合起来"，其对网民素养的关注已上升到"网络交往素养、社会协作、社会参与"等网络行为层面。郑春晔、贝静红等学者在国内较早地进行了青少年网络素养的实证研究。但国内早期的实证研究缺乏全面严谨的量表测量，存在一定的主观随意性。同时，多数研究的出发点都是针对部分青年学生网络成瘾这一社会问题，主要从提高"大学生思想政治教育的实效性和针对性"角度切入，涉及的学科面较窄。路易斯·梁（Louis Leung）是港台地区较早开展网络素养研究的学者之一，他认为网络素养包含信息和技术两大方面，并将网络素养概括为"提供给人们以认知、分析、反馈、行动和经验，促使具备更好的理解力、批判思考、精确的评价"。喻国明从"媒介素养、数字素养、信息素养"三个概念的演进及相互辨析的角度来阐释网络素养的内涵，认为网络素养是"一种基于媒介素养、数字素养、信息素养等，再叠加社会性、交互性、开放性等网络特质，最终构成的一个相对独立的概念范畴"。总之，随着网络技术的不断发展以及网络普及程度的逐步提高，网络素养内涵逐渐从单一技术层面发展到多个维度的综合能力层面"。

由于研究视角、方法的不同以及网络发展的阶段性特点，国内外学者在不同时期对网络素养内涵和外延的认识也会有所不同。学者们对网络素养概念形成的共识是，随着网络信息技术的发展以及网络社会的逐步崛起，网络素养越来越成为大学生个体适应网络时代基本技能、基本能力和遵守基本网络伦理规范的要素综合。其中，基本技能表现为网络基本知识与操作、信息获取与应用、安全与防护等；基本能力表现为网络交往与表达、网络行为管理与自我发展、网络辨识与批判等；网络伦理规范表现为价值观念、法律意识、道德规范等。本研究认为，网络素养是指个体借助互联网工具解决复杂问题的能力，具体包含网络认知与评价、网络批判意识、网络行为管理、网络自我发展、网络安全与道德 5 个方面。

二、研究设计

（一）问卷设计

本研究采用自编的《大学生网络素养调查问卷表》，问卷设计充分运用了文献研究、专家咨询和规范的统计分析等方法。通过文献研究，初步将问卷设计为包含 45 个条目的 5 个维度（网络认知与评价、网络批判意识、网络行为管理、网络自我发展、网络安全与道德），然后邀请相关学科专家对上述维度及条目进行审定，使问卷条目更符合大学生心理特征与实际需求，同时删除表述不清晰、含义不明确、意义不充分的 10 个条目，将剩余的 35 个条目编制成《大学生网络素养调查初始问卷量表》。2017 年 10 月，课题组对 400 名在校大学生进行了初测，评价了问卷的信度和效度，评估了学生对问卷的阅读感受，并邀请统计学专家对问卷进行项目分析，删除了 5 个不符合学生心理特征、不利于学生理解和回答的条目，最终构建出包含 30 个条目 5 个维度的被试问卷，形成正式量表。量表的所有条目均采用 5 级评分，选择答案"非常符合、比较符合、难以确定、比较不符合、非常不符合"分别赋值为 5、4、3、2、1 分。

（二）信度与效度检验

信度方面：网络素养总问卷及 5 个维度的内部一致性系数 Cronbach，s Alpha 分别为 0.886、0.742、0.857、0.792、0.789、0.849，说明量表的信度较高。效度方面：将调查得到的 400 份初试问卷随机分成两半，200 例采用探索性因子分析，200 例采用验证性因子分析。采用 Bartlett 球形检验，得到 KM0 = 0.785，X2 = 1085.377，df=156，P<0.001，适合进行探索性因子分析；采用主成分分析法和最大方差法，提取公因子时以特征根大于 1.0 为标准，在删除两个载荷因子小于 0.4 的条目后，

其余各个维度的载荷因子均高于0.4。对量表进行验证性因子分析，得到 X2 = 154.38，df=66，X2/df=2.34，GFI = 0.90，IFI=0.92，CFI=0.930，数据表明量表具有较好的结构效度。从信效度来看，根据本量表的调查结果是可靠的。

三、研究分析

（一）研究对象与总体特征

本研究采用匿名问卷调查方式对浙江省107所高校的在读大学生进行分层抽样，根据浙江省高校类型和地域分布的基本情况，按比例最终抽取11所高校，其中办学历史较长的本科院校3所（浙江大学、浙江工业大学和浙江师范大学），新建本科院校3所（浙江科技学院、绍兴文理学院和嘉兴学院），高职院校5所（浙江经贸职业技术学院、浙江长征职业技术学院、衢州职业技术学院、宁波职业技术学院和温州职业技术学院），共发放问卷3000份，有效回收问卷2729份，有效回收率为90.96%。大学生网络素养总均分为（3.59±0.90）分，各维度得分及排序见表1。

表1 大学生网络素养状况得分及排序情况

排序	分维度	得分
1	网络安全与道德	4.35±0.84
2	网络行为管理	3.61±0.92
3	网络认知与评价	3.54±0.76
4	网络批判意识	3.41±0.87
5	网络自我发展	3.06±1.13
	量表总均分	3.59±0.90

总体上看，大学生的网络素养得分不高，但是在个别细分维度上表现尚可，如在"网络安全意识"方面表现良好。具体而言，当代大学生网络素养得分在不同组别之间存在差异。如个体差异化方面，以性别、年级、家庭区域为自变量，进行独立样本 t 检验或 F 检验，女大学生网络批判意识的得分显著高于男大学生（t =5.19，PV0.05），网络自我发展方面的得分显著低于男大学生（t = 6.24，PV0.05）；不同年级大学生网络素养得分差异有统计学意义（F=6.12，P<0.05），大一新生网络素养得分最高，随着年级的增加反而有所降低；来自不同地域的大学生网络素养高低存在差异性（F=5.88，P<0.05），来自大中城市的大学生网络素养要高于来自农村和中小城镇的大学生，同样是农村，来自沿海农村大学生的网络素养要高于中西部农村的大学生。

（二）问题分析

通过数据分析和重点访谈发现，当前大学生网络素养普遍存在以下几个问题：

1. 自主学习意识欠缺

调查显示，经常或偶尔上课玩手机的学生占比高达 83.73%，上课坚决不玩手机的学生仅占总数的 7.51%。一些学生已将网络作为"第三课堂"并能利用网络主动获取信息，根据自身状况采取"缺什么，补什么"的自主式学习模式和"你学我，我学他"的交互式学习模式。但大多数学生的自主学习意识欠缺，如在"上网的内容"这一多选项目中，84.68% 的被调查学生选择"聊天通讯"，66.84% 的被调查学生选择"影音游戏"，57.9% 的被调查学生选择"网上购物"，选择"查阅资料、收发邮件等"与学习相关内容的被调查学生占比较低。主动下载学习软件并运用喜马拉雅、蜻蜓 FM、得到、荔枝微课、网易公开课、中国大学 MOOCC 慕课等 App 的被调查学生比例仅占总数的 75%。而每月用于直播打赏、购买游戏等网络消费低于 200 元的学生占调查总数的 36.86%，网络消费金额在 200—500 元之间的学生占调查总数的 34.41%，网络消费金额在 500—1000 元之间的学生占调查总数的 16.53%，超过 1000 元的学生占调查总数的 7.55%，两相对比反差很大。从过去问老师到现在问百度，从过去的纸面获取到现在的界面获得，大学生获得知识的方式越来越具有多样性，但学习深度还不够，他们更多的是利用网络的娱乐和交际功能，而借助网络工具学习专业知识的意识还有所欠缺。

2. 独立批判意识淡薄

调查显示，仅有 5.02% 的学生认为上网最需要的是批判性思维能力；"对负面新闻经过仔细阅读后独立做出判断"的学生仅有 33.16%；偶尔思考的占 46.19%；极少思考占 9.65%，说明大学生对网络信息的批判意识淡薄。随着网络应用工具智能化水平的提高，虽然以机器学习等为代表的算法推荐满足了用户对信息个性化的精准需求，但也让用户习惯于网络平台的自动推送，养成了懒惰思维。

3. 时间管理意识较差

75.5% 的被调查学生每天使用社交软件时长超过 1 小时，而平均每天上网 3 小时以上的学生占调查总数的 61.37%。有数据显示，浙江省网民平均每天上网时长在 3—5 小时的人数占比为 26.3%，大学生群体"在线"时间远超一般网民群体。"机不离手、目不离屏"已成为人们的生活常态。在回答"假如连续一天不上网的感觉"这一题时，有 38.33% 的被调查学生感觉"有些不爽"，有 10.96% 的被调查学生感觉"浑身不舒服"，有 6.01% 的被调查学生感觉"空虚难熬、度日如年"，这说明部分大学生存在一定程度的网络依赖，时间管理意识较差。调查还发现，上网行为经常得到父母指导的学生仅占总数的 13.89%，偶尔得到父母指导的学生仅占总数的 36.17%，49.94% 的被调查学生不希望父母指导其如何上网或从没有被父母指导过。

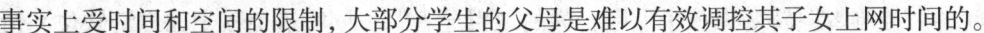

事实上受时间和空间的限制，大部分学生的父母是难以有效调控其子女上网时间的。

4. 自我发展意识不强

调查显示，71.89%的学生认为自已对网络技术的应用程度一般或较差、非常差，这与社会上对大学生网络技术的印象和要求有一定差距。调查显示，仅有 6.63% 的被调查学生借助网络从事过初级创业活动（如开淘宝店、做微商、做代购等），这说明学生利用网络进行自我发展的意识不强。

5. 道德责任意识薄弱

表1显示，在大学生网络素养的5个维度中，虽然网络安全与道德素养得分最高，但是被调查学生在回答反映网络道德意识的相关问题时统计得分并不高。如对于黑客入侵，21%的被调查学生认为不道德但不确定是否违法，0.84%的被调查学生选择尝试当黑客。对于网络报道暴力色情信息的行为，仅有53.76%的被调查学生认为其应受法律制裁。对于遇到不宜观看的涉黄涉暴图片或影像，61.6%的被调查学生选择不举报、小心为好、会继续看、下载并发给好友一起看。对于"人肉搜索"，47.82%的被调查学生认为可以使用。72.8%的被调查学生出现过网上复制、粘贴论文、不遵守学术规范等行为。这些数据说明，当前大学生网络道德责任意识薄弱，这一现象应当引起我们的警惕与反思。

四、对策建议

由于大学生网络素养问题的产生受诸多因素的影响，因此，解决这一问题是一个系统工程。结合调查实际，笔者认为，应当从学生、家庭、学校、社会、政府等方面着手构建"五位一体"的大学生网络素养提升体系，以实现网络育人、立德树人的培养目标。

1. 学生层面，提升自我发展能力。大学生网络素养的提升首先应从提高大学生自我管理与发展能力着手，具体做到以下几点：一要增强大学生网络行为的自律意识，包括明确上网目的，合理安排上网时间，自觉维护网络秩序；二要提高大学生的网络技术水平，既要会用技术，也要用好技术，可以充分借助网上各种学习提升类 App 进行在线学习，努力从"学会"到"会学"；三要唤醒大学生内心的责任感，在"无处不网、无时不网、无人不网"的时代，大学生需要做到责任内化、心理内省和自我管理。

2. 家庭层面，发挥家庭引导优势。当前大学生对新事物、新技术、新理念的学习吸收能力强，父母与其之间的沟通障碍已从物理空间的"代际鸿沟"转向虚拟空间的"数字鸿沟"。面对这种情况，一方面父母需要适应互联网发展带来的亲子关系的变化，主动学习，虚心求教；另一方面，要建立民主和谐的亲子关系，营造融洽的亲子氛围，加强与孩子的日常沟通，引导孩子理性上网，努力从孩子上网时间的"控制者"转变为孩子上网行为的"引导者",同时避免孩子因亲情缺位和情感缺失转而向网络空间寻求慰藉。

3. 学校层面,创新教育教学环境。高校思政教育是大学生网络素养教育的主渠道。一方面,创新网络素养教学环境,需要将网络素养教育和其他学科教育相结合,如将网络应用技能、网络信息批判、网络行为管理、网络安全防护等核心内容融入其他学科教学中,积极探索提升大学生网络素养的方式与方法。另一方面,可以通过党团课、社会实践、志愿服务、文体活动、学科竞赛等第二课堂,将理论与实践紧密结合,形成特色网络文化,提升大学生的网络认知与技能,引导大学生安全合法、快乐健康用网。

4. 社会层面,加强舆论氛围引导。近年来,大学生参加网络贷款大量增加,部分不良网络平台趁机对这部分大学生群体设置陷阱,造成他们物质和精神层面上的双重打击。另外,部分网络媒体为博眼球不惜发布不实或不良信息以提高点击率和曝光率,导致网络乱象丛生。面对以上问题,一要强化企业尤其是互联网相关企业的社会责任,规范行业行为,加强行业从业者的职业道德建设,营造健康的上网环境。二要发挥网络媒体、网络名人及互联网创业企业的示范引领作用。网络媒体严格进行信息筛选,各类网络名人应充分利用其网络话语权与影响力传播正能量。

5. 政府层面,健全网络安全管理。首先要依法治网,建立健全网络空间的相关法律法规,净化网络治理环境,对网络谣言、网络色情、网络暴力、网络诈骗等信息污染源设立防火墙等关卡,争取在源头上遏制有害信息的肆意扩散。其次要坚持用社会主义核心价值观引领网络空间文化建设,避免网络虚无主义兴风作浪,引导青年大学生"做社会主义核心价值观的坚定信仰者、积极传播者、模范践行者"。

总之,提升大学生网络素养是一个系统工程,需要各类主体广泛、平等参与,即大学生自己当好运动员,父母当好指导员,学校当好教练员,社会当好保障员,政府当好监管员。在社会主义核心价值观的引领下,努力实现网络空间全覆盖,积极构建"五位一体"的大学生网络素养提升体系。

参考文献

[1] MCCLURERC.Network Literacy：A Role for Librarians [J]. Information Technology and Libraries, 1994, 13, (2) 115—125.

[2] BLANCHARD S M, CARTER M P. Helping Biomedical Engineering Students Develop Internet Literacy [J] International Journalof Engineering Education, 1999, 15, (4) 270—275.

[3] HIRSJARVI I, TAYIE S, PATHAK-SHELAT M. YoungPeople'sInteraction with Mediain EgyptIndia, Finland, Argentina and Kenya [J].Comunicar, 2012, (39)：53—63.

[4] 霍华德·莱茵戈德.网络素养——数字公民、集体智慧和联网的力量 [M].张子凌,

老卡，译.北京.电子工业出版社.2013.

［5］卜卫.媒介教育与网络素养教育［J］.家庭教育，2002，（11）：16—17.

［6］陈华明，杨旭明.信息时代青少年的网络素养教育［J］.新闻界，2004，（40）：32—33.

［7］LOUIS L. Effects of Internet Connectedness and Information Literacy on Quality of Life［J］. Social Indicators Research 2010，98，（2）：273—290

［8］喻国明，赵睿.网络素养：概念演进、基本内涵及养成的操作性逻辑——试论习总书记关于"培育中国好网民"的理论基础［J］.新闻战线，2017，（3）：43—46.

［9］浙江省互联网发展报告［R］.杭州：浙江省互联网信息办公室，2016：7

［10］中共中央文献研究室习近平关于青少年和共青团工作论述摘编［G］.北京：中央文献出版社，2017：40.

［作者简介：胡余波（1975—），男，浙江天台人，浙江科技学院党委宣传部长，副教授，从事高校思想政治教育、网络传播研究；潘中祥（1985—），男，安徽舒城人，浙江科技学院信息与电子工程学院讲师，从事高校教育管理、大学生思想政治教育研究；范俊强（1985—），男，安徽临泉人，浙江科技学院安吉校区管委会讲师，从事大学生思想政治教育、网络心理学研究。原文刊登于《高等教育研究》2018年第5期。］

英国白玫瑰大学联盟图书馆数字素养教育实践与启示

张毓晗　　刘　静

一、前言

信息素养于1974年由美国信息产业协会主席 P.Zurkowski 率先提出，他认为信息素养是"利用大量的信息工具及主要信息源使问题得到解答的技能"。此概念一经提出，便得到广泛传播和使用。美国图书馆协会（ALA）于1989年对信息素养的概念进行了进一步的发展，明确指出"要成为一个有信息素养的人，必须具有检索、评价和有效使用所需信息的能力"。C.S.Doyle 认为一个具有信息素养的人，能够认识到精确的和完整的信息是做出合理决策的基础，确定对信息的需求，形成基于信息需求的问题，确定潜在的信息源，制定成功的检索方案，从包括基于计算机和其他信息源获取信息、评价信息、组织信息于实际的应用，将新信息与原有的知识体系进行融合以及在批判性思考和问题解决的过程中使用信息。

20世纪90年代，随着个人电脑的普及，互联网风靡全球，人类由此进入了互联网时代，并随之见证了 Google 一代和数字土著的兴起。信息 DNA 嵌入了普通大众的生活环境，数字化生存方式已成为普通人生活中不可分割的一部分。面对数字环境和数字时代，由于缺乏必要的素养导致了"数字鸿沟"和信息迷航的出现。为此，P. Gilster 于1997年提出了"数字素养"这一概念，认为其是"理解及使用通过电脑显示的各种数字资源及信息的能力"，是"数字时代的素养"。国际图联（IFLA）年会的信息素养卫星会议指出：信息素养与终身学习正在经历一场变革，Web 2.0移动科技、新媒体等数字信息对信息素养提出了新的要求。2012年，ALA 认为数字素养是利用信息与通信技术检索、理解、评价、创造并交流数字信息的能力，这个过程需要具备认知技能及技术技能。英国联合信息系统委员会（JISC）认为数字素养是个人在数字社会中生存、学习及工作所需的能力，包括利用数字工具开展学术研究、撰写报告及批判性思考等能力。维基百科对数字素养的定义是：有效和辩证地使用各种数字技术进行信息导航、评价和创造的能力。从上述不同版本的定义中，可以总结出其核心关键词：数字技术、检索、评价、创造。简言之，数字素养是信息素养的外延，不囿于信息检索和使用能力，强调信息时代作为数字公民的必备属性，着重培养用户在数字时代利用数字技术进行信息交流、生产、共享和传播的能力，强调用户创新、思辨能力的培养。

高校和高校图书馆作为数字素养培养的重要阵地，积极投身到数字素养的研究和教育实践中去。2011年，英国卡迪夫大学、雷丁大学、巴斯大学等12所大学受 JISC 的资助，开展了系列英国高校数字素养项目。英国开放大学图书馆建立了数字素养发展框架，创立了"being digital"数字素养服务。康奈尔大学图书馆明确了数字素养的定义、组成要素，在线提供学生研究指南、学术诚信、技术趋势、数字素养 FAQ 等信息和资源。相对于国外高校图书馆在数字素养方面的实践和进展，国内高校图书馆对数字素养的研究和实践尚属于探索阶段，多数图书馆未能明确信息素养和数字素养之间的差异，未设置专门的数字素养教育课程，整体教学体系依然沿革传统信息素养的框架，与时代的要求脱节。

笔者在英国约克大学图书馆访学期间，通过访谈和交流了解了其数字素养的整体框架、内容体系、培养方式。通过参加"约克和他的朋友们"的年度会议，了解了同为英国白玫瑰大学联盟（White Rose University Consortium）成员的利兹大学图书馆、谢菲尔德大学图书馆在数字素养培养方面的理念和具体实践。英国白玫瑰大学联盟创立于1997年，包括英国约克大学、谢菲尔德大学和利兹大学，3所大学皆为世界百强名校、一流研究型大学，教学质量与科研水平享誉全球。大学图书馆的水平代表了大学的整体水平。傅平指出：学校是否为世界一流大学，先看看图书馆怎么样……从资源建设到馆员素质，从教学和研究的合作伙伴关系到各种相关的创新服务。这3所大学图书馆一直以来致力于用户数字素养教育和培养，形成了自己的特色和模式，不断推动所在高校世界一流大学的建设进程，代表了英国研究型大学图书馆在数字素养教育的发展方向。他山之石可以攻玉。笔者对所掌握的一手资料进行梳理，结合3所图书馆官网的在线资源，就其不明之处通过email与对应馆的学科馆员进行沟通，总结其面向学生群体数字素养培养的核心要素、培养体系、培养方式，以期为国内高校图书馆开展数字素养实践提供借鉴。

二、英国白玫瑰大学联盟图书馆的数字素养培养

（一）从战略高度重视数字素养培养

利兹大学图书馆非常重视数字素养培养，在其2017学科能力发展战略中，明确了学术技能培养的内容、愿景、原则、范畴、实施步骤和工作重心，提出通过与院系的合作，为学生提供可定制的面对面教学、在线支持和混合学习；为特定的学生团队和研究计划提供专项支持；进一步促进学生数字素养的培养，建立综合性网站，集成与特定任务类型和数字素养有关的信息和活动，以便院系教师重复利用，并能把这些信息和活动嵌入到虚拟学习环境中。

约克大学图书馆在其2015—2018年图书馆发展战略中指出，要不断提升学生的数字素养，以便他们未来的学习、教学和研究；对在线数字资源进行归纳和总结、对在线学习资源的生产进行审查；支持远程学习议程等。

谢菲尔德大学在其图书馆发展战略计划中，提出要培养学生具备必要的研究技能和数字素养，以便学生站在学科前沿，成为有影响力的数字公民。

3所图书馆均把数字素养的培养提到了战略高度，明确了数字素养培养的目标、工作重心、实现步骤，建立了数字素养的数字化服务体系，为用户融入数字环境、提高数字素养技能指明了方向，也为图书馆开展和推进数字素养提供了指导依据。

（二）数字素养培养的核心要素

白玫瑰大学联盟图书馆根据所在大学的发展战略制定了各自的数字素养培养体系。利兹大学图书馆提出了面向学生的包括6种能力的数字素养体系，具体如图1所示。

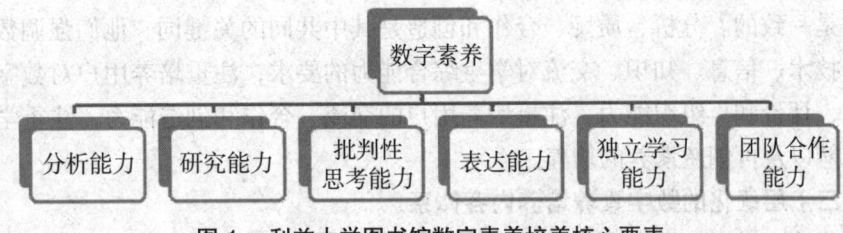

图1　利兹大学图书馆数字素养培养核心要素

约克大学图书馆则从 5 个方面培养学生的数字素养，具体如图 2 所示。

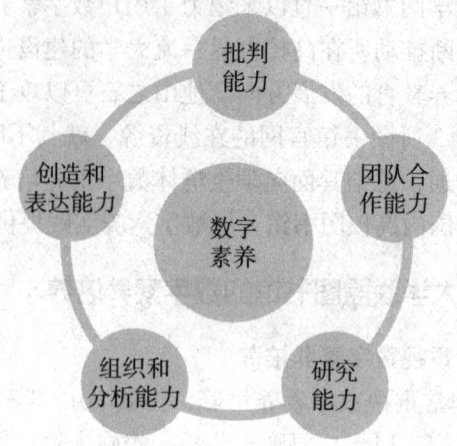

图 2　约克大学图书馆数字素养培养核心要素

谢菲尔德大学图书馆认为数字素养赋予用户在数字世界学习、生存和工作的能力，并提出了学生数字素养培养 6 要素，具体见图 3。

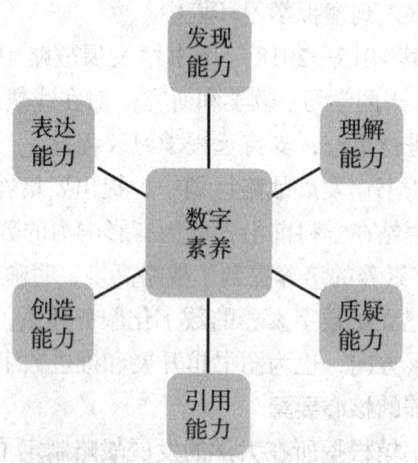

图 3　谢菲尔德大学图书馆数字素养培养核心要素

从以上 3 图可见，白玫瑰大学联盟图书馆在学生数字素养核心要素的培养目标上基本是一致的。分析、质疑、合作和创造是其中共同的关键词。他们强调数字化背景下技术、信息、知识、交流对学生综合能力的要求，注重培养用户对数字信息的获取、评价和再组织能力，注重培养用户的交流、合作和创造能力，注重学习与思辨技能以及再创造素养的培养。

（三）层级化的数字素养培养内容体系

白玫瑰大学联盟图书馆依据各自的数字素养培养核心要素，结合学校的发展战略，确定了各自的数字素养培养内容体系。参考 3 个图书馆网站的相关网页内容，并结合相关文献报道，总结出 3 个图书馆数字素养培养内容体系表，具体见表 1 所示。

表 1 白玫瑰大学联盟图书馆数字素养培养内容体系

利兹大学图书馆

核心要素	内容架构
分析能力	检索能力
	评估能力
研究能力	阅读
	笔记
	参考文献管理
	学术诚信
批判性思考	批判性思考模式
	批判性阅读
	批判性写作
表达能力	学术写作
	演示能力
独立学习能力	规划能力
	时间管理
	如何准备考试

约克大学图书馆

核心要素	内容架构
研究能力	信息源
	检索技巧
组织和分析能力	数据收集
	数学技巧
	研究数据
	笔记能力
	参考文献管理
批判能力	批判性阅读
	信息评估
	信息安全
	反思性写作
创造和表达能力	学术写作
	学术海报
	演示能力
	使用社交媒体
团队合作能力	Google 合作 Apps
	表单和调查

谢菲尔德大学图书馆

核心要素	内容架构
发现能力	检索技能
	如何使用其他馆资源
理解能力	信息分析和解读能力
质疑能力	批判性思考
	信息评估
参考和引用能力	参考文献管理
	学术剽窃
表达能力	使用社交媒体

对上述 3 所图书馆数字素养培养体系进行总结和归纳，可以发现虽然各图书馆对不同核心要素的解读各有重心和差异，但培养内容整体上呈现出层次化和阶梯化的特征。从最基础的检索技能，到写作和表达能力，到与专业相关的批判和反思能力，再到合作和创造能力，整个培养体系呈现出螺旋上升的特性。如图 4 所示。

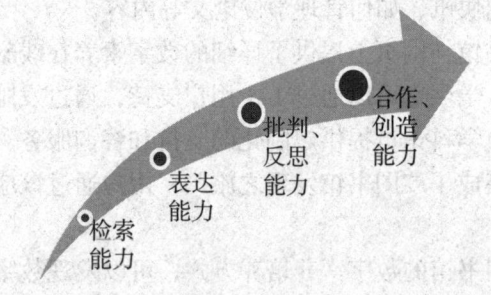

图 4 白玫瑰大学联盟图书馆数字素养培养层次图

这种培养层次极大地适应了学习环境全面数字化的现状。在信息膨胀的数字时代，如何有效地辨识评估各种媒介信息、利用技术整合和呈现信息的能力，变得异常重要。碎片化的阅读、受教育、思考、"多线程"处理信息、合作化学习、创造信息都成为常态。纷繁复杂的信息环境既赋予用户无限的可能性，也会让用户迷失和盲从。良好的检索技能和反思能力能让用户在浩瀚的信息中保持清醒和创新的原动力。利兹大学图书馆在独立学习能力要素中所涉及的规划能力和时间管理能力，能让学生知晓如何自我约束，如何规划未来，保持对研究问题的专注度，并提高效率。3 所图书馆通过层次化的培养体系，让学生实现了能力、实践及思维习惯的螺旋上升过程，让学生作为信息的消费者和生产者，具备针对具体问题，不断创造性质询和批判性思考，客观发现、评估和管理信息，并在信息生态系统中具备创造新知识的能力。

（四）个性化、可定制的数字素养培养方式

白玫瑰大学联盟图书馆为学生的数字素养培养提供了个性化、可定制的培养方式。

利兹大学图书馆针对一年级新生、二年级学生、毕业设计、硕士研究生提供了有针对性、个性化的基础资源支持。学生可通过数字技能专题讨论会、1–1 学术支持、在线资源、图书馆网站等途径培养自身的数字素养。除此之外，利兹大学图书馆还开始利用 MOOC 进行数字素养的教学和培训。

约克大学图书馆面向不同层次的用户建立了通用和嵌入课程相结合的数字素养培养体系。充分利用网络，为学生提供在线视频、在线互动教程、在线练习、在线测试、相关链接，帮助学生通过网络获取资源，完善和发展自己的数字素养。约克大学图书馆还推出了"数字星期三"专项培训活动，每学期主题不同。2017 年的主题分别是：成为一个忍者、管理你的项目、找到你的方向。学生可通过 30 分钟的小型培训会、1 小时讲座、2 小时研讨会和上机研讨等多种方式了解现有数字工具、学习如何利用数字工具组织信息、跟踪笔记、协同工作、如何了解最新科研信息、如何阅读一篇学术论文、理解学术资源、如何利用谷歌查找真正需要的东西、编辑维基百科的基本原则、如何定制快讯、如何管理学位论文等内容。

谢菲尔大学图书馆在网页上提供了详细的数字素养在线教程，学生可以远程访问以提升数字素养。学生也可以通过 1–1 用户支持，通过发邮件或者预约的方式寻求数字素养支持，由学科馆员提供定制化的支持和咨询服务。谢菲尔德大学图书馆还在图书馆主页上集成了"图书馆发现之旅"，用户通过该应用可以初步了解如何使用图书馆。

综合分析 3 所图书馆的数字素养培养方式，可以发现数字素养培养的在线化和定制化已成为趋势。图书馆通过虚拟学习环境、在线教程、在线视频、MOOC 等手

段为用户提供在线资源，将交互性和主动学习融入数字素养培养中，使数字素养培养真正贴合用户需求，起到了方便学生、吸引学生的作用。

三、总结和启示

（一）总结

1. 数字素养发展规划贴合时代要求、与时俱进。英国国立和大学图书馆协会（SCONUL）于 2004 年提出了信息素养 7 要素，并于 2011 年推出了新标准，对信息素养的模型和指标进行了更新。识别、审视、规划、搜集、评估、管理和发布 7 要素形成了一个不断循环的闭合圈，让数字素养贯穿科研和终身学习的过程中。在 SCONUL 信息素养 7 要素的框架下，3 所图书馆结合数字时代的特点和要求，对 7 要素进行了分解和整合，制定了各自的数字素养发展框架，从战略高度对数字素养的目标、内容和具体实现步骤进行了设计和规划，并以此开展数字素养教育和实践。利兹大学图书馆认为面对数字时代的严峻形势，信息素养教育必须拓宽视野，主动吸纳更多学术技能内容。2018 年 1 月笔者访问利兹大学图书馆的官网，发现其新增了数字能力部分的内容，用户通过此部分可学习如何管理网络身份、创建在线内容、在线管理信息等内容，与 7 要素框架下的管理和发布两大要素完全契合，做到了对原有数字素养框架体系的不断完善。约克大学图书馆于 2017 年 12 月对其数字素养的内容进行了调整，在组织和分析能力要素下新增研究数据部分，让学生在学习和研究过程中科学管理研究数据；在反思性写作部分增加了就业技能模块，向学生教授提升自身就业竞争力和吸引力的各种数字技能。不断发展、与时俱进的数字素养发展规划既为用户融入数字环境、提高数字素养技能指明了方向，也为图书馆开展和推进数字素养提供了指导依据。

2. 培养体系嵌入学术科研全过程，促进用户数字素养螺旋上升。白玫瑰大学联盟图书馆在学生数字素养培养体系上强调嵌入学术科研全过程，覆盖了从信息需求的识别、信息源的审视、检索策略的规划、信息和数据的搜集、对研究过程和研究数据的评估和反思、信息的有效组织和管理到知识创新和成果发布的整个知识创新链条。在这个链条中通过多个项目潜移默化地培养和提升学生的交流、合作和创造能力，培养信息与媒体技能、学习与思辨技能、社会和情感素养以及再创造素养。以利兹大学图书馆为例，对不同年级的学生提出不同的数字素养要求：一年级新生在踏入大学校园后，需要培养的素养包括有效规划的能力、独立工作能力、个人激励能力、笔记能力、阅读能力、作业分解能力等。二年级则需要培养反思和评价的能力、时间管理能力、信息检索能力、阅读学术文章的技巧，了解写作过程，提高写作能力、提升就业能力。三年级则是对一、二年级各种数字素养能力的综合和提升，在这一年将重点培养学生基于研究的学习能力、项目规划能力、文献应用能力、文献管理能力、批判思考能力、学术写作能力等。利兹大学图书馆通过目标分解，将数字素养嵌入到学生整个学习和研究过程中，紧紧围绕特定学术研究主题开展，使数字素养成为学习生涯的有机组成部分，让学生在学习和研究中，实现从低阶认知（检索、理解、应用）到高阶认知（分析、评价、创造）的螺旋式上升，逐步从信息的消费者转变成信息的生产者，成为学术生态链上的活跃点和合格的数字公民。

3. 培养方式契合用户特点，确保用户良好体验数字时代。因特网为用户提供了诸多数字素养提升途径，如英国数字素养在线学习门户（https：//digital-literacy.org.uk/ curriculum-overview.aspx /）、美国的 www.digitalliteracy.gov（www.digitalliteracy.gov）、澳大利亚的 Go Digi（https：//www.godigi.org.au/）、英国的 future learn（https：//www.futurelearn.com/）等。互联网给用户带来了便捷，也给图书馆带来了挑战。图书馆不再是用户提升数字素养唯一甚至主要的来源，一厢情愿的说教式、灌输式、单一化的培养方式无法契合互联网时代学生的需求。白玫瑰大学联盟图书馆针对数字时代、虚拟环境下学生的特点，对培养方式进行了调整，强调在线化、项目化、游戏化、可定制化，以确保用户的良好体验。

针对学生喜欢在线交互式学习的特点，3 所大学图书馆均把数字素养的资料和教程上线，包括静态资料和互动性教程，学生通过网络可进行访问和学习。利兹大学图书馆和约克大学图书馆还开通了数字素养 MOOC 教程，给予用户更多的选择。

3 所图书馆开展的数字素养培养实践，多是项目化、问题导向型的学习，让学生在具体的实践中提升数字素养技能，并以此为基点，实现数字素养意识的提升。一个经典案例是约克大学图书馆与学校人力资源部合作推出的 GFAFFWISK 项目。该项目是典型的问题导向型，即提升学生的网络合作能力，采用项目化的形式展开，让学生直接参与到项目中来，从实践中提升特定的数字素养技能。

为提升学生的学习热情和参与度，图书馆还在数字素养教育的过程中加入了诸多游戏化的手段。上文提及的 GFAFFWISK 项目在活动进行的当天发布积分排行榜，提高学生的积极性。约克大学图书馆在数字素养教学中使用了 Padlet、Kahoot 等交互式教学软件，使教学游戏化。在一堂由学科馆员和院系教师共同授课的数字素养课程中，学科馆员在课前根据课程环节设计好测试游戏，学生通过手机登录 Kahoot 官网加入测试，通过抢答、积分、胜负等方式创造了一个游戏化的混合式课堂，整个教学氛围轻松，大大提高了学生的积极性和参与感，让学生在游戏的氛围中学习和提升数字素养。

（二）启示

1. 建立具有机构特色的数字素养框架。近年来我国一些高校图书馆在数字素养方面不断尝试，取得了一些成绩。上海交通大学、复旦大学、上海师范大学、南京师范大学先后在全校范围内开通媒介素养公共选修课，扩大了信息素养的外延。

但调查结果依然显示，整体而言，国内高校信息素养课程更强调大学生文献检索能力的培养，教学内容集中在信息检索基础知识、常用数据库与网络资源的检索方法等，针对信息的管理、评价与利用的教学内容相对较少，忽视了对学生数字技能、信息创新、情感道德的培养，对数字时代所必需的批判和反思能力、合作和创新能力鲜有涉及。换言之，国内高校图书馆信息素养的培养目标还停留在资源导向、技能导向的初级阶段，还未涉及数字素养的深层要求——批判性思维、创新能力和融入数字社会这一目标。

这些现象的根源在于国内高校图书馆对"数字素养"这一概念缺乏足够的认知，缺乏数字素养框架的指导，导致数字素养教育难以体系化。数字素养和信息素养的内容既有交叉，也有不同。数字素养绝不只是利用信息技术的能力，它针对数字化环境中的用户，不仅要具有信息素养所强调的查找、理解、评价、交流和利用信息的能力，更强调在 Web 2.0 的环境下利用社交媒体进行信息交流、创造和使用数字设备、应用和服务的能力；强调在学术活动中，创造性地质询和批判性地思考；强调可迁移技能；强调遵守信息道德与个人隐私。

在明确数字素养内涵的基础上，需开展调查，深入了解本校学生的数字素养需求，明确不同类型学生对数字素养需求的差异。研究型大学和教学型大学的学生对数字素养的诉求是不同的，本科生和研究生的需求也各有重点。J. Heinstorm 提出学生中存在着 3 种类型的信息行为：快速浏览型、广泛查阅型、深度研判型。因此，建议各高校图书馆在参考 JISC 数字素养发展框架、美国高等教育信息素养能力标准、北京地区高校信息素质能力指标体系等国内外信息素养和数字素养框架的基础上，建立起具有机构特色的数字素养教育框架，为本校数字素养教学和实践提供规划、指引。

2. 提高数字素养教育与教学科研的耦合度。数字素养与教学科研犹如两只船桨，需要相互支撑。有了数字素养的支撑，教学科研增加了更多的形式和选择，远程教学、交互教学、游戏教学等都与数字化技术和数字素养息息相关。同时，数字素养必须融入教学科研方能发挥最大的效用。国内的信息素养课程无论是公选课还是必修课，基本形式就是学生必须在一个学期内完成信息素养的全部课程内容，这种形式决定了对于学生而言信息素养教育是一次性的。在他们拿到学分之后，很多人会忘记曾经上过这门课。这就不难解释，为什么国内图书馆花费了很大的力气推广信息素养，很多学生依然表示不知该如何查找资料，不清楚全文数据库和文摘数据库之间的区别，利用图书馆资源查找文献一定会从全文数据库入手，Google 是查找文献时的首要选择。笔者在英国约克大学访学时，发现其数字素养教育的特色之一就是数字素养教育的阶梯性和嵌入性。与利兹大学图书馆一样，约克大学对不同年级的学生设定了不同的数字素养要求，教学形式多为小型培训会、讲座、研讨会、嵌入式课程，教学内容与学生学习和科研高度融合，学生通过学习解决实际问题，同时潜移默化地实现了数字素养的提升。国内高校图书馆可以借鉴国外数字素养教学实践的经验，打破信息素养课程自成体系的传统，对信息素养和数字素养的任务和目标进行分解，由一步式转变为多步走，采用问题导向、以项目为依托的教学模式，让数字素养教学融入教学科研，使数字素养成为学生学习生涯的有机组成部分。

参考文献

［1］Presidential Committee on Information Literacy：final report［EB / OL］.［2017-10-24］. http：//www.ala.org/acrllpublications/whitepapers / presidential.

［2］媒介素养［EB/OL］.［2017-10-24］. http：//www.baike.com/wiki/%E4%BF%A1%E6%8 1%AF%E7%B4%A0%E5%85%BB.

［3］Digital Literacy，libraries，and public policy： report of the Office for Information Technology Policy 's Digital Literacy Task Force［EB/OL］.［2017-10-17］.http：//www. districtdispatch. org/wp-content/ uploads/2013/01/2012_OITP-digilitreport_l-22-13. pdf.

［4］Developing digital literacies：briefing paper in support of JISC grant funding4/11［EB/OL］. ［2017-10-17］. http：//www.jisc.ac. uk /media /documents/funding /201I/041Briefingpaper. pdf.

［5］NEF launches national digital literacy initiative［EB/OL］.［2018-01-20］.http：//www. educationdive.com/press-release/.

［6］Being digital | Open University Library services［EB/OL］.［2018-01-20］.http：//www. open.ac.uk/library/.

［7］Cornell University digital literacy resources［EB/OL］.［2018-01-20］.http：// digitalliteracy.cornell.edu/.

［8］傅平.谈谈世界一流大学的图书馆该是怎样的？［EB/OL］.［2018 -01-27］.http：// blog.sciencenet.cn/blog-3316383-1077669.html.

［9］The University of Sheffield Library strategic plan［EB/OL］.［2017-10-17］.http：// librarysupport.group.shef.ac.uk/strategicp-lan/.

［10］陈钰，范晓谚.信息网络时代培养大学生媒介素养刻不容缓［J］.科教文汇，2013（ 12）：40 — 41.

［11］Framework for information literacy for higher education（3rd draft）［EB/OL］.［2017- 10-25］.http：//cd.ala.org/ilstandards/wp-content/uploads/2014 /11 /Framework-for-IL- for-HE-draft-3.pdf.

［12］张毓晗，张宇娥.英国约克大学图书馆学科服务的特点与启示［J］.图书情报工作，2016，60（22）：82—87.

［13］HOWARD H. Looking to the future: developing an academic skills strategy to ensure information literacy thrives in a changing higher education world［J］. Journal of information literacy, 2012, 6（1）: 72—81.

［14］孙鹏，马德俊，杨现民.大学生数字媒介素养教育研究［J］.新闻知识, 2013（5）: 83—85.

［15］洪跃，付瑶，杜辉，等.国内高校图书馆信息素养教育现状调研分析［J］.大学图书馆学报, 2016, 4（6）: 90—99.

［16］许欢，尚闻一.美国、欧洲、日本、中国数字素养培养模式发展述评［J］.图书情报工作, 2017, 61（16）: 98—106.

［17］彭立伟.美国信息素养标准的全新修订及启示［J］.图书馆论坛, 2015, 35（6）: 109—116.

［18］杨鹤林.英国高校信息素养标准的改进与启示——信息素养七要素新标准解读［J］. 图书情报工作, 2013, 7（2）: 143—148.

［19］HEINSTROM J. Five personality dimensions and their influence on information behavior［J］. Information research, 2003, 9（1）: 165—170.

（作者简介：张毓晗，副研究馆员，硕士。刘静，副研究馆员，硕士。原文刊登于 2018 年第 8 期。）

《高等教育中的数字素养Ⅱ：新媒体联盟地平线项目战略简报》研究

高 山

《图书馆建设》2018 年第 7 期

2017 年美国新媒体联盟发布了《高等教育中的数字素养Ⅱ：新媒体联盟地平线项目战略简报》，该报告旨在帮助高等教育机构了解数字素养战略计划，介绍了世界范围的数字素养框架及特点，展示了世界各地实施的数字素养实践案例及特定学科的数字素养应用，转述了领域专家的观点，展望了数字素养未来的关注方向。报告内容对我国高校数字素养教育带来以下启示：应积极制定适宜的数字素养框架，重视学科化数字素养教育，塑造高质量信息创造者，采取混合数字素养教学模式。

一、引言

2017 年美国新媒体联盟（New Media Consortium，简称 NMC）发布了《地平线报告 2017（图书馆版）》年度报告，同年 NMC 发布的《地平线报告 2017（高等教育版）》。2016 年 10 月，NMC 发布了《数字素养：NMC 地平线项目战略简报》，该报告讨论了数字素养的定义，2017 年 8 月 NMC 又发布了《高等教育中的数字素养Ⅱ：NMC 地平线项目战略简报》（以下简称《战略简报Ⅱ》），该报告探讨了与促进校园环境中更真实的学习相关的数字素养现状，旨在帮助高等教育机构了解数字素养战略计划。

二、《战略简报Ⅱ》的主要内容

（一）现有数字素养框架及特点

《战略简报Ⅱ》对各框架涵盖的数字素养的主要内容归类整理为交流、批判性思维、技术能力、内容创造、数字公民权、版权法 6 个要素，并展示了各框架内容依次覆盖 6 个要素中的哪些部分。

（二）数字素养的应用案例

此外，《战略简报Ⅱ》介绍了 20 余个世界各地正在实施的跨学科优秀数字素养应用案例，以为高等教育的领导者提供参考和可效仿的工作经验，为促进内容创造、提高技术流畅性、推动批判性思维提供借鉴。

（三）领域专家的观点

《战略简报Ⅱ》发布了 11 位来自世界各地（美国、埃及、澳大利亚、南非、瑞典等）的高等教育领域专家的主题讨论，讨论围绕数字素养如何影响他们的工作和生活展开，具体内容分别是："数字素养如何改变教育范式？""数字素养的不平等""学术馆员：数字素养的校园合作伙伴""师生共同创造""如果认真对待学生作为信息创造者，教育将如何改变？""教授学习者阅读 Web 信息需要的特定的基于 Web 的策略""自我导向的数字素养学习：激发学习者的决心""学科差异""数字素养行动""学术传播与数字素养"。

（四）数字素养的未来展望

由于数字技术不断地更新，产生新的技术类别、新的功能，数字素养的框架也需随时拓展以适应新的需求。教育者和领导者需要考虑如何将这些新媒介要素融入数字素养的内涵，如何将数字素养应用其中，并思考这些无论是用于信息消费还是信息创造的数字技术的意义。这一部分内容为数字素养未来的发展提供了思考方向。

三、《战略简报Ⅱ》的内容特点

（一）放眼世界，分析共识与差别

目前的框架在如何定位数字素养的社会技能和知识方面存在较大的差异，有的框架鼓励开放地对待地区差异、文化差异等带来的变化，而有的框架则力求普遍性。

（二）延续重点，关注创造和公民权

值得注意的是，《战略简报Ⅱ》列举的框架中，学习者作为信息创造者、版权法和数字公民权这几个要素，好几个框架完全没有介绍或仅仅间接提及了相关内容。2016 年的报告反复重申了关注创造者身份和数字公民权，然而《战略简报Ⅱ》反映出实际上目前全球并未对此引起普遍重视。

（三）细化学科，理解碰撞与融合

2016 年的《战略简报》虽然强调了跨学科的数字素养，但仅仅列举了诸如社会学应用于在线人际行为，社交网络互动中的伦理、政治，心理学和商学应用于以计算机为媒介的人际交互等研究课题。《战略简报Ⅱ》则思考了特定学科不同的数字素养需求，详细地介绍了数字素养在 4 个典型学科中的应用形式。

（四）思考教育模式，聆听反思与召唤

与 2016 年的报告相比，《战略简报Ⅱ》新增介绍了全球范围领域专家的思考。这些论述既是对数字素养内涵的反思，又是对数字素养实践行动的召唤。其中很多观点涉及数字素养教育模式，包括教学方法、教学评价、教学工具、教学内容、教学空间、教学主体等方面。

四、《战略简报Ⅱ》对我国高校数字素养教育的启示

（一）数字素养框架应遵循适宜性

目前我国还没有机构制定普适性的数字素养框架，教育机构及研究者要充分重视互联网环境因素，本着适宜性原则积极制定有中国特点的框架，并适合中国公民的生活、学习、工作及社会发展需求。框架要重视互联网环境下数字工具的使用，创新性地解决实际问题和跨学科数字素养，同时也要依照世界数字素养的普遍共识，覆盖技术能力、内容创造、数字公民权、版权法、交流、批判性思维等要素。

（二）数字素养教育应塑造高质量创造者

数字素养教育一直强调用户由信息消费者向创造者转变，作为数字土著的大学生有很好的用户创造的基础，但是在新信息环境下更应重视塑造高质量的创造者。

（三）数字素养教育应重视学科化

高等教育应该普及数字素养通识技能，重视提升特定学科相关的数字素养技能，关注并使用一些协助学科研究的数字工具及方法。

（四）数字素养教育应采取混合教学模式

学校、教师及学生都需要改变观念，打破传统的教学模式，并应通过一系列实践项目、一个整体的创造空间、一个协作的团队、一个作品的创造等来探索数字素养的知识技能及价值。

《国际图联数字素养宣言》分析与启示

何 蕾
《图书馆建设》2018 年第 6 期

2017 年发布的《国际图书馆协会和机构联合会数字素养宣言》，强调数字素养对于个人和社会发展的重要意义，以具体案例说明图书馆在当中发挥的积极作用，同时针对不同层级的组织或机构提出意见和建议。受其启发，我国图书馆可以通过

政府机构建章立制、图书馆转型升级、馆员教学相长、社会机构合作共赢等方式做好相关工作。

一、《宣言》发布的背景和意义

（一）各类机构对于数字素养的定义

美国图书馆协会（American Library Association，简称 ALA）将数字素养定义为"利用信息与通信技术检索、理解、评价、创造并交流数字信息的能力，这个过程需具备认知技能及技术技能"；该定义得到了图书馆界的广泛认可与应用，并进一步规范了数字素养的内涵。

（二）各国开展数字素养培养的实践

为了在数字社会中更好地生存发展，各国均重视培养公民的数字素养，并将之视为国民素质教育的重要内容。欧美等发达国家最早开始相关工作，对此已有诸多实践经验。

（三）《宣言》发布的意义

国际图书馆协会和机构联合会作为世界上最重要的图书馆联合机构，发布本《宣言》以确定图书馆在开展数字素养培养工作中的重要作用，将为国际图书馆界提供更系统、科学的工作指引；《宣言》中列举的特色案例，将为各图书馆开展数字素养培养工作树立先进性示范。

二、《宣言》核心内容分析

（一）正视因缺乏数字素养而导致的社会问题

网络的多样性和开放性"使人们有机会享受丰富多彩的生活"，但是网络同时也是"一个危险的地方"，各种网络犯罪、虚假新闻层出不穷，使得部分人不得不选择切断网络，相关机构也为此出台更严格的审查制度，限制网络的粗放式发展。

（二）为数字素养提出结果导向的定义

《宣言》更强调结果导向的定义，即阐述"具备数字素养能做什么"。《宣言》认为，"具备数字素养意味着可以在高效、有效、合理的情况下最大限度地利用数字技术，以满足个人、社会和专业领域的信息需求。"

（三）强调图书馆承担了培养数字素养的责任

图书馆作为公共文化机构，在提供免费网络和数字技术工具、组织数字技术培训、构建可靠的社交空间等方面有着明显的优势，读者们也越来越倾向于向图书馆寻求支持和帮助。

（四）针对不同层级的组织和机构提出建议

明确图书馆的责任后，国际图书馆协会和机构联合会也向国家和地区政府、普通学校、高等院校以及各经济领域的组织提出意见和建议。

（五）突出图书馆开展数字素养培养工作的先进性示范

《宣言》的附录部分选取了 4 个特色案例作为图书馆开展数字素养培养工作的先进性示范，分别是芬兰坦佩雷市图书馆的"知识集市"（Tietoris）、澳大利亚墨尔本市 Mill Park 图书馆的培训课程、美国德克萨斯州圣安东尼奥市 Biblio Tech 数字图书馆针对特殊人群的数字化服务以及南非西开普省多家图书馆联合开展的"乡村图书馆连通计划"（RLCP）。

（六）强调图书馆员的作用

《宣言》指出，"图书馆员要完成这项（提升数字素养）任务，他们本身也要加强学习。"在所列举的特色案例中，提到来自政府的信息通信技术等相关部门的人员会为参与培训活动的图书馆员们提供指导和培训。

（七）强调图书馆与外界合作的必要性

《宣言》提出的意见和建议中，特别强调了学校和各经济领域机构与图书馆形成合作关系的必要性；在所列举的特色案例中，有培训专员联合图书馆员和读者开办培训课程，也有图书馆外联团队主动与社会各界取得联系，许多活动都离不开外界机构的支持配合。

三、《宣言》对我国图书馆界的启示

（一）建章立制，为开展数字素养培养工作营造环境

教育部于 2016 年公布了以提升师生信息素养为指导的《教育信息化"十三五"规划》，为未来数字素养框架的制定提供了政策依据。

（二）转型升级，为图书馆的角色定位开拓方向

图书馆需要适应时代变化，通过理念和服务的转型升级，重新找到自身的社会价值，这在国内图书馆界已经逐渐形成共识。

（三）教学相长，为馆员素质提升确立目标

图书馆角色定位的转变，促使图书馆员更加注重培养专业技能，提升数字素养。

（四）合作共赢，为全体公民创造文化效益

数字素养培养工作涉及的内容较多，国外图书馆多与高校、研究中心、行业组织、志愿者机构等合作进行。

大学生网络素养与核心价值观认同

沈　洁

《当代青年研究》2018 年第 4 期

　　大学生网络素养和社会主义核心价值观认同关系密切。对 1382 名大学生的调查发现，大学生网络素养处于较高水平，其中，网络空间自我意识得分相对最低；大学生对社会主义核心价值观拥有较高的认同程度，且现实生活中更易得到认同，但对社会层面核心价值内心接受程度相对最低；网络核心素养和核心价值观认同存在性别、生源地等方面的结构性差异；网络素养中对核心价值观认同影响最大的是网络责任与道德，其次是网络关键行为能力。这些结果为互联网时代对大学生进行社会主义核心价值观教育提供了实证参考。

一、背景

　　当前学界在社会主义核心价值观认同领域进行了大量有益探索，对网络素养进行了视角不同却各显特色的研究，也开始思考两者的关系问题，这些为进一步研究奠定了良好基础。但也应客观正视以往研究不足：首先，网络情境中社会主义核心价值观认同有何特点，特别是作为网络原住民的大学生网民，如何接受、理解进而认同、践行核心价值观并实现在线－离线的认同整合，以往研究未能深入探讨；其次，如何以立德树人为目标，抓住大学生网络素养中的核心维度进行思考、培养，并剖析、检验网络核心素养与核心价值观认同之间的关系机制、实践路径，以往研究鲜有涉及，可谓是当前核心价值观研究领域的短板；再次，以往研究在核心价值观认同测量上手段单一，测量科学性受到制约。

二、研究方法

　　采用自编《社会主义核心价值观认同问卷》和《大学生网络核心素养问卷》作为研究工具。《社会主义核心价值观认同问卷》共 8 个题项，包括总体认同、内容认同、空间维度认同三个维度。《大学生网络核心素养问卷》共 18 个题项，分为网络空间自我意识、网络关键行为能力（辨析、自控、保护、创造）和网络责任与道德三个维度。

三、结果与分析

（一）大学生网络核心素养情况

描述性统计发现，大学生网络核心素养的三个维度总均分为 3.19，处于比较符合（3 分）到完全符合（4 分）之间，其中空间自我意识平均得分 2.73，网络关键核心能力平均得分 3.21，网络责任与道德平均得分 3.43。整体来说，大学生网络核心素养处于较高水平，各维度中，网络责任与道德水平最高，网络关键行为能力水平次之，网络空间自我意识最低。

（二）大学生社会主义核心价值观认同情况

整体来说，大学生对社会主义核心价值观拥有较高的认同度，知晓略高于理解，对具体内容的认同略高于整体认同，但对社会层面的社会主义核心价值观内心接受程度相对最低，更多的大学生认为在现实生活中社会主义核心价值观更易得到认同。

（三）网络核心素养对社会主义核心价值观认同的影响效应

结果显示，在社会主义核心价值观总体认同方面，除网络空间自我意识外，其余两个因素均对社会主义核心价值观总体认同具有正向的预测作用；在社会主义核心价值观内容认同方面，只有网络责任与道德的预测作用显著；在社会主义核心价值观认同总均分上，除网络空间自我意识外，其余两个因素对社会主义核心价值观认同总均分均具有显著的正向预测作用。综合平均值来看，网络核心素养中对社会主义核心价值观认同影响最大的是网络责任与道德，其次是网络关键行为能力，网络空间自我意识没有影响。

四、结论与讨论

第一，在互联网、自媒体时代，网络成为人们日常生活的一部分，尤其对于大学生来说，网络更是其生活的第二空间。

第二，当代大学生对社会主义核心价值观拥有较高的认同程度，其中，对社会主义核心价值观的知晓和接纳略高于对社会主义核心价值观的理解和确信。

第三，针对大学生网络核心素养和社会主义核心价值观认同的关系，我们进行了初步的探索。

五、对策与建议

第一，建立工作机制，优化网络道德环境，拓宽思想道德教育渠道。

第二，建立健全网络素养培育课程。在网络素养培育教学实践中明确教学目标及教学大纲，组织专人编写网络素养教材，建立行之有效的教学模式和教学方法。

第三，加强校园网络环境的绿色监管。一是建立网络素养培育网页或网站。通过校园网这一网络平台宣传普及网络的相关知识。

国内外"大学生网络素养"概念的研究综述

戴仁俊
《教育现代化》2018 年第 43 期

大学生网络素养已经成为大学生必备的一个重要素养。国外专家学者在大学生网络素养的"现状""对策"和"培育"等方面形成了丰富的成果。然而，关于大学生网络素养的概念和内涵却表述不一。为此，本研究以 Springer Link、中国知网为检索平台，对现有研究成果中关于"大学生网络素养"的概念表述进行梳理和分析。从结果来看，现有文献中主要有基于"能力""维度"和"哲学"三个角度的若干种不同表述方法，其中多数以"能力"描述为重点。但从哲学本源角度来看，现有研究成果难以表达"大学生"与"网络"的本质关系，概念没有一定的普适性，特别是难以适应互联网+、人工智能等新一代信息技术条件。

一、国外研究现状

总体来说，国外对网络素养的研究比较早，在教育学、计算机科学、社会科学、文化与媒体研究等相关学科领域内应用比较广泛，同时出现了多种标记方法，如 Net literacy/Network Literacy（NL）、Cyber literacy（CL）。其中，以 NL 标称的网络素养着重从技术角度进行研究，而以 CL 标称的网络素养着重从"技术"和"意识"角度进行研究。

二、国内研究现状

（一）与"网络素养"相关成功数量趋增，领域趋广
（二）对"大学生网络素养"概念研究成功数量偏少

三、国内主要研究观点

（一）基于能力描述
这类概念主要从计算机网络对大学生能力构成角度进行描述，涉及大学生在使用计算机网络过程中的操作技术、信息选择、信息甄别、伦理道德、自我管理等方面。

（二）基于维度描述

1. 二维度

包括技术维度和文化意识维度（欧阳九根，2014）。技术维度指对网络操作的认识和判断能力，文化意识维度包括对网络信息的理解和批判能力、网络安全意识、网络伦理道德、技术创新和发展等。

2. 三维度

包括知识维度、技能维度、非认知维度（周芬芳，2008）。知识维度是具备一定的网络知识基础，技能维度是能有效利用网络并能创造与传播信息，非认知因素主要包括意识与道德这两方面。

3. 四维度

戴仁卿（2015）认为，大学生网络素养包括感知、认知、道德和政治四个维度，其中政治维度指在网络空间内对公共事务发表意见和表达诉求的能力。

四、基于哲学视野描述

这类概念从计算机网络与大学生的关系角度描述，突出计算机网络是大学生素质和修养形成的客观因素。

五、总结

国内外关于网络素养的研究均源于媒介素养、信息素养和数字素养的研究。虽然国内研究相对较晚，但研究成果总量较国外丰富，并集中在对高校大学生网络素养的研究，核心关键词是"对策""现状""教育""培育"等。总体上，国内学术界没有形成对"大学生网络素养"概念的准确界定，没有形成独立的、完整的理论体系，出现了大量个性化表述。

国内外老年人的数字素养教育模式研究

罗艺杰
《图书馆学刊》2018 年第 5 期

通过网络调查法及文献分析法对美国、欧盟、澳大利亚及中国的老年人的数字素养教育模式进行分析研究，发现国外老年人的数字素养教育是由政府主导，多机构共同参与努力的成果。而我国政府并没有足够重视老年人的数字素养教育，图书馆与老年大学是老年人数字素养教育的主要基地，但是他们都是独立开展的。因此，借鉴国外经验，笔者提出政府应该给予老年人数字素养教育更多的重视，且应鼓励更多机构合作参与我国老年人的数字素养教育，并建立专门的数字素养网站，来弥补我国图书馆资金与人手不足的情况，以此来提高我国老年人数字素养教育。

一、引言

21 世纪，互联网技术的飞速发展推动了国民经济的发展。发达国家的政府为了不让自己国家失去全球的经济优势，纷纷制定政策，开展行动，推进数字化发展。这就要求国民们都学会数字技能。然而，老年人的数字素养能力一直以来是各个国家的通病。

二、数字素养的定义

可以明显地看出，数字素养更多的是指利用数字工具的能力。它是由电脑素养、ICT 素养等演变过来的。对于数字移民者，尤其是老年数字移民者来说，它的提出与"新数字鸿沟"有着密切的联系。

三、国外老年人的数字素养教育发展模式

（一）美国模式

1. 政府参与

美国电信与信息管理局（NTIA）和联邦通信委员会（FCC）分别于 2009 年和 2010 年出台了宽带技术机会计划和国家宽带计划，斥资 40 亿美元，用于拓展宽带基础设施建设，打造数字美国。

2. 教育机构

在美国，教育机构参与老年人的数字技能培训由来已久，早在 20 世纪 80 年代，就有学者团队为做科研而进行实验。

3. 企业参与

社会力量的参与，主要体现在企业等组织机构的参与。一般是电信运营商及数字设备、软件供应商等与数字素养利益相关的企业参与。

（二）欧盟模式

1. 政府参与

欧盟对数字素养的关注较早，2006 年欧盟成员国在拉脱维亚共和国首都里加市就信息通信技术（ICT）融入社会的问题举行部长级会议，并达成里加部长宣言（Riga Ministerial Declaration），宣言认可 ICT 对于欧盟经济发展的重要性，并意识到了数字鸿沟的巨大差距，多次提到老年工作者及老年人的数字素养技能的重要性，

并且政府和社会各界都应当加入到老年人的数字素养教育中。

2. 图书馆参与

图书馆一直以来承担着民众的教育职能，以英国为例，2014 年在庆祝万维网发明 25 周年之际，英国政府同时颁布了《政府数字融合战略》，阐述英国政府在互联网基础设施方面做出的贡献。

3. 教育机构参与

欧盟教育界在以上几个战略政策的推动下，欧盟委员会和终身学习项目下的教育与文化董事会（The Directorate General for Education and Culture，简称 DGEAC）迅速做出反应，联合欧盟 6 个国家（英国、德国、西班牙、瑞典、法国及立陶宛共和国）的老年大学等教育机构，合作建立了老年数字学院（eLSe Academy-eLearning for senior citizens）。

4. 社会参与

欧盟的 28 个成员国的企业一直以来都十分支持及重视老年人数字素养教育。

（三）澳大利亚模式

1. 政府、图书馆参与

为达到这个目标，澳大利亚政府与企业公司合作，发起并建立了澳大利亚国家数字素养工程门户网站 GODIGI，培养澳大利亚所有国民的数字素养技能。

2. 企业、图书馆合作参与

Telstra 是澳大利亚本地最大的电信运营商，由该集团与图书馆联合发起的 Tech Savvy Seniors 项目是一项专门为老年人提供数字技能培训的项目。

四、国内的老年人数字素养教育发展模式

（一）政府参与

为了让老年人能更好地享受数字技术带来的红利，满足老年人的需求，《老年人权益保障法》第七十条明确指出："老年人有继续受教育的权利。国家发展老年教育，把老年教育纳入终身教育和社区教育体系，鼓励社会办好各类老年学校。"

（二）图书馆与教育机构参与

图书馆与老年大学一直以来是老年人学习计算机知识与上网技能的主要根据地。图书馆的服务是公益性的，且培训老年人的数字素养是自发性的。

五、启示

（一）大力发展老年人数字素养公益教育

（二）鼓励企业参与，多机构合作

（三）成立专门的数字素养网站

基于高中信息技术核心素养下的计算思维能力的培养策略

曹金华
《电脑与信息技术》2018 年第 5 期

2017 年版普通高中信息技术课程标准非常注重学科核心素养中计算思维能力的培养，但高中信息技术程序设计的教学内容过多强调程序设计的语法规则和实例应用，在计算思维能力的培养方面有所欠缺。本文以高中程序设计课程为例，从教学对象、教学内容、教学方法等多个层面来探讨学生计算思维能力的培养策略，激发学生的学习兴趣，从而提升学生的核心素养。

一、目前高中程序设计课程教学中计算思维能力培养面临的问题

（一）教材的现状

（二）面临的问题

1. 高中信息技术必修中的编程加工仅仅提供了体验程序设计的魅力，受课时的影响，不能对程序设计内容进行拓展。

2. 教材中 VB 语言的教学比较注重可视化编程，侧重于控件的应用性开发，忽视了对学生计算思维能力的培养。

3. 课时不足，一般一周只有一节课，而程序设计特别是算法的理解和程序的实现有很大关联，学生的思维能力、学习能力等存在较大的个体差异。

4. 程序实现的语法多、例题（算法）多、学习任务重，有的算法比较难理解，难以培养学生的发现、思考和抽象归纳的能力。

5. 教师在教学过程中，偏重于注入式的教学方法。

二、高中程序设计课程中计算思维能力培养策略

（一）教学对象的重组要注意对学生的计算机基础能力和思维理解能力的摸查

高一新生入学时，可以先进行一个摸底调查，主要了解学生的计算机基础能力和思维理解能力，为教学内容的选择和教学方法的合理使用做准备。

（二）设定培养计算思维能力的教学目标

以计算思维能力培养为导向的程序设计的学习目标是：积极创设思维环境，多组织各种思维综合活动，主动探索利用计算机解决实际问题的能力，学习问题求解的思路和方法。

（三）教学内容和教学方法的选择要更有利于计算思维能力的培养

培养学生计算思维能力时，需要精心准备教学内容，使教学内容更具有启发性和探索性，可以多结合学生熟悉的实际应用如数学中问题的求解等。

（四）其他应注意的事项

1. 培养教师教学过程的计算思维意识。

2. 要倡导算法的多样化，尊重学生思维方式、理解能力的个体差异性，鼓励学生从不同角度认识问题，用不同算法解决问题。

3. 要结合高中信息技术学科竞赛活动以促进学生计算思维能力的提升。

（五）以计算思维能力培养为目标的高中程序设计课程教学实效

1. 学生通过高中近两年的程序设计课程的学习，可以较为熟练地掌握排序、搜索、递归递推、回溯、贪心、动态规划等算法。

2. 具备计算思维的学生更善于总结利用计算机解决问题的过程与方法，并将其迁移到与其相关的其他问题解决之中。

3. 学生不但可以在高中信息学学科竞赛上取得较好的成绩，更为大学的专业化发展方面奠定更扎实的专业基础，为大学的专业选择可以更好地明确方向。

讲好网络文明"故事"提升青年网络素养

阎驰骋
《人民论坛》2018 年第 26 期

青年大学生是网络社会中最活跃的群体，良好的网络素养是必备素质。深入研究和把握学生的新特点、时代的新变化、网络传播的新规律，拓展新途径和新方法，用心讲好网络文明素养培育的"故事"，是新时代青年网络素养教育的应有之义。

一、互联网时代青年网络素养培育的重要意义

第一，大学生网络素养培育是规范大学生网络行为的客观要求。互联网时代加强青年的网络素养教育，就是要应智能化之势而动，全面探析青年网络道德治理的

方法，全面构建网络道德治理的规范管理体系，以期构建集可辨性、可测性、可控性、系统性、针对性、科学性于一体的网络道德治理体系。

第二，大学生网络素养培育有利于为大学生提供正确的价值指引。青年网络文明素养培育，对帮助青年大学生分析鉴别异质社会思潮、抵御错误价值观侵蚀具有重要的作用。

二、互联网时代青年网络素养培育面临的挑战

一方面，青年大学生网络素养培育是一个有机整体，是各个发展阶段和过程之间的彼此依赖、相互作用、互为补充的统一有机整体，是长期形成的文明稳定性基础上的认同教育。而互联网时代，信息的碎片化重构，从某种程度上打破原有的社会交往、政治结构、经济发展、生活习惯和议事规则，冲击了社会文明长期形成的稳定性和习惯性，青年大学生的认同感和归属感在不断重构，道德和文明的传承不断被消解。另一方面，互联网极大地拓展了青年大学生的视野，给他们提供了更多的选择和体验的机会，特别是为他们提供了愈加自由开放的表达渠道，主流媒体的主导性和权威性被消解。

三、用心讲好网络文明"故事"，构建科学网络道德理念

青年网络素养教育，归根到底是思想政治教育。而思想政治教育中，"树典型、讲故事"往往要比"喊口号"更能打动人。讲一个先进典型的生动故事，可以让道理变得生动，让人们对价值理念和个人追求产生认同感，更容易赢得信任和支持，有事半功倍的效果。

美国数字素养教育现状及启示

张 娟
《图书情报工作》2018 年第 11 期

针对美国的数字素养网站、教育资源、政府法案以及行业项目进行全面阐述，美国的数字素养教育在政府部门的大力支持、行业协会制定行动计划、各类图书馆各司其职的情况下，呈现出社会化、全民化的特点；其教育手段数字化、公开化，同时强调公平获取、隐私保护和数据安全。提出我国教育部门、图书馆界应紧跟互联网行业飞速发展的脚步，制定数字素养教育框架、标准与长远的行动计划，呼吁

政府的支持，以求在数字素养教育中担当关键角色，全面推进公民的数字素养。通过对美国数字素养发展现状的梳理，引发对我国数字素养教育的思考，并提出相应的对策和建议。

一、引言

目前，人们的学习、生活方式、思维方式与行为模式无不受到数字化时代的影响。对数字技术的理解与技能的掌握已成为人们新的素养，这种素养即数字素养（digital literacy），通过改变一个人的学习效率和处理好各项事务的能力，在人与人之间拉开"知识鸿沟"。

二、数字素养概念

2017 年 8 月 18 日，国际图联（International Federation of Library Associations and Institutions，IFLA）发表《数字素养宣言》，将数字素养定义为一种能发挥数字工具潜能的能力。

三、美国数字素养发展现状

（一）官方支持

1. 政府拨款

2. 法律保护

3. 政策计划

（二）行业协会行动方案

（三）大学与研究机构图书馆

（四）民间组织与企业

四、美国数字素养教育的特点

（一）数字素养教育社会化、全民化

基于雄厚的联邦资金支持和政府部门的政策法案加以引导和规范，美国的数字素养教育呈现社会化、全民化的特点。

（二）各类图书馆各司其职、各有侧重

美国图书馆协会将图书馆划分为 3 种类型，其中大学与研究机构图书馆为学术图书馆，中小学图书馆为学校图书馆，第 3 类是公共图书馆。3 类图书馆在数字素养教育中各司其职、工作各有侧重。

（三）教育手段数字化、公开化

美国的数字素养教育从手段上来讲，和目的是一致的，即提高大众使用数字资

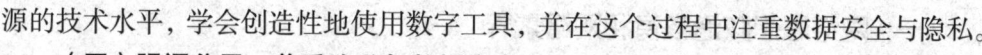
源的技术水平，学会创造性地使用数字工具，并在这个过程中注重数据安全与隐私。

（四）强调公平，尊重隐私与数据安全

数字素养除了技能的提升，还包括一些非技术元素，如对文化影响力、社会公平、数据安全、隐私保护的认识提高与塑造。

五、对国内数字素养教育的思考

（一）现有基础与优势

我国的信息技术产业正飞速发展，技术成熟、网络发达成为我国数字素养教育的优势。

1. 互联网技术成为坚实硬件基础
2. 在线教育资源丰富
3. 高校信息素养教育已成系统

（二）欠缺与不足之处

从数字素养教育的角度来看，我国互联网用户的使用多偏向于娱乐与消费，游戏、直播、视频、购物占据了大量资源，法律与伦理、隐私保护、数据安全、知识产权、全球公民意识等都是我国用户数字素养的薄弱环节。

（三）发展思路与提升空间

1. 政府部门的重视与投入
2. 教育部门制定框架和标准
3. 各级图书馆开展持续有效的针对各类人群的行动计划
4. 在认识上加大宣传和提高

浅谈网络思政教育背景下高职学生的网络素养

罗晓丽　焦洪义
《学周刊》2018 年第 32 期

随着互联网的迅速发展，学生的网络使用率不断提高，传统的思想政治教育方式逐渐显现出其弊端，使得网络思想政治教育凸显出其重要性。为了使高等职业院校的学生拥有一个良好的网络环境，在不断加强网络思想政治教育的同时，要注重学生在网络环境中综合素质的培养，使他们能够具备良好的网络素养。

一、网络思想政治教育和网络素养

在互联网迅速发展的今天，对学生进行网络思想政治教育是践行社会主义核心价值观的必然要求。传统思想政治教育方式的落后，教师知识储备更新的滞后，都体现了传统教育方式的弊端。网络思想政治教育具有很好的互动性和时效性，为思想政治教育工作的开展带来很多便利和优势。

二、网络思想政治教育与网络素养培养面临的问题

（一）学生是网络使用的主力军

人们对于网络的使用，尤其是学生占比最大。作为大学生，正值青春时期，好奇心旺盛，对于新鲜事物的接受能力相对较强。

（二）多而杂的信息利弊兼收

互联网在整个社会发展的进程中越来越凸显出其重要性，海量的信息就是其最大的魅力。

（三）高职院校网络思想政治教育起步晚

网络世界自由、开放、复杂、多变，这些特性容易导致学生在网络上言行缺乏约束，缺少网络使用中的自我约束能力和利用网络信息促进自我发展的能力。

三、在网络思想政治教育的同时加强网络素养的措施

学院应培养专兼职的网络思想政治教育工作者，使他们成为专业的网络掌舵者。加强网络基础设施建设和维护，为其提供硬件条件；做好信息筛选；制定各种规章制度，规范学生对于网络的使用。

四、结语

高职院校的学生个性非常鲜明，在进行网络思想政治教育过程中，既要尊重学生的个性，又要关注他们真正的需求，通过师生互动，关注学生思想、政治、法制、心理等方面的情况。

青少年网络素养：概念演进、指标构建与培育路径

钱婷婷　张艳萍

青少年群体是典型的网络原住民，亟待增强与网络的融合度，网络素养教育迫

在眉睫。建立青少年与网络之间良好的关系，取决于他们的媒介素养、信息素养以及数字素养的互构与融合。在全面梳理网络素养概念演进的基础上，重塑当前青少年网络素养教育的目标定位，有助于构建网络素养的指标体系；基于目标定位、知识结构和技能使用，构建"认知—技能—行为"能力模型，有助于探索网络素养的教育培育路径。

一、网络素养的概念演进

网络素养最早由美国学者麦克库劳（McClue）提出，他认为网络素养是个人"识别、访问并使用网络中电子信息的能力"。可见，该定义更多指向"找寻和掌握某领域的知识"和"使用网络的技能"。进一步看来，这种"知识"的形成需要与自己设定目标有关，而"技能"的养成用来与外界有效互动与沟通，以满足当前和未来社会生活的适应。

二、青少年网络素养培育的目标定位与体系构建

当前，衡量青少年网络素养的三大重要指标为：个人对网络使用的目标定位、知识结构、网络使用技能。

（一）个人对网络使用的目标定位

这涉及青少年网络使用的目标和动机，直接关系到其参与网络的程度，对网络的信息处理意识、控制信息获取与使用，并如何发挥网络对自身成长的效用最大化等。

（二）网络的知识结构

网络知识结构需注意区分"信息"和"知识"两者之间的差别，信息更多侧重于"是什么"的事实层面，而"知识"则主要专注于"为什么""怎么样"。

（三）网络的使用技能

青少年网络使用技能体现在网络具体行为领域，诸如使用习惯、社交媒体使用、网络交易、网络学习、网络娱乐、网络工作和服务、网络诚信等行为层面。

三、网络素养教育：青少年网络行为的价值语境和现实路径

（一）网络认知：工具性和实践性

网络素养实际上是人作为主体使用网络媒体工具的素质养成。"网络"作为物的对象性存在，在主体的实践进程也即是可按照人的主观意识进行改造的过程。因此，这里讲的"网络"本质上具有二重性：作为工具的网络和作为实践的网络。

（二）网络技能：价值理性和批判性认知

在青少年网络素养培育过程中，要注重网络信息注意力的训练。信息的筛选和

分析重点在于批判性认知，让青少年自己能从浩瀚的网络信息流中辨识出信息是否具有价值。

（三）网络行为：从信息生产到协同合作

网络本来只是传递信息的载体，网上的任何信息都需要网络主体主动贡献。如果没有网络主体的参与，每个人都在观察着对方的行为，那么，网络世界便也不会快速发展。

数字素养的挑战：
从有限的技能到批判性思维方式的跨越

［新西兰］马克·布朗　肖俊洪译
《中国远程教育》2018 年第 4 期

世界各地大多数政府都认同提高国民数字素养水平的必要性。虽然数字技能对于 21 世纪成功的生活、学习和工作而言越来越不可或缺，但是本文对数字素养的各种狭义界定提出质疑。本文比较和对照学界对数字技能、素养或本领的不同理解，阐述为何本领域文献中有大量模型和框架经常缺乏清晰的理论基础，指出它们虽能吸引眼球却缺乏说服力，一味赶时髦。本文对欧洲、英国和美国的一些数字素养框架进行批判性述评，发现它们存在三个方面的内在矛盾：（1）能满足当下需要的数字技能的稳定性与为了适应社会和技术新发展数字素养必须具有不稳定和快速变化性质之间的矛盾；（2）通用数字技能观与在复杂的文化和机构背景下数字素养高度情景化之间的矛盾；（3）培养生活、工作和参与到大社会中所必需的实用数字技能与促进批判性数字思维方式这个变革目标之间的矛盾，后者旨在使我们能够重新理解和重塑我们所面对的不公平、不公正和不可持续的令人不安的现实。在这方面，本文主张双重目标：一方面，承认数字时代的生活、学习和工作所必需的具体技能有眼前的价值；另一方面，数字素养能促使公民积极地帮助创造和重塑对所有人而言更加美好的未来社会，因此不能忽视数字素养的这个长远目标和变革使命。从这种变革的视角出发，本文旨在进一步提高对数字素养不确定性的批判性意识，对在培养有更高数字技能的学习者、工作者和公民过程中宏观层面相互角逐的各方强势有更加深入的理解。

一、引言

联合国教科文组织（UNSECO）最近一份报告指出："现在数字技术是高效参与日常生活和工作很多方面活动的基础。除了技术的获取之外，利用数字技术并得益于它日益强大的能力和功能所必需的技能和本领在今天比过去任何时候都更是必不可少。"（Broadband Commission for Sustainable Development，2017a，p.4）

二、一个混乱的领域

数字素养是一个混乱的领域——这是不争的事实。兰克希尔和诺柏尔（Lankshear & Knobel，2008，p.2）在他们的一部论述数字素养的重要著作中指出："数字素养文献最显著的特点是数量可观，而且还提出各种明显不同的概念。"

三、什么是数字素养?

前面提到联合国教科文组织的报告（Broadband Commission for Sustainable Development）指出，"鉴于文献中用到'数字技能''数字本领''数字能力倾向'（digital aptitudes）'数字知识''数字理解''数字倾向'（digital dispositions）和'数字思维'这些术语"，目前没有哪一个数字素养定义得到一致认可。

四、几个备受关注的数字素养模型和框架：批评性述评

（一）新媒体联盟模型

这个报告把数字素养分成三种模式：通用素养（universal literacy）、创意素养（creative literacy）和贯穿于各学科之中的素养（literacy across disciplines），其目的是厘清数字素养究竟包含哪些不同成分并在此基础上做必要补充。

（二）数字能力框架

现在已经演变成一个包含 6 个成分的《数字能力框架》（Digital Capability Framework）：1. 信息通信技术水平，2. 信息数据和媒体素养，3. 数字制作、解决问题和创新，4. 数字交流、协作和参与，5. 数字学习和发展，6. 数字身份和健康。这 6 种成分又细分为 15 种，涵盖实用技能、批判性使用、创造性制作、参与、发展和自我实现这些方面（Jisc，2016；cited in Beetham，2017）。

（三）欧洲数字能力框架

2017 年这个框架有了升级版，即"数字能力 2.1 版本"（DigComp 2.1），包含 5 项内容：1. 信息和数据素养，2. 交流和协作，3. 数字内容制作，4. 安全，5. 解决问题能力，分为 8 种水平层次，共有 21 项相关能力（Carretero，Vuorikari，& Punie，2017）。

（四）爱尔兰数字技能框架

这个项目所提出的数字技能框架以地铁图为蓝本，包括6条"线路"：1. 工具和技术，2. 发现和使用，3. 交流和协作，4. 教与学，5. 创造和创新，6. 身份和健康。

五、对 21 世纪的启示与思考

（一）参与不是最终目标

我们在认识数字素养的时候往往局限于参与到社会中来这个目标。这个认识上的不足在英国联合信息系统委员会原来的数字素养定义中尤为明显。

（二）不能脱离社会政治大环境

这场危机和乐施会那些令人不安的数字说明，我们对数字素养的界定本质上是具有政治性的，不能不考虑权力和控制这些问题。

（三）重视发展批评性数字素养

在这个背景下，数字技能"包括行为、专门知识、实用知识、工作习惯、性格特质、倾向和批判性理解"，因此据称最好把数字技能理解成"一个从基本实用技能到高阶、专业技能的渐变技能系列。"（Broadband Commission for Sustainable Development，2017a，p.4）

（四）兼顾批评性和背景化

虽然现有的很多数字素养模型和框架初衷良好，但很可能存在缺乏背景效度的风险，即它们必须全面认识情景化实践的复杂性。

（五）防止出现"去技能化"

我们在努力培养数字思维方式和促进对数字素养的批判性认识的时候，必须处理好两个方面的平衡，即既要强调培养抢抓今天的机会所需的重要技能，也要注重培养更深层次的评判能力，以实现促进获取、公平和全民教育这个长远的使命。

六、结束语

综上所述，数字素养运动非常复杂。联合国教科文组织最新的报告强调必须促进批判性数字思维方式的发展，这是朝着正确方向迈出了重要一步。

西藏大学生网络素养现状及教育对策研究

李庆华　刘　佳　曾　帅　许鹏辉　蒋明芳
《科教文汇（下旬刊）》2018 年第 1 期

本文以全局和战略高度为视角，以西藏高校大学生为样本，通过访谈调查问卷等方式，深入了解西藏大学生网络现状，分析了西藏高校大学生网络素养方面取得的成绩和面临的问题，针对存在的一些难点和不足提出了意见建议。研究认为可以在强化网络教育培训、加强网络资源建设、掌握线上线下教育的主动权方面下功夫，切实提升西藏大学生网络素养。

一、引言

习近平总书记在十二届全国人大一次会议上对西藏代表团提出了"治国必治边，治边先稳藏"重要战略思想，而西藏的稳定发展与西藏大学生自身的素质有着密切的关系，西藏大学生是西藏的先进知识分子，更是发展西藏人民道德素质的重要力量。

二、西藏大学生思想政治教育取得的成绩和面临的问题

（一）成绩突出

大家对坚持在党的领导下，高举中国特色社会主义伟大旗帜，坚定不移地走有中国特色、西藏特点的发展路子有着广泛认同；对坚持马克思主义基本政治态度、政治观点保持着比较清醒的认识；对以习近平同志为核心的党中央高度重视西藏工作、深切关怀西藏各族人民充满感激；对实现中华民族伟大复兴中国梦充满信心，能够在政治上思想上行动上同以习近平同志为核心的党中央保持高度一致。

（二）问题依然存在

十四世达赖集团不断变换手法，妄图与我争夺青少年、争夺下一代，高校仍然是开展反分裂斗争的重点领域，育人环境面临一系列新问题和新挑战。

三、西藏高校大学生网络素养现状

（一）能够较好地运用网络

（二）自我约束能力较弱

（三）网络威胁防范意识较差

（四）对网络信息的分析能力较差

四、教育对策研究

（一）加强网络素养和网络安全教育培训

（二）加强校园网及电子阅览室的建设

（三）提高大学生自我教育能力

（四）牢牢把握网络思想政治教育主动权

新媒体背景下广西北部湾地区高职学生网络素养提升策略研究

李彬铭

《教育现代化》2018 年第 17 期

现如今，新媒体网络是人类社会赖以维持的重要工具。然而当前高职学生网络素养较差，在新媒体网络的使用方面存在诸多问题。笔者通过调查新媒体背景下广西北部湾地区高职学生网络素养现状，发现问题，并从学生意识、院校教育、家庭教育、网络大环境四方面提出高职学生网络素养提升策略。

一、新媒体背景下广西北部湾地区高职学生网络素养现状

（一）信息辨别能力差

（二）网络道德认识不足

（三）网络娱乐比重大

（四）网络信息运用能力差

二、新媒体背景下广西北部湾地区高职学生网络素养问题成因

（一）高职学生对自身的定位较差

（二）高职院校网络素养教育不足

（三）家庭网络素养教育缺乏

（四）网络信息监管不到位

三、新媒体背景下广西北部湾地区高职学生网络素养提升策略

（一）加强学生的网络自律意识

自律是个体思想对自身行为的约束，网络自律是指学生在精神层面对自身网络行为做出规范。行为的实现受个体思想的控制，因此，自律比非精神层面的他律更具实效。

（二）重视高职网络素养教育

高职院校应该结合本校学生的心理特征规划网络素养课程，注重相关讲座、选修课、校园宣传活动的展开，甚至可以将网络素养课程列为必修课。

（三）普及家庭网络素养教育

家庭是高职学生除学校以外的主要生活环境，良好的家庭氛围对学生意识行为有着显而易见的积极影响。

（四）优化网络文化大环境

网络文化大环境对高职学生有着重要影响，网络平台应该加强对网络信息的过滤与管理力度，打击不良信息的传播，营造良好的网络大环境。

四、结束语

网络与人类的生产、生活息息相关，高职学生的网络素养问题应该得到重视。院校应该注重学生网络素养教育，并形成家校合力教育学生的局面，帮助学生形成网络自律意识；与此同时，社会相关部门应该注重网络大环境的维护，为高职学生乃至所有学生打造友好的网络大环境。

新媒体联盟《2017 数字素养影响研究报告》解读及启示

陈钦安
《图书与情报》2018 年第 4 期

近几年，美国新媒体联盟（New Media Consortium，NMC）发布了一系列有关信息素养的调查报告，为高等教育、大学图书馆、相关决策部门以及其他致力于信息素养教育的机构开展信息素养实践活动提供了参考。NMC 于 2017 年 11 月发布的《2017 数字素养影响研究报告》，内容主要为学生所接受的数字素养教育现状、拥有的数字素养技能现状以及这些技能对职业生涯影响的调查结果，以及有关学生

数字素养的培养建议。《2017 数字素养影响研究报告》启示我国高校图书馆的素养教育需制定数字素养框架、满足不同学科数字素养需求，与企业合作拓展数字素养教育、利用创客空间开展数字素养教育。

一、《2017 数字素养影响研究报告》的主要内容

2017 年 4—6 月，NMC 对 35 所学院和大学以及一个高等教育协会进行了一次有关数字素养影响的在线调查，并于 2017 年 11 月发布《2017 数字素养影响研究报告》（以下简称《报告》）。该调查共有 727 名四年制大学毕业生（82.5%）和两年制大学毕业生（17.5%）参与，这些学生大都来自商业、心理学、传播学、英语和政治学专业，部分学生调查时受雇于教育、医疗/卫生服务、技术、工程和政府部门。《报告》分享了学生在工作场所使用和提高数字素养技能的现状以及这些技能对学生职业生涯的影响，并根据调查结果提出了培养学生数字素养技能的建议。

二、数字素养教育建议

（一）与行业合作评估数字素养差距

（二）重新设计学习和发展系统

（三）培养终身学习

三、《2017 数字素养影响研究报告》的特点

（一）相关数字素养调查报告的连贯性

从 2015 年开始，NMC 发布的系列数字素养调查报告保持了连贯性和互补性，从数字素养教育存在的根本性问题到概念的澄清、模式的确定和行动的实操，为高等教育机构、图书馆、企业等开展数字素养教育提供了一幅完整而清晰的路线图。

（二）数字素养定义的简明和开放性

由于数字素养与生俱来的综合性、动态性和开放性特征，截至目前，虽然对数字素养模型和框架的研究层出不穷，但数字素养的定义并没有达成共识。

（三）理论与实践相结合中的研究方法

NMC 有关数字素养的一系列报告都是理论与实践相结合的成果，不仅有文献研究、案例分析，还有全面翔实的调查。为理清数字素养所包含的内容，创建一个简明的模型和框架，以便在高等教育领域达成共识，NMC 对 450 多名教育工作者进行调查，对他们的反馈进行统计分析，进而形成了数字素养的三种模式。

四、对我国高校图书馆开展数字素养教育的启示

（一）以严谨科学的方法拟定本地数字素养框架

NMC 认为，在大的层面，各国政治、经济环境等的不同，通常会决定数字素养的进展和应用；在较小的层面，数字素养框架也会因机构、学术部门和个人的不同而不同。

（二）与院系紧密联系满足各学科数字素养需求

事实上，即使有了好的框架和模型，理清了思路，确定了信息素养教育发展的方向，我们依然要了解和关注那些因为专业特点而形成的个性化需求，这样更有利于有针对性地开展数字素养教育。

（三）与企业合作拓展数字素养教育内容和场所

高等教育机构开展数字素养教育，其最终目标是让学生毕业后能够获得良好的职业发展，有足够的能力应对数字环境下的各种挑战。

（四）利用创客空间进行数字素养教育

进入 21 世纪以来，从信息共享空间、学习共享空间到创客空间，高校图书馆通过空间再造与资源整合寻求服务的创新和发展变得异常活跃，尤其是近几年来，崇尚创新、共享、开放的创客空间在图书馆得到迅速发展。

英国高等教育数字素养培养模式对我国的启示

明　华

《武汉船舶职业技术学院学报》2018 年第 3 期

本文解读了英国高等教育的数字素养培养模式，在借鉴英国联合信息系统委员会 JISC 数字素养发展框架的基础上，结合我国的相关研究和现状，构建了符合中国国情的高等教育数字素养培养框架，对高校师生数字素养培养途径提出了建设性的意见。

一、 "数字素养" 概念的发展历程

根据数字素养概念发展的历程，可以看到不同的时期，不同国家和组织对数字素养的理解有所差异，说明数字素养仍然是一个新兴的、正在不断发展的概念。

二、英国数字素养教育模式发展状况

（一）由政府推动，实现政策引导、行业协会组织和图书馆实施的三级保障体系
（二）以项目合作的形式开展数字素养教育
（三）制定数字素养评估体系
（四）构建承载数字素养教育任务的高校图书馆服务体系
（五）大力建设数字素养在线课程

三、我国在数字素养教育方面的发展现状

（一）政府尚未深入全面开展数字素养教育工程
（二）高校图书馆数字素养教育管理存在的诸多问题
（三）教师队伍数字素养水平提升相对滞后
（四）大学生普遍缺乏健全的数字素养教育环境

四、对我国数字素养教育的启示

（一）建立符合中国国情的高等教育数字素养发展框架

在此，笔者建议我国可以借鉴英国 JISC 创建的数字素养发展框架，建立符合我国国情的高等教育数字素养能力框架，该框架描述了数字素养四个不同发展阶段中三项技能的成长。三项技能分别是数字技术技能、数字媒体技能和独立思辨技能。数字技术技能是与数字媒体技术相关的技能与行为；学习与思辨技能体现了价值观和知识行为；信息与媒体技能介于数字技术技能和学习与思辨技能之间，同时关注技术和文化。

（二）政府制定政策保障和推动全民数字素养工程建设

随着信息环境的变化，公民的数字素养逐步成为国家核心竞争力。我国政府及相关部门须制定相关的政策来指导实施国民数字素养教育，并由此推动国家社会经济发展。

（三）发挥图书馆数字素养教育基地作用

高校图书馆资源建设和服务内容是数字化校园背景下数字素养教育的重要因素。图书馆可以通过提供丰富的在线资源，开发高质量和创新性的信息服务、资源和环境，支持师生数字素养和研究技能的发展。

（四）加强对教师的数字素养的培训和鼓励

高校须以开展信息数字技术培训课程或者交流会的形式，推动数字技术深度融合到教学、科研和管理中，促使高校教师在工作中需重视数字技术的应用，培养用数字工具处理和解决问题的习惯，使数字素养成为一种教师内心认可的专业化发展

的必备素质，进而在教学中影响和提高学生数字素养水平。

（五）大学生数字素养培养途径

途径一：开设对应的课程进行专项教育。

途径二：重视学生数字素养文化建设，培养新时代的数字媒体文化道德观念。

途径三：为学生创造廉价的数字素养学习环境，鼓励发展数字媒体平台建设和相关软件开发向教学和科研方面倾斜，增加软硬件投入。

英美数字素养教育研究

杨文建

《图书馆建设》2018 年第 3 期

英美两国的数字素养教育研究发展得相对较早，且已积累了较为丰富的理论成果和实践经验，而国内的数字素养教育研究相比英美两国仍有较大差距。在借鉴两国成果和经验的基础上，国内可从如下几个方面促进数字素养教育研究：提升数字素养教育受重视程度，以图书馆为纽带整合数字素养教育力量，研究适合国内现状的数字素养框架体系，注重用户参与和创新实践探索，构建图书馆数字素养资源体系等。

一、数字素养内涵及其与相关素养的关系

（一）数字素养的内涵

狭义个体数字素养是指个体在阅读、理解、整理和运用数字信息等方面的能力，表现为个体在处理数字信息的环节中所展现的实用技能，是对已有的信息素养的传承与发展，是信息素养的子概念；而广义个体数字素养的内涵则较为广泛，表现为能够理解和运用数字信息与信息技术工具，通过一系列处理过程，查询、获取、理解、整理、生产、交流和发布数字信息，并对所接触的、生产的数字信息能够进行评价与批判性认识，也包括遵守相关的法律法规和道德标准的能力与意识，本文相关论述主要针对个体数字素养范畴。

（二）数字素养与相关素养的关系

数字素养概念的产生与发展与当今的数字环境密不可分，作为大数据环境下衡量个体生活、学习、研究能力的重要指征，由于其内涵的跨学科性和融合性，所以部分学者将数字素养视作信息素养、媒介素养、科学数据素养等多种素养概念在新

的信息环境下的融合与发展。此外，数字素养不仅在能力、技能上相比信息素养、媒介素养等对个体有着更高的要求，还对个体在创新学习能力、批判思维等层面上有着进一步的高要求，是对个体适应新数字环境所需能力和自我认知的必要发展。

二、英美与国内外数字素养研究与教育实践现状

（一）英美

1. 英国

英国数字素养教育的体系具有如下特征：（1）数字素养教育极受重视。英国自上而下形成了针对数字素养教育的多级联合模式，从英国高等教育保障署到 JISC 再到具体的高校等教育机构，形成了相对较为系统的数字素养教育体系。（2）将数字素养教育同职业发展相结合。

2. 美国

美国的数字素养教育表现出如下特征：（1）政府积极重视并参与。美国国家远程通信和信息管理局与联邦通信委员会是推动美国国内数字素养教育的基础性力量，由此确立了数字素养教育在美国公民素养教育中的重要地位。（2）行业机构大力推广。以 ALA 为代表的图书馆行业组织是美国数字素养教育的重要推动机构，从数字素养工作小组所发起的惠及美国全境的数字素养项目再到 IMLS 对数字素养教育的资助行为，表现出了美国图书馆、博物馆等相关公共事业机构对数字素养教育的大力推广。

（二）国内

从发展沿革上讲，国内的数字素养教育部分依托于信息素养教育与计算机素养教育，但这也造成了数字素养教育的理论研究和实践活动体系不健全的状况。

近年来国内数字素养教育领域已经有了迅猛的发展，且政府也发布了旨在改善国内网络基础环境的《"宽带中国"战略及实施方案》，这对国内数字素养教育的发展起到了重要的推动作用，对于推动国内数字素养教育意识的提升和改善基础设施条件极为有利，但国内数字素养教育体系尚处于发展阶段。

三、国内图书馆数字素养研究与教育实践策略

（一）提升对数字素养教育实践的重视

（二）图书馆主导下的教育力量整合

（三）打造适合现有条件的教育体系

（四）注重用户参与和创新实践探索

（五）构建图书馆数字素养资源体系

走向智慧时代的信息技术课程核心素养建构研究

刘雪飞　陈　琳　王丽娜　冯　熳

《中国电化教育》2018 年第 10 期

随着物联网、大数据、人工智能等现代信息技术不断向纵深发展，人类社会正由信息时代走向以创新为核心的智慧时代。作为一门面向大中小学全体学生开设的时代化信息技术课程，在创新成为引领发展的第一动力以及信息技术对人类社会产生无与伦比影响的历史新时期、智慧新时代，必须与时俱进地重构课程目标与定位，科学建构课程核心素养，以推动信息技术课程在促进人的时代化发展中发挥更大的作用。研究尝试站在时代高度，论述信息技术课程核心素养框架及其内容构成，分析信息技术课程重新定位要求、信息技术课程核心素养研究存在的问题以及智慧时代呼唤的研究必要性特征，在此基础上确立了由信息理念、信息思维、信息技术与艺术、信息应用和信息创新构成的课程核心素养体系框架，并对此框架下的内容进行研究。研究有助于促进信息技术课程更好地适应时代发展。

一、建构信息技术课程核心素养的必要性分析

（一）信息技术课程重新定位的要求
（二）信息技术课程核心素养研究存在的不足
（三）智慧时代的呼唤

二、信息技术课程核心素养模块建构

由以上分析不难得出结论，面向全体大中小学学生开设、社会寄予巨大厚望的信息技术课程，必须建构包括信息理念、信息思维、信息技术与艺术、信息应用、信息创新的五大核心素养。

三、信息技术课程核心素养框架内容建构

（一）信息技术课程核心素养内容构成探讨
1. 信息理念模块的内容构成
创新理念、协调理念、绿色理念、开放理念、共享理念理所当然是信息技术课程信息理念的重要内容。

2．信息思维模块的内容构成

信息技术课程所培养的时代化思维，理应包括计算思维，这也是信息技术课程所培养的基本的信息思维。

3．信息技术与艺术模块的内容构成

信息技术素养的培养必须包含算法与程序设计、多媒体技术、网络与通信技术。

4．信息应用模块的内容构成

在信息技术课程的学习中固然且首要的是要学会在学习中应用信息技术，运用信息技术变革学习。

5．信息创新模块的内容构成

信息技术课程核心素养的信息创新必须包含理论创新，要让学生拥有更大的视野、具有理论创新的勇气。

（二）信息技术课程核心素养体系框架

结合以上认识与论述，会相应得出信息技术课程核心素养体系框架及其内容构成图。从对智慧时代教育要实现"知行创统一"的教育理论的认识出发，信息理念与信息思维处于头脑意识、观念，属于"知"的层面，是基础核心素养；信息技术与艺术和信息应用侧重于行为，属于"行"的层面，是发展核心素养；而信息创新则是"创"的层面，是核心素养之核心。

2018 年新媒介素养研究综述

曾　昕　中国社会科学院新闻与传播研究所

关于媒介素养意义、内涵、内容、方法等问题的争论由来已久。新媒体时代，由于媒介素养缺失在各类人群、各类网络事件中显现出诸多问题。2018 年，媒介素养研究依然是新媒体研究、受众研究、教育研究的热点所在。本文梳理我国在 2018 年媒介素养的代表性成果，知网所收录的媒介素养相关研究中文论文超过 900 篇，从研究议题、内容方面探讨我国在此领域的研究现状，探讨所面临的挑战及未来趋势。较为有代表性的包括如下内容：

宏观理论方面，张开从受众与受众研究基础理论和研究进程出发，论述受众选择性和受众主动性研究的由来。研究把媒介素养发展历程与受众研究的进程相结合，重新审视了媒介素养受众研究中的权利、能力、审美与创新，而且着力点是人与媒介之关系、媒介对人的影响、人面对媒介所需要的多种能力，以及媒介赋权、社会参与和责任意识等方面的问题。

张开指出，媒介素养和其框架下的受众研究的理论与实践，其目的是提高媒介使用"主体"的相关认知和技能。目前，国内外学者们对媒介素养要素之间的互动关系知之甚少；很难判断媒介素养水平的提高在多大程度上依赖一个人的心理成熟过程和社会经历；缺乏对青少年媒介消费行为的根本动因；媒介素养技能能否在不同媒介中自行转换、如何转换、转换到何种程度等一系列问题还没有找到相应的答案，而该答案对当前青少年多媒体文化消费研究至关重要；媒介素养教育主体在制作生产媒介产品的体验中能体会多少传播者心理、受众心理和受众需求。然而即使是理性的受众也会在一定的传播环境下丧失一些理性，比如群体传播，即使是理性受众，其原有的观点和喜好会在参与群体传播过程中被重新"建构"。针对上述问题，张开认为，教育者要反思的是应该如何通过我们的理论和实践研究，来提高媒介使用"主体"的相关认知和技能，从而实现重塑我们的生存环境的媒介素养终极目标。

陆高峰从新媒体发展的角度重审媒介素养，提出，目前媒介素养研究的主要问题是对新媒体治理的思路更多地停留在事后的惩罚和依靠"把关人"对内容审核控制的堵疏层面，而没有将治理的视角前移到广大新媒体内容生产者，也就是一些新媒体问题"麻烦制造者"的自我约束和自我觉悟层面。从信息生产的流程来看，通过加强全民媒介素养教育来治理和防范新媒体信息传播中出现的各种问题，也可以起到从信息生产源头减少问题的作用。这是一种能够从根本上防患于未然的治理路径，而不是亡羊补牢式的事后补救。

针对国际媒介素养学术研究的总体图景和发展现状，王贵斌、于杨对于国外研究进行了整体性梳理，发现互联网媒介素养研究正在重建基础理论和研究体系，但研究网络相对集中，前沿分支较少，概念迭出；主要知识群组为网络世代、新媒介素养、网络信任、健康素养和数字沟；其中，网络世代是互联网素养研究的核心内容；研究的核心路径是分析青少年网络参与及其对特定兴趣内容的寻求。

钱婷婷、张艳萍在《青少年网络素养：概念演进、指标构建与培育路径》一文中指出，建立青少年与网络之间良好的关系，取决于他们的媒介素养、信息素养，以及数字素养的互构与融合。研究在梳理网络素养概念演进的基础上，认为重思当前青少年网络素养教育的目标定位，有助于构建网络素养的指标体系；基于目标定位、知识结构和技能使用，构建"认知—技能—行为"能力模型，有助于探索网络素养的教育培育路径。文章指出，在扁平化的网络世界中，协作符合网络社会交往格局，有利于网络环境良性发展。因此，培养青少年网络技能的一个重要方面是培养协作能力。协作能力需要网络主体主动参与，积极实现网络交往，促进网络信息的传播。

宏观理论研究之外，有学者针对具体领域，对媒介素养进行重审，如黄河、刘琳琳的《媒介素养视角下公众对环境风险议题的负向建构》，把媒介素养研究置于公共管理、危机传播的研究视角中，提出，公众针对关涉 PX、核、垃圾焚烧等内容的环境风险议题常常会进行与风险管理者不一致甚至相反的建构。作者指出，公众对环境风险议题的负向建构的确存在着感性多于理性、正义未必正确、合情却不合法等问题，但总体来看则是在赋权的基础上，公众的建构路径非常清晰、建构策略多元且有效、建构目标指向性极强。从媒介素养的角度，负向建构与公众日益增强的赋权式媒介素养密切相关。媒介素养教育顺应公众"参与素养"的大趋势；经过赋权之后，公众的环境风险议题建构更多地以社会控制为目标，因循风险议题本身和风险管理者形象两条话语路径积极表达自己的风险主张。

媒介素养侧重点始终是学界的焦点议题。针对技术为核心的媒介素养，刘雪飞等在《走向智慧时代的信息技术课程核心素养建构研究》中提出，人类社会正由信息时代走向以创新为核心的智慧时代。作为一门面向大中小学全体学生开设的时代化信息技术课程，媒介素养必须与时俱进地重构课程目标与定位，科学建构课程核心素养，以推动信息技术课程在促进人的时代化发展中发挥更大的作用。研究论述信息技术课程核心素养框架及其内容构成，分析信息技术课程重新定位要求、信息技术课程核心素养研究存在的问题以及智慧时代呼唤的研究必要性特征。指出：信息理念与信息思维处于头脑意识、观念，属于"知"的层面，是基础核心素养；信息技术与艺术和信息应用侧重于行为，属于"行"的层面，是发展核心素养；而信息创新则是"创"的层面，是核心素养之核心。唯有时代化理念与思维指导行为时代化发展，才能在此基础上确立由信息理念、信息思维、信息技术与艺术、信息应用和信息创新构成的课程核心素养体系框架，并对此框架下的内容进行研究。研究有助于促进信息技术课程更好地适应时代发展。

类似从网络现象文化现象研究生发的媒介素养议题还有武业真《新媒体环境下基于弹幕礼仪的网络媒介素养分析》一文，作者指出，哔哩哔哩弹幕网推出了与弹幕礼仪相关的一系列宣传、规定与措施，改善了网站的弹幕环境。通过分析弹幕礼仪的背景、内容、影响力等，探讨新媒体环境下网络媒介素养的培育与具体实践。文章认为，B站的弹幕礼仪宣传是一个典型的、积极的、网站自发的网络媒介素养教育实例；B站在违规弹幕处罚上软硬皆施，硬派处罚，软派宣传，也体现了网站的轻松风格。在网络行为规范设计中，最重要的就是这些为网站实际情况量身打造的规定，在网络媒介素养的教育培育中，讲道德还不够，只有联系实际，具体问题具体分析，才能达到确切目标，提升网民的媒介素养。

在针对具体群体的研究中，包括基于年龄群体、职业群体等划分的相关研究。大学生群体是2018年媒介素养研究的重点关注对象。

沈洁通过对1382名大学生的调查发现，大学生网络素养处于较高水平；网络空间自我意识得分相对最低；大学生对社会主义核心价值观拥有较高的认同程度，且现实生活中更易得到认同，但对社会层面核心价值内心接受程度相对最低；网络核心素养和核心价值观认同存在性别、生源地等方面的结构性差异；网络素养中对核心价值观认同影响最大的是网络责任与道德，其次是网络关键行为能力。研究还发现，网络关键行为能力也能够显著正向预测社会主义核心价值观认同。因此，需要建立工作机制，优化网络道德环境，拓宽思想道德教育渠道。要大力提倡环境熏陶、榜样示范、舆论引导、文化渗透、网络互动等隐性教育途径，使得道德灌输的途径、形式更加多样化、现代化、形象化，提升大学生的网络道德意识。学校应该成立以分管校领导牵头的网络素养教育委员会，由多个部门共同参与到大学生网络素养教育的工作中来。综合高校多部门、多学科的力量，吸纳如大学生辅导员、思政课教师、图书馆信息咨询员、计算机教师等，建立一支专兼结合，知识与能力结构合理的教研队伍，建立健全网络素养培育课程，加强校园网络环境的绿色监管。

戴仁俊通过梳理国内外有关大学生网络素养的文献，提出我国学者对"大学生网络素养"概念的研究主要源于"网络素养"的内涵和特点。目前各学者的研究对"大学生网络素养"概念的描述和理解存在很大差异，主要涉及分析、获取、检索、解构（理解）、应用（运用、使用）、判断（批判）、评估（评价）、认知（感知）、辨识、筛选（选择）、管理、适应、参与建设、新媒体、醒觉、交往、自控（自律）、安全、自我保护、自我管理、法律（法制）、政治、文化、文明、伦理、道德、责任、心智、创新（革新、发展）、创制（创作、生产）等关键词。综合各学者的内涵理解，国内关于"大学生网络素养"概念的表述主要表现为三种类型，即基于"能力""维度"和"哲学"三个角度的若干种不同表述方法。从哲学本源角度来看，现有研究成果难以表达"大学生"与"网络"的本质关系，概念没有一定的普适性，特别是难以适应互联网＋、人工智能等新一代信息技术条件。

青少年作为媒介素养研究最初关注的起点人群，中小学学生群体也是媒介素养研究的关注重点。历史上学术有对于媒介素养可以放置于哪类课程体系之下的论争，类似研究依然在持续，如对于高中信息技术课与媒介技术素养的结合，曹金华认为，2017 年版普通高中信息技术课程标准非常注重学科核心素养中计算思维能力的培养，但高中信息技术程序设计的教学内容过多强调程序设计的语法规则和实例应用，在计算思维能力的培养方面有所欠缺，文章以高中程序设计课程为例，从教学对象、教学内容、教学方法等多个层面来探讨学生计算思维能力的培养策略，激发学生的学习兴趣。学生比较注重可视化编程，侧重于控件的应用性开发，忽视了对学生计算思维能力的培养。针对计算机学科内的媒介素养，目前课时不足，一般一周只有一节课，而程序设计特别是算法的理解和程序的实现有很大关联，学生的思维能力、学习能力等存在较大的个体差异，再加上学生课后投入的精力有限，往往导致学生分化非常严重，课程有待完善，效果有待提升。

在针对特定未成年群体的研究中，王倩，李颖异针对流动儿童媒介素养进行探讨，指出流动儿童与非流动儿童相比，在媒介素养建构中处于特殊境遇，迁出与迁入地之间的文化差异和不同社会构型使他们面临更多挑战。从关系的角度看，流动儿童作为主体，在媒介使用的过程中会与外部环境产生冲突与对抗；且这种冲突在无外来帮助的情况下，难以与外部环境达成"冲突—和解"的动态平衡。在媒介即关系的信息社会中，只有改变家庭关系、校园关系和社区关系的失衡状态，才能实现流动儿童媒介素养的构建。

在中学生群体中，李彬铭针对具体地域的高职学生群体展开调研，指出当前高职学生网络素养较差，在新媒体网络的使用方面存在诸多问题。高职学生对自己定位较差，网络信息辨别能力不足，网络道德认识不足，娱乐比重大。笔者通过调查新媒体背景下广西北部湾地区高职学生网络素养现状，发现问题。文章从学生意识、院校教育、家庭教育、网络大环境四方面提出高职学生网络素养提升策略。

罗晓丽、焦洪义也针对高职学生群体展开了网络素养调查研究，研究发现高职院校的学生个性非常鲜明，在进行网络思想政治教育过程中，既要尊重学生的个性，又要关注他们真正的需求，通过师生互动，关注学生思想、政治、法制、心理等方面的情况。及时发现问题并纠正，引导他们吸取网络中的营养，陶冶情操。通过网络思想政治教育工作的开展，培养学生形成良好的网络素养，使他们真正成为建设社会主义现代化强国的高素质、高技能的职业技术人才。

对于少数民族学生群体，李庆华在《西藏大学生网络素养现状及教育对策研究》中，针对西藏大学生的具体情况进行因地制宜的研究，认为西藏大学生对网络信息搜索应用较为自觉而分析能力较差，直接采用网络信息的现象比较普遍。针对大学生网络行为和思想心理特点，一方面要强化网络资源建设，另一方面要开展针对性的教育培训，引导大学生正确使用网络、正确辨别网络不良信息，不断创新教育的内容形式和方法手段，切实牢牢掌握网络思想政治教育的主动权。

在针对具体人群的媒介素养教育中，政府官员始终是重要的关注点之一。曾凡斌、卢煜璇、彭兰在《社会化媒体时代下政府官员媒介素养的调查分析》中指出，政府官员的媒介接触情况和在信息公开渠道的建设与保障上受到教育因素的影响；而在与公众的交流意识与能力上的媒介素养还受到职别的高低和政治身份的影响。这表明公务员的权责意识还有待加强。尽管政府官员们都认识到政务微博、微信的重要性，但是由于没有制度保障，尤其是领导重视不够，都成了制约其发展的瓶颈。此外由于欠缺绩效考评机制和相关的集中培训，导致政府官员在面对时表现得较为被动，出现滞后性以及"躲猫猫"的情况。为此，未来的对政府官员的媒介素养教育，应当加强公务员自身素质的提高，增强权责意识，面对危机，共同应对。从新闻发言人培训过渡到政府官员媒介素养，尤其是社会化媒体的媒介素养的提高上来。

此外，伴随新媒体技术的不断更新，老年一代的媒介应用和素养问题也逐渐受到广泛关注。目前，针对老年群体的媒介素养在我国尚未成体系，学者也多以介绍国外成功经验为题进行梳理研究。如罗艺杰对欧盟相对健全的老年媒介素养教育模式进行分析研究，介绍了欧盟社会参与、政府参与、图书馆参与、教育机构参与的老年人数字素养教育模式。研究通过网络调查法及文献分析法对美国、欧盟、澳大利亚及中国的老年人的数字素养教育模式进行分析研究，发现国外老年人的数字素养教育是由政府主导，多机构共同参与努力的成果。而我国政府并没有足够重视老年人的数字素养教育，图书馆与老年大学是老年人数字素养教育的主要基地，但是都是独立开展的。借鉴国外经验，笔者提出政府应该给予老年人数字素养教育更多的重视，且应鼓励更多机构合作参与我国老年人的数字素养教育，并建立专门的数字素养网站，来弥补我国图书馆资金与人手不足的情况，以此来提高我国老年人数字素养教育。

近年来，对于层出不穷的网络现象、网络语言的热议，也给媒介素养研究带来新的议题。黄俊，董小玉从网络现象出发，以青少年"网络出征"为研究对象，认为：维护既有政治价值系统、文化同温层的虹吸效应及网络"情感伤害"是诱发青少年"网络出征"的三大因素。在此基础上，分析了青少年"网络出征"行动逻辑的完整链条，即网络动员结构发挥作用，实现信息动员并获得集体认同；组织关系建构并发生循环反应；意见领袖协调线上线下的串联与行动。"网络出征"的风险在于造成了青少年理性精神的流失，群体思想的极化及个体行为的失范。为规避上述风险，应提高青少年思想政治教育工作者的网络媒介素养，培育青少年网络信息员制度，并将青少年媒介素养教育纳入现行课程体制，培育青少年网络信息员制度，通过网络信息员实时掌握群体舆论动态。新媒体的存在使得思想政治教育有被边缘化的风险，面对青少年"网络出征"潜在的破坏力，思想政治教育工作者应将工作节奏提前，落实青少年信息员制度，培育青少年网络空间的"意见领袖"，第一时间获取青少年舆论动态与思想动态，提前介入以防范风险的发生。最后，将青少年媒介素养教育纳入现行课程体制，提高青少年对各种媒介信息的解读能力、批判意识。

阎驰骋针对网络语言表达和文明，阐述了青年网络素养教育中的核心问题，指出青年网络素养教育归根到底是思想政治教育。目前，青年网络素养培育课程不适应互联网时代的发展要求。思想政治教育要注重表达方式、传播艺术，以理服人。一些大学生存在缺乏网络信息批判意识、网络学习能力有待提高、网络接触行为的自我管理有所欠缺、网络伦理道德有待提高等问题。互联网时代的青年网络素养培育，要运用互联网技术和互联网思维将其与网络素养教育相互融合、发挥新媒体的资源优势，创新思想政治教育心理疏导载体。高校应树立大数据思维、运用大数据技术，精准研判大学生思想动态和心理变化数据，及时进行精准心理疏导，强化社会主义核心价值观的思想引领功能，破解青年网络素养培育的实践难题。并建立定期主动回应的调节机制，实现高校思想政治教育的更新与突破。

针对国外媒介素养的研究中，概括性的内容包括王贵斌、于杨的《国际互联网媒介素养研究知识图谱》，研究以 Web of Science 中 2007—2017 年发表的 444 篇互联网媒介素养研究论文为研究对象，采用 Citespace 软件对互联网媒介素养研究现状进行了分析。研究发现，互联网媒介素养研究正在重建基础理论和研究体系，但研究网络相对集中，前沿分支较少，概念迭出；主要知识群组为网络世代、新媒介素养、网络信任、健康素养和数字沟；其中，网络世代是互联网素养研究的核心内容；研究的核心路径是分析青少年网络参与及其对特定兴趣内容的寻求。

张娟通过对美国数字素养发展现状的梳理，延伸对我国数字素养教育的思考，并提出相应的对策和建议。研究对美国的数字素养网站、教育资源、政府法案以及行业项目进行全面阐述，美国的数字素养教育在政府部门的大力支持、行业协会制定行动计划、各类图书馆各司其职的情况下，呈现出社会化、全民化的特点；其教育手段数字化、公开化的同时强调公平获取、隐私保护和数据安全，全民化而各有侧重。研究认为，我国教育部门、图书馆界应紧跟互联网行业飞速发展的脚步，制定数字素养教育框架、标准与长远的行动计划，呼吁政府的支持，以求在数字素养教育中担当关键角色，全面推进公民的数字素养。

马克布朗比较和对照学界对数字技能、素养或本领的不同理解，并阐述为何本领域文献中有大量模型和框架经常缺乏清晰的理论基础，吸引眼球却缺乏说服力。作者对欧洲、英国和美国的一些数字素养框架进行批判性述评，发现存在三个方面的内在矛盾：（1）能满足当下需要的数字技能的稳定性与为了适应社会和技术新发展数字素养必须具有不稳定和快速变化性质之间的矛盾；（2）通用数字技能观与在复杂的文化和机构背景下数字素养高度情景化之间的矛盾；（3）培养生活、工作和参与到大社会中所必需的实用数字技能与促进批判性数字思维方式这个变革目标之间的矛盾，后者旨在使我们能够重新理解和重塑我们所面对的不公平、不公正和不可持续的令人不安的现实。在这方面，作者提出双重目标：一方面，承认数字时代的生活、学习和工作所必需的具体技能有眼前的价值；另一方面，数字素养能促使公民积极地帮助创造和重塑对所有人而言更加美好的未来社会，因此不能忽视数字素养的这个长远目标和变革使命。从变革的视角出发，旨在进一步提高对数字素养不确定性的批判性意识，对在培养有更高数字技能的学习者、工作者和公民过程中宏观层面相互角逐的各方强势有更加深入的理解。

另有学者，基于具体国家的媒介素养理念与实施方案进行解读，如陈钦安对美国新媒体联盟《2017数字素养影响研究报告》进行分析，得出我国媒介素养教育的参考方案。美国新媒体联盟（New Media Consortium，NMC）调查报告，为高等教育、大学图书馆、相关决策部门以及其他致力于信息素养教育的机构开展信息素养实践活动提供了参考。《报告》针对高等教育机构如何培养学生的数字素养和数字技能以适应其职业发展，给出三项建议：（1）与行业合作评估数字素养差距，重新设计学习和发展系统。（2）高校需要重新思考和定位教育体系和培训以适应未来工作的需求。（3）培养终身学习。作者认为，《2017数字素养影响研究报告》启示我国高校图书馆的素养教育需制定数字素养框架、满足不同学科数字素养需求，与企业合作拓展数字素养教育、利用创客空间开展数字素养教育。

类似研究还有针对早期媒介素养研究——英国的培养模式，反思对我国的借鉴方案，如明华《英国高等教育数字素养培养模式对我国的启示》，解读了英国高等教育的数字素养培养模式，在借鉴英国联合信息系统委员会JISC数字素养发展框架的基础上，结合我国的相关研究和现状，构建了符合中国国情的高等教育数字素养培养框架，对高校师生数字素养培养途径提出了建设性的意见。文章指出，英国媒介素养教育由政府推动，实现政策引导、行业协会组织和图书馆实施的三级保障体系；以项目合作的形式开展数字素养教育。发达国家在上述三级保障体系的基础上，在图书馆协会组织之间、各图书馆之间、政府与行业组织间以及图书馆与企业间积极开展广泛的合作，并构建承载数字素养教育任务的高校图书馆服务体系。大力建设数字素养在线课程，制定数字素养评估体系；发挥图书馆数字素养教育基地作用、建立符合国情的高等教育数字素养发展框架、政府制定政策保障和推动全民数字素养工程建设等，是我国的可行性参考方案。

杨文建则综合了英美两国的媒介素养教育研究模式，指出英美两国的数字素养教育研究发展得相对较早，且已积累了较为丰富的理论成果和实践经验，而国内的数字素养教育研究相比英美两国仍有较大差距。在借鉴两国成果和经验的基础上，国内可从如下几个方面促进数字素养教育研究：提升数字素养教育受重视程度，以图书馆为纽带整合数字素养教育力量，研究适合国内现状的数字素养框架体系，注重用户参与和创新实践探索，构建图书馆数字素养资源体系等。

综上而言，2018 年，我国媒介素养研究涉及内容广泛、针对不同群体的研究进一步深化和细化，但系统性仍有待提高。媒介素养研究要取得突破必须加强多领域、跨学科研究，结合实证、定量、文献、访谈等方法为教育者提供完整的教育方案；吸收国外学校课程、社会实践、公共联动等多方经验，才能全面推动媒介素养教育实践。

参考文献

[1] 张开 . 媒介素养理论框架下的受众研究新论 [J] . 现代传播（中国传媒大学学报），2018，40（02）：152—156.

[2] 陆高峰 . 加强媒介素养教育是治理新媒体之本 [J] . 青年记者，2018（36）：110.

[3] 王贵斌，于杨 . 国际互联网媒介素养研究知识图谱 [J] . 现代传播（中国传媒大学学报），2018，40（07）：157—163.

[4] 钱婷婷，张艳萍 . 青少年网络素养：概念演进，指标构建与培育路径 [J] . 上海教育科研，2018，No.374（07）：42—46.

[5] 黄河，刘琳琳 . 媒介素养视角下公众对环境风险议题的负向建构 [J] . 现代传播（中国传媒大学学报），2018，40（02）：157—161.

[6] 刘雪飞，陈琳，王丽娜，冯嫚 . 走向智慧时代的信息技术课程核心素养建构研究 [J] . 中国电化教育，2018（10）.

[7] 武业真 . 新媒体环境下基于弹幕礼仪的网络媒介素养分析 [J] . 新闻研究导刊，2018，

9（16）：53—54.

［8］沈洁.大学生网络素养与核心价值观认同［J］.当代青年研究，2018，355（04）：11—16.

［9］戴仁俊.国内外"大学生网络素养"概念的研究综述［J］.教育现代化，2018，43.

［10］曹金华.基于高中信息技术核心素养下的计算思维能力的培养策略［J］.电脑与信息技术，2018，26（05）：80—82.

［11］王倩，李颖异.冲突与和解：关系视阈下流动儿童媒介素养构建研究［J］.现代传播（中国传媒大学学报），2018，40（01）：163—168.

［12］李彬铭.新媒体背景下广西北部湾地区高职学生网络素养提升策略研究［J］.教育现代化，2018，5（17）：308—309，331.

［13］罗晓丽，焦洪义.浅谈网络思政教育背景下高职学生的网络素养［J］.学周刊，2018（32）：21—22a.

［14］李庆华.西藏大学生网络素养现状及教育对策研究［J］.科教文化，2018（1）.

［15］曾凡斌，卢煜璇，彭兰.社会化媒体时代下政府官员媒介素养的调查分析［J］.南方论刊，2018（01）：10—14.

［16］罗艺杰.国内外老年人的数字素养教育模式研究［J］.图书馆学刊，2018（05）.

［17］黄俊，董小玉.自媒体语境下青少年"网络出征"研究［J］.现代传播（中国传媒大学学报），2018，40（04）：26—29.

［18］阎驰骋.讲好网络文明"故事"提升青年网络素养［J］.人民论坛.2018（26）.

［19］王贵斌，于杨.国际互联网媒介素养研究知识图谱［J］.现代传播（中国传媒大学学报），2018，40（07）：157—163.

［20］张娟.美国数字素养教育现状及启示［J］.图书情报工作，2018，62（11）：135—142.

［21］马克布朗.数字素养的挑战：从有限的技能到批判性思维方式［J］.中国远程教育，2018（04）.

［22］陈钦安.新媒体联盟《2017数字素养影响研究报告》解读及启示［J］.图书与情报，2018（04）：111—116.

［23］明华.英国高等教育数字素养培养模式对我国的启示［J］.武汉船舶职业技术学院学报，2018，17（03）：85—90.

［24］杨文建.英美数字素养教育研究［J］.图书馆建设，2018，000（003）：87—95.

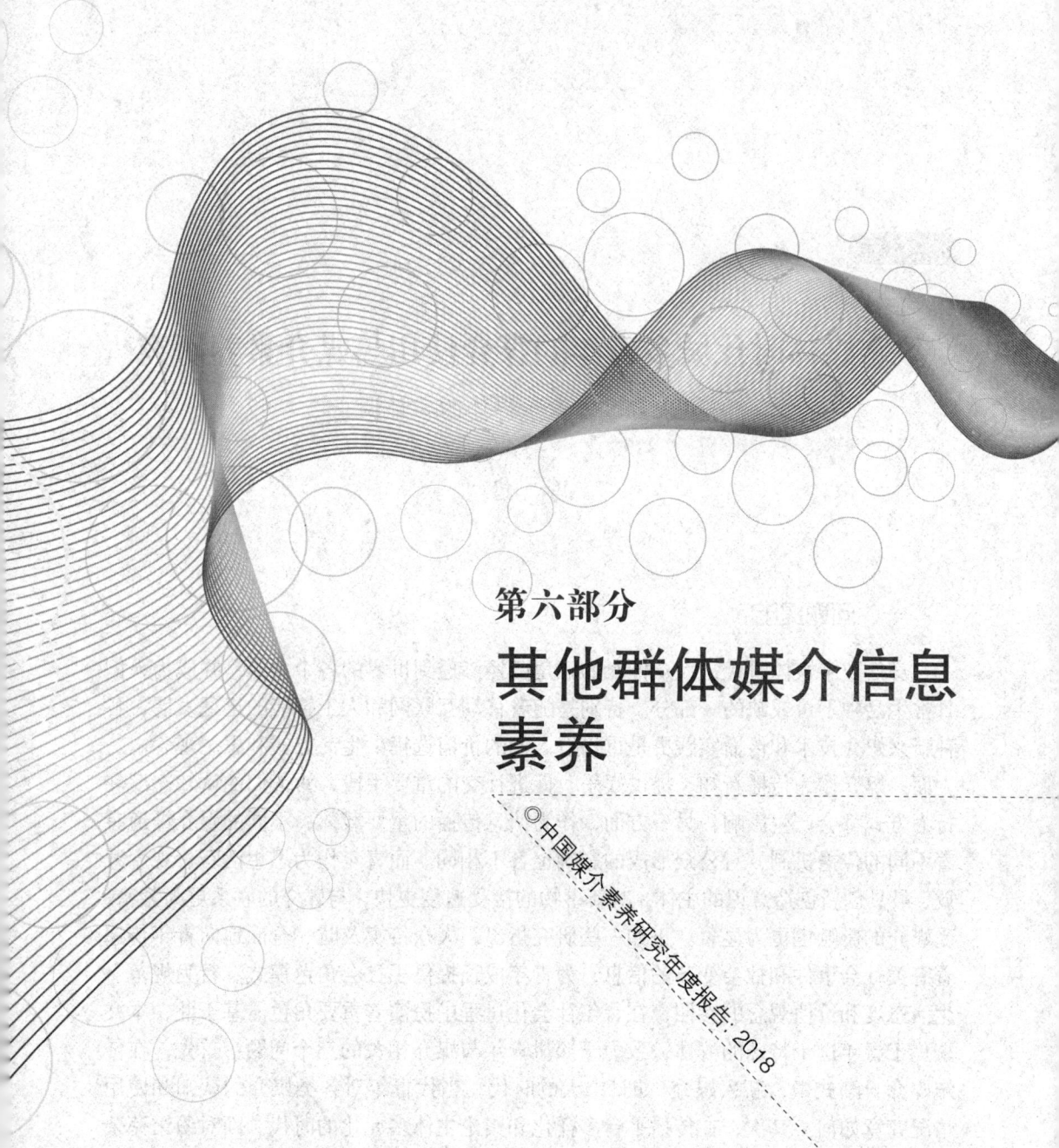

第六部分
其他群体媒介信息素养

◎中国媒介素养研究年度报告: 2018

数字媒体时代城乡青年的媒介使用与媒介素养研究

——来自 S 省青年群体的实证调查

马　超

一、问题提出

身处数字媒体时代，大众传媒的触角已经渗透到世界的各个角落，并成为人们日常生活中不可或缺的一部分。特别是随着移动互联网和人工智能的迅猛发展，各种新兴媒介技术和传播实践更是重构着人们的价值选择、生活方式和思想观念。一方面，媒介作为传播新知、提供娱乐、促进社交的重要手段，对人们的认知态度和行为方式都会产生影响；另一方面，作为信息传播的重要载体，不同的媒介渠道有着不同的传播机制，对公众形成的影响也各不相同。而青年作为思想活跃、观念开放、最具创新创造意识的主体，对新事物的接受速度更快，与媒介的联系更为紧密，受媒介的影响也更为显著。正如一些研究指出，大众传媒及时、全面地向青年传递着有关社会事件和社会变革的信息，为青年成长提供了社会角色模式、行为规范、生活态度和价值观念的参照，在青年社会化过程中扮演着重要角色。基于此，本文聚焦于青年这个特殊的群体，致力于探讨青年与媒介相关的三个问题：首先，在传统媒介日渐式微，新兴媒介①如日中天的时代，当代青年对各类媒介的认知和使用情况究竟如何？其次，在传播平台多样化和舆论主体多元化的时代，面对纷繁芜杂的传播内容，当代青年的媒介素养状况呈现何种面貌？最后，在"乡村振兴"战略如火如荼的实践过程中，城乡青年的媒介使用和媒介素养有何差异？

二、文献综述与研究假设

（一）青年的媒介使用与媒介素养

在既往研究中，学者们通常将目光投向各地青年的媒介接收渠道、媒介接触时间和媒介使用动机等方面。典型的如 2000 年共青团上海市委对上海青年的一项调查显示，沪上青年对不同媒介的使用动机各不相同。多数青年接触报纸、电视、广播等传统媒介的主要目的是"了解新闻"，而使用互联网的主要目的在于"了解时尚流行趋势"。孔祥武对南京地区大学生的调查显示，青年学生使用频率最高的媒介是互联网，使用频率最低的媒介是广播。但互联网的可信度评价最低，电视的可信度最高。一项针对川渝两地 807 名大学生的调查显示，多达 81% 的青年学生对手机产生了依赖，将近半数学生缺少对新媒体信息的辨识能力。除了描述性的呈现之外，也有少数研究者留意到青年媒介接触的后果影响层面。例如姚君喜以上海交大在校学生为样本，探讨了媒介接触与社会公正认知态度之间的关系。研究发现，互联网的接触频率对大学生言论表达的认知具有正相关关系；手机使用频率对大学生的社会公正态度同样起正向影响。

在考察当代青年媒介接触的过程中，一个不得不正视的概念就是"媒介素养"。按照美国媒介素养研究中心的定义，媒介素养是指"人们面对媒体各种信息时的选择能力（ability to choose）、理解能力（ability to understand）、质疑能力（ability to question）、评估能力（ability to evaluate）、创作和生产能力（ability to create and produce）以及思辨的反应能力（ability to respondthoughtfully）"。在西方社会，媒介素养教育早已成为公民通识教育的一部分。当前国内学界的研究主要集中在引介西方媒介素养教育的经验成果上，关于公民媒介素养现状的实证研究十分匮乏。而对于青年群体媒介素养的调查更是屈指可数。彭少健等对浙江 1780 名大学生的调查显示，互联网和手机成为大学生使用最频繁的媒介，青年学生对传媒的商业属性有清醒的认识，但对传媒的功能了解不多。虽然大学生获取和利用信息的能力有了大幅提升，但总体上看参与媒介互动和信息制作的人数比例较低。生奇志和展成在某大学开展的一项调查显示，尽管大学生在使用媒介时具有明确的目的，但许多学生并不清楚媒介的运作流程，75% 的受访者不能对新闻的真伪进行判断，49% 的受访者表示不能利用媒介获取自己需要的信息。

通过上述文献回顾可以发现，过往研究存在着几个瑕疵。第一，这些研究都是将媒介使用与媒介素养割裂开来分别展开研究，鲜有研究者洞察到两者之间的关联。实际上，媒介的使用体验潜移默化影响着人们对媒介的认知和态度。通过日常使用经验的积累，人们会形成一套关于信息评价的机制。因此接下来有必要考察媒介使用与媒介素养之间的关系。第二，过往研究都是简单的描述性统计，尤其是关于媒介素养的调查都是简单的百分比呈现，难以反映媒介素养这一多维(multi-dimension)概念的丰富面向。为了弥补这一缺陷，本研究将采用规范科学的统计方法，开发出经过信效度检验的媒介素养测评量表，以展示媒介素养的多维特征及其与其他变量之间的关系。第三，过往文献报告的研究对象均以大学生为主，而忽略了其他职业类型的青年。而本文是面向社会公众的调查，可以涵盖在校学生之外的其他青年群体。

从国内外学者的研究来看，尽管"媒介素养"的概念尚无一个完全一致的定义，但绝大多数学者都认可"媒介素养"包括获取（access）、分析（analyze）、评估（evaluate）、创作（create）四个必要维度。从这个定义上看，获取（access）信息是媒介素养的重要构成要素，而获取信息的方式就是通过"媒介接触"，于是探究媒介接触与媒介素养之间的关系便具有了理论上的自洽性。基于此，本文提出如下理论假设：

青年的媒介接触对其媒介素养具有正向影响。

进一步地，"媒介接触"（media exposure）只是一个统摄性的概念，目前学界对其的概念操作化和测量方式也各不相同。最常见的是直接测量受众/用户对各类媒介的接触时长。然而丹（Den）等人在探究媒介接触与欺凌行为之间的关系时指出，仅仅测量媒介接触频率未免流于空泛，更重要的是要研究受众关注的具体内容类型（the specific content），为此他们在实证研究中特意细化了受众对暴力、色情、吸毒等各种反社会行为信息的关注程度。无独有偶，李（Lee）在研究媒介接触与环保意愿时同样摒弃了单纯的媒介使用时长这种测量方式，而是询问受众对具体环境类信息的接触频率（media exposure to environmental messages）。这些研究都提示我们，除了考察笼统的媒介使用时长之外，还需要进一步细化受众的信息关注类型。另一方面，按照"技术接受模型"（technology Acceptance Model）的理论框架，"行为意向"（intention touse）是影响新媒体采纳的一个重要变量，感知有用性（perceived usefulness）和感知易用性（perceived ease of use）等前置变量都最终都需要通过"行为意向"才能促发具体的使用行为。此外，按照阿杰恩（Ajzen）提出的计划行为理论，一些可能影响行为的因素都要经由行为意向来间接影响行为。对于使用意愿引发使用行为的机制，目前学界大致有两种解释：一是人们形成意向的过程实际上也是对行为的一种承诺（commitment）过程，由此增加了行动的内生动力，辅助了行为的执行。另一种解释认为行为意向的过程是将行为分解为若干步骤的过程，每一步都为行为增添了一些提示性线索。一旦情景线索出现并达到激发行为阈值，则可以引发行为产生。总而言之，使用意愿是影响最终使用行为的重要组成部分。因此综合上述分析，本研究将"媒介接触"概念操作化为媒介接触时长、媒介接触意愿和信息关注类型三个维度，同时结合媒介素养的四个维度，本文遂提出如下几个研究假设：

H1 青年的媒介接触时长对媒介获取能力具有正向影响。

H2 青年的媒介接触时长对媒介分析能力具有正向影响。

H3 青年的媒介接触时长对媒介评估能力具有正向影响。

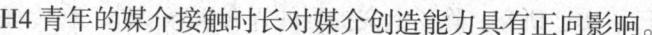

H4 青年的媒介接触时长对媒介创造能力具有正向影响。

HS 青年的信息关注类型对媒介获取能力具有正向影响。

H6 青年的信息关注类型对媒介分析能力具有正向影响。

H7 青年的信息关注类型对媒介评估能力具有正向影响。

H8 青年的信息关注类型对媒介创造能力具有正向影响。

H9 青年的媒介接触意愿对媒介获取能力具有正向影响。

H10 青年的媒介接触意愿对媒介分析能力具有正向影响。

H11 青年的媒介接触意愿对媒介评估能力具有正向影响。

H12 青年的媒介接触意愿对媒介创作能力具有正向影响。

西方的一些研究发现，媒介素养教育可以减少受众的"敌意媒介感知"（perceptions of hostility），进而增加对媒介的信任感。弗朗克（Francke）等人的研究也显示，学校的信息素养教育有助于学生判断信息的可信度。梅茨格（Metzger）等研究者对 2747 名 11—17 岁美国青少年的调查同样显示，媒介素养教育经历可以正向预测青少年的信息可信度评价。这些研究都提示我们，媒介素养对媒介信任具有一定影响。于是本文提出如下理论假设：

青年的媒介素养可以正向预测青年的媒介可信度评价。

在媒介可信度的研究历程中，学界最初将目光锁定在"信源可信度"（Source credibility）上，考察信息来源特征（比如专业性）对人们感知可信度的影响。直到 20 世纪 60 年代，韦斯特利（Westley）和塞维林（Severin）提出了媒介渠道可信度的分类方法。于是后续学者开始逐渐将目光投向公众对不同媒介可信度的感知和评价上。当然学界对媒介渠道的研究早年间主要集中在报纸、电视、广播、杂志等传统媒介上，随着信息技术的发展，后续研究者开始专注于网络新媒体的可信度研究。由于网络新媒体和传统媒介在传输介质、时效性、覆盖面、互动性等方面都存在巨大差异，因此在探讨媒介可信度时有必要区分传统媒介的可信度评价和新媒体的可信度评价问题。结合之前媒介素养的四个维度，本文提出如下研究假设：

H13 青年的媒介获取能力可以正向预测其对传统媒介的可信度评价。

H14 青年的媒介获取能力可以正向预测其对新媒体的可信度评价。

H15 青年的媒介分析能力可以正向预测其对传统媒介的可信度评价。

H16 青年的媒介分析能力可以正向预测其对新媒体的可信度评价。

H17 青年的媒介评估能力可以正向预测其对传统媒介的可信度评价。

H18 青年的媒介评估能力可以正向预测其对新媒体的可信度评价。

H19 青年的媒介创造能力可以正向预测其对传统媒介的可信度评价。

H20 青年的媒介创造能力可以正向预测其对新媒体的可信度评价。

媒介可信度是新闻传播学中经典的研究议题。一直以来，中外学者都对媒介可信度的相关影响因素进行了实证研究。除了上文提到的媒介素养以外，在传统的认知视域中，学界普遍认为媒介接触频率与媒介可信度评价具有重要的相关性。但随后万塔（Wanta）等人的实证研究发现，媒介接触频率与媒介可信度评价并没有显著的相关性，反而是媒介依赖可以正向预测受众的媒介可信度评价。然而在新媒体环境下，仍有一些学者发现受众／用户对传统媒体和社交媒体的使用频率可以正向预测其对新媒体的可信度评价。关于媒介使用和媒介依赖的预测力问题，罗文辉等人在台湾的调查结果具有一定代表性，他们研究发现，媒介接触频率和媒介依赖都是预测媒介可信度评价的重要变量，但媒介依赖的预测力更强。随后安达利卜（Andaleeb）等人在孟加拉国的实证研究也支持了这个判断。为了进一步检视影响媒介可信度的影响因素，本文提出如下研究假设：

H21 青年的媒介接触频率可以正向预测其对传统媒介的可信度评价。

H22 青年的媒介接触频率可以正向预测其对新媒体的可信度评价。

H23 青年的媒介依赖程度可以正向预测其对传统媒介的可信度评价。

H24 青年的媒介依赖程度可以正向预测其对新媒体的可信度评价。

（二）农村青年的媒介接触与媒介素养

自党的十九大报告提出"乡村振兴"战略以来，农村面临着前所未有的发展机遇。乡村文化振兴是乡村振兴战略的重要组成部分，表现之一就是农村公共文化设施覆盖率的提高和媒介使用率的提升。在传媒基础设施接入等硬件完善之后，接下来起关键作用的是人们对媒介的认知和有效利用情况。而青年是农村发展的中坚力量，他们的观念是否具有前瞻性，获取的信息是否准确，直接关系着农业发展和农村建设的未来。因此，农村青年的媒介使用与媒介素养状况成为本文的一个重要考察面向。然而从已有的文献来看，关于农村青年媒介接触与使用的实证研究还相当匮乏，我们只能通过为数不多的文献初窥这一领域的基本面貌。2006 年，南京财经大学组织了一次关于农村青年媒介使用的实地调查。调查结果显示，农村青年对互联网的使用时长和使用意愿仅次于电视而位居第二。这表明青年农民是新媒体"创新扩散"中的"早期采纳者"。调查同时显示，媒体关于"三农"问题的报道并不能完全满足青年农民的需求。卢春天和张志坚对西北农村青年的媒介使用与公共事务参与意向进行调查后发现，传统媒介的接触强度和信任程度可以显著预测青年的公共事务参与意愿，但新媒体的接触和信任却没有产生影响。郑素侠基于 2013 年"中国教育追踪调查"的数据研究发现，农村家庭的电脑和电视拥有率均显著低于城市，而农村青少年在工作日的电视接触时间和网络使用时间均显著高于城镇青少年。上述研究表明，城乡青年在媒介使用上存在着一定差异，那么这种差异在媒介接触频率、信息关注类型、媒介接触动机等方面具体是怎样表现出来的呢？基于这种思考，本文提出如下研究假设：

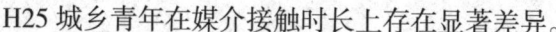

H25 城乡青年在媒介接触时长上存在显著差异。

H26 城乡青年在信息关注类型上存在显著差异。

H27 城乡青年在媒介使用动机上存在显著差异。

H28 城乡青年在媒介信任程度上存在显著差异。

尽管"媒介素养"的概念在 21 世纪伊始便已正式引入国内，但目前对于青年媒介素养的研究始终还是以引介和思辨路径为主，存在着定性研究多、定量研究少，城市青年聚焦多、农村青年关注少的问题。路鹏程等对湖北两个城市城乡青少年的调查是一项为数不多的实证研究。该项调查显示，城乡青少年媒介素养的最大差距在于客观的"媒介获取"（access）层面，而主观的媒介认知层面并无实质性差异。本研究也遵循这种城乡对比的思路，提出如下研究假设：

H29 城乡青年在媒介获取能力上存在显著差异。

H30 城乡青年在媒介分析能力上存在显著差异

H31 城乡青年在媒介评估能力上存在显著差异。

H32 城乡青年在媒介创作能力上存在显著差异。

三、研究设计与变量测量

（一）研究对象的界定

关于青年的年龄界定问题，一直都是学界争议的焦点。早在 1998 年，联合国人口基金就将"青年"的年龄界定在在 14—24 岁之间。而我国国家统计局在人口普查时将青年的年龄区间放宽到 15—34 岁。而按照世界卫生组织的年龄划分标准，44 岁以下的都为青年人。吴烨宇从义务教育的完成、初始就业的形成、初婚标准等角度出发，提出我国青年的年龄区间应为 16—25 岁。邓希泉指出，若将青年年龄设为 15—24 岁时，该群体约占总人口的 32.5%，这个比例处于适度区间。综合上述各类文献的年龄划分标准和本研究的问卷设计，本文将 15—44 岁之间的人群作为研究对象。

在青年农民群体的界定上，本研究以户籍来源作为鉴别标准。这里有两点需要说明：第一，在工业化和新型城镇化的进程中，大部分农村青年都选择进城务工或求学，农村剩下的多为老人和小孩，而本次调查的时间并非春节。因此，对青年农民的判断标准不能单纯以调查地点来划分，而必须依靠受访者在户籍选项上的实际填答来识别。第二，对于进城求学或务工的青年农民而言，他们虽然因为进入城市有了新的观念和经历，但社会学者对"数字鸿沟"的研究早已发现，上大学以前的生活地点、家庭收入水平和父母文化程度等因素会导致先赋性的知识差距。此外，由于城乡经济发展差异导致收入规模存在的差距，城乡居民在媒介消费方面的先天习惯也有所不同。因此，根据户籍填答的内容成为筛选城乡青年的主要标准。

（二）数据来源

本研究的数据来源于"四川省域居民媒介素养调查"课题[2]的数据。该项调查采用多阶段配额抽样法，首先确立了川东、川西、川南、川北、川中 5 个地区为一级样本；其次，在每个地区选择两个发展水平不同的地市级城市，总共选择了 10 个城市构成了二级样本[3]；接下来，在省会城市随机抽取 5 个社区，并在剩余 9 个地级市首府所在地随机抽取一个社区，在 9 个地级市所辖中等发达县的县政府所在地随机抽取一个社区，并在该县所辖中等发达乡镇中随机抽取一个村，这些样本最终构成三级样本。12 名经过培训的新闻传播学硕士研究生担任访问员进行了前后两次实地调查，共获得 2762 份有效问卷。根据前文对青年的界定标准，本文选取 15—44 岁的子样本，符合要求的对象共计 1623 名。

（三）变量的测量

"媒介接触频率"：主要指每天使用各类媒介的时长，此为连续型变量，赋值从"0 分钟"=1 到"5 小时以上"=8。"信息关注类型"：主要是考察用户对"国内时政""经济金融""文化娱乐""社会民生""体育新闻""国际新闻"等的关注程度，选项从"非常关注"=5 到"从不关注"=1。

"媒介可信度评价"的测量方式包括"绝对可信度评价"和"相对可信度评价"两种。本研究采用"绝对可信度"的评价方式，题项设置为"如果 100 分为满分，60 分为及格分，那么您觉得下面各种媒介的可信度分别可以打多少分"，根据受访者对报纸、杂志、广播、电视、互联网的可信度评分，得到 5 个数值型变量。在后续的分析中，我们对 6 种媒介可信度评价进行了因子分析，采用最大方差法正交旋转，得到两个因子，累计可以解释总方差的 65.997%（KMO=0.795，$p<0.001$），第一个因子由"报纸可信度得分""杂志可信度得分""广播可信度得分"和"电视可信度得分"四题项组成，将该因子命名为"传统媒介可信度"（cronbach's α=0.789）；第二个因子由"网络可信度得分"和"手机可信度得分"两个题项组成，将该因子其命名为"新媒体可信度"（cronbach's α=0.790）。

"媒介依赖"采用 6 个题项测量，直接询问受访者对报纸、杂志、电视、广播、电脑和手机的依赖程度，选项从"非常依赖"到"非常不依赖"。同样采用因子分析法生成两个因子，累计可以解释总方差的 66.055%（KMO=0.778，$p<0.001$），第一个因子由"报纸依赖度""杂志依赖度""广播依赖度"和"电视依赖度"四题项组成，将该因子命名为"传统媒介依赖度"（cronbach's α=0.742）；第二个因子由"电脑依赖度"和"手机依赖度"两个题项组成，将该因子命名为"新媒体依赖度"（cronbach's α=0.729）。

"媒介使用动机"：这是一个二分变量，受访者在"了解新闻""学习知识""休闲娱乐""聊天社交""获取实用信息""购物消费""工作需要"七个选项中作答，选择了某项媒介使用动机则赋值为 1，没有选择赋值为 0。

"媒介接触意愿"：由 3 个五级量表的问题构成，包括"总体而言，我愿意使用各种媒介""我认为各类媒介是生活中必不可少的一部分""我习惯使用各种媒介服务于工作学习生活"（cronbach's α=0.675）。

"媒介素养"：前述文献提到，媒介素养是一个包含多维度的概念，但当前国内学界对媒介素养的测量都是通过单一题项进行考察的，尚未出现系统的媒介素养测量指标。鉴于此种情况，本研究通过科学的方法编制了一套媒介素养的测量量表。量表的编制过程如下。第一步根据前期文献检索和访谈确定了初测问卷的维度和题项。随后请 2 位新闻与传播学教授、10 位新闻与传播学的硕士研究生对项目进行评价。评价的主要方面包括题项表述是否清晰明确、是否存在歧义等。最后根据评价结果和修改意见，对部分题项进行了调整、修改和替换，保留了 12 个题项。第二步进行探索性因子分析，以主成分因子分析法提取因子，共得到 4 个因子（KMO=0.769，p<0.001）。以方差最大法对因子矩阵进行正交旋转，旋转后的各项目负荷都高于 0.5。根据维度所包含项目的意义对构成媒介素养的四个因素进行命名，第一个因子命名为"评估能力"（cronbach's α=0.654）；第二个因子命名为"分析能力"（cronbach's α=0.671）；第三个因子命名为"创造能力"（cronbach's α=0.798）；第四个因子命名为"获取能力"（cronbach's α=0.735）。第三步用 amos 17.0 软件建立结构方程模型，对探索性因素分析中抽取的因素结构进行验证。检验结果显示，X2/ df 为 3.070，RMSEA 为 0.036，NFI 为 0.969，RFI 为 0.958，IFI 为 0.979，CFI 为 0.979，GFI 为 0.985，各种拟合指数都达到了理想标准，说明模型对数据拟合良好，自编的媒介素养量表具有良好的建构效度（具体题项详见表 1）。

表 1　青年媒介素养各维度的题项分布

因素	题项	因子载荷	均值	标准差
评估能力	明星代言产品广告是因为他们喜欢该产品（反向提问）	0.795	3.92	.964
	广告里描述的商品都是值得购买的好商品（反向提问）	0.817	3.88	.919
	媒体呈现的信息都是现实环境完全真实的反映（反向提问）	0.637	3.08	.748
分析能力	我能很好地鉴别媒介上的不良内容	0.791	3.39	.882
	在关注新闻时，我总会有自己的看法和认识	0.749	3.35	.853
	我常常能用批判的思维去看待各种新闻报道	0.746	3.16	.918

（续上表）

因素	题项	因子载荷	均值	标准差
创造能力	我曾经参加过媒体组织的线上或线下活动	0.823	2.20	1.011
	我经常在媒介上发表文章、图片、上传视频等作品	0.757	2.38	1.103
	我曾经向媒体提供过新闻线索	0.772	2.08	.995
	我曾经以投稿、投票、留言等方式参与过媒体互动	0.752	2.47	1.062
获取能力	看新闻时，我会想办法通过其他途径验证新闻报道的真实性	0.853	2.94	.925
	关注新闻时，我会在不同媒体上寻找同一事件的报道来相互比较	0.848	2.88	.952

四、研究发现

（一）青年媒介素养的影响因素

为了验证前三个研究假设，本文采用多元线性回归模型进行了统计检验。由于"信息关注类型"的题项数目太多，于是对 9 种信息关注类型进行因子分析，采用最大方差法正交旋转，得到 2 个因子，累计可以解释总方差的 76.627%（KMO=0.804，$p<0.001$），第一个因子由"国内时政""国际时政""经济新闻""科技新闻"等 6 个题项组成，将该因子命名为"硬新闻"（cronbach's α =0.799）；第二个因子由"文化娱乐""养生旅游美食资讯""教育新闻"3 个题项组成，将该因子其命名为"软新闻"（cronbach's α =0.635）。

表 2　青年媒介素养影响因素的多元回归分析

	获取能力	VIF	分析能力	VIF	评估能力	VIF	创造能力	VIF
性别	0.100***	1.074	0.100***	1.074	0.006	1.074	0.066*	1.074
收入	0.088**	1.081	0.060*	1.081	0.027	1.081	0.014	1.081
学历	0.024	1.005	0.128***	1.005	0.182***	1.005	0.025	1.005
民族	−0.013	1.003	0.014	1.003	−0.031	1.003	0.022	1.003
R^2	0.021		0.026		0.032		0.003	
报纸时长	0.047	1.307	0.044	1.307	0.047	1.307	0.062*	1.307
电视时长	0.001	1.338	−0.068*	1.338	−0.075**	1.338	−0.039	1.338
广播时长	0.035	1.258	0.048	1.258	0.030	1.258	0.068*	1.258
杂志时长	0.088**	1.294	0.062*	1.294	0.005	1.294	0.072*	1.294
电脑时长	0.091**	1.432	0.022	1.432	0.069*	1.432	0.048	1.432
手机时长	−0.028	1.282	−0.055*	1.282	0.028	1.282	0.048	1.282
增加的R^2	0.015		0.013		0.009		0.024	
硬新闻关注度	0.163***	1.287	0.167***	1.287	0.035	1.287	0.108***	1.287
软新闻关注度	0.000	1.152	0.057*	1.152	0.101***	1.152	0.132***	1.152
增加的R^2	0.019		0.016		0.008		0.027	
接触意愿	0.095***	1.103	0.302***	1.103	0.036	1.103	0.050	1.103
增加的R^2	0.008		0.082		0.001		0.001	
R^2总和	0.063		0.147		0.050		0.055	

需要指出的是，为了避免学历、收入等变量彼此之间存在相关性而导致整个模型存在多重共现性（Multicollinearity），本研究首先对模型的多重共线性问题进行了检验[④]。方差膨胀因子（variance inflation factor，简称"VIF"）是衡量多元线性回归模型中共线性严重程度的主要指标。通常认为当 $0<VIF<10$ 时，模型不存在多重共线性，而当 $10 \leqslant VIF<100$，表明模型存在较为严重的多重共线性。表2显示，各变量的方差膨胀因子指数都在2以内，远远低于10的阈值，说明模型不存在多重共线性。

研究显示，在"媒介获取能力""媒介分析能力"和"媒介创造能力"三个维度上，男性青年的表现优于女性；收入可以正向预测"媒介获取能力"和"媒介分析能力"，即收入越高的青年其媒介获取能力和分析能力也更强；教育程度可以正向预测"媒介分析能力"和"媒介评估能力"，即学历越高的青年其媒介分析评估能力越强。就本研究提出的前三个研究假设而言，调查显示，只有杂志（3=0.088，p<0.01）和电脑（3=0.091，p<0.01）的接触时长可以正向影响青年的"媒介获取能力"，因此研究假设1只得到部分支持；电视（3=-0.068，p<0.05）和手机（日=0.055，p<0.05）的使用时长对"媒介分析能力"产生负向的预抑制作用，因此研究假设2并没有得到支持；尽管电脑的使用时间可以正向预测青年的"媒介评估能力"（日=0.069，p<0.05），但电视的接触时间却对青年的"媒介评估能力"产生负面影响（3=-0.075，p<0.01），因此研究假设3也未得到支持；在"媒介创造能力"方面，只有报纸、广播和杂志的接触时间对其有正向影响，因此研究假设4得到部分支持。

研究同时发现，青年对于时政、经济、国际、科技等"硬新闻"的关注可以正向影响其"媒介获取能力""媒介分析能力""媒介创造能力"，对教育、娱乐、养生旅游等"软新闻"的接触可以正向影响其"媒介分析能力""媒介评估能力"和"媒介创造能力"。尽管不同类型信息关注度对媒介素养的影响略有差异，但总体而言，无论何种类型信息的关注都会正向影响其媒介素养的习得。因此研究假设6和8得到支持，5和7得到部分支持。同时本研究发现，青年的媒介接触意愿可以正向影响其"媒介获取能力"和"媒介分析能力"，因此研究假设9和10得到支持。

（二）媒介可信度评价的影响因素

同样，在对模型的多重共线性进行检验之后，表3的多元回归分析显示，在第一层回归模型中，电脑接触时长可以负向预测传统媒介的可信度评价，手机接触时间则可以正向预测新媒体的可信度评价。研究假设22得到部分支持。在第二层回归模型中，受众传统媒介依赖度可以同时正向预测传统媒体的可信度评价和新媒体的可信度评价；而受众对新媒体的依赖度可以正向预测新媒体的可信度评价。研究假设24得到完全支持，研究假设23得到部分支持。在最后一层回归模型中，公众的媒介创造能力可以负向预测其对传统媒体的可信度评价；公众的媒介评估能力可以负向预测其对新媒体的可信度评价。这部分的相关原因解释将在"结论与讨论"部分详细分析。

（三）城乡青年的媒介接触时长：现状与差异

总体而言，在 6 种常见的大众传播媒介接触时长上，无论是城市青年还是农村青年，使用电脑、手机等新媒体的时长都远远高于报纸、广播、电视等传统媒体。但城乡青年只在电视和电脑两种媒介的使用时长上存在显著差异（详见表 4）。其中，城市青年看电视的时间（M 城 = 2.87）低于农村青年（M 乡 = 3.12），而城市青年使用电脑的时间（M 城 = 4.70）却显著高于农村青年（M 乡 = 4.19）。因此研究假设 25 得到了部分支持。

（四）城乡青年信息关注类型：现状与差异

首先对城乡青年的信息关注类型进行排序（详见表 5），其中城市青年的关注序列为：国内时政 > 社会民生 > 养生旅游资讯 > 国际时政 > 经济新闻 > 文化娱乐 > 教育新闻 > 科技新闻 > 体育新闻；农村青年的关注序列为：国内时政 > 养生旅游资讯 > 社会民生 > 文化娱乐 > 国际时政 > 教育新闻 > 经济新闻 > 科技新闻 > 体育新闻。总体而言，两者的信息偏好差别不大。但就具体的统计检验来看，城乡青年在对国内时政、经济新闻、社会民生新闻和国际时政新闻的关注上存在显著差异。其中，城市青年对这四类新闻的关注度都明显高于农村青年。研究假设 26 得到部分支持。

表 3　媒介可信度影响因素的多元回归分析

	传统媒介可信度	VIF	新媒体可信度	VIF
报纸接触时间	0.018	1.283	−0.003	1.283
电视接触时间	0.043	1.106	−0.034	1.106
广播接触时间	0.005	1.260	−0.003	1.260
杂志接触时间	0.070	1.290	0.097	1.290
电脑接触时间	−0.090***	1.270	−0.009	1.270
手机接触时间	−0.042	1.250	0.061*	1.250
R^2	0.017		0.013	
传统媒介依赖	0.061*	1.112	0.061*	1.112
新媒体依赖	0.028	1.111	0.094***	1.111
增加的R^2	0.005		0.012	
获取能力	−0.032	1.046	−0.003	1.046
分析能力	0.043	1.071	0.020	1.071
评估能力	0.030	1.076	−0.154***	1.076
创造能力	−0.063*	1.073	0.030	1.073
增加的R^2	0.007		0.023	
总共的R^2	0.029		0.048	

表4　城乡青年各类媒介的接触频率

	城市(N=852)	乡村(N=771)	T 值	P值	取值范围
报纸	1.63 ± 1.028	1.57 ± 0.986	1.360	0.174	[0—8]
电视	2.87 ± 1.823	3.12 ± 1.988	−2.656	0.008**	[0—8]
广播	1.65 ± 1.055	1.62 ± 1.040	0.611	0.541	[0—8]
杂志	2.01 ± 1.198	1.92 ± 1.203	1.478	0.140	[0—8]
电脑	4.70 ± 2.180	4.19 ± 2.262	4.569	0.000***	[0—8]
手机	5.66 ± 2.000	5.47 ± 2.168	1.821	0.069	[0—8]

表5　城乡青年对各类信息的关注度

	城市(N=852)	乡村(N=771)	T 值	P 值	取值范围
国内时政	3.53 ± 1.044	3.34 ± 1.061	3.675	0.000***	[1—5]
经济新闻	3.12 ± 1.084	2.93 ± 1.048	3.510	0.000***	[1—5]
文化娱乐	3.11 ± 0.971	3.10 ± 1.033	0.260	0.795	[1—5]
社会民生	3.42 ± 0.965	3.23 ± 1.013	3.866	0.000***	[1—5]
体育新闻	2.76 ± 1.140	2.67 ± 1.136	1.460	0.145	[1—5]
国际时政	3.20 ± 1.104	3.06 ± 1.137	2.625	0.009**	[1—5]
科技新闻	2.92 ± 1.013	2.87 ± 1.069	0.940	0.347	[1—5]
教育新闻	2.98 ± 1.002	3.01 ± 1.080	−0.705	0.481	[1—5]
养生、旅游、美食生活资讯	3.29 ± 1.107	3.33 ± 1.163	−0.785	0.432	[1—5]

（五）城乡青年媒介使用动机：概貌与差异

卡方检验显示（表6），城乡青年在媒介使用动机的多个维度上都存在显著差异，其中城市青年比农村青年更注重"了解新闻""学习知识""获取实用信息""满足工作需求"和"购物消费"。因此研究假设27得到部分支持。

表6　城乡青年的媒介使用动机

	城市(N=852)	乡村(N=771)	χ2	df	P 值
了解新闻	34.3%	28.5%	4.929	1	0.026*
学习知识	27.5%	21.7%	7.509	1	0.006**
休闲娱乐	31.9%	27.4%	2.504	1	0.286
聊天社交	17.1%	15.8%	0.124	1	0.725
获取实用信息	20.3%	14.4%	12.542	1	0.000***
购物消费	11.8%	8.4%	5.424	1	0.020*
工作需要	10.0%	5.4%	18.620	1	0.000***

（六）城乡青年的媒介可信度评价：概貌与差异

由表7可知，总体而言，城乡青年均认为电视的可信度最高，杂志的可信度最低。就两个群体的差别而言，城乡青年在报纸和广播两种媒介的可信度评价上存在显著差异。城市青年对报纸和广播的可信度评价均高于农村青年，研究假设28只得到部分支持。

表7　城乡青年对各类媒介的可信度评价

	城市(N=852)	乡村(N=771)	T 值	P 值	取值范围
报纸可信度	76.86 ± 16.578	74.70 ± 17.622	2.507	0.012*	[0~100]
电视可信度	79.78 ± 14.673	80.02 ± 30.823	−0.194	0.846	[0~100]
广播可信度	70.61 ± 16.023	68.69 ± 17.246	2.302	0.021*	[0~100]
杂志可信度	62.34 ± 16.890	60.82 ± 17.908	0.398	0.691	[0~100]
网络可信度	63.22 ± 15.992	62.89 ± 17.640	1.740	0.082	[0~100]

（七）城乡青年的媒介素养：现状与差异

表8显示，在媒介素养的四个维度上，城乡青年在"分析能力"和"评估能力"两个维度上的差异具有统计学意义。其中，城市青年的媒介分析能力（M 城 = 10.01）高于农村青年（M 农 = 9.78），城市青年的媒介评估能力（M 城 = 10.97）也显著高于农村青年（M 农 = 10.77），研究假设 30、31 得到支持。

表8　城乡青年在媒介素养各维度上的得分

	城市(N=852)	乡村(N=771)	T 值	P 值	取值范围
获取能力	5.84 ± 1.686	5.78 ± 1.653	0.744	0.457	2题项[1~10]
分析能力	10.01 ± 1.958	9.78 ± 2.164	2.188	0.029*	3题项[1~15]
评估能力	10.97 ± 2.013	10.77 ± 2.051	2.020	0.044*	3题项[1~15]
创造能力	9.25 ± 3.222	8.99 ± 3.368	1.604	0.109	4题项[1~20]

五、结论与讨论

随着数字技术的发展与互联网的日益普及，媒介已经成了当代青年生活的重要组成部分，各类媒介为他们获取知识、休闲娱乐、聊天社交等提供了一个的崭新的平台。作为伴随新兴技术迅猛发展而成长的一代，青年对于快速更新的媒介技术和丰裕海量的媒介信息有着天然的亲和力。随着青年对媒介的依赖程度进一步加深，他们的信息需求也变得多样化，对信息质量的要求也将会越来越高。在数字技术时代，广大青年究竟如何认识媒介、如何看待媒介功能，又是否在合理使用媒介？本研究通过实证调查的方式对此做出了解答（全部研究假设汇总见表9）。

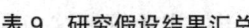

表9　研究假设结果汇总

研究假设	研究发现
H1 青年的媒介接触时长对媒介获取能力具有正向影响	部分支持
H2 青年的媒介接触时长对媒介分析能力具有正向影响	不支持
H3 青年的媒介接触时长对媒介评估能力具有正向影响	不支持
H4 青年的媒介接触时长对媒介创作能力具有正向影响	部分支持
H5 青年的信息关注类型对媒介获取能力具有正向影响	部分支持
H6 青年的信息关注类型对媒介分析能力具有正向影响	支持
H7 青年的信息关注类型对媒介评估能力具有正向影响	部分支持
H8 青年的信息关注类型对媒介创作能力具有正向影响	支持
H9 青年的媒介接触意愿对媒介获取能力具有正向影响	支持
H10 青年的媒介接触意愿对媒介分析能力具有正向影响	支持
H11 青年的媒介接触意愿对媒介评估能力具有正向影响	不支持
H12 青年的媒介接触意愿对媒介创作能力具有正向影响	不支持
H13 青年的媒介获取能力可以正向预测其对传统媒介的可信度评价	不支持
H14 青年的媒介获取能力可以正向预测其对新媒介的可信度评价	不支持
H15 青年的媒介分析能力可以正向预测其对传统媒介的可信度评价	不支持
H16 青年的媒介分析能力可以正向预测其对新媒介的可信度评价	不支持
H17 青年的媒介评估能力可以正向预测其对传统媒介的可信度评价	不支持
H18 青年的媒介评估能力可以正向预测其对新媒介的可信度评价	不支持
H19 青年的媒介创造能力可以正向预测其对传统媒介的可信度评价	不支持
H20 青年的媒介创造能力可以正向预测其对新媒介的可信度评价	不支持
H21 青年的媒介接触频率可以正向预测其对传统媒介的可信度评价	不支持
H22 青年的媒介接触频率可以正向预测其对新媒介的可信度评价	部分支持
H23 青年的媒介依赖程度可以正向预测其对传统媒介的可信度评价	部分支持
H24 青年的媒介依赖程度可以正向预测其对新媒介的可信度评价	支持
H25 城乡青年在媒介接触时长上存在显著差异	部分支持
H26 城乡青年在信息关注类型上存在显著差异	部分支持
H27 城乡青年在媒介使用动机上存在显著差异	部分支持
H28 城乡青年在媒介信任程度上存在显著差异	部分支持
H29 城乡青年在媒介获取能力上存在显著差异	不支持
H30 城乡青年在媒介分析能力上存在显著差异	支持
H31 城乡青年在媒介评估能力上存在显著差异	支持
H32 城乡青年在媒介创作能力上存在显著差异	不支持

（一）"男女有别"：媒介素养的性别差异

本文研究显示，在人口统计学各指标中，性别变量可以显著预测媒介素养，其中男性在"获取能力""分析能力"和"创造能力"上比女性更强。其原因可能来自两个方面：一方面或许是男女先天的生理差异所致。西方研究者认为，男性和女性媒介接触方式的差异源于双方信息处理（Information processing）能力的不同，而信息处理能力的差异又可以追溯到男女的空间感、记忆力和判断方式各不相同。于是一些研究者开始从认知神经科学的视角解释这一现象。吉德（Giedd）等人指出，大脑中负责控制负面情绪的"杏仁核"（amygdala）的容量只会随着男性年龄增加而增长，而负责记忆储存的"海马体"（hippocampal）的容量只会随着女性年龄增加而增长。此外，男性只能根据左脑和右脑的不同分工来分别使用大脑并通常使用左脑，而女性却可以同时使用左脑和右脑。于是，大脑的结构不同决定了男女的认知行为差异。

另一方面或许是男女后天的媒介接触和使用习惯不同。威廉·达利（William Darley）和罗伯特·史密斯（Robert smith）研究发现，男性和女性在接触商品广告时的信息筛选机制不同。女性倾向于根据广告宣扬的外部特征入手来进行购买决策，而男性倾向于采用启发法（heuristics）的方式来进行分析推理判断再做决策。在互联网普及之初，布鲁斯·宾博（Bruce Bimber）就曾发现男性和女性在互联网的"接入"（access）和"使用"（fuse）方面都存在显著差异。通过对 1996 年、1998 年和 1999 年三次全国调查数据研究发现，男女在互联网接入方面的差距为 10%，使用方面的差距大致为 12%—13%。维纳瓦纳·文卡塔什（Viswanath Venkatesh）等人采用技术接受模型对不同性别用户的新科技使用意愿进行实证研究时发现，影响男性采纳新技术的最主要因素是"感知有用性"（perceptions of usefulness），而影响女性采纳新技术的主要因素是"感知易用性"（perceptions of ease of use）和"主观规范"（subjective norm）。琳达·杰克逊（Linda A.Jackson）等人对 630 名大学生的调查发现，女性上网更倾向于聊天，而男生更喜欢浏览网页。这些实证研究都说明，男女在媒介接触渠道、类型和使用动机方面都存在显著差异，这或许是影响其媒介素养的重要因素。

这项发现也启示新闻传播学界在未来的实证研究中，有必要进一步探索细分人群的传播效果问题。在传统的研究视域中，大量的实证调查只是把"性别"作为一个习焉不察而又"理所当然"的人口统计学变量进行"例行"分析，却未曾深入探究不同性别人口在媒介接触上的细微差异。实际上，从"性别与传播"的研究分支来看，重视男性与女性在传播活动中具体的认知、态度和行为差异，既有助于传媒机构有针对性地制定市场细分策略、优化分众传播效果，也有助于实现对广大女性的"赋权"，以提高女性利用媒介服务自己的能力。

（二）"因媒而异"：不同媒介接触偏好与媒介素养之关系探讨

本研究发现，不同媒介的接触时长对青年媒介素养的影响是各不相同的。总体而言，报纸、广播、杂志和电脑的接触时间可以对青年的媒介素养带来正面影响，而电视的接触时间却对媒介素养带来了显著的负面效应。这或许是因为电视作为声画并茂的立体媒体诉诸感官刺激，不像报纸、杂志那样可以重复阅读和仔细分析，也不像电脑一样可以提供反复观看的功能，这种转瞬即逝的线性传播模式并不利于知识的汲取和思维的锤炼，尼尔·波兹曼的《娱乐至死》一书就曾犀利地指出电视的种种负面弊端。

这项研究也启示相关管理者，在数字技术不断迭代升级，新兴媒介层出不穷的当下，仍然不能忽略传统媒体对青年的积极影响。在从事青年教育和管理的过程中，创新传播方式和手段、采纳移动新媒体贴近青年群体的需求固然不可或缺，但同时也应该重视传统媒介的优点。报纸、杂志的报道以深度见长，有利于培养青年理性思辨的能力。因此，鼓励和引导广大青年自觉重拾传统媒介，不断培养理性精神，是塑造"胸怀理想、志存高远"新时代青年的重要路径。

在传统的观念中，人们通常认为只有对时政新闻、经济新闻、国际新闻等主流信息的关注才有助于个人知识的积累和能力的提升。但本研究发现，对文化娱乐、养生旅游等轻松类话题的关注同样可以增进青年的"媒介分析能力""媒介评估能力"和"媒介创造能力"。这或许是因为当前娱乐新闻中八卦轶事漫天飞舞、真假难辨，受众在关注娱乐资讯中逐渐培养了辨别真伪的信息处理能力。同样在养生保健类资讯上，各种夹杂商业利益的健康谣言也时常散播其间，青年在对这些信息的关注中潜移默化地习得了对媒介信息的分析评估能力。进一步地，本研究发现青年的媒介接触意愿可以正向影响其媒介获取能力和媒介分析能力，这说明青年主动的媒介接触动机和行为有助于其媒介素养的培养。这些发现都提示我们，在从事青年教育和管理工作时不能一味抹杀青年的兴趣爱好，对于青年的媒介接触偏好也不能一棍子打死，而是应该客观看待和正确引导。

（三）"缘何而信"：媒介可信度之重要预测变量检视

本文研究发现，受众对电脑的使用时长可以负向预测其对传统媒介的可信度评价，而受众对手机的使用时长可以正向预测其对新媒体的可信度评价。这或许源自传统媒体和新媒体本身的差异：传统媒体的消息来源由采编人员决定，受众看到的观点是固定的、相对单一的，并且传统媒体中的反馈较少，不利于公众的参与表达。而新媒体作为一个开放连接的平台，有利于多元观点的注入和多种解释的呈现，因此公众在接触新媒体之后自然会诟病传统媒介线性传播、时效性差、信源单一等缺点，进而影响其对传统媒介的可信度评价。同时研究发现，受众对传统媒介的依赖可以正向预测其对传统媒介的可信度评价，用户对新媒体的依赖可以正向预测其对新媒体的可信度评价。这一点与前人的研究基本一致。学界对此的解释是，媒介接触只是一种客观的行为，而媒介依赖则包含了受众对媒介的情感和态度。比如有研究显示，公众往往都认为自己偏爱的媒介最可信。而不同受众对传统媒介和新媒体各自的偏好和依赖自然引发了其对不同媒介的可信度评价。在本研究中一个略显意外的发现是，受众对传统媒介的依赖同样可以预测其对新媒体的可信度评价。查阅相关文献时我们发现，约翰逊（Johnson）和凯伊（Kaye）1996年对美国网民的调查也发现了类似情况。对此学界的一种解释是，网络新媒体和传统媒体的报道是一种互补而非取代关系。比如在面对娱乐议题时，受众往往更倾向于依赖互联网并更相信互联网，而在面对时政类消息时，公众则更倾向于阅读报纸，因此受众既可以在国家事务的新闻方面依赖并信任传统媒体，也可以在娱乐休闲方面选择并信赖新媒体。这项发现也启示我们，未来在测量媒介可信度时，传统的"绝对评价法"和"相对评价法"都失之笼统，应当考虑不同媒介在不同细分信息上的可信度评价。

本研究发现，在媒介素养的四个维度中，"媒介创造能力"可以负向预测青年对传统媒介的可信度评价。本文认为这主要是传统媒介和新媒体在开放性、互动性上的差异所致。互联网的平等性、去中心性赋予公众在网络空间中自主发声的机会。相对于传统媒介单向封闭的传播特征而言，互联网上既可以接触到同一事件的多元观点，而且也可以自己创作和发表意见。创造的自由性带来了选择的灵活性，网民选择的信息往往是自己信赖的信息，因此也增加了对信息的可信度评价。而在传统媒体环境下，受众都是被动接收千篇一律的同质性信息，难以看到公众自主创造的多元观点，因此对传统媒体的可信度评价自然不高。另一方面，本文研究发现，"媒介评估能力"可以负向预测公众对新媒体的可信度评价。这或许是因为当前新媒体上的信息鱼龙混杂、泥沙俱下，充斥着大量低俗、虚假、无意义的信息。而具备媒介评估能力的受众经过深度思考分析之后，能够发现新媒体平台上的谣言和失实信息，进而影响了其对新媒体可信度的负面评价。

（四）"二元分割"：城乡青年的媒介偏好与媒介素养差异

在媒介使用时间方面，本研究发现城乡青年在传统媒介和新兴媒介的接触时间上存在显著差异。其中农村青年接触电视的时间高于城市青年，而城市青年使用电脑的时间明显高于农村青年，这个发现初步呈现了城乡青年在新媒体使用上的"数字鸿沟"。或许是因为农村青年个人电脑持有量少的缘故，对电脑的接触和使用时间也远低于城市青年。

研究发现，城乡青年对文化娱乐、养生旅游资讯等"软新闻"的关注度并不存在显著差异，反而是在国内时政、经济新闻、社会民生和国际时政四类"硬新闻"上存在显著差异，城市青年在这四类新闻的关注度上都明显高于农村青年，这种信息偏好上的差异很容易带来"知识沟"的差异，因此值得青年教育者和管理者的警惕。同时，本研究显示，在媒介使用动机方面，城乡青年在"娱乐休闲"和"聊天社交"等休憩型动机上并不存在显著差异，反而是在"了解新闻""学习知识""获取实用新闻"和"工作需求"等工具型动机上存在显著差异。而且城乡青年的这种差距也是全方位的，其中城市青年在"了解新闻""学习知识""获取实用新闻"和"工作需求"等动机上的比例都高于农村青年。这也就不难解释上述信息关注类型的研究发现：城市青年对国内外时政新闻、经济新闻和社会民生新闻的关注度均

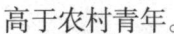

高于农村青年。

本研究发现，城乡青年均认为电视的可信度最高，杂志的可信度最低，两个群体青年对互联网的可信度评价没有显著差异，而是对传统媒体的可信度评价上存在区隔。城市青年对报纸和广播的信任度都高于农村青年。结合之前城乡青年媒介接触时长的研究发现来看，两者在报纸和广播的接触时间上并无显著差异，因此这种可信度评价上的差异并不是由媒介接触时长决定的。结合第二个回归模型来看，青年媒介素养中的创造能力可以负向影响其对传统媒介可信度评价，因此可推测这种差异是城乡青年的媒介创造能力导致的。

最后，本文研究发现，城乡青年的媒介素养在"媒介分析能力"和"媒介评估能力"两个维度上呈现显著差异。其中城市青年的媒介分析能力和评估能力均高于农村青年。结合之前研究假设 2、3 的结论可以看到，电视的接触时间对媒介分析能力和评估能力具有负向影响，电脑的使用时间对媒介评估能力具有正向影响，而研究假设 25 的结果正好发现农村青年的电视接触时间高于城市青年，城市青年的电脑使用时间高于农村青年，这正好说明了农村青年对电视的接触时间过长是导致其媒介素养较低的重要因素。研究假设 5、6、8 的结论显示，青年对硬新闻的关注度可以正向影响其媒介素养，而研究假设 26 发现农村青年对国内时政、经济新闻、社会民生新闻和国际时政新闻的关注度都低于城市青年，由此正好说明了农村青年对时政经济类"硬新闻"的关注度较低是导致其媒介素养相对较低的原因。这些发现提示相关管理者，缩小城乡青年媒介素养的差距，需要从改进农村青年的媒介接触方式和信息关注类型等方面入手。

（五）面向未来：不足与展望

青年是国家的未来，民族的希望。促进青年成长成才是国家的基础性、战略性工程。中共中央、国务院印发的《中长期青年发展规划（2016—2025 年）》明确指出，"要在青年群体中广泛开展网络素养教育，引导青年科学、依法、文明、理性用网"。本文的研究结论为提高青年的网络素养提供了路径参考：培育青年正确的媒介使用习惯、鼓励青年关注国内外时事、形成合理的媒介接触动机，才能有助于广大青年科学地利用各类媒介服务于自身的工作、学习和生活。

当然，本研究也尚存一些不足之处值得反思。比如在对"媒介素养"的测量题项进行因子分析后，对于因子的命名还不足以体现出因子之间的鉴别度。在后续的统计分析中，回归模型的可决系数不高，模型整体的拟合优度不佳，这暗示着还有许多影响媒介素养和媒介可信度评价的变量尚待发掘。为此，建议未来的研究可以继续选择不同群体、不同地区的受众进行研究，并在进一步梳理相关文献的基础上发现更多影响媒介素养的变量。

注释

① 本文重视"媒介"和"媒体"的区别，但是"新媒体"作为一种相对约定成俗的称谓，因此在本文中统一采用"新媒体"的称谓，但这并不意味着作者不注重"媒介""媒体""传媒"的区别。

② 本研究的数据来源于四川大学文学与新闻学院吴建教授主持的"四川省域居民媒介素养调查研究"项目。本文选取了其中青年受访者的二次数据，在此感谢吴建教授提供的原始数据。

③ 具体的城市分别为：川东地区选取了达州市和广安市，川西地区选取了凉山彝族自治州和雅安市，川南地区选择了宜宾市和乐山市，川北地区选择了遂宁市和南充市，川中地区选择了成都市和绵阳市。

④ 感谢匿名评审专家指出这一点。在利用方差膨胀因子检验发现变量间并不存在共线性问题的基础上，作者还尝试将学历和收入做对数处理，然后导入回归模型，同样发现变量的显著性和作用方向均未发生改变。

参考文献

［1］李天龙，李明德，张志坚.媒介接触对农村青年线下公共事务参与行为影响的实证研究——基于西北四省县（区）农村的调查［J］.新闻与传播研究，2015（9）：80—91.

［2］唐美玲，尉建文.我国"青少年与媒体"研究述评［J］.青年研究，2002（7）：22—28.

［3］杨鹏.上海青年的媒介接触动机——"当代传媒与青年"抽样调查报告［J］.新闻记者，2001（1）：51—53.

［4］孔祥武.南京地区大学生媒介接触情况调查与分析［J］.中国青年研究，2005（12）：45—49.

［5］马超.新媒体环境下大学生媒介素养的实证研究［J］.新闻世界，2015（7）：182—183.

［6］姚君喜.媒介接触与社会公正认知、态度及行为——以上海在校大学生为对象的实证研究［J］.现代传播（中国传媒大学学报），2012（3）：12—18.

［7］张开.媒体素养教育在信息时代［J］.现代传播，2003（1）：116—118.

［8］Kubey, R.Obstacles to the development of media education in the United States［J］.Journal of Communication, 1998, 48：58—69.

［9］宋小卫.西方学者论媒介素养教育［J］.国际新闻界，2000（4）：55—58.

［10］宋小卫.学会解读大众传播（上）——国外媒介素养教育概述［J］.当代传播，2000（2）：61—63.

［11］宋小卫.学会解读大众传播（下）——国外媒介素养教育概述［J］.当代传播，2000（3）：64—65.

［12］彭少健，张芹.浙江大学生的媒介接触与使用现状考察分析——以浙江大学生为例［J］.中国广播电视学刊，2008（4）：36—37.

［13］生奇志，展成.大学生媒介素养现状调查及媒介素养教育策略［J］.东北大学学报（社会科学版），2009（1）：66—70.

［14］Rubin，A，M.Media literacy［J］.Journal of Communication，1998（1）：3—4.

［15］Brown J A.Media literacy perspectives［J］.Journal of Communication，1998（1）：44—57.

［16］Rebekah H.Nagler.Adverse Outcomes Associated with Media Exposure to Contradictory Nutrition Messages［J］.Journal of Health Communication，2014（1）：24—40.

［17］Huang H.Media use，environmental beliefs，self-efficacy，and pro-environmental behavior［J］.Journal of Business Research，2016（6）：2206—2212.

［18］Den H A，Konijn E A，Keijer M G.Cyberbullying behavior and adolescents' use of media with antisocial content：a cyclic process model［J］.Cyberpsychology Behavior&Social Networking，2014（2）：74—81.

［19］Lee K.The role of media exposure，social exposure and biospheric value orientation in the environmental attitude-intention-behavior model in adolescent［J］.Journal ofEnvironmental Psychology，2011（4）：301—308.

［20］Davis F D.Perceived usefulness，perceived ease of use，and user acceptance of information technology［J］.Mis Quarterly，1989（3）：319—340.

［21］Davis F D，Bagozzi R P，Warshaw P R.User Acceptance of Computer Technology：A Comparison of Two Theoretical Models［J］.Management Science，1989（8）：982—1003.

［22］Ajzen I.The theory of planned behavior［J］.Organizational Behavior&Human Decision Processes，1991（2）：179—211.

［23］Ajzen I，Czasch C，Flood M G.From Intentions to Behavior：Implementation Intention，Commitment，and Conscientiousness［J］.Journal of Applied Social Psychology，2009（6）：1356—1372.

［24］Gollwitzer P M.Implementation intentions：Strong effects of simple plans［J］.American Psychologist，1999（54）：493—503.

［25］Vraga E K，Tully M，Akin H，et al.Modifying perceptions of hostility and credibility of news coverage of an environmental controversy through media literacy［J］.Journalism，2012（7）：942—959.

［26］Sundin O，Limberg L，Francke H.Debating credibihtyahe shaping of information literacies in upper secondary school［J］.Journal of Documentation，2011（4）：675—694.

［27］Metzger M J，Flanagin A J，Markov A，et a1.Believing the Unbelievable：Understanding

Young People"s Information Literacy Beliefs and Practices in the United States〔J〕. Journal of Children&Media, 2015（3）：325—348.

〔28〕Hovland, C.I., &Weiss, W.The influence of source credibility on communication effectiveness〔J〕.Public Opinion Quarterly, 1951（15）：633—650.

〔29〕Westley, B.H., &Severin, W J.Some correlates of media credibihty〔J〕. Journalism Quarterly, 1964（41）：325—335.

〔30〕Abel J D, Wirth M O.Newspaper vs. TV Credibility for Local News〔J〕. Journalism Quarterly, 1977（2）：371—375.

〔31〕Mulder, R.A log-linear analysis of media credibility〔J〕.Journahsm Quarterly, 1981（58）：635—638.

〔32〕Carter, R., & Greenberg, B.Newspapers or television：Which do you believe?〔J〕. Journalism Quarterly, 1965（42）：29—34.

〔33〕Gantz, W.The influence of researcher methods on television and newspaper news credibility evaluations〔J〕. Journal ofBroadcasting, 1981（25）：155—169.

〔34〕Flanagin, A.J., &Metzger, M. J.Perceptions of Internet information credibility〔J〕. Journalism & Mass Communication Quarterly, 2000（77）：515—540.

〔35〕Wathen C N, Burkell J.Believe it or not：Factors influencing credibility on the Web〔J〕. Journal of the Association for Information Science&Technology, 2002（2）：134—144.

〔36〕Chung C J, Nam Y, Stefanone M A.Exploring Online News Credibihty：The Relative Influence of Traditional and Technological Factors〔J〕. Journal of Computer-Mediated Communication, 2012（2）：171—186.

〔37〕Gao Q, Tian Y, Tu M.Exploring factors influencing Chinese user's perceived credibility of health and safety information on Weibo〔J〕.Computers in Human Behavior, 2015（45）：21—31.

〔38〕Spiro Kiousis.Public Trust or Mistrust? Perceptions of Media Credibility in the Information Age〔J〕. Mass Communication&Society, 2001（4）：381—403.

〔39〕Bucy E P.Media Credibility Reconsidered：Synergy between On-Air and Online News〔J〕. Journalism&Mass Communication Quarterly, 2003（2）：247—264.

〔40〕Greenberg, B.Media use and believabihty, some multiple correlates〔J〕. Journalism Quarterly, 1966（43）：665—732.

〔41〕Wanta, Wayne Hu, Yu-Wei. The Effects of Credibihty, Reliance, and Exposure on Media Agenda-Setting：A Path Analysis Model〔J〕.Journalism Quarterly, 1994（1）：90—98.

〔42〕Li X, Zhang G.Perceived Credibility of Chinese Social Media：Toward an Integrated Approach〔J〕. International Journal of Public Opinion Research, 2018（1）：79—101.

[43] 罗文辉，林文琪，牛隆光，等.媒介依赖与媒介使用对选举新闻可信度的影响：五种媒介的比较 [J].新闻学研究，2003（74）：19—44.

[44] Andaleeb S S, Rahman A, Rajeb M, et al.Credibihty of TV News in a Developing Country: The Case ofBangladesh [J].Journalism&Mass Communication Quarter1y, 2012（1）：73—90.

[45] 陈龙.新时代中国特色乡村振兴战略探究 [J].西北农林科技大学学报（社会科学版），2018（3）：55—62.

[46] 李程骅，宋祖华，黄建远，戴文红.当代中国青年农民媒介消费研究——基于一项全国性调查的判断与分析 [J].南京财经大学学报，2007（1）：1—7.

[47] 卢春天，张志坚.西北农村青年公共事务参与意愿——基于媒介接触和媒介信任的视角 [J].当代青年研究，2017（3）：99—105.

[48] 郑素侠.城乡青少年媒介使用的家庭环境差异及其影响因素——基于2013年度中国教育追踪调查（CEPS）数据的分析 [J].现代传播（中国传媒大学学报），2015（9）：144—149.

[49] 张志安，沈国麟.媒介素养：一个亚待重视的全民教育课题——对中国大陆媒介素养研究的回顾和简评 [J].新闻记者，2004（5）：11—13.

[50] 葛进平.浙江农村与城镇青少年大众文化接触及影响对比研究 [J].浙江传媒学院学报，2007（1）：61—67.

[51] 路鹏程，骆呆，王敏晨，等.我国中部城乡青少年媒介素养比较研究——以湖北省武汉市、红安县两地为例 [J].新闻与传播研究，2007（3）：80—88.

[52] 杰英，杨守建."谁是青年"再讨论 [J].中国青年研究，2008（8）：27—31.

[53] 黄志坚.谁是青年？——关于青年年龄界定的研究报告 [J].中国青年研究，2003（11）：31—41.

[54] 吴烨宇.青年年龄界定研究 [J].中国青年研究，2002（3）：36—39.

[55] 邓希泉.青年法定年龄的国际比较研究 [J].中国青年研究，2018（2）：38—44.

[56] 赵联飞.中国大学生中的三道互联网鸿沟——基于全国12所高校调查数据的分析 [J].社会学研究，2015（6）：145—168.

[57] 马超.媒介公信力：概念的厘清与评价的深化 [J].现代视听，2015（8）：19—23.

[58] 马超，吴建.媒介可信度实态：川省例证 [J].重庆社会科学，2015（9）：86—93.

[59] 李子奈，潘文卿.计量经济学：第3版 [M].北京：高等教育出版社，2010：134.

[60] Farrar D E, Glauber R R. Multicollinearity in Regression Analysis: The Problem Revisited [J].Review of Economics&Statistics, 1967（1）：92—107.

[61] Smith K W, Sasaki M S.Decreasing Multicollinearity: A Method for Models with Multiplicative Functions [J].Sociological Methods&Research, 1979（1）：35—56.

[62] Lin F J.Solving Multicollinearity in the Process of Fitting Regression Model Using the Nested

Estimate Procedure［J］.Quality&Quantity，2008（3）：417—426.

［63］ Putrevu S，University B，Gentry J，etal.Exploring the origins and information processing differences between men and women：Implications for advertisers［J］.Academy of Marketing Science Review，2001（10）：1—14.

［64］Wolin L D，Korgaonkar P.Web advertising：gender differences in beliefs，attitudes and behavior［J］.Internet Research Electronic Networking Applications & Policy，2003（5）：375—385.

［65］Giedd J N，Vaituzis A C，Hamburger S D，etal.Quantitative MRI of the temporal lobe，amygdala，and hippocampus in normal human development：ages 4–18 years［J］.Journal of Comparative Neurology，2015（2）：223—230.

［66］ Baroncohen S，Knickmeyer R C，Belmonte M K.Sex Differences in the Brain：Implications for Explaining Autism［J］.Science，2005（5749）：819—823.

［67］William K.Darley，Robert E.Smith.Gender Differences in Information Processing Strategies：An Empirical Test of the Selectivity Model in Advertising Response［J］.Journal of Advertising，1995（1）：41—56.

［68］ Bimber B.Measuring the Gender Gap on the Internet［J］.Social Science Quarterly，2000（3）：868—876.

［69］Venkatesh，Viswanath，Morris，etal.Why don't men ever stop to ask for directions? Gender，social influence，and their role in technology acceptance and usage behavior［J］.MIS Quarterly，2000（1）：115—139.

［70］Jackson L A，Ervin K S，Gardner P D，etal.Gender and the Internet：Women Communicating and Men Searching［J］.Sex Roles，2001（5–6）：363—379.

［71］Kaye，Barbara K，Johnson，etal.From here to obscurity? media substitution theory and traditional media in an on–line world［J］.Journal of the Association for Information Science&Technology，2003（3）：260—273.

［72］ Bruce H.Westley and Werner J.Severin.Some Correlates of Media Credibility［J］.Journalism Quarterly，1964，41：325—35.

［73］ Thomas Johnson，Barbara Kaye.Choosing Is Believing?How Web Gratiflcations and Reliance Affect Internet Credibility Among Politically Interested Users［J］.Atlantic Journal of Communication，2010（1）：1—21.

［74］Rimmer，T.，W eaver，D .Different Questions，Different Answers?Media Use and Media Credibility［J］.Journalism Quarterly，1987（64）：28—44.

［75］Harvey K.Jacobson.Mass Media Believabihty：A Study of Receiver Judgments［J］.Journalism Quarterly，1969（46）：20—28.

［76］Johnson T J, Kaye B K.Using Is Believing：The Influence of Reliance on the Credibility of Online Political Information among Politically Interested Internet Users ［J］.Journalism&Mass Communication Quarter1y, 2000（4）：865—879.

［77］Carolyn A.Lin.Audience Attributes, Media Supplementation, and Likely Online Service Adoption ［J］.Mass Communication&Society, 2001（1）：19—38.

［78］Scott L.Althaus, David Tewksbury.Patterns of Internet and Traditional News Media Use in a Networked Community ［J］.Political Communication, 2000（1）：21—45.

［79］Thurman N.Forums for citizen journalists? Adoption of user generated content initiatives by online news media ［J］.New Media&Society, 2008（1）：139—157.

［80］Erik P.Bucy.Interactivity in Society：Locating an Elusive Concept ［J］.Information Society, 2004（5）：373—383.

［81］Daekyung K P D.Interacting is believing?Examining bottom—Up credibility of blogs among politically interested Internet users ［J］.Journal of Computer—Mediated Communication, 2012（4）：422—435.

［82］田旭明.守护在线之德：网络文化乱象的伦理反思？［J］.中州学刊, 2015（9）：88—93.

（作者简介：马超，博士研究生。原文刊登于《四川理工学院学报》2018年第5期。）

新媒体环境下青年网民媒介素养研究

——基于网络流行语传播的分析视角

蔡梦虹

当前，形式简洁、朗朗上口、趣味性、娱乐化、紧贴时政热点等特征使网络流行语迎来了全民创造的热潮。网络流行语产生于互联网高速发展时期，时代的变革为网络流行语的传播注入了活力，也体现了当代年轻人的社会心态和情绪。从最新公布的中国互联网发展状况统计报告来看，网民的主要群体多由青年以及青壮年组成，而其中初中学历的网民占37.9%，高中/中专/技校学历的网民占25.4%，网民群体呈现偏年轻化、学历偏低等特征。受阅历与知识水平的影响，青年网民的信息接受能力和甄别能力普遍不高，多数时候难以形成理性的判断或高质量的思想交锋。在这种情况下，青年网民多半沦为"权威"意见的追随者，在网络这个大型的舆论场下，易形成偏激的观点。探索青年网民的网络媒介素养提升途径，成为社会普遍关注的焦点问题。

一、媒介素养与网络流行语概述

根据美国媒体素养研究中心 1992 年对媒介素养进行的界定：媒介素养是指人们在面对不同媒体中各种信息时所表现出的信息的选择能力、质疑能力、理解能力、评估能力、创造和生产能力以及思辨的反应能力。简言之，媒介素养的内涵包括以下三个方面内容：一是媒介认知能力，二是解读和使用信息的能力，三是批判与创作再生产信息的能力。因此，网络时代网民的媒介素养不仅体现为信息消费的素养，即对信息的筛选、甄别、判断能力等，还包括信息生产的素养，即对发布或再传播的信息和言论负责等。

网络流行语是网络语言的重要组成部分，反映出网络语言的最新发展走向。网络流行语的形式多样，内容丰富，能够依托网络平台进行广泛传播。网络流行语一般发端于涉及公共利益的社会公共事件，在网络平台上引发公众普遍关注与讨论，借以表达看法、态度和情绪。媒介的融合与创新为信息的传播、解读、再生产与批判提供了巨大的技术支持。网络流行语作为植根于网络发展的新文化，其"娱乐、戏谑、反讽"的语言表达方式受到了青年网民的广泛关注与持续追捧，其背后折射出来的民众话语权的争夺与自身利益诉求的表达也引起了社会各界的普遍关注。网民对网络流行语的选择、消费、再生产、批判等均与其自身的媒介素养息息相关。

二、网民媒介素养对网络流行语传播的影响

纵观网络时代崛起的微博等"公共领域"式平台及各大自媒体的微信公众号，不难发现，网络流行语的表达类型和网民的自我表达方式日趋丰富。以 2015 年的网络流行语为例，从表达方式看，可以分为情绪表达类、价值追求类、利益诉求类以及一般网络专有名词（见表 1）。

表 1　网络流行语的表达类型

类型	网络流行语
情绪表达类	"我的内心几乎是崩溃的""什么鬼""怪我咯""城会玩""we are伐木累""what are you弄啥嘞""重要的事情说三遍""有钱任性""五毛特效"等

（续上表）

类型	网络流行语
价值追求类	"我单方面宣布""明明可以靠脸吃饭，非要靠才华""世界那么大，我想去看看"等
利益诉求类	我妈是我妈等
一般网络专有名词	"颜值""CP""我们""壁咚""小公举""本宝宝""歪果仁"等

（一）网络流行语体现公众话语权

从媒介选择上看，信息时代的公众倾向选择网络媒介接收和传播信息，而网络流行语成为网民，特别是青年网民选择表达诉求、宣泄情绪的重要载体。网络流行语不是简单的个人情绪表达，它背后所呈现的价值追求和利益诉求体现了公众话语权意识的逐步觉醒，也体现出当下网络社区群体的价值认同和追求。

（二）网络流行语影响价值认同与受众行为

从信息消费上看，大部分网民在接触网络流行语之后，会把所接触到的网络流行语内化为自己的价值认同或者外化在行为上。例如，2015 年被网友评为"史上最具情怀的辞职信，没有之一"的网络流行语——"世界那么大，我想去看看"。这句话是由一封辞职信引发热评从而走红于网络的流行语，一位工作了 11 年的心理教师向学校递交了辞职信，辞职的理由仅有 10 个字："世界那么大，我想去看看"。如此任性的辞职信，领导最后批准了。这封富有情怀的辞职信引发了众多网友的共鸣，也道出了大部分现代人的心声。在经济高速发展的今天，"情怀"一词被反复提起，越来越多人愿意为"情怀"买单。在摆脱了生存的物质压力之后，越来越多人更加注重精神追求。如小众文化、文艺情调、民谣歌曲等也成为许多人的追求；国家对文化市场的增长投入，倡导全民阅读的理念，被更多人接受。网民对这类网络流行语的消费更多是出于自身的价值认同，同时也离不开社会导向、媒体导向的作用。

（三）网民成为流行语生产的主力军

网民与媒体对参与网络流行语的再生产表现出了极大的热情。2014 年的热门网络流行语"有钱就是这么任性"引发了网友的造句热潮。随着这句话的广泛运用，"任性体"迅速走红："长得帅就是任性""成绩好就是任性""年轻就是任性"等。然而，网络流行语传播如果只停留在互联网层面，其引发的社会效应相对有限，要引发社会的普遍关注，深入民众日常生活，并得到民众的认可，流行语就离不开官方的话语体系和传统媒体的使用。2015 年 3 月，李克强总理在做政府工作报告时严肃又不失活泼地强调："大道至简，有权不可任性。"如此风趣又不失权威的表达让众多网民在会心一笑的同时更加理解国家的政策法规，从心理和情感上更加靠近和支持政府工作。

（四）网络流行语反映出网民思辨判断意识不足

从信息批判上看，网络流行语背后所折射出来的网民的思辨批判能力明显不足。网络上的信息鱼龙混杂，大量繁杂的信息容易让网民，特别是青年网民思绪陷入混乱，从而失去理性的判断和思考。互联网的交互性、匿名性和开放性使民众在网络上发出声音、表达想法成为可能。然而，网民由于个人知识水平的限制、所处环境因素的差异，容易造成对事实认知上的不足或偏见，而这些认知不足与偏见却极有可能在网络上形成一股"歪风"，盛极一时并影响舆论的走向。

三、网络流行语传播对青年网民媒介素养的影响

网络流行语对青年网民媒介素养的培养有一定的积极作用，其诙谐幽默、简洁明了的语言风格不仅丰富了汉语交流方式，也促进了青年网民的媒介交际能力。以源于淘宝网的流行语"亲"为例，虽然是通过网络平台传达，没有附加的表情或者语气辅助，但一句"亲"却能消除沟通双方的隔阂，即便双方是初次交流，也能倍感亲切。正能量的网络流行语有利于满足青年网民健康的心理需求和正当的精神需求，能给青年网民媒介素养的培养带来积极的内在作用。如"给力""蛮拼的"等流行语纷纷登上《人民日报》等主流媒体，被赋予了新的内涵和意味，给青年网民带来了正向的引导。当然，尽管网络流行语对青年网民媒介素养的培养有一定积极作用，但其带来的消极影响也不容忽视。

（一）使青年网民对传统语言的使用水平下降

我国的网络流行语虽来源于汉语，但大部分网络流行语并不符合汉语的语言规范，不利于青年网民对汉语规范性的习得。青年网民的媒介素养包括批判与创作再生产信息的能力，而语言表达能力是批判与创作再生产能力的重要方面。然而，网络流行语的盛行冲击了传统汉语遣词造句的严谨性，使青年网民对规范汉语的使用水平下降。如语音变异体，以"BT（变态）""BC（白痴）"等为例，此类以拼音首个字母拼凑而成的带有辱骂性质的网络流行语不仅增添了语义理解的难度，同时给网络环境带来了"污染"，不利于青年网民良好媒介素养的形成。又如修辞离奇体，如"严重支持""严重同意"等，此类修辞有误的语句搭配在网络流行语中屡见不鲜，但很多青年网民已经习以为常并以之为然。再如拼音规则破坏体，以"表脸（不要脸，即将拼音 bu 和 yao 连读成 biao）""宣你（喜欢你，即将拼音 xi 和 huan 连读成 xuan）"等为例，此类流行语显然违反了现代汉语的构词规律及语法规则。青年网民正处于语言规范习得和语言习惯养成的关键时期，如长期接触此类破坏汉语语法规范的网络流行语，势必对其语言能力的养成带来巨大的负面影响，进而影响其创作及再生产信息的能力。

（二）使青年网民对不良语言的传播力度增强

网络环境中充斥着恶趣味、调侃性、讽刺性的流行语，造成语言暴力或语言污染等现象，此类网络流行语携带着大量的不良信息。青年网民处于人生观与价值观逐渐形成的重要时期，但又缺乏专业的信息分辨与筛选能力，容易产生盲从、跟风的心理，随波逐流、人云亦云，最终导致价值观的扭曲。而不健康的网络语言环境，不利于青年网民媒介素养的提升。

四、网络语言环境下提升青年网民媒体素养的对策

网络流行语的盛行，受到青年网民自身及网络环境等多重因素的影响。提高青年网民的媒介素养，应同时从学校教育和传媒环境的优化两方面着手，双方联动。

（一）学校教育的引导

对于青年网民而言，需要通过学校教育提高青年网民的信息消费素养、信息生产素养以及社会参与素养。

首先，提高青年网民的信息消费素养——对信息的筛选和辨识能力。以网络流行语为例，大部分网络流行语是网民的情绪表达，应该通过学校教育引导青年网民在接触到一些网络流行语或相关言论时，要对信息进行筛选，提高对信息的辨识和分析能力，以防被网络言论的不良情绪或虚假信息所误导。

其次，提高青年网民的信息生产素养——对发布或再传播的言论和信息负责。网络的匿名性使部分网络水军或偏激网友有机可乘，应该通过学校教育引导青年网民在接触网络信息的过程中，对自己发布或再传播的言论和信息负责。一是要引导青年网民对自己发布的言论或信息负责，既要对发布的言论和信息的真实性进行把关，也要对发布的言论和信息的社会影响进行评估。二是要引导青年网民对再传播的言论和信息进行严格把关。

最后，提高青年网民的社会参与素养——强化自由平等意识，提高理性参与能力。网民的社会参与素养与网络世界的秩序和社会发展息息相关。网络的普及在一定程度上推动了社会民主化进程。然而，当前青年网民的社会参与素养并未得到相应提升，青年网民的自由平等意识与理性参与能力明显不足。因此，要通过学校教育提升青年网民的社会参与能力，引导其关注公共事务，积极参与公共话题交流，尊重公共规则和他人的表达权，学会理性表达与讨论。

（二）传媒环境的优化

在优化传媒环境方面，需要提高传媒工作者对网络上鱼龙混杂、良莠不齐的海量信息的甄别和取舍能力，充分发挥传媒工作者的把关作用，为网民尤其是甄别能力较弱的青年网民筛选出真正有价值的信息，同时注重深度报道，引导青年网民进行更多角度、更深层次、更有价值的思考。

首先，规范网络流行语的表达。媒体在信息报道过程中，有时为了活跃报道的方式，以迎合青年网民的接受能力和话语体系，特地创新自身的话语体系以迎合新时代的话语潮流。但在创新上必须把握好"度"，必须使语言的表达既符合新时代公众的审美又不失规范。

其次，强化对青年网民的引导。网络热点舆情事件发生之后，一般情况下，除了政府、媒体官方的微博会广受网民关注之外，微博"大V"等网络意见领袖的发声也会引起众多青年网民的关注与追捧。青年网民由于自身知识的局限，价值观尚未稳定，判断力不足，容易产生盲从、跟风的心理，最终可能会导致"群体极端化"现象的出现。因此，当伴随网络热点舆情事件出现网络不良言论散播的现象时，主流媒体应适时主动介入，对青年网民进行正确引导。

最后，构建新媒体技术下的良性互动传播模式。新媒体的交互性使个体的公共话语权得到彰显，个人话语或个人事件有可能成为社会舆论的中心，亟须构建新媒体技术下新型的"传者——受者、传者——传者、受者——受者"的良性互动传播模式。对青年网民而言，一方面需要激发其参与互动传播的主动性；另一方面，网站管理者要加强网络言论和信息的过滤，纠正信息错误，避免不健康的言论和信息的传播对青年网民带来负面影响，让新媒体技术下的网络互动模式真正朝着良性互动的方向发展。

参考文献

[1] 中国互联网络信息中心. 第41次中国互联网络发展状况统计报告 [R]. 北京，2018.

[2] Potter W J. Argument for the Need for a Cognitive Theory of Media Literature [J]. American Behavioral Scientist, 2004（48）.

（作者简介：蔡梦虹，澳门科技大学博士研究生、韩山师范学院文学与新闻传播学院讲师。原文刊登于《传媒广角》2018年第10期。）

新媒体时代高校教师媒介素养教育探究

邓　红　丁长青

一、引言

高校是多元化思想观点孕育、发展和传播的主要集散地之一。新媒体时代下，随着数字技术、通信技术的革新和移动接收设备在高校学生群体中的普及，新媒体拓展了高校思想观念的聚合渠道，逐渐成为构建校园拟态环境的主流平台，高校教师向来备受尊敬的地位和引领高校思潮的作用正受到新媒体的侵蚀，甚至还在一定程度上渗透、消解、削弱了学校的教育权威力量。

2018 年 5 月 2 日，习近平总书记在北京大学师生座谈会上强调，"要坚持教育者先受教育，让教师更好担当起学生健康成长指导者和引路人的责任"。新时期开展高校教育教学工作应致力于提升高校教师的媒介素养，建设校园信息传播新平台，以接地气的工作方式，发挥高校教师对青年大学生的思想引导和舆论监管作用。互联网新媒体作为一种新兴的传播媒介，以其内容丰富、形式多样、传播迅速、互动性强、个性化服务等特征，具有报纸、广播、电视等其他传统媒介无法比拟的优势。2018 年 4 月 21 日，中共中央召开全国网络安全和信息化工作会议，在肯定信息化对我国社会经济、文化等各个领域发展贡献的同时，明确提出网络强国战略，提出我国要主动把握信息化发展的历史机遇，强化网上正面宣传，坚持舆论导向、价值取向，凝聚网民共识，净化网络空间环境，维护网络安全，深度释放信息化对经济社会发展的正向功用。利用新媒体平台占领高校舆论阵地，弘扬社会主义核心价值观，凸显价值引领，打造高校教师意见领袖队伍，以应对新媒体对高校教育生态的负面影响，逐渐成为高等教育发展过程中亟须解决的新课题。

二、媒介素养教育的含义

媒介素养研究起源于 20 世纪 30 年代。1933 年，英国学者利维斯和托马森在《文化和环境：批判意识的培养》中，第一次正式提出"媒介素养"概念，意在警醒受众提高对以影视剧为代表的大众传媒营造的流行文化氛围和流行文化产品的批判性思维，削弱大众传媒对受众精神追求的错误导向能力，减少对青少年身心健康产生的消极影响，呼吁学校介入媒介素养教育，增强青少年的媒介批判意识和理性思辨能力，进而保护传统价值观念和精英文化的主导地位。历经 70 年的理论研究和实践发展，媒介素养教育成果显著。然而，世界各国家和地区的媒介素养教育依旧呈现出不平衡、不充分的发展格局。媒介技术的迅猛革新，深刻地改变着大众的工作模式和生活方式。受新兴媒介环境带来的冲击和实用主义功用思潮的影响，学界和业界渐渐意识到媒介素养教育的现实迫切性。学者开始对媒介素养进行理论探讨和实践论证，逐渐认识到受众应当发挥主观能动作用，积极投入媒介技术变革潮流的怀抱，了解和掌握不同媒介的特性，并在实践应用中为我所用。但由于政治、历史、文化和教育制度的差异等原因，我国媒介素养教育起步较晚，落后于部分发达国家，目前尚处于不自觉的低水平发展状态。

1992 年，美国媒体素养研究中心将"媒介素养"定义为：人们面对各种媒体信息时的选择能力、理解能力、质疑能力、评估能力、创造和制作能力以及思辨的反应能力。媒介素养教育使公众能够合法利用大众传媒资源，合理使用媒介信息提升自我，促进社会进步。教师媒介素养集普遍性和特殊性于一体，由个体素养（对媒介信息的获得、认识、分析、加工和传播等能力）和职业素养（在教学实践中借助媒介信息资源，促进学生形成良好媒介素养等能力）两方面组成。因此，教师媒介素养教育就是培育与提升教师的个体媒介素养、职业媒介素养能力的教育。

三、新媒体发展对高校教育生态的消极影响

高校是信息技术与产品应用的前沿，高校师生也是新思想、新理念和新技术的引领者。新媒体平台与技术的普及深刻地影响着高校人才培养、科学研究和服务社会等基本职能。新媒体时代的技术变革使大学生的学习途径和生活方式急剧变化，给高校教育工作也带来了新挑战。新媒体发展对高校的消极影响主要表现为专业教育、价值引导、舆情监控等工作难度加大。

（一）冲击专业教育内容

中国互联网络信息中心发布的《第 41 次中国互联网络发展状况统计报告》显示，截至 2017 年 12 月，我国网民规模达 7.72 亿，普及率超过 55%。互联网信息海量，各类资讯随处可见，学生获取信息的途径和方式发生变化，教师不再是信息资源的权威掌握者，师生双方信息不对称产生的知识鸿沟日趋弥合。高校教师单向度传道、授业、解惑的作用逐渐淡化。专业知识的学习、专业技能的训练和多领域复合能力的培养对信息技术依赖程度加深，学习过程由传统的师生问答模式向更加个性、平等的师生交流性学习转变。然而，教师因为没有积极关注并及时应用新媒体技术，在授课过程中与学生交流脱节的现象时有发生。师生间的教学活动本质上是师生双方之间信息的博弈过程。如果教师不能快速掌握获取信息的新渠道，而是把自己封闭在故纸堆中，知识、理论就无法和新时代的新情况、新问题相契合，这将削弱教师在学生心中的权威形象，并制约课堂教学效果。

只有具备丰富的媒介知识、娴熟的媒介操作力、创作力和传播力，高校教师才能把晦涩、艰深的专业知识以形象、生动的面貌呈现出来，将学生的注意力从手机屏幕吸引到轻松有趣的课堂上来，激发学生的学习热情；才能指导学生聚焦行业发展前沿，创新多媒体运用能力以及跨学科信息采集、整理和加工能力，深化学生对专业知识和时代需求的双向理解，培养出能敏锐捕捉社会信息，发现新问题，适应国家新发展理念的创新型人才。

（二）思想和价值引导难度加大

微信、微博等新媒体平台深谙大学生群体的时尚理念、生活节奏和阅读习惯，逐渐成为大学生获取信息的主流途径。首先，大学生热衷于网络空间营造的新兴表

达方式、思想观念和价值取向。新媒体在给予他们多元化、个性化信息服务的同时，也在潜移默化地对其价值观念加以引导，尤其是色情、暴力、西方文化的渗透信息更是利用新媒体平台肆意传播，不利于形成稳定、和谐、价值导向正确的校园文化环境。其次，信息的隐蔽性传播一定程度上阻碍了高校学生对社会主义核心价值观的认同，这些风险性因素加大了高校教师对大学生思想疏导和价值引领的难度。

只有具备丰富的媒介知识、娴熟的媒介操作力、创作力和传播力，高校教师才能指导学生筛选、过滤大众媒介信息，去粗取精，形成敏锐的媒介信息辨别力和批判力；才能及时了解社会和网络空间形成的新思潮、新观念、新现象，理解时代变化对青年大学生成长境况和思想塑造的深刻影响，并以青年大学生热衷的表达方式与之深入交流，既传授知识又引领价值方向，既释疑解惑又传输正能量，从而提升青年大学生的获得感、幸福感和使命感。

（三）高校舆情监控难度加大

互联网衍生的新媒体平台众多，各类信息呈几何级增长，但良莠不齐，真假难辨。我国大学生媒介素养的形成缺乏科学理论的指导和专业的训练，基本源于个体长期的使用经验和直观感受。虚假信息伪装性强，常披着民主、科学的外衣，打着自由、人权的幌子，在平台间隐匿传播，吸引大学生集体围观、评论和转发，借以迅速扩散，形成高校舆情危机。只有具备丰富的媒介知识、娴熟的媒介操作力、创作力和传播力，高校教师才能高效、清晰、及时地掌握各平台的最新变动，关注与大学生思想、教育教学相关的热点话题，有理、有据、有力发声，占领高校舆论的主导优势，彰显高校教师的独特魅力，增强高校舆论意见领袖的影响力。

四、高校教师媒介素养教育对策

日新月异的新媒体时代，高校教师面临着新媒体潮流对专业知识和技能的冲击，大学生思想观念多元化，价值引导困难，校园舆情监控难度倍增等问题，应主动应对困难，顺应时代要求和技术发展趋势，多途径提升媒介素养，提高媒介技能，高度关注高校舆情走向，引领学生形成正确的价值观念，提升教学质量，助力人才培养。具体要从以下四方面着手：

（一）教师增强提升媒介素养的自觉意识

专业知识的积累和专业技能的训练一直是高校教师关注的重点，他们常常投入大量的时间和精力来提升专业素养，却往往忽视对媒介素养的提升。许多新闻传播学者研究发现，我国社会各阶层群体的媒介素养意识基本处于自发状态。美国传播学者李普曼认为，人们所了解的客观世界，其实源于媒介建构的"拟态环境"，是一个被刻意筛选和改造的非真实世界。首先，大学教师要清醒地意识到，提升媒介素养不但可以借助信息技术促进专业发展，而且还可以透过媒介构造的"拟态环境"

的表象，探寻事件的本质属性。其次，深厚的媒介素养有利于高校教师明辨是非，抽丝剥茧，识破危害教育教学的言论，理性分析其背后潜藏的思想论断和价值导向，客观地批判其逻辑谬误和扭曲事实的本质，廓清是非界限，净化高校网络信息空间。最后，提升教师媒介素养，掌握诱导大学生产生错误判断的常用套路，可以增强学生抵制不良媒介信息的意识与能力。因此，大学教师要积极更新观念，发挥主观能动性，强化媒介素养意识，将提升媒介素养内化为职业需求。

（二）政府开发高校媒介素养教育数据库 App

随着微博微信等新兴媒介平台的普及，政府应在教学设计思想的引导下建立和开发媒介素养教育数据库 App，面向高校教师全天候开放。教师只需使用自己的身份信息就可随时在智能手机等终端登录数据库 App。App 中包含海量的中外媒介素养教育资料，包括图片、文字、音频、视频、动画和教学 PPT 等。多样化的信息呈现方式契合不同年龄段、不同阅读习惯教师的需求。数据库内容维护人员可以登录网站后台管理系统，上传课件、分享资源链接、发布培训信息、线上批改教师测评试卷、实时开展问卷调研等，利用网络平台的便捷功能，建立高校教师媒介素养虚拟自学课堂。

（三）学校加强以校园微信为代表的新媒体文化建设

近年来，随着通信技术的成熟和移动智能手机的普及，微信已经成为高校师生信息传播的主流途径之一。高校的人才优势为校园文化建设提供充足的技术支持与智力保障，借助微信等新媒体发表观点，高校教师应主动占据校园文化建设和舆论生态的高地。首先，鼓励高校教师在校园微信等新媒体平台上锻炼和提升媒介素养，熟练掌握微信等新媒体技术，及时关注高校新媒介平台上大学生发表的言论，根据言论中出现的新思想、新观念、新问题，主动发现大学生群体中的思想不稳定、不健康的苗头，然后运用大学生喜闻乐见的话语表达方式，针对学生群体的思想动态快速沟通、处理，可将迅速升级和发酵的校园网络舆情事件遏制在摇篮之中。其次，借助校园微信打造一批媒介素养高、学生广泛拥护的教师意见领袖，引领高校舆论态势，彰显高校新媒体文化建设的新魅力。最后，教师可以使用小说体、语录体、段子体等多种形式来表达学科知识和主流价值观，以迎合青年大学生追赶潮流、积极关注新事物的心理特点，在润物细无声之中实现专业知识的教育工作。同时，引导学生树立正确的世界观、人生观和价值观，强化对主流价值观的认同感，增强主流意识形态的表现魅力。借助灵活的教育智慧，形成社会主义核心价值观在高校大学生群体中的凝聚力。

（四）学校要建立教师媒介素养培训机制

教师媒介素养培训是教师媒介素养教育的制度性保障。教师在教学和科研的叠加性压力下，将大量的时间投入到具体的事务中，很少用专门的时间来学习媒介知识和技能，因此教师媒介素养校内培训则尤显必要。首先，高校应安排教师在入职前参加校内媒介培训班。可以借鉴美国媒介素养中心的培训机构倡导的小组协作学习制度，将培训班分组，每小组 6 人至 8 人，成员为不同学科的教师，以平衡小组内部知识结构；培训班制定小组课程目标和计划，每小组确定一名培训者作为小组顾问，引导小组成员开展不同学缘结构教师间的合作型、自主探究型学习；培训者可以利用微信群、QQ 群建立学习讨论组，及时发布培训课程安排信息和培训自学文件，让教师线上参与讨论，按时完成课程目标。其次，设置媒介素养提升选修课，供在校教师选择学习，要求教师每年选修一定数量的课程；将媒介素养纳入教学评估的考核项目中，以考核督促教师积极参加校内媒介素养培训课程，提高培训实效，以评促学。再次，高校应定期邀请校内外知名新闻与传播学院教授或资深媒体从业人员开展专题培训，借助讲座、报告会、参观和体验媒体从业环境、引入国外媒介素养课程内容等形式，充实培训课程，增强培训效果。经济条件较好和人力资源充足的学校还可以建立素养教育资源开发小组，由一名组长和 3—4 名组员构成，组长由新闻传播学相关专业的专家担任，组员为 3—4 名新闻学、传播学、教育学青年教师。开发的媒介素养校本教材，要结合地域特色和高校定位，突出针对性。媒介素养教材建设是培训体系的关键因素，教材是开展教师培训的前提，它能够为媒介素养教育提供科学、翔实的内容。同时，应加强对教材的审核力度，力求与国家大政方针相吻合，提高政治站位，体现公序良俗。最后，媒介素养教育的内容和形式应立足于高校教师的学科特征和校内相关配套设施。教师在熟悉不同媒介特征和操作技能的基础上，深刻理解媒介所传达的信息，发挥其服务教学、科研、人才培养的重要功用。

五、结语

"教育兴则国兴，青年强则国强。"大学生群体是实现中华民族伟大复兴中国梦的重要力量。在中国社会发展转型期，媒介信息庞杂冗繁，思想观念变化多端，多元价值观层出不穷，使高校教师开展教育教学活动难度剧增。这样的现实情景迫切要求教师群体在教育教学过程中增强媒介素养意识，将提升媒介素养、提高媒介技能内化为职业需求，及时关注高校新媒体舆论态势，加强高校舆情监控，主动发声，激浊扬清，廓清是非，弘扬主旋律，使社会主义核心价值观牢牢占领高校舆论阵地，培养德智体美全面发展的社会主义建设者和接班人。

人才是第一资源。只有培养出一流人才，才能为建设世界一流大学和一流学科打下坚实的基础，开启新时代"双一流"建设的新作为、新气象。教师是人类灵魂的工程师，承担着重要使命。高校教师的言行举止对青年大学生具有极强的示范作用。重视高校教师媒介素养教育，提高教师的职业素养和能力，从而提高高等教育发展水平，增强国家核心竞争力。

参考文献

［1］新华网. 习近平：在北京大学师生座谈会上的讲话［EB/OL］http：//www.xinhuanet. com/politics/c_1122774230.htm2018-05-03.

［2］中华人民共和国中央人民政府. 习近平出席全国网络安全和信息化工作会议并发表重要讲话［EB/OL］. http：//www.Gov.cn/xinwen/content_5284783.htm，2018-04-21.

［3］Stein L，Prewett A. Media Literacy Education in the Social Studies：Teacher Perceptions and Curricular Challenges［J］. Teacher Education Quarterly，2009，36（1）：131—148.

［4］毕玉. 境外媒介素养教育的理论与实践探究［J］. 新闻界，2008（01）：32—35.

［5］张立国，杨娟. 我国媒介素养教育研究的现状与反思［J］. 中国电化教育，2011（09）：4—8，24.

［6］宫淑红，张洁. 媒介素养教育理论与实践［M］. 济南：山东人民出版社，2010.

［7］李德刚，何玉. 我国教师媒介素养教育的策略［J］. 中国教师，2011（01）：18—19.

［8］中国互联网络信息中心. 第41次中国互联网络发展状况统计报告［EB/OL］. http：// www.cnnic.net.cn/gywm/xwzx/rdxw/t20180131_70188.htm，2018-01-31.

［9］郭兆云. 融媒体时代高校教师媒介素养要求及实践［J］. 中国高校科技，2016（10）：15—17.

［10］何齐宗，常魏魏，周益发. 新媒体时代中学教师媒介素养的调查与思考［J］. 中国成人教育，2017（16）：68—71.

［11］刘芳. 数字阅读心理负效应下网络新闻编辑应对探析［J］. 编辑之友，2016（08）：80—83.

［12］夏鑫，赵硕，张国磊. "五个一"模式下高校教师媒介素养培训的策略［J］. 中国成人教育，2014（9）：112—114.

［13］李谋冠. 大学教师媒介素养教育研究：现状及对策［J］. 中国广播电视学刊，2012（04）：68—70.

［14］David M. Considine. Medita Literacy：National Developments and International Origins［J］. Higher Education，2008，30（1）：7—15.

［15］陈卫东. 和谐校园建设中的教师媒介素养教育研究［J］. 现代远距离教育，2008（06）：52—54.

［作者简介：邓红（1970—），女，江苏南京人，博士，兰州大学高等教育研究所副教授，主要研究方向：课程与教学论、教师教育。丁长青（1992—），男，河南信阳人，兰州大学高等教育研究所硕士生，主要研究方向：课程与教学论。原文刊登于《现代教育科学》2018年第10期。］

"互联网＋教育"新常态下学前教育教师信息技术素养调查与提升策略研究

刘　洋

《中国电化教育》2018 年第 7 期

学前教育作为人生教育的起点，对人的一生具有重要的指导意义。随着信息技术的不断发展，特别是"互联网＋教育"已成为教育新常态发展的必然，它可以将学习材料更加真实地模拟展现给幼儿，激发幼儿学习兴趣的同时促进幼儿的个性发展，因此学前教育信息化受到越来越多的重视。这种变化使得学前教师信息技术素养的提升至关重要。该文以山东省 15 地、市的 163 所幼儿园 470 名幼儿教师为样本，通过电话、网络、问卷等方式展开调查。根据调查分析其现状，提出提高教师信息技术素养的对策，努力实现山东省学前教育信息化城乡均衡化发展。

一、"互联网＋"时代提升学前教育教师信息技术素养的意义

（一）"互联网＋教育"新常态的概念

在教育领域，"互联网＋教育"新常态即是"在经济社会发展的新阶段，教育机构和教师采用移动互联网、云计算、大数据、物联网等现代信息通信技术深度融合教育的各个阶段，改造原有的教育方式，促使其向高度自动化、智能化、个性化方向发展，实现优质教育资源的共享，让人人可学、实时可学、处处可学的终身教育理念得以实现"。

（二）教师信息技术素养

本文中学前教育教师的信息技术素养则是指：在互联网环境下，幼儿教师在教育教学和自我专业发展过程中所体现出来的对信息检索、获取、分析、处理、应用及整合能力。具体来说，幼儿教师的信息技术素养包含三个方面的内容，即：信息素养、信息技术应用能力和教学设计能力。

二、学前教育教师信息技术素养现状

（一）调查对象和方法

1．调查对象

2．问卷设计

个人基本信息包含性别、年龄、任教学科、教龄、学历；幼儿园基本信息包含幼儿园位置、性质。调查问题分为教学软硬件2题，计算机知识和技能操作情况6题，利用互联网教学互动情况 6 题，多媒体设备使用情况 4 题，参加信息技术培训的情况 4 题。

3．研究方法

采用文献研究、问卷调查、电话访谈的方式。采用无记名的方式，问卷筛选之后使用 Excel2007 数据统计软件进行汇总分析。

（二）结果分析

（三）结论与问题

1．信息技术综合应用能力有待提高，办公软硬件有待加强

2．信息技术培训缺乏，内容陈旧

3．学前师资队伍不稳定，制度不完善

三、提高学前教育信息素养的对策与建议

（一）坚持理念先行，提高"互联网＋教育"的认识

为了加快推进教育现代化，国家从顶层设计，出台了一系列的政策和文件。2017 年 1 月 10 日，国务院印发的《国家教育事业发展"十三五"规划》指出，今后五年，要积极发展"互联网＋教育"，全力推动信息技术与教育教学深度融合。

（二）以问题为导向，借助"互联网＋教育"精准扶智，让优质教育资源共享

当前政府对学前教育不可谓不重视，从财政到政策都向学前教育倾斜，并且出台了一些发展规划。

（三）试点引领，创新培养模式，满足幼儿教师个性化学习需要

完善教师培训制度。制定合理的培训计划，因人、因地制宜，不仅要关注培训内容本身，还要实现真正的消化吸收，学以致用。加强学前教育专业知识与信息知识和技能的融合，加强培训前的需求了解和培训后的跟踪随访力度，使培训真正落到实处。

（四）打破传统培训管理瓶颈，创新和重塑动力机制

传统的培训管理模式下，培训体系是封闭且自上而下传递的，只有被政府认可授权的机构才能够提供培训课程（项目）。在这种模式下，各方在追求培训质量方

面动力不足。对于培训提供方而言，进入认可范围的机构，因缺乏竞争，不仅在内容上同质化严重，而且"很多平台依然机械地复制线下模式，没有考虑到教学的延续性，尤其是基于用户使用的场景问题，多数都是伪需求伪场景，这让内容生产和应用场景产生了偏差"。

（五）加强领导，完善制度建设，推动幼儿教师主动提高自身教育技术能力

政府要指定宏观政策，加强工作指导，指定标准规范，完善幼儿园教师补充机制、工资待遇保障机制和生均拨款制度，提高幼儿教师工资待遇和办公信息化环境。

（六）创新机制，引入社会资本，为幼儿教师提供良好的信息化教育办公环境

调查发现，目前幼儿园的办园主体还是政府主导，民办幼儿园无论在资金上还是人员配备上与公办幼儿园还是有不少差距。所以，政府除了切实提高幼儿园教师的工资待遇，确保岗位工资、绩效工资正常发放外，还应该充分发挥政府和市场两个方面的作用，通过政策、财税优惠、师资援建等方式，引入社会资本，提供优质的信息化产品和服务，实现多元投入，协同推进，引导和支持民办幼儿园发展。

高校微信公众号运营团队媒介素养现状及提升策略

顾文成
《宁波教育学院学报》2018 年第 3 期

当前，校园微信公众号已经作为高校引领思想、传播文化、塑造形象等的重要媒介载体。媒介素养认知较弱、信息引导意识不强、内容及形式创新不足，是当前高校微信公众号运营团队媒介素养现状。可以通过开设个性化教育课程、拓展社会化实践、建设交互性学习渠道等途径提升高校微信公众号团队的媒介素养。

一、高校微信公众号运营团队媒介素养的现状

（一）媒介素养认知较弱

目前，校微信公众号运营团队中的很多成员存在着媒介素养的认知薄弱、角色定位模糊等问题，不少运营团队甚至把处理媒介信息的操作应用技术能力当作处理媒介信息的能力。很多微信公众号运营人员对其应具备的素养和技能没有明确的认识，微信公众号平台的运营被视为一个自我微信技术手段的实践场所，学校也缺少相应的培训和指导。

（二）信息引导意识不强

有些运营团队微信公众号信息引导的意识薄弱，为使推送信息迎合粉丝，一味追求潮流，不当的网络词语以及无厘头的段子也会出现在推送内容里，信息的筛选要求降低，造成微信公众号发布信息趋向低俗、消极。

（三）内容及形式创新不足

当前的部分高校微信公众号存在转发内容偏多、原创信息太少的情况，信息内容和形式创新点不足等问题，难以吸引大量粉丝关注。在自媒体日益发展的时代，受众可以通过手机移动端从不同渠道浏览到自己感兴趣的内容，高校微信公众号要想不流失粉丝，被受众喜欢，运营团队不能再仅仅满足于现有微信公众号平台的功能，必须要不断实践新的技术，创造新的内容，打造出微信公众号的品牌价值。

二、提升运营团队媒介素养的有效途径

（一）开设个性化教育课程

高校微信公众号运营团队的媒介素养教育，是对团队中每一位成员的专业教育，针对运营者不同的身份特点，学校需要制定不同的教育途径，以满足各类运营人员的专业需求。

（二）拓展社会化实践

高校微信公众号运营团队媒介素养教育的社会化实践，是对课堂教育的有效补充。如果单纯地以课堂、讲座的形式进行媒介素养教育，气氛相对比较压抑、沉闷，这对于学习者而言，自由思考受到限制，探索空间变得窄小。

（三）建设交互性学习渠道

高校微信公众号运营团队要把运营的微信公众号在众多的媒体中脱颖而出，并保持常做常新，除了要学习微信公众号平台自身开发的新的功能外，还需要学习多种媒体的特色，结合多方的新技术，融入所在运营的微信公众号。

教师数字鸿沟的发展与弥合

——基于从信息鸿沟到素养鸿沟的视角

石映辉　韦怡彤　杨　浩

数字鸿沟经历了从信息鸿沟到素养鸿沟两个阶段的变化，反映了从信息技术的

接入差异向人们使用信息技术能力差异的演化。随着教育信息化基础设施的推广和普及，信息鸿沟逐渐弥合，而素养鸿沟日益凸显。在深入分析教师"素养鸿沟"现状的基础上，针对教师的信息技术应用水平和信息化教学能力提升的问题，文章从国家、区校和教师个人层面提出了弥合教师素养鸿沟的相关建议，以促进我国教育的公平、均衡发展。

一、数字鸿沟的第一阶段：信息鸿沟

（一）信息鸿沟的产生

从本质来讲，信息鸿沟的产生主要源于不同国家和地区的经济发展不平衡以及社会群体间的经济收入不平衡。因此，信息鸿沟不是一个全新的社会问题，而是经济发展的不平衡在信息社会的体现。

（二）信息鸿沟的问题和弥合

在教育领域，由于信息化教学设备和教育资源配置不均所造成的信息鸿沟正在阻碍着教育公平。一些经济较为落后地区的教师和学生由于缺少使用信息化教学设备和获取优质教育资源的机会，导致他们无法享受到信息技术给教育带来的益处，因而成为信息时代的落伍者。

二、数字鸿沟的第二阶段：素养鸿沟

（一）数字鸿沟的新内涵
（二）素养鸿沟的表现与影响因素

1. 素养鸿沟的表现

2011 年，《纽约时报》刊登《新数字鸿沟》（The New Digital Divide）一文，受到了国内外许多研究者的关注。如 Dutta 等指出："信息通信技术的关注重点已经由获取转向利用"；朱莎等通过文献分析，发现数字鸿沟已经从"有无"信息技术与工具层面的"信息鸿沟"，转变为人们在数字素养层面的技术与工具使用的差异。因此，数字接入差异的衡量指标已不适用于新时代的数字鸿沟。

2. 素养鸿沟的影响因素

越来越多的研究表明，素养鸿沟比信息鸿沟更难弥合，甚至会使已有的社会不公进一步加剧，乃至表现出永久性趋势。研究者通过探究素养鸿沟的成因，试图从根源上找到缩小素养鸿沟的方法。

素养鸿沟在很大程度上涉及教育层面的问题，仅仅通过物质手段和资金支持并不能使其完全弥合，还需要通过教育和培训等手段来弥补。

三、素养鸿沟的影响因素

（一）教师素养鸿沟的现状

教师的素养鸿沟不仅包括教师在基本信息技能上的个体差异，也包含由教师职业的特殊性而导致的专业信息技能差异。

教师素养鸿沟的存在不仅导致教师信息化课堂教学水平的差异，而且不利于实现教育的公平与均衡发展。

（二）弥合教师素养鸿沟的建议

1. 国家层面优化顶层设计，为缩小教师素养鸿沟提供强有力的导向和政策支撑
2. 区校层面组织教师开展培训和互访学习，为教师提供良好的学习和实践环境
3. 个人层面强化教师使用信息技术的主动意识，激发教师使用信息技术的热情

四、结语

作为教育信息化的直接实践者，教师对于深化学生的信息化学习体验、提升学生的信息素养、提高学生的信息技术应用能力至关重要。而教师素养鸿沟的研究有助于提升教师的信息技术应用水平和信息化教学能力，并为真正有效地缩小教育领域的数字鸿沟提供研究视点。

媒介融合时代下新闻记者媒介素养的提升

王雪飞
《黑河学刊》2018 年第 6 期

媒介融合时代让传统的新闻媒体发生了翻天覆地的变化，也对新闻从业者的综合素养提出了全新的要求。现以新闻记者为出发点，针对媒介融合时代下新闻记者媒介素养提升的意义与具体措施进行分析。

一、媒介融合背景下提高新闻记者媒介素养的重要意义

（一）更新传播形式的客观要求

在媒介融合的趋势下，电视、报纸、广播已经不再是受众接收新闻信息的主要渠道，互联网、手机、其他移动终端对受众的影响越来越深刻，渗透在了他们的生活中，新媒体能够通过声光电、图片、文字的方式来展示信息，让用户对信息的接

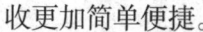

收更加简单便捷。

（二）应对海量新闻的重要方式

作为媒体的把关人，新闻记者必须要肩负好自身的角色，从海量信息中挖掘出有价值的新闻信息，做到"去伪存真""去粗存真"，找出其中有价值、有意义的新闻信息，进行多角度、深层次的报道。

（三）构建良性互动关系的渠道

在媒介融合时代，要赢得受众的认可，强化互动是必不可少的，要实现与受众之间的良性互动，必须要提高新闻记者的媒介素养。

二、媒介融合时代下新闻记者媒介素养的提升策略

（一）强化受众素养

对于新闻记者而言，要适应时代的发展需求，必须要提高自身的受众意识，跳出以往的思维禁锢，注重与受众之间的交流、互动，积极听取受众的反馈，根据反馈意见来调整自己的采访方式。

（二）转变思维模式

媒介融合的趋势是不可逆的，如果一味地墨守成规，是无法适应时代的发展要求的。身为新时期的新闻记者，要熟悉各类媒体的特点并学会应用，转变传统滞后的思维，形成全媒体思维模式，在新闻报道中，从多方面角度来考虑，提高自身对于新媒体的认识，在选择素材、采写新闻时，要针对电视、网站、报社受众的差异提供稿件，创设出风格各异的内容。

（三）提高技术素养

传统术业专攻型新闻记者往往无法适应媒介融合时代的发展，新时代呼唤全能型新闻记者，全能型新闻记者既要掌握各类媒体的信息传播特点，在新闻事件发生之后，还要第一时间选择适宜的媒体，合理搭配语言、插图。

（四）提高把关意识

在媒介融合时代下，新闻信息的发布、传播渠道呈现出多元化的趋势，这无疑严重弱化了传统媒体的把关作用，在互联网、新媒体中，出现了大量的冗杂、虚假、不良信息，这些信息的传播不仅对受众产生误导，也严重影响了媒体的公信力。

媒介融合时代新闻记者媒介素养重构分析

赵广俊

《记者摇篮》2018 年第 8 期

新闻记者作为新闻传播人，必须认识到新闻传播环境的变化，不断提高自身媒介素养，使其能够胜任媒介融合时代下的新闻传播工作。本文从分析媒介融合时代给新闻传播带来的变化入手，提出重构新闻记者媒介素养的建议，期望对促进行业良性发展有所帮助。

一、媒介融合时代带来的变化

（一）传播形式多样化

（二）传播主体多元化

（三）传播内容海量化

（四）传播过程互动化

（五）传播速度即时化

二、媒介融合时代下新闻记者媒介素养的重构要求

（一）提高思想政治素质

在新闻记者媒介素养构成中，思想政治素质是最根本的要求，只有具备较强的思想政治素质，才能保证新闻报道的真实性，正确引导社会舆论。

（二）丰富专业知识

媒介融合既是同业融合、跨媒体融合，也是信息传播终端的融合，在媒介融合背景下，对新闻记者的专业素质提出了更高的要求。新闻记者必须认清媒介融合的发展趋势，做好新闻采编工作。

新闻记者要在掌握本专业知识的基础上，不断学习社会科学、人文科学、经济学、政治学、历史、法律等学科知识，提高新闻记者的综合素养。

（三）掌握新媒体技术

县级广播电视台作为当地新闻传播的主阵地，也必须借鉴各大传统媒体的网络化发展路径，积极引入多媒体、互联网技术，创新新闻传播的渠道。为此，县级广播电视台的新闻记者要承担起自身职责，积极接触新媒体技术，不断提升全媒体素

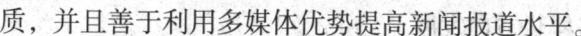

质，并且善于利用多媒体优势提高新闻报道水平。

（四）提升职业素养

随着媒介融合时代的到来，新闻记者的工作环境发生了一定变化，要求新闻记者必须不断加强自身修养，丰富学识阅历，提高职业素养，以促进传统媒体在融媒体时代下的持续发展。新闻记者作为新闻传播的把关人，在面对海量信息时必须秉承三贴近原则，对信息进行甄选、过滤，采集有价值的新闻信息进行编辑报道，强化主流价值观念在社会舆论中的引导作用，巩固广播电视媒体在新闻传播中的权威地位。

谈新媒体时代新闻编辑的媒介素养

张春艳
《新闻传播》2018 年第 9 期

在新媒体行业迅速发展的形势下，传统新闻编辑工作模式已经不能满足现代群众的新闻信息需求，新闻编辑在新媒体传播方式和技术的影响下，开始出现了相应的改变。新媒体时代的到来给新闻编辑带来了较多挑战，在一定程度上增加了其危机感，同时也打消了部分编辑的积极性，进而削弱了其责任感。为此，本文分析了新媒体时代带给新闻编辑的挑战，及其对新闻编辑的媒介素养要求。

一、新媒体时代带给新闻编辑的挑战

（一）转变了新闻编辑的思想价值和职业素养培养方式

新闻编辑的主观意识和职业思想也受到了来自新媒体时代的冲击和影响，在传统新闻报道模式中，新闻编辑主要负责对报道的新闻进行深入的客观调查与分析，并且要严格执行客观公正的工作原则。但是新媒体时代的到来增加了新闻编辑坚守工作职责的难度，新闻编辑这一职位本身会接触到大量的外界信息，容易受到外界因素的干扰，新媒体时代则令新闻编辑在判断自身价值和新闻价值时，面临了更多的干扰因素。

（二）新闻编辑获取信息的渠道和方式发生了变化

在新媒体时代中，新闻编辑获取信息的渠道和方式发生了较大变化，信息的更新和传播速度也在逐渐加快，新闻传播渠道和方式开始向多样化的方向发展。

（三）新闻信息传播途径向多样化方向发展

新媒体时代下的新闻信息具有类型复杂和信息繁多的特点，众多新闻编辑需要在庞杂的信息体系中探索报道的方向和内容。

二、新媒体时代新闻编辑的媒介素养

（一）确定好新闻编辑的时代定位

新闻编辑的工作内容也发生了变化，由专门信息收集和编辑转变成了新闻信息的检索和应用，新闻编辑需要认清自身的时代定位，做好对新闻信息的相关处理工作，发挥引领社会舆论方向的良好作用，在提高新闻信息传播效率的同时，提高新闻传播价值。

（二）不断强化自身的专业技能

首先，新闻编辑需要不断完善自身的新闻信息和数据整合能力。其次，新闻编辑需要具备较强的沟通能力，尤其是网络沟通能力，主要沟通对象有新闻受众和新闻采访当事人，除了传统采访模式外，新媒体时代的新闻信息访谈还包括网络访谈。最后，新闻编辑需要具备提高受众媒介素质的技能，进而实现对报道新闻价值和质量的实质性优化。

（三）向复合型人才方向发展

基于新媒体时代，新闻编辑需要认清时代形势和自身工作模式和内容的变化，并且要适应工作的变化，进而向复合型人才方向发展。

（四）掌握判断新闻价值的方式

新闻报道的价值观念正确与否直接影响着新闻报道内容价值，而新闻信息报道的收集情况直接关系到新闻传递的价值观念，这说明新闻编辑需要具备专业的新闻价值判断能力。

三、结语

新闻编辑需要对传媒行业的发展趋势有清晰认知，并在结合群众需求和社会主义价值导向的基础上，归纳新闻报道的方向和内容。

网络媒体时代新闻编辑应具备的媒介素养研究

卢有均

《新闻传播》2018 年第 2 期

在新媒体的发展大潮中，传统的新闻编辑工作方法已难以跟上时代步伐，无法满足群众的需求，因此新闻编辑在媒体领域的影响和作用也随时代的发展而发生了改变。近年来，新闻编辑工作人员在大数据背景下工作受到很大程度上的影响，使得新闻编辑工作进展困难，故而培养新闻编辑工作者的媒介素养和专业水平十分必要。针对这种情况，文章从新媒体对传统新闻编辑工作的影响和新媒体时代新闻编辑需具备的媒介素养进行了阐述和分析。

一、新媒体对新闻编辑工作的影响分析

（一）缩减了新闻编辑对媒体传播的控制权

在传统的媒体行业中，由于信息资源短缺，需要专门的人员进行对信息的整合管理，新闻编辑这种职业应运而生。在现今社会，媒体人已不再是信息的垄断者，对信息的掌控能力也大不如前。

（二）转变了新闻编辑的工作思路

新闻编辑在新媒体行业起着引导新闻性质的重要作用。而当前大多媒体工作人员缺少专业素养，成为媒介文盲。由于缺少专业素质，部分新闻媒体人缺失社会责任感，这会导致媒介对受众造成强大破坏，新闻媒体人对新闻信息的传播会产生直接影响甚至破坏群众精神的塑造。

二、新媒体时代新闻编辑需具备的媒介素养

（一）培养良好的职业素养和价值观

新闻媒体市场的竞争愈发激烈，所以新闻编辑者要积极拓展新闻信息的获取渠道，提高对新闻资讯的创新和再生产能力，保障新闻具有正确的导向和良好的价值，培养正确的职业素养，对新闻事件进行真实、客观的报道，传播正能量的信息内容，促进社会的和谐发展。

（二）促进新闻编辑工作形式的转变

想在新媒体时代健康有序地发展媒体行业，首先应对新闻编辑者的理念和思想

进行转变，积极转变编辑工作形式，对现今社会新闻读者的需求进行充分的分析和了解，主动积极地与群众进行沟通交流，并结合群众需求对新闻内容进行编辑，以便吸引读者关注。

（三）拓展了新闻引导者的职责

不断提升新闻编辑人员的专业素养，进行对新闻媒体等专业知识的培养和学习，提升编辑工作者的知识结构，促进媒体工作者编辑出具有现实意义和创新特色的优秀新闻内容，根据群众的生活和精神需求对新闻内容进行选择，接受和采纳群众的意见，以保障新闻行业的稳定发展。

新媒体时代报纸编辑媒介素养的培养与提升

张莹莹
《新闻研究导刊》2018 年第 10 期

新媒体时代，以"两微一端"为代表的诸多新媒体传播技术和平台迅猛发展，对以报纸为代表的纸质传媒带来冲击和挑战，对编辑的媒介素养提出新的标准和要求。新媒体时代的报纸编辑应具备敏锐的媒介信息意识，丰富的媒介基础知识，全面的媒介使用能力及适当的媒介批判思维。报纸编辑应提高应用能力，熟练掌握各类媒介的使用技能；培养学习意识，树立正确的媒介使用理念，从而培养和提高自身的媒介素养。

一、引言

媒介素养是一个全新的素质概念，它是听、说、读、写能力的延伸，是现代人在当今复杂传播环境中所必须学习的一种能力。具体而言，应包括媒体批判能力、媒体知识、媒体使用能力和媒体创作能力四个基本组成部分。

二、新媒体时代报纸编辑媒介素养的构成

（一）敏锐的媒介信息意识

作为信息把关人的编辑人员，应该具有比常人更为敏锐的媒介信息意识，能够迅速洞察和感知外界各种媒介信息的即时变化及发展状况，并对其进行有效的定位和具有一定预见性的价值判断，从中迅速地捕捉到与报纸栏目相关的信息。

（二）丰富的媒介基础知识

丰富的媒介基础知识是新媒体时代编辑人员知识体系中不可或缺的组成部分，是衡量编辑人员知识素养的重要标准之一。

（三）全面的媒介使用能力

全面的媒介使用能力即通过各种媒介检索信息并为己所用的能力，主要包括媒介信息获取、处理、应用、评价、传播及创新能力等诸多方面。全面的媒介使用能力，是建立在敏锐的媒介信息意识、丰富的媒介基础知识之上的，是编辑媒介素养构成中的核心能力。

（四）适当的媒介批判思维

适当的媒介批判思维即对各类媒介的"基于标准的有辨识力的判断"，它包括两个方面：一是判，即分辨与选择；二是断，即价值的认定。媒介批判的属性和实质就是对本身及其产品进行是非、对错、好坏、正误、美丑、善恶或者在这些之外的价值判断。

三、新媒体时代报纸编辑信息媒介素养的提升途径

（一）培养学习意识，树立正确的媒介使用理念

新媒体时代，知识的更新和发展呈几何倍数增长，学习能力已成为职业人群最重要的能力之一。报纸编辑应培养学习意识，树立与时俱进的学习理念，将媒介素养的培养、提升作为个人进步和职业发展的一个重要组成部分。

（二）提高应用能力，熟练掌握各类媒介的使用技能

互联网技术和新媒体技术的快速发展对社会大众的生活方式、行为模式、思维方式等产生了广泛而深远的影响，对传统意义上报纸编辑的工作方式提出了新的挑战和更高的要求。具体表现：第一，具备熟练利用各种媒介进行搜索、编辑报纸信息的知识和技能；第二，具备擅长运用各种媒介进行出版、发行报纸信息并正确评估、预测的能力；第三，具备熟练利用各种媒介与作者、读者联系和互动的能力。

新媒体时代高校辅导员媒介素养的内涵与提升

王 静
《重庆工商大学学报》2018 年第 5 期

新媒体时代，媒介素养已经成为社会公民的基本素养，也是辅导员开展大学生

思想政治教育和从事管理服务育人的关键能力。由于职业性质和工作对象的特殊性，高校辅导员的媒介素养较之其他社会公众具有更加丰富的内涵，比如：信息识别具有鲜明的政治敏锐性，信息传播具有正确的思想引领性，信息处理具有丰富的知识传递性，信息交互具有融洽的情感沟通性。高校辅导员媒介素养的提升不仅有利于提高自身的职业素质和能力，同时还有利于增强高校思想政治教育工作的实效性、推动高校学生管理工作的创新开展和实现大学生的健康成长及全面发展。因此，国家、社会、高校和辅导员应该予以高度重视，并共同采取有效措施，形成全面、立体的网络，不断推动辅导员媒介素养的提升。

一、高校辅导员媒介素养的概念内涵

在新媒体时代，媒介素养已经成为辅导员占领大学生网络思想阵地、引导大学生舆论、促进大学生健康发展的关键能力。与其他社会公众相比，高校辅导员媒介素养还具有以下的特殊内涵：

（一）信息识别具有鲜明的政治敏锐性

（二）信息传播具有正确的思想引领性

（三）信息处理具有丰富的知识传递性

（四）信息交互具有融洽的情感沟通性

二、高校辅导员媒介素养提升的价值分析

（一）有助于增强高校思想政治教育工作的实效性

新媒体是新的技术手段、工作方式和工作载体，也是新的时代背景、交往模式和生活方式。在网络信息化的今天，QQ、微信、App 等新媒体正日益成为具有独特优势的教育载体，为高校思想政治教育工作创建了新平台、开辟了新渠道。

（二）有助于推动高校学生管理工作的创新开展

海量的媒体信息也包含着丰富的学生工作经验和典型案例，不仅为辅导员创新开展工作提供了大量可以学习借鉴的经验，也为之提供了许多具有现实意义的工作素材，使辅导员从大量繁杂的基础性事务工作中解放出来，而得以将更多的时间和精力投入创新学生管理工作之中。

（三）有助于实现大学生的健康成长和全面发展

高校辅导员媒介素养的提升有利于充分发挥大学生媒介信息"把关人"的作用，引导大学生了解媒介的特质、辨别媒介信息的种类、认识媒介组织系统以及分析和管理媒介应用行为，训练大学生的媒介自律能力，不断提升其媒介素养和道德；也有利于辅导员充分运用媒介优势，掌握学生最新思想动态，有的放矢地开展工作，真正以平等的身份与学生交流沟通，从而提高思想政治教育和学生管理工作的效果，

帮助大学生实现健康成长和全面发展。

（四）有助于提高辅导员自身的职业素养和能力

新媒体时代的到来使媒介素养逐渐成为现代社会公民应该具备的基本素养，有效利用各种媒介为个人成长、家庭幸福、职业发展和社会进步服务是现代人不可或缺的人生经历，这对具有较高知识文化水平的高校辅导员更是如此。

三、高校辅导员媒介素养提升的对策建议

（一）辅导员：增强媒介意识，不断提升媒介运用能力

高校辅导员必须适应形势、顺应发展，转变思想、转换角色，主动增强媒介意识，积极参加媒介知识技能学习培训，自觉将媒介知识技能运用于工作实践，不断提高自身的媒介知识素养、媒介认知素养和媒介运用素养。

（二）高等院校：创新体制机制，强化辅导员媒介素养的培养

高校管理者必须高度重视辅导员媒介素养的培养，通过创新管理体制机制，采取多种举措为辅导员营造媒介工作氛围，创造提升媒介素养的机会和平台，确保每位辅导员都能在原有的媒介素养基础上有所进步，尽量达到新媒体时代和大学生的需求。

（三）国家社会：建立多层次支持系统，打造辅导员媒介素养提升立体场域

高校辅导员媒介素养的提升不是一朝一夕的事情，而是一项长期的系统工程，需要国家、社会和媒介组织的关注和支持，以便有效整合社会资源，形成合力效应，从而改变辅导员媒介素养学习的自发状态，为辅导员提升媒介素养提供便利和营造良好的氛围。

四、结语

高校辅导员是大学生健康成长的引路人和知心朋友，必须具备较高的媒介素养，才能熟练运用新媒体创新开展高校思想政治教育和学生管理服务工作，有效引导大学生理性认知媒介，正确使用媒介，使之成为大学生健康成长、全面发展的助推器。

新闻编辑媒介素养的提升路径研究

侯　夷
《出版广角》2018年第3期

新媒体时代的到来改变了新闻的传播范式，丰富了信息传播模式，对新闻编辑

人员媒介素养提出新要求。文章分析新媒体对新闻编辑的影响，阐述新媒体环境下新闻编辑的媒介素养，进而从提高新闻编辑对各种新闻的判断能力、提升新闻编辑政治素养、强化新闻编辑专业能力和深入了解受众的心理诉求等层面提出建议，以期为新闻编辑工作绩效的提升提供有益借鉴。

一、新媒体时代新闻编辑的媒介素养

（一）注重信息产品使用者的感受

（二）知识结构多元化

（三）具有判断新闻价值的能力

（四）强化对海量信息的选择权

二、新媒体对新闻编辑媒介素养的影响

（一）转变新闻编辑的主观价值和技能结构

在新媒体时代，越来越多的干扰信息掺杂在新闻事件中，新闻编辑在传播新闻时势必会受此影响，对新闻的价值判断发生转变，继而对新闻的认知与实践产生偏差。

（二）削弱新闻编辑对新闻传播的控制权

在新媒体场域中，信息不再是稀缺资源，新闻编辑无法独占任何信息，对信息也没有特殊的处理权限。更为重要的是，新媒体时代任何个体均能成为信息生产和传播的主体，具有享受信息评论和报道自由的权利。

（三）改变新闻编辑获取与处理信息的方式

在新媒体视域下，如何有效避免与防止由信息泛滥带来的负面影响，需要新闻编辑以更为专业和精熟的技能来应对。

（四）对新闻编辑的政治素养提出更高要求

新闻环境的转变对人们价值观的影响较大，受众是否会受到不良价值观的侵蚀，新闻编辑能否始终保持崇高的政治素养，都是值得关注的问题。归根结底，在新媒体环境下，新闻编辑始终要以社会责任为根本指南，以树立媒体公信力为努力的方向。

三、新媒体视域下新闻编辑的提升路径

（一）提高新闻编辑对各种新闻的判断能力

（二）提高新闻编辑的政治素质

（三）强化新闻编辑专业能力

（四）深入了解受众的心理诉求

信息时代未来教师核心素养的变与不变

马　玲
《中国成人教育》2018 年第 5 期

随着信息时代的到来，互联网与教育的深度融合使教育理念与教育方式发生了剧烈的变化，给教师带来了新的挑战；学生核心素养的提出对教师素养有了新的呼唤和新的诉求。未来教师要主动适应时代变化，在笃定坚守中完善自身教育素养，成为信息时代的教育引领者。

一、未来教师核心素养的"不变"

在这个变革的时代，未来教师势必要进行诸多改变才能适应时代发展，但不管时代发展到何种程度，教师唯一不变的是要坚定教育信仰，在推陈创新中不忘从教初心。

二、未来教师核心素养的"变"

（一）信息素养

未来教师应具备的驾驭互联网的能力有：网络安全与信息安全意识，获取信息化教学资源的能力，现代信息技术工具使用或共享教学资料的能力，利用网络学习空间组织教学的能力及大数据能力等。

（二）数据素养

未来教师要把对数据的采集意识与能力内化为自己的教育行为与教学习惯，发挥主观能动性，尽可能地收集、存储不同类型的教育数据。

（三）创新素养

实践创新素养是学生的六大核心素养之一。实践创新素养要求学生能够创造出有形的物品或对已存在物品进行改造，显然，这种能力的获得离不开教师的教导。

（四）共享合作素养

未来教师应该具有兼容并包的共享意识、互助互帮的合作素养。共享合作素养要求教师要有意识地打破学科界限，打破地域界限。

医学专科生低网络媒介素养及影响因素分析

王　旭　洪静芳　桂玲玲　吴　迪
《中国学校卫生》2018 年第 4 期

目的：了解医学专科学校学生：低网络媒介素养及影响因素，为医学专科生网络媒介素养教育提供理论参考。方法：采用自编医学专科生网络媒介素养调查表，对分层整群随机抽取的 2 所医学专科学校的 1008 名学生进行在线问卷调查。结果：医学专科生网络媒介素养平均得分为（77.22 ± 10.31）分。多因素 Logistic 回归分析显示，年级、家庭经济状况、每天上网时间、开始接触网络时间和学习成绩是网络媒介素养的影响因素。年级越高、家庭经济状况和学习成绩越差的学生网络媒介素养越低；相对于每天上网时间 < 2 h 者，上网时间 > 5h 者的网络媒介素养较低（OR = 1.704，95%CI = 1.042 ~ 2.788，P = 0.034）；相对于开始接触网络时间为小学者，接触网络时间为高中者的网络媒介素养较低（OR = 2.007，95%CI = 1.241 ~ 3.247，P = 0.005）。结论：医学专科生的网络媒介素养水平有待提高。学校应将网络媒介素养教育融入日常教学活动中，进行渗透式教育。

一、对象与方法

医学生网络媒介素养，共 3 个维度 20 个条目，其中网络媒介认知部分 6 个条目、网络媒介应用能力 8 个条目、网络媒介道德 6 个条目。

二、结果

（一）医学专科生网络媒介素养总体特征

医学专科生网络媒介素养总均分为（77.22 ± 10.31）分，其中网络媒介认知、网络媒介应用能力和网络媒介道德维度得分分别为（21.87 ± 3.79）、（30.54 ± 4.63）和（24.81 ± 3.44）分。

（二）低网络媒介素养的单因素 Logistic 回归分析

以是否低网络媒介素养为应变量（是 = 1，否 = 0），性别、年级、生源地等因素为自变量，进行单因素非条件 Logistic 回归分析，结果显示，除性别、生源地和班干部之外，年级、专业、家庭经济状况、每天上网时间、开始接触网络时间、班级成绩排名均是低网络媒介素养的影响因素（P 值均 < 0.05）。

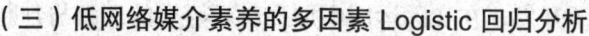

（三）低网络媒介素养的多因素 Logistic 回归分析

结果显示，年级、家庭经济状况、每天上网时间、开始接触网络时间和班级成绩排名是低网络媒介素养的影响因素。年级越高、家庭经济状况和学习成绩越差的学生网络媒介素养越低；相对于每天上网时间 < 2h 者，上网时间 > 5h 者的网络媒介素养低（OR = 1.704）；与开始接触网络时间为小学者比较，接触网络时间为高中者的网络媒介素养较低（OR = 2.007）。

三、讨论

在互联网信息时代，提高大学生特别是医学专科生网络媒介素养，对于增强个人综合素质和提升公共卫生服务能力具有重要意义。一方面，学习中利用网络资源可以获取医学前沿信息，弥补传统教育的不足，更好地完善知识结构。另一方面，工作中发挥互联网便捷优势，能够畅通医患沟通交流渠道，对于构建和谐医患关系起到积极促进作用；充分利用网络媒介宣传引导健康生活方式，对促进全民健康也具有重要作用。

智慧教育视域下教师新媒介素养现状调查及提升路径

周素娜

《中国成人教育》2018 年第 5 期

以互联网、智能手机、数字电视为代表的新媒介使信息传播模式产生了根本性变革。调查发现，教师新媒介素养主要面临两方面困境：对新媒体技术应用的认识与匹配行为之间存在偏差、对新媒体技术的功能及其具体操作知识认识不足。研究认为，要突破此种困境，应从教育决策部门、学校主管领导和教师自身三个层面来着手：即教育决策部门加大智慧教育财政支持，出台配套教育改革政策；学校创设良好的智慧教育环境，定期组织教师开展新媒介素养培训；教师转变教育观念，在行动中自觉提升新媒介素养。

一、智慧教育视域下教师新媒介素养提升的必要性分析

（一）教学环境趋向智能化，教师须转变观念，适应新的教学环境

智慧学习已成为当今大学生的主要学习方式。教师应将新媒介教育视为培养学生应对和运用媒介的手段，提供新媒体应用相关的知识和指导，鼓励学生主动参与

基于新媒体的交流活动及资源开发，在实际运用中加强对新媒介的理解与判断。

（二）教学方式趋向灵巧化，教师须提高应用新媒体开展教学活动的能力

智慧教育环境下，高校教学必将改变教师作为课堂权威的主客二元对立的教学结构，变革教学方式，以培养适应时代发展的创新型人才。

（三）教师成长趋向迫切化，教师应能借助新媒体促进自身专业发展

高校教师担负着教学和科研双重任务，教研合一是教育者的最佳境界。智慧教育视域下，教师新媒介素养的提升有助于其积极开展教学相关研究，不仅能改善教育质量，还能促进自身科研水平的提升。

二、教师新媒介素养面临的现实困境

（一）对新媒体技术应用的认识与匹配行为之间存在偏差

1. 教师的教育观念影响其实际应用新媒体的情况。

2. 教师的新媒体应用能力不足制约其应用行为。

（二）对新媒体技术的功能及其具体操作知识认识不足

调查分析还发现，超过半数的教师不熟悉集视频、语音等丰富传播手段于一体的微信、QQ 讨论小组等互动交流平台的操作，使得师生交流主要是课堂上有限的面对面互动和课下不多的面谈。新媒介知识的匮乏使得教师在进行教学和研究工作时存在较多限制，因此，加强新媒体类型、功能及其操作知识的学习是提升教师新媒介素养的当务之急。

三、智慧教育视域下高校教师新媒介素养提升的路径

（一）教育决策部门加大智慧教育财政支持，出台配套教育改革政策

1. 加大公共财政对教师新媒介素养提升的资金支持。

2. 出台智慧教育相关的教育改革政策。鼓励教师利用新媒体技术进行多样化教学，使教师的新媒介素养提升制度化、常态化。

（二）学校创设良好的智慧教育环境，定期组织教师开展新媒介素养培训

1. 开展关于新媒体知识认知的培训。

2. 开展新媒体信息获取和整合应用能力的培训。

3. 开展新媒体在教学活动中应用能力的培训。

4. 充分尊重教师的多样化教学方法，鼓励他们积极应用新媒介开展教育教学活动。

（三）教师转变教育观念，在行动中自觉提升新媒介素养

1. 树立开放、多元的教育观念。

2. 自主学习新媒体相关知识，积极应用新媒体开展教育教学活动。

3. 自觉了解并遵守新媒介的使用规范，不散布不良信息。

智能媒体时代新闻编辑的新媒介素养研究

袁　媛

《编辑学刊》2018 年第 5 期

智能媒体时代的到来使传统的新闻传播模式发生了变化，也改变了新闻编辑的媒介素养的内涵。文章从新闻编辑新媒介素养的概念入手，分析了智能媒体对新闻编辑媒介素养的影响，进而从提高新闻编辑的智能新闻内容生产能力、网络舆情分析与引导能力、跨域组织沟通与协调能力、法律风险防范能力等层面提出建议，期待能为新闻编辑工作理念的转变与工作能力的提升提供有益借鉴。

一、智能媒体对新闻编辑媒介素养的影响

（一）智媒技术及用户个性化需求导致新闻编辑获取及处理信息的方式变化

互联网的多媒体传播模式集合了传统纸质媒体版面编辑方式、音频编辑与视频编辑等，需要结合网络传播的特点以及智能终端的物理形态让新闻产品多样化呈现，以满足受众对数字化、图像化、碎片化等新闻形式的需求。

（二）开放式的传播结构导致新闻编辑对信息传播的控制权削弱

智能媒体时代的传播结构是开放式的，智能终端的普及打破了传统媒体时代新闻编辑对信息的垄断，为受众提供了与新闻编辑几乎同等的接触信息、理解信息、发布信息与传播信息的权利，新闻编辑对信息传播的控制权遭到削弱。

（三）用户信息解码偏差易导致新闻传播偏向

智能媒体在信息编码方式上比传统媒体更为复杂，大部分新闻产品往往是文字、图片、声音、视频等更多种信息符号的融合，再加上智能媒体时代个性化信息推荐技术，往往让用户深陷"信息茧房"，对现实世界的感知与判断能力下降。

（四）新旧媒体融合导致新闻编辑工作流程的改变

在新旧媒体融合过程中，尽管智能新闻编辑工作历程的总体结构与传统新闻编辑基本一致，但是由于各类传统媒体结合自身条件与发展方向采取了不同的编辑思路与举措，这就使传统媒体时代的标准化编辑流程发生了变化，采编一体化趋势不断加强。

（五）大数据需求导致用户隐私侵权问题丛生

智能媒体给用户隐私权带来的威胁是全面的，智能媒体技术实现了多种介质类型的信息一体化，各种应用技术与软件开发高度智能化，如 cookies 记录用户活动轨迹功能，移动终端用户的位置识别功能，互联网技术的云端存储与追查功能等，尤其是以满足用户的新闻个性化需求为目的的大数据分析与智能算法等技术手段的飞速发展正在慢慢削弱和改变个人隐私的概念。

二、智能媒体时代新闻编辑新媒介素养的提升

（一）提高新闻编辑的智能新闻内容生产能力

1. 提高新闻编辑的用户需求洞察力与新闻价值判断能力
2. 提高新闻编辑的信息策划与创新能力
3. 提高新闻编辑的智能媒体技术与工具的运用能力

（二）提高新闻编辑的网络舆情分析与引导能力

1. 提高新闻编辑的"把关人"意识，辨别并批判劣质内容
2. 构建优质新闻内容，加强智能媒体时代的舆情引导

（三）提高新闻编辑的法律风险防范能力

1. 加强新闻编辑对传媒相关法律法规知识的学习
2. 培养新闻编辑运用法律知识预防、处理新闻传播活动纠纷的意识
3. 提高新闻编辑运用法律知识及智能媒体工具预防、处理新闻传播活动纠纷的能力

（四）提高新闻编辑的跨域组织沟通与协调能力

大数据技术、云计算等媒体智能化的基础技术专业要求较高，媒体从业人员短时间无法掌握，而且将全部的媒体从业人员培养成数据精英也并不现实。这就要求新闻编辑具备良好的跨域组织沟通与协调能力，为新闻从业人员的多样化新闻产品设计匹配具有很强数据分析与挖掘能力的、能够提供关键技术支持的团队。

试论新时代农民媒介素养的提升之路

赵慧彩
《智库时代》2018 年第 51 期

信息化时代，媒介飞速发展，媒介全面深入社会生活。但是农民阶层媒介素养

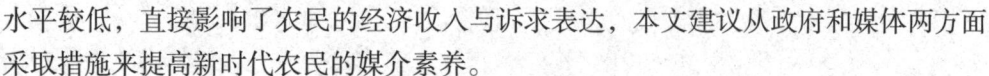

水平较低，直接影响了农民的经济收入与诉求表达，本文建议从政府和媒体两方面采取措施来提高新时代农民的媒介素养。

一、良好的媒介素养是当代农民必备的重要素质

农民阶层作为我国人口阶层中的重要组成部分，对我国社会发展意义重大，而农民群体的媒介素养整体水平较低。如果不努力改变现状、提升农民的媒介素养、使农民在信息化时代掌握更多的信息，将使农民群体落后的程度更为严重。

二、新时代农民的含义

（一）新时代农民的含义

本文所指的新时代农民包含了三个类型：新型农民工、新型职业化农民和以老人和儿童为主的农村留守人员。

（二）新时代对农民的新要求

"新时代"一词在党的十九大报告被多次提出，随着中国特色社会主义进入新时代，全国人民都需要顺应时代发展，对自己的发展提出新时代的要求，农民阶层也不例外。

三、新时代农民媒介素养的提升之路

（一）提升媒介素养对新时代农民的积极意义

1. 促进农民增收、农业发展

提升农民的媒介素养，使其合理使用网络媒体，尽量运用网络媒体掌握有利于农业生产的技术、供求信息，将会对农民增收、农业发展有较大促进作用。

2. 提高农民政治参与质量，利于农村稳定

提高农民的媒介素养，使农民能够正确、有效地使用媒体，利用媒体表达自身诉求、参与政治生活。

（二）提升农民媒介素养的新举措

1. 政府提供支持

第一，政府加强政策引导和政务服务，提高农民信息使用效率。第二，多开展培训，促使更多的农民使用网络媒体。第三，建立完善的沟通机制，利于农民问题的解决。在政府职能部门的门户网站建立信息沟通渠道，设立岗位，有专职人员收集农民问题信息，及时解答，实施帮助。

2. 媒体加强宣传

我国媒体应该自觉履行社会责任，不仅要多报道、传播农业方面的信息，还要多报道农业生产以外与农民关系紧密的领域的信息。

社会化媒体时代下政府官员媒介素养的调查分析

曾凡斌　卢煜璇　彭　兰
《南方论刊》2018 年第 1 期

社会化媒体下，政府官员的媒介素养除了传统的媒介素养外，还应包括对社会化媒体的认识、利用和参与。本研究通过问卷调查和深度访谈对社会化媒体时代政府官员媒介素养和影响因素进行调查与分析。发现在社会化媒体下，政府官员的媒介接触情况和在信息公开渠道的建设与保障上受到教育因素的影响；而在与公众的交流意识与能力上的媒介素养还受到职别的高低和政治身份的影响。这表明公务员的权责意识还有待加强。尽管政府官员们都认识到政务微博、微信的重要性，但是由于没有制度保障，尤其是领导重视不够，都成了制约其发展的瓶颈。此外由于欠缺绩效考评机制和相关的集中培训，导致政府官员在面对时表现得较为被动，出现滞后性以及"躲猫猫"的情况。为此，未来的对政府官员的媒介素养教育，应当加强公务员自身素质的提高，增强权责意识，面对危机，共同应对。从新闻发言人培训过渡到政府官员媒介素养，尤其是社会化媒体的媒介素养的提高上来。

一、引言

本文试图从媒介素养的理论入手，采用定量的实证研究方法和定性的深度访谈法探讨社会化媒体时代政府官员媒介素养的新动态，是否存在内部差异以及影响政府官员媒介素养的因素有哪些？如何改进？并基于此，对未来政府官员提高媒介素养及传播能力提出建议。

二、研究方法

三、研究发现

（一）在媒介接触方面

调查数据显示，被访公务人员使用互联网的历史比较长，微博也有一定程度的基础，使用微信也基本普及。然而随着微信的快速发展，使用微信的政府公务人员要明显多于微博，在使用社会化媒体接触新闻及政治信息方面微信也高于微博。这是因为其办公所处的条件，以及公务员的社会经济地位高所带来的。

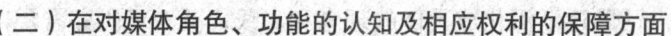

（二）在对媒体角色、功能的认知及相应权利的保障方面

应该看到的是"媒体不能代表民众"这样的观点表明府官员对于媒体角色的认识是片面的。尽管被调查的多数公务员在媒介认识上已有较高的媒介素养水平。但是由于对政府与媒体、民众三者关系认识的片面化、阶段化，这是造成目前看待媒体社会角色缺乏客观性的阻碍。

（三）在对社会化媒体价值的认知及对公众相应权利的保障方面

大部分政府官员对微博、微信举报等网络反腐现象还是非常关注的，但是对公民行使这种行动时所应受到的法律保护却并不太清楚。

（四）与媒体及公众的交流意识与能力

尽管政府公务人员经过培训和实践，对媒体的性质与功能有了一定的了解，但在实际工作中，还有相当数量的人不能完全处理好与媒体间的关系，在面对媒体时多数表现得比较被动。

四、结论与探讨

根据本研究定性定量的结合，笔者认为在社会化媒体下提高政府官员的媒介素养应当：

（一）重视政务新媒体建设，提高网络社会执政能力

（二）提高城市新媒体覆盖度，搭建政府网络问政平台

（三）着力机制体制建设，健全完善考核体系

我国领导干部媒介素养研究的现状分析

翟　霞　冀翠萍

《理论学刊》2018 年第 1 期

党员领导干部媒介素养影响政府的公信力和社会治理能力，是掌握意识形态工作领导权的重要抓手。通过对 2004 年以来期刊论文的梳理发现，领导干部媒介素养问题的研究成果与社会背景密切相关，新闻传播学、管理学等研究队伍日益壮大，基础研究、应用研究与调查研究形式多样。但研究中还存在一些问题：基本问题研究不够深入，缺少理论框架支撑；异域文化研究欠缺，缺少应用借鉴交流；多元学科研究存在失衡，缺少社会学等相关参与；特定群体研究少有开展，缺少针对性调研分析；研究主题分散、成熟度不高，缺少全局性统筹站位。领导干部媒介素养已经从一个热点话题逐渐深化成具体的理念和实践，下一步研究需要目标上代入时代语境建立理论体系，主体上推动多元学科的交叉融合研究，内容上多视角多领突破研究瓶颈。

一、领导干部媒介素养研究的数据分析

（一）文献数量情况分析
（二）文献来源情况分析
（三）项目支持情况分析

二、领导干部媒介素养研究的热点分析

（一）关键词词频统计分析

从数据上看，"媒介素养"词频为 94 次，"网络舆论""舆论引导"词频为 8 次，"公信力"词频仅为 6 次。可见，高频词的频次并不很高，不同关键词之间的频次差异较大，这表明当前领导干部媒介素养研究的主题还比较分散，研究的成熟度还不高。

（二）关键词与研究热点

处于共现网络边缘的一些关键词，如"微博""突发事件""培养"等就显得相对孤立，说明领导干部的媒介素养问题还未与微博使用、突发事件处置、媒介素养能力培养提升等建立密切联系，当前在这方面的研究要么是孤立的、单方面的，就政务微博说微博使用，就突发事件说处置应对，没有将与之相关的因素纳入进来统筹考虑；要么是泛泛而谈的研究，简单说教的成分较多，而对于理论体系、体制机制的研究较少，当前领导干部媒介素养与微博问题、突发事件问题以及培养提升问题的支撑研究还不够深入广泛。

三、领导干部媒介素养研究的内容分析

（一）领导干部媒介素养重要性研究

重要性研究是问题研究的前提和基础，领导干部媒介素养重要性问题在当前研究中比重较高，主要表现在三个层面：一是时代背景给领导干部媒介素养带来的挑战；二是领导干部媒介素养对社会治理能力的意义；三是领导干部媒介素养缺失的成因探究。

（二）领导干部媒介素养现状调查研究

纵观对样本文献的考察，不难发现，其研究方法正由以往纯思辨主义的定性研究，逐渐向实证研究方式转变。

（三）领导干部媒介素养提升策略研究

领导干部媒介素养提升才是研究的落脚点，重要性的研究、现状的研究都是为素养提升服务的。田萱表述为：观念意识上提升法律意识、党性修养和媒介素养；培训学习上增强自主学习、内化学习，培训工作通识化、办学形式多样化；体制机制上建立新闻发布制度、问责制度、媒介素养考核制度并细化指标。

四、思考与展望

（一）研究现状思考

当前的研究还存在一些不足：

一是基本问题的研究不够深入，缺少理论框架的支撑。

二是异域文化的研究比较欠缺，缺少应用借鉴与交流。

三是多元学科的研究存在失衡，缺少教育学相关参与。

四是特定群体的研究少有开展，缺少针对性调研分析。

五是对策层面的研究质量不高，缺少全局性统筹站位。

（二）未来研究展望

领导干部媒介素养问题对于执政党建设、现代社会治理意义重大，其研究需求是强烈的，研究价值是实用的，理论层面、实践层面也都可大有作为，应该把握好以下几个方面：

一是明确目标：代入时代语境建立理论体系。

二是增强主体：多元学科交叉融合值得期待。

三是拓展内容：多视角多领域研究突破瓶颈。

武陵山地区基层干部媒介素养调查研究

张宏树　王思雨

《广西民族大学学报（哲学社会科学版）》2018 年第 1 期

选取武陵山地区内 4 县近 300 名领导干部为样本，调查发现其媒介认知能力、判断能力、使用与参与能力与经济社会发展态势呈现不匹配状态，总体欠佳，亟待提升。该地区迫切需要提升领导干部的媒介素养，促进其治理能力现代化；分层次进行媒介素养培训，学会通过媒体解决问题，实现柔性治理；建构媒体使用与参与能力，从而构建领导干部与媒体的良性互动机制，提高其与媒体打交道的能力。

一、问题的提出

武陵山地区是连片特困民族地区、国家"精准扶贫"的重点地区，基层干部媒介素养能力提升事关全面建成小康社会决胜阶段的工作成效。媒介素养是指人们面对媒体信息时的选择能力、理解能力、质疑能力、评估能力、创造和生产能力以及思辨的反应能力。基于此，本研究着眼于该区域内 4 县基层干部的媒介素养现状、问题进行调查研究，重点关注面对媒体信息时基层干部解读、评估、质疑能力以及利用媒体发声的能力，并在此基础上进行媒介环境分析，提出可行性对策，助力政府社会治理创新和执政能力建设

二、武陵山地区基层干部媒介素养现状与问题

（一）基层领导干部媒介素养认知缺乏，但认同媒介素养体现执政能力

大部分基层干部对媒介素养的具体含义相对模糊，但是仍认同媒介素养在执政过程中的重要程度。

（二）基层干部的媒介接触显示，新媒体虽丰富了信息传播的渠道，但该区域中老年基层干部获取信息更习惯于依赖传统媒体，尤其是电视

伴随着信息技术的飞速发展，新媒体如数字电视、互联网、移动互联网彻底激活了个体，人人传播时代来临，传统媒体的影响日渐式微，给领导干部执政带来了越来越多的挑战。但调查显示武陵山地区基层干部获取信息的渠道中传统媒体电视占比最高，达到 30.1%，其次是互联网和手机。

（三）基层干部的媒介认知能力滞后于新媒体的快速发展，对新媒体缺乏全面的了解，缺乏对媒介作用的正确认知，缺乏对信息传播与执政关系的正确认识

武陵山地区基层干部对互联网及新媒体接触程度整体较高，但缺乏全面了解，更谈不上熟练使用。

（四）基层干部的媒介使用能力明显欠缺，媒介参与被动，有质疑能力，但对质疑的追问、纠错意识有待加强

38.1% 的基层干部没有政务微博，19.6% 的基层干部政务微博与私人微博属于同一账号，只有 13.2% 的基层干部的政务微博与私人微博不是同一账号，微博命名普遍不规范，使用率不高，绝大多数基层干部缺乏主动参与政务微博的发布与推送，很多人认为参与政务微博是自找麻烦，不会主动参与。

三、武陵山地区基层干部媒介素养提升的对策建议

（一）适应社会转型之需，提升与建构基层干部的媒介素养，畅通沟通渠道，优化新闻发言人制度，促进治理现代化

（二）适应依法治国之需，分层次进行培训，学会通过媒体解决问题，推进地方善治

（三）适应从严治党之需，强化各级政府的主体责任，构建媒介素养学习共融合作机制，提升领导干部治理能力

2018 年社会各界公众的媒介素养研究综述

臧海群　　马艺芳

随着现代传播技术的迅猛发展，媒介与人们的工作、学习和生活日益密切，并成为其中不可或缺的一部分。媒介融合态势下，新传播技术的发展和应用普及，对大众传播活动所有参与者的媒介素养也必然提出新的要求。

通过对现有文献的梳理，近年国内学者非常注重对特定社会群体媒介素养的关注和研究，如新闻工作者、教师、政府官员、大学生及高校管理、农民等群体。其中，以对新闻工作者的研究成果最多。

一、关于新闻工作者的媒介素养

关于新媒介环境下的编辑，张春艳指出在新媒体行业迅速发展的形势下，传统新闻编辑工作模式已经不能满足现代群众的新闻信息需求，新闻编辑在新媒体传播方式和技术的影响下，开始出现了相应的改变。新媒体时代的到来给新闻编辑带来了较多挑战，在一定程度上增加了其危机感，同时也打消了部分编辑的积极性，进而削弱了其责任感。新媒体时代给新闻编辑带来新的挑战，及其对新闻编辑的媒介素养要求。

卢有均认为，在新媒体的发展大潮中，新闻编辑在媒体领域的影响和作用也随时代的发展而发生了改变。近年来，新闻编辑工作人员在大数据背景下工作受到很大程度上的影响，使得新闻编辑工作进展困难，故而培养新闻编辑工作者的媒介素养和专业水平十分必要。针对这种情况，其从新媒体对传统新闻编辑工作的影响和新媒体时代新闻编辑需具备的媒介素养两方面进行了阐述和分析。

张莹莹提出，新媒体时代，以"两微一端"为代表的诸多新媒体传播技术和平台迅猛发展，对以报纸为代表的纸质传媒带来冲击和挑战。新媒体时代的报纸编辑应具备敏锐的媒介信息意识，丰富的媒介基础知识，全面的媒介使用能力及适当的媒介批判思维。报纸编辑应提高应用能力，熟练掌握各类媒介的使用技能；培养学

习意识，树立正确的媒介使用理念，从而培养和提高自身的媒介素养。

侯夷认为，新媒体时代的到来改变了新闻的传播范式，丰富了信息传播模式，对新闻编辑人员媒介素养提出新要求，进而从提高新闻编辑对各种新闻的判断能力、提升新闻编辑政治素养、强化新闻编辑专业能力和深入了解受众的心理诉求等层面提出建议，以期为新闻编辑工作绩效的提升提供有益借鉴。

袁媛指出，智能媒体时代的到来使传统的新闻传播模式发生了变化，也改变了新闻编辑的媒介素养的内涵。其从新闻编辑新媒介素养的概念入手，分析了智能媒体对新闻编辑媒介素养的影响，进而从提高新闻编辑的智能新闻内容生产能力、网络舆情分析与引导能力、跨域组织沟通与协调能力、法律风险防范能力等层面提出建议，期待能为新闻编辑工作理念的转变与工作能力的提升提供有益借鉴。

关于媒介融合背景下的记者，王雪飞指出，媒介融合时代让传统的新闻媒体发生了翻天覆地的变化，也对新闻从业者的综合素养提出了全新的要求。其以新闻记者为出发点，针对媒介融合时代下新闻记者媒介素养提升的意义与具体措施进行分析。赵广俊认为，新闻记者作为新闻传播人，必须认识到新闻传播环境的变化，不断提高自身媒介素养，使其能够胜任媒介融合时代下的新闻传播工作。

二、关于教师的媒介素养

刘洋指出，学前教育作为人生教育的起点，对人的一生具有重要的指导意义。随着信息技术的不断发展，特别是"互联网＋教育"已成为教育新常态发展的必然，它可以将学习材料更加真实地模拟展现给幼儿，激发幼儿学习兴趣的同时促进幼儿的个性发展，因此学前教育信息化受到越来越多的重视。这种变化使得学前教师信息技术素养的提升至关重要。

石映辉、韦怡彤、杨浩等从数字鸿沟角度，指出数字鸿沟经历了从信息鸿沟到素养鸿沟两个阶段的变化，反映了从信息技术的接入差异向人们使用信息技术能力差异的演化。随着教育信息化基础设施的推广和普及，信息鸿沟逐渐弥合，而素养鸿沟日益凸显。他们在深入分析教师"素养鸿沟"现状的基础上，针对教师的信息技术应用水平和信息化教学能力提升的问题，需要从国家、区校和教师个人层面入手，通过弥合教师素养鸿沟的相关建议，以促进我国教育的公平、均衡发展。

在教师新媒介素养方面，周素娜认为以互联网、智能手机、数字电视为代表的新媒介使信息传播模式产生了根本性变革。调查发现，教师新媒介素养主要面临两方面困境：对新媒体技术应用的认识与匹配行为之间存在偏差、对新媒体技术的功能及其具体操作知识认识不足。因此，要突破此种困境，应从教育决策部门、学校主管领导和教师自身三个层面来着手：即教育决策部门加大智慧教育财政支持，出台配套教育改革政策；学校创设良好的智慧教育环境，定期组织教师开展新媒介素养培训；教师转变教育观念，在行动中自觉提升新媒介素养。马玲则指出，随着信息时代的到来，互联网与教育的深度融合使教育理念与教育方式发生了剧烈的变化，给教师带来了新的挑战；学生核心素养的提出对教师素养有了新的呼唤和新的诉求。未来教师要主动适应时代变化，在笃定坚守中完善自身教育素养，成为信息时代的教育引领者。

三、关于政府官员的媒介素养

曾凡斌、卢煜璇、彭兰等人提出，在社会化媒体下，政府官员的媒介素养除了传统的媒介素养外，还应包括对社会化媒体的认识、利用和参与。其通过调查研究发现在社会化媒体下，政府官员的媒介接触情况和在信息公开渠道的建设与保障上受到教育因素的影响；而在与公众的交流意识与能力上的媒介素养还受到职别的高低和政治身份的影响。这表明公务员的权责意识还有待加强。尽管政府官员们都认识到政务微博、微信的重要性，但是由于没有制度保障，尤其是领导重视不够，都成了制约其发展的瓶颈。此外由于欠缺绩效考评机制和相关的集中培训，导致政府官员在面对时表现得较为被动，出现滞后性以及"躲猫猫"的情况。为此，未来对政府官员的媒介素养教育，应当加强公务员自身素质的提高，增强权责意识，面对危机，共同应对。从新闻发言人培训过渡到政府官员媒介素养，尤其是社会化媒体的媒介素养的提高上来。

翟霞、冀翠萍认为，党员领导干部媒介素养影响政府的公信力和社会治理能力，是掌握意识形态工作领导权的重要抓手。通过对 2004 年以来期刊论文的梳理发现，领导干部媒介素养问题的研究成果与社会背景密切相关，新闻传播学、管理学等研究队伍日益壮大，基础研究、应用研究与调查研究形式多样。但研究中还存在一些问题：基本问题研究不够深入，缺少理论框架支撑；异域文化研究欠缺，缺少应用借鉴交流；多元学科研究存在失衡，缺少社会学等相关参与；特定群体研究少有开展，缺少针对性调研分析；研究主题分散、成熟度不高，缺少全局性统筹站位。领导干部媒介素养已经从一个热点话题逐渐深化成具体的理念和实践，下一步研究需要目标上代入时代语境建立理论体系，主体上推动多元学科的交叉融合研究，内容上多视角、多领域突破研究瓶颈。

张宏树、王思雨则选取武陵山地区内 4 县近 300 名领导干部为样本，调查发现其媒介认知能力、判断能力、使用与参与能力与经济社会发展态势呈现不匹配状态，总体欠佳，亟待提升。该地区迫切需要提升领导干部的媒介素养，促进其治理能力现代化；分层次进行媒介素养培训，学会通过媒体解决问题，实现柔性治理；建构媒体使用与参与能力，从而构建领导干部与媒体的良性互动机制，提高其与媒体打交道的能力。

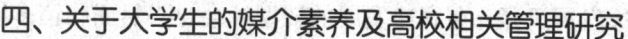

四、关于大学生的媒介素养及高校相关管理研究

王旭、洪静芳、桂玲玲、吴迪等人以医学专科生为研究对象，指出目前医学专科学校学生低网络媒介素养及影响因素，为医学专科生网络媒介素养教育提供理论参考。研究结论是医学专科生的网络媒介素养水平有待提高。学校应将网络媒介素养教育融入日常教学活动中，进行渗透式教育。

顾文成则关注高校微信公众号运营团队媒介素养现状及提升，指出当前校园微信公众号已经作为高校引领思想、传播文化、塑造形象等的重要媒介载体。媒介素养认知较弱、信息引导意识不强、内容及形式创新不足，是当前高校微信公众号运营团队媒介素养现状。可以通过开设个性化教育课程、拓展社会化实践、建设交互性学习渠道等途径提升高校微信公众号团队的媒介素养。

王静提出新媒体时代高校辅导员媒介素养的提升问题，认为新媒体时代媒介素养已经成为社会公民的基本素养，也是辅导员开展大学生思想政治教育和从事管理服务育人的关键能力。由于职业性质和工作对象的特殊性，高校辅导员的媒介素养较之其他社会公众具有更加丰富的内涵，比如：信息识别具有鲜明的政治敏锐性，信息传播具有正确的思想引领性，信息处理具有丰富的知识传递性，信息交互具有融洽的情感沟通性。高校辅导员媒介素养的提升不仅有利于提高自身的职业素质和能力，同时还有利于增强高校思想政治教育工作的实效性、推动高校学生管理工作的创新开展和实现大学生的健康成长及全面发展。因此，国家、社会、高校和辅导员应该予以高度重视，并共同采取有效措施，形成全面、立体的网络，不断推动辅导员媒介素养的提升。

五、关于农民的媒介素养

赵慧彩指出，信息化时代，媒介飞速发展，媒介全面深入社会生活。但是农民阶层媒介素养水平较低，直接影响了农民的经济收入与诉求表达，该文建议从政府和媒体两方面采取措施来提高新时代农民的媒介素养。

本文围绕目前媒介素养研究中的若干热点问题，总结了现有的研究成果，结合中国当前的实际情况，有以下几个需注意和解决的问题：

1. 重视家庭作为媒介素养教育的基础力量。媒介素养教育中，家庭的作用不可忽视。家教在培养孩子习惯上具有重要的基础作用，媒介素养教育更要从小抓起。

2. 拓展媒介素养研究的思路和方法，加强媒介素养理论的本土化研究。特别是我国在借鉴国外媒介素养的理念和经验的同时，要注重与本土实践相结合，形成具有中国特色的媒介素养理论。

3. 加强对数字时代特殊群体的关照。比如注重对老年群体和青少年群体的分析研究。当前我国数字媒体发展迅猛，在高速发展的转型社会也必然面临诸多问题，随着我国老龄化程度的不断加深，关注老年人被数字"抛弃"的一代具有现实意义。而作为"数字原住民"的青少年也面临诸多风险和挑战，需要对其面对的新问题进行分析和研究。

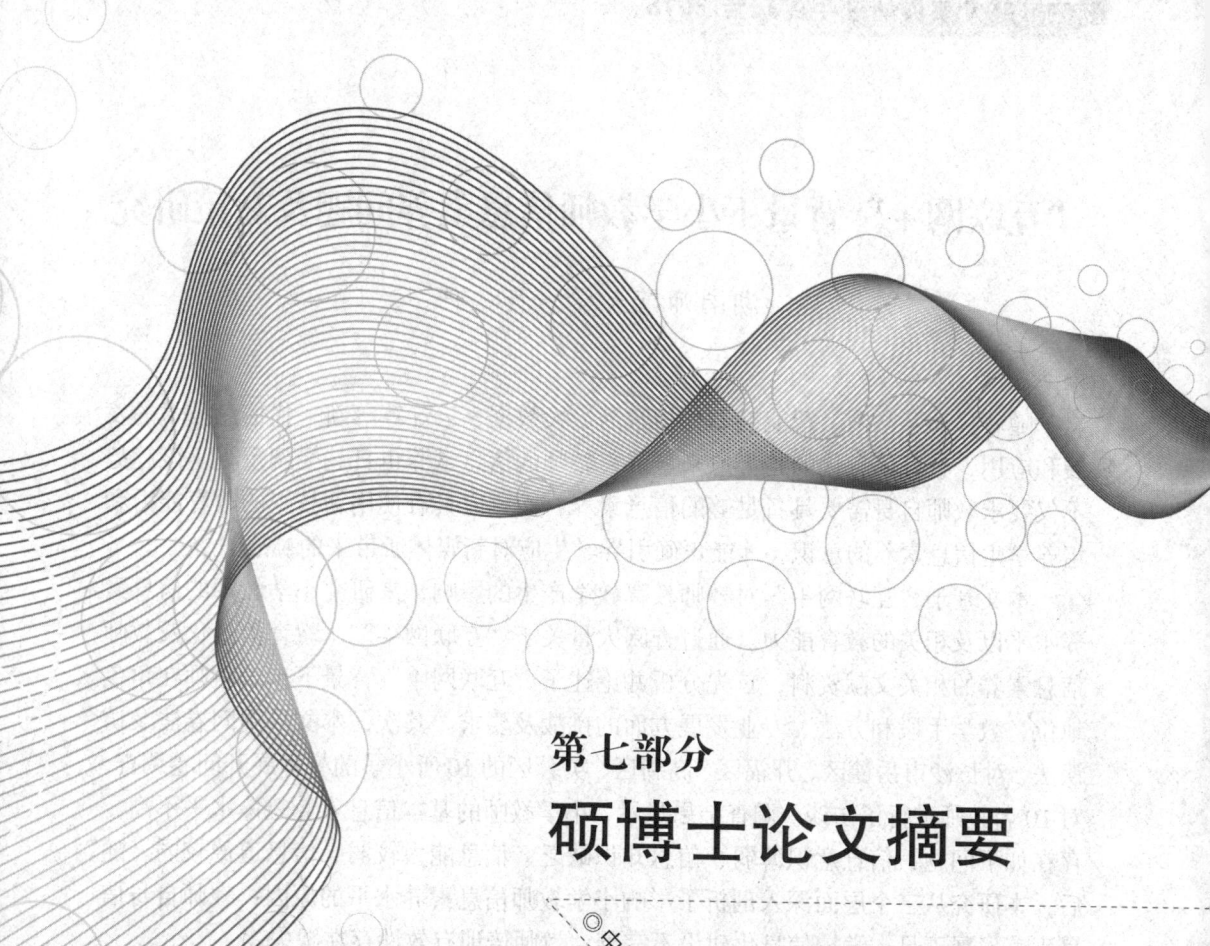

第七部分

硕博士论文摘要

"互联网+"背景下小学教师信息素养问题及对策研究

湖南师范大学　杨　仕

随着移动互联网、智能终端、物联网、大数据、云计算等新一代信息技术的发展和应用，教育信息化的趋势愈来愈强，教师的信息素养也日趋受到重视。该趋势不仅要求教师自身需要具备足够的信息素养，而且应具有使用新技术的教育能力和培养学生信息素养的意识，才能正确引导学生应对新媒体所带来的挑战。

本文基于"互联网+"对教师教育教学产生的影响，来研究小学教师的信息素养水平以及相关的教育能力。通过查阅大量关于"互联网+"、教育信息化及教师信息素养的相关文献资料，首先分析并论述了"互联网+"背景下小学教师在角色地位、教学手段和方法、专业发展方面的挑战及要求。其次，本文采用问卷法及访谈法，对长沙市岳麓区、开福区、高新区、芙蓉区的 10 所小学的教师展开问卷调查，对 10 名教师进行了访谈。调查结果显示，小学教师的基本信息素养总体水平不高，存在如下问题：信息意识薄弱、信息知识缺乏、信息能力较弱、信息道德较弱。随后，本研究从三个层面深入剖析了影响小学教师信息素养水平的原因：教师自身信息素养发展不足；学校信息化建设不完善；教师培训有效性存在缺失。

最后，依据对原因的分析，本研究分别从教师自身、学校保障机制及信息素养培训三个维度进行思考，提出结构性和层次性的建议。首先，教师自身方面：需要强化信息意识，丰富信息知识，增强信息能力，加强信息道德建设；其次，学校方面：需丰富基础教育教学资源库，创造信息化教学实践机会，完善信息技术教学激励政策，加强专业的教育技术支持力度；最后，信息技术培训方面：培训内容上需融合新理念与新技术，培训形式上需兼顾差异性，培训管理上需加强后期指导。希望这些措施能进一步提升小学教师的信息素养，同时能为信息素养教育的研究提供可参考的实践经验。

初中《道德与法治》课提升学生媒介素养的策略研究

扬州大学 胡昕压

在当代，信息技术的迅速发展使得处理媒介的能力成为人们日常生活所必备的基本素养。媒介素养对学生核心素养的培育也有重要意义。十多年来，国内媒介素养快速发展，引发了较为广泛的关注。五花八门的媒介信息对于未具备健全心理机制的初中学生来说是一把双刃剑，媒介成为初中生获取信息、学习知识、了解社会、人际交往、道德养成的重要渠道的同时，也带来诸多消极影响，青少年容易在复杂的媒介世界迷失自我，受不良信息的影响引发行为失范。初中道德与法治课作为一门综合性课程，承担着提升学生媒介素养的重要职责。初中道德与法治课要顺应时代发展与课改要求，将媒介素养教育融入日常教学。

首先，阐述了初中生媒介素养教育的相关概念，并从传播学、教育学和心理学角度分析了初中生进行媒介素养教育的理论依据，从初中道德与法治课课程改革的要求和初中生成长的素养要求阐述了在初中道德与法治课培养学生媒介素养的必要性，培养学生媒介素养也有利于道德与法治课德育目标的达成，并帮助初中生适应信息化社会。其次，通过对初中生媒介素养现状和初中道德与法治课媒介素养的调查，分析了初中道德与法治课媒介素养教育缺失的原因主要有媒介素养教育防御心态的影响、初中道德与法治课教师媒介素养教育能力欠缺、道德与法治课媒介素养教育评价标准单一、学生自身媒介教育能力不强等。最后，提出了在初中道德与法治课教学中提升学生媒介素养的对策，要提升初中道德与法治课教师媒介素养教育能力，如转变道德与法治课教师观念、参与媒介素养教育课程培训；还需强化学生自我教育，激发初中生媒介素养教育的自我学习意识、强化初中生媒介素养教育的自我教育能力、拓展初中生媒介素养教育的自我教育途径；确保初中道德与法治课媒介素养教育实施的有效性，则需要明确媒介素养教育目标，根据时代要求挖掘教材中的媒介素养教育内容，创新媒介素养教育教学手段，构筑媒介素养教育教学评价指标。

大学生新媒介素养实证研究

南昌大学 黄 鑫

随着互联网技术和数字媒介技术的高速发展及信息传播方式与观念的不断革新，新媒介信息的内容和形式愈加丰富，从最初的文字、图片、广播信息，到如今视频直播、小视频、朋友圈软文、H5 等信息的流行，人们对新媒介信息的接受程度越来越高，内容丰富、形式多样的网络信息也在成倍增长，我们已经从信息匮乏的时代跨入了信息爆炸的时代。然而，新媒介在给受众带来实时传播、内容广泛、快捷共享的新媒介信息的同时也引发了信息过载、虚假信息和负面信息泛滥等问题。如何面对这些问题，培养受众有目地接触信息、高效精准获取信息的能力，提高受众的新媒介素养水平，已经成为当下网络媒介环境中亟待解决的一个难题。

在当前复杂的新媒体传播环境中，新媒介素养是公民必不可少的基本素质之一，随着互联网技术的发展，我们早已步入以"两微一端"为代表的新媒体时代，我们无时无刻不处在信息海洋之中，公民对信息的选择、理解、分析、判断能力在新媒介环境中至关重要。大学生作为在新媒介技术发展过程中长大的一代人，是新媒介最广泛的使用者，他们在新媒体时代对新媒介的使用能力、他们在新媒介环境中活动的特征对我们考察新媒介素养这个问题具有一定的代表性和参考性。并且大学生作为当前我国受教育程度相对较高、文化知识水平相对较高的一个先进群体，其更应该具备较高的新媒介素养水平。

本文主要是通过文献分析、问卷调查、深度访谈等实证研究的方法来探究当前国内大学生的新媒介素养水平，拟从基本认知、寻求真相能力、分析能力、新媒介技能、道德认知、法律认知、利用能力、批判性思维这八个方面来全面分析大学生整体的新媒介素养水平，并通过对比国内外新媒介素养教育的发展水平、分析我国大学生在新媒介环境中的表现来论证在我国开展新媒介素养教育的必要性和可能性，并在此基础上提出提高大学生新媒介素养水平应该采取的具体举措。

高中生信息技术核心素养的评价指标体系建构研究

——以石河子市为例

石河子大学　邵　帅

2014 年教育部《关于全面深化课程改革落实立德树人根本任务的意见》中明确提出了"核心素养"这一概念，指出要组织研究各学段学生发展核心素养体系，明确学生应具备的适应终身发展和社会发展需要的必备品格和关键能力。核心素养的培养作为课程改革的关键领域和环节，亟须将核心素养落实到各学科的教学中。随着课程建设的不断深入，越来越多的学校开展了关于信息技术学科核心素养建设方面的探究和实践，但是在高中信息技术学科核心素养建设方面还存在许多的问题，远远还没达到理想的状态，主要原因是缺乏行之有效的信息技术学科核心素养评价指标体系。科学合理的高中生信息技术核心素养评价指标体系能够诊断出信息技术学科教学中存在的问题，引导高中生信息技术核心素养的培养朝着理想状态发展，因此有必要构建一套符合高中生信息技术核心素养培养现状的评价指标体系。

本文首先通过对现有的相关研究进行分析以及对石河子市高中生信息技术核心素养培养现状进行调研，构建了适合石河子市高中生信息技术核心素养现状的评价指标体系框架；其次采用德尔菲法对已经确定的二级评价指标进行筛选、调整和修改；再次通过层次分析法和利用 YAAHP 软件确定二级评价指标体系的权重，最终建构了石河子市高中生信息技术核心素养评价指标体系。

本研究共分为两步：第一步是构建石河子市高中生信息技术核心素养评价指标体系。首先，在了解石河子市高中生信息技术核心素养培养现状的基础上，对国内外已有的相关研究进行了分析、归纳和总结，依据最新修订的普通高中信息技术课程标准确立了信息意识、计算思维、数字化学习与创新和信息社会责任四个评价指标，并将一级指标细分为 31 个二级评价指标；通过德尔菲法对初步确定的评价指标体系进行专家咨询意见，保证了石河子市高中生信息技术核心素养评价指标体系的客观性和科学性。

本文共包括六章内容：

第一章绪论。重点阐述了本研究的研究背景、目的和意义，综述了国内外研究现状及述评，并提出了本研究的研究思路和方法以及研究的重难点。

第二章理论研究。主要包括相关核心概念的界定以及高中生信息技术核心素养能力目标的分解。

第三章石河子市高中生信息技术核心素养培养的现状分析。首先是编制问卷，对石河子市高中信息技术核心素养现状进行调研，其次是对调研结果进行统计分析，最后是总结石河子市高中信息技术核心素养培养中存在的问题。

第四章建立石河子市高中生信息技术核心素养评价指标体系。通过对已有的研究分析，结合石河子市高中生信息技术核心素养培养的现状，初步构建了石河子市高中信息技术核心素养评价指标体系框架，经过两轮专家咨询对评价指标体系进行调整和修改，最终确定了石河子市高中生信息技术核心素养评价指标体系的指标框架。

第五章是确定高中生信息技术核心素养评价指标体系的权重。利用层次分析法和借助 YAAHP 软件，计算得出一级和二级评价指标的权重。

第六章为结束语。对本研究进行反思总结，对后续研究进行预期展望，并找出本研究的不足和可改进之处。

核心素养视角下初中信息技术教学中学生质疑能力的培养

山东师范大学　张天骄

2016 年 2 月 22 日教育部发布了《中国学生发展核心素养（征求意见稿）》。2016 年 9 月 13 日，北京师范大学举行中国学生发展核心素养研究成果发布会，《中国学生发展核心素养》正式发布。中国学生发展核心素养主要指学生应具备的、能够适应终身发展和社会发展需要的必备品格和关键能力，分为文化基础、自主发展、社会参与三个方面。其中对学生的批判质疑能力有着明确而清晰的定义：具有问题意识；能独立思考、独立判断；思维缜密，能多角度、辩证地分析问题，做出选择和决定等。质疑精神是科学精神的重要组成部分，古希腊先哲亚里士多德曾说，思维是从疑问和惊奇开始的。达尔文质疑神创论，人类起源的秘密才得以揭开；爱因斯坦质疑经典力学，才有了质能方程和相对论的惊世骇俗。然而现实的情况是，在信息技术教学一个个的操作任务面前，学生几乎只会按照教师的提示或者模仿进行单向学习，离开了教师，就不知道怎么办，遇到问题就更不会思考了，教师在课堂上忽视了对学生提出问题和质疑能力的培养。因此，培养信息技术学科学生质疑能力是十分必要的。

本研究在建构主义理论、五步教学法理论和主体性教育理论的指导下，依据《中国学生发展核心素养》，结合初中生思维发展特点和信息技术学科特点，并根据当前学生质疑能力现状，制定了初中生信息技术学科质疑能力培养策略，包括如何在信息技术学习中发现问题、勇于提出问题、明确描述问题、追问反思问题。提出该套策略的目的是激发学生的积极性和主动性，提高学生的质疑能力。

本研究采用文献研究法、教育实验法和调查研究法等研究方法。首先，通过梳理国内外研究现状，界定了质疑能力和信息技术学科中质疑能力的概念，解析了信息技术学科中质疑能力的构成。其次，制定了质疑能力培养策略提供参考。再次，采用单因素非对等组前后测设计的准实验研究模式验证了提出的信息技术学科中质疑能力培养策略的有效性，选取实验学校初一年级两个水平相当的班级作为实验班和对照班，在对照班中采用常规的教学策略。在教学实验结束前后，对学生的质疑能力进行前后测，并在教学过程中对学生进行日常观察。最后，对实验数据进行统计、分析和比较，对观察结果做出分析，以验证信息技术学科中质疑能力培养策略在信息技术课堂教学中对提高学生质疑能力是否具有有效性。

实验结果表明：实施初中信息技术学科质疑能力培养策略有助于提高初中生在信息技术学习中的质疑能力，主要包含引导学生发现问题的策略，鼓励学生勇于提问的策略，指导学生准确描述问题的策略和引导学生追问反思问题的策略，并且对初中生信息技术学习有一个积极的效果。

江西省领导干部媒介素养研究

南昌大学 李 盼

本文通过对媒介素养概念的梳理，结合新媒体时代对领导干部的挑战及领导干部的特殊身份，对领导干部媒介素养的内涵和外延进行讨论分析，形成了对领导干部媒介素养核心内涵的基本认识，即应对媒体能力、社会舆论引导能力、通达社情民意能力、宣讲政策主张能力。

在此认知基础上，本文在江西省委组织部新闻宣传处的全力帮助下，对赣省各地200名领导干部进行问卷调查。该调查结果反映出了新媒体时代领导干部媒介素养存在缺失和有待增强的基本状况，与新时代对领导干部执政能力的要求不甚匹配。

进而，本文还对新媒体时代领导干部媒介素养欠缺的主要表现进行了深入探析。最后，本文结合江西省省情和政情，为当下领导干部媒介素养提升的具体路径提出方案，以期为符合我国国情的领导干部媒介素养提升寻求可行之路。

面向核心素养的高中信息技术微课程设计与开发

湖南大学　田　治

微课程是信息技术与学科课程深度融合的产物，是教育领域关注的热点，是教育者们探索教学模式改革的突破口，对微课程进行科学、高效的设计与开发是教育者们共同追求的目标。高中信息技术学科具有教师技能和网络学习环境等方面的优势，是微课程设计与开发的主要阵地。另外，随着国际上对核心素养理论与实践研究的不断深入，培养学生的核心素养已成为我国教育领域的一个重要议题。2014 年《教育部关于全面深化课程改革落实立德树人根本任务的意见》正式印发，提出要研制与构建"学生发展核心素养体系"，核心素养已成为新时代背景下推动教育改革的重要力量。本研究聚焦于"核心素养"和"微课程"这两个热点问题，对面向核心素养的高中信息技术微课程设计与开发进行了研究。

本文首先通过共词分析法和文献研究法综述了核心素养的研究现状，对我国核心素养的主要研究热点进行了详细分析；其次，在核心素养与微课程的理论研究基础上，提出"面向核心素养的微课程"这一新概念，指出核心素养与微课程之间存在相互促进的关系，核心素养为微课程的设计与开发提供了新的教育理念，而面向核心素养的微课程应用于教学可以促进学生核心素养的养成，也是其主要想达成的目标；然后，针对如何通过核心素养理念来促进微课程设计与开发，本研究构建了面向核心素养的高中信息技术微课程开发模型，明确微课程设计、开发、实施等阶段的具体流程，并在每个环节合理地融入了核心素养的内容，继而从核心素养的视角提出了微课程的评价原则和方法；最后，采用案例辅助法，以《综合活动：设计一个旅行计划》为个案进行了面向核心素养的微课程设计与开发，并进行了小范围的应用，采用问卷调查法调研了学习者对该微课程的满意度及其改进建议，调查结果表明学习者普遍对微课程持支持态度。

目前国内关于面向核心素养的微课程研究还比较少，笔者希望本研究能够为将来的研究提供一定的参考价值，希望未来能有更多的研究者加入面向核心素养的微课程研究，共同开发出更多的优质微课程资源，全面推进中国学生的核心素养发展。

农村留守儿童媒介素养发展的学校影响因素研究

曲阜师范大学　崔晓鸾

伴随着信息化时代的到来，良好媒介素养水平日渐成为公民素养高低的一个重要衡量指标。在各类受众中，接触媒介与使用媒介最为频繁的青少年成为主流，而农村留守儿童特殊的生活环境与受教育背景决定了对留守儿童这一群体媒介素养关注的必要性。面对良莠不齐的信息与多样化的大众传播媒介，留守儿童显示出了不同的媒介素养水平，他们表现出了对媒介的过度依赖及对媒介信息的过分信任，而对于缺乏家庭教育与监督的留守儿童群体来说，提升留守儿童媒介素养水平是改善留守儿童网瘾与网络过度依赖等现象以及促进个体社会化的一个重要措施。学校作为教育主阵地，在留守儿童的媒介素养教育过程中起着主导性作用，探讨留守儿童媒介素养发展的学校影响因素，有助于学校媒介素养教育的开展及相关校本课程的设置，这对儿童媒介素养的发展更具实际意义。

本研究以留守儿童为研究对象，利用问卷调查、文献分析等方法，通过对留守儿童媒介素养学校因素的梳理与分析，从教学资源、教学环境、教师因素、校园人文这四个维度出发，最终确定了硬件设施、媒介资源、媒介环境、教师信念、教师媒介素养、人际关系及班级结构这七个指标作为留守儿童媒介素养发展的学校影响因素，以媒介接触行为作为中间变量，建立相关假设，通过数据分析与模型的修改，得出结论，最后基于学生媒介素养问题与影响因素，在学校这一大教育背景下提出合理化的、有针对性的建议。

通过研究发现，在学校环境中，媒介资源、媒介环境与教师媒介素养是影响留守儿童媒介素养发展的主要因素，即学校所提供媒介资源的优劣与丰富度、学生所处媒介环境的好坏、教师媒介素养水平的高低及其媒介利用等情况都与留守儿童媒介素养的高低呈极强的正相关。基于此，提出了以下的建议：加强媒介资源利用，完善基础设施建设；创设良好媒介环境，更新教育教学形式；强化教师队伍建设，促进教师能力培养；构建和谐校园人文，优化班级结构设置；开展媒介素养教育。希望在提高学校各种显性教育影响的同时，不断挖掘学校存在的隐性资源，通过显性与隐性教育的结合不断提升留守儿童媒介素养水平，促进留守儿童健康成长与个体社会化发展，以适应新时代社会发展的需求。

农村义务教育阶段学生媒介素养现状研究

——以湖北省随县为例

华中师范大学 程 俊

电脑、手机等新媒介已经深入到人们生活中，丰富多样的信息呈现手段分散了年轻人的精力，占据了他们的大部分生活时间。出生于网络时代的青少年，正是处于好奇心强烈的时期，媒介对这些"数字原住民"们有何影响？特别是农村地区的义务教育阶段学生，其媒介使用习惯、媒介认识和媒介使用能力如何？了解清楚这些内容，无疑有助于青少年健康成长。因此，我们选择湖北省随县为研究样本，在田野调查的基础上，了解了农村义务教育阶段学生媒介素养现状，并从媒介素养教育的角度审视农村教育信息化发展状况，给出提升农村义务教育阶段学生媒介素养的对策。

论文分三个主要层次：首先，在借鉴国内外媒介素养相关研究的基础上，对"媒介素养"相关概念进行了界定，总结出"媒介素养"对义务教育阶段学生健康成长的重要意义，对"媒介素养"相关理论进行介绍与评述；结合现有农村义务教育阶段的信息化设施、教学资源建设和信息化教育的实施与推进，特别是对"班班通"做了详细的介绍，并分析了"媒介素养教育"的实施情况。

其次，论文通过分析学生问卷反馈的数据，从学生媒介使用与认知、媒介操作能力和媒介交互等方面，了解农村义务教育阶段学生的媒介素养现状，并分别就学生年级、性别、家庭收入角度等学生媒介素养影响做了差异分析，简单分析了现有媒介素养教育状况。对于问卷无法涉及的内容，则依靠教师访谈加以补充。

最后，在针对随县农村义务教育阶段媒介素养现状的调查基础上，揭示我国农村义务教育阶段媒介素养教育主要问题，并从政府、学校、家庭、社会等视角提出促进农村义务教育阶段学生媒介素养教育发展的对策。

通过研究发现，农村义务教育阶段学生对媒介认识不足，媒介使用能力、运用能力以及对媒介信息的批判能力较弱，学生接受到来自家庭和学校的媒介素养相关教育较少，农村义务教育阶段媒介素养教育缺失以及农村薄弱的经济制约着学生媒介素养提升，提升学生媒介素养水平需要政府、学校、家庭及社会来共同完成。

数字环境下大学生数字素养提升策略研究

——基于知识管理理论

上海外国语大学　平　越

　　数字环境下，利用数字技术和互联网提高学习和生活的品质，包括撰写论文，创建多媒体演示以及在线发布自己或他人的信息等活动都是日常生活的一部分，所有这些活动都需要不同程度的数字素养。澳大利亚、新西兰、英国、美国等很多国家已经认识到数字素养在当今时代的重要性，认为数字素养是其数字经济战略的重要基石，并在包括高等教育领域在内的各个领域展开数字素养教育实践探索和研究。本文在对国内外数字素养相关研究的发展状况，包括产生背景和发展历程进行梳理和总结的基础上，分别讨论了数字素养的概念和内涵，对数字素养七柱模型、NMC模型、欧盟研究模型等经典研究模型进行了概括与整合，提炼模型间的共性。

　　在上述理论的基础上，结合知识管理理论，提出基于知识管理的数字素养模型和大学生数字素养评估体系。该体系从 4 个方面、3 个维度、25 个表现指标全方位评价大学生数字素养现状。根据该评估体系，通过发放问卷的形式对上海市大学生的数字素养现状进行了实证调研，调研对象为上海 15 所高校的 1056 名在校本科生，调查内容涉及数字意识、数字态度、数字思维和数字技能等方面，利用 SPSS、EXCEL 等统计软件对调查结果进行比较研究和统计分析，分别从外部原因和内部原因两个层次分析了上海高校数字素养状况的成因。

　　最后，本课题根据高校大学生的数字素养现状评估结果，在借鉴国外经验的基础上，结合知识管理理论提出发展高效数字素养教育的策略建议。

数字媒介视域下少年儿童媒介素养培育研究

河南大学　李雨晴

随着数字移动终端的全面普及，中国社会正式进入全民数字时代，各类数字终端已经与人们的日常生活紧密结合，逐步深入居民衣食住行的各个层面。在此时代背景下，以数字媒介为载体的"虚拟校园"应运而生，教学不再受到时间和空间的限制，少年儿童可以通过手机 App、教育门户网站等数字媒介随时随地进行学习。但是由于少年儿童对于数字信息的辨别能力有限，容易被网络上的不良信息诱导，同时少年儿童对于数字媒介使用的认知过于单一，缺乏利用数字媒介进行知识储备的经验，因此，少年儿童媒介素养的提升是当前社会环境对于少年儿童发展的基本诉求之一。

我国少年儿童媒介素养培育开始时间较晚，距今发展不过 20 年，学界对于媒介素养的研究处于初级阶段，但以英、美为代表的部分国家教育机构已经建立了完备的媒介素养培育体系，有些国家已经将媒介素养教育纳入到公民教育之中。因此，可以通过对于国外媒介素养研究的历程和现状以及我们研究发展的历程进行对比分析，来深化当前对于少年儿童媒介素养探究的内涵和路径。媒介的使用与少年儿童发展息息相关，政府和学校都可以利用儿童天生对于媒体的亲近来引导其身心健康发展、政治社会化的培育、信仰养成、社会行为的塑造等。培育少年儿童对于数字媒介的使用和数字资源的批判性思考和目标性选取是少年儿童媒介素养培育的核心内容。

因此，对于少年儿童媒介素养的培育内容集中在以下四个方面：一是培养少年儿童在数字媒介体验中的游戏性；二是培养少年儿童使用数字媒介的多样性；三是培养少年儿童使用数字媒介过程中的创造性；四是培养少年儿童对于数字媒介的批判性。对于少年儿童媒介素养培育的路径则通过以下两个方面：一是对少年儿童自身的媒介培育，二是外部因素对于儿童媒介素养的培育，需要开发者、家长、学校、社会四个层面共同协作，从数字资源的开发与运用、家庭媒介使用环境的塑造、校园媒介使用的引导、社会公共区域媒介环境的净化和监管四个维度来进行探究。在各方协调努力之下，儿童的媒介素养才能健康有序地提升。

思想政治教育视域下大学生网络素养培育研究

西南大学　许安琪

"互联网"作为 20 世纪人类最伟大的发明之一，它的诞生给人类发展带来了新机遇，给经济社会发展提出了新课题，也对我国高等教育人才培养提出了新要求。习近平总书记在党的十九大报告中八次谈到互联网，强调要"善于运用互联网技术和信息化手段开展工作"。对于当今的大学生来说，网络是其重要的知识和信息来源，对其思想、政治、道德和心理发展产生重要影响。2017 年，中共中央、国务院联合发布《中长期青年发展规划（2016—2025 年）》，明确提出"把互联网作为开展青年思想政治教育的重要阵地"，"在青年群体中广泛开展网络素养教育，引导青年科学、依法、文明、理性用网"。2018 年教育部思想政治工作司提出要加快研制《大学生网络素养指南》，加强大学生网络素养教育。在"互联网 +"的新时代背景下，加强大学生网络素养教育、提升大学生网络素养，既是新时代大学生思想政治素质内在发展的必然要求，也是引领大学生积极践行社会主义核心价值观，增强中国特色社会主义道路自信、理论自信、制度自信、文化自信的必然要求。因此对思想政治教育视域下大学生网络素养培育进行研究，具有较强的理论意义和实践价值。本文主要包括以下内容：

第一章，思想政治教育视域下大学生网络素养培育的内涵及意义。基于思想政治教育视域来分析和研究大学生网络素养教育问题是"互联网 +"时代发展的迫切需要，是大学生网络素养发展的现实要求，也是大学生思想政治教育理论和实践发展的内在要求。本章作为全文研究的逻辑起点，基于大学生网络素养教育的背景分析，明确了思想政治教育视域下大学生网络素养培育的内涵，为教育目标的设定和教育内容的选取奠定理论前提。

第二章，思想政治教育视域下大学生网络素养培育的目标与内容。思想政治教育视域下大学生网络素养培育的本质目的是要大学生成长为符合时代发展要求和大学生群体需求的新型高素质网民。这种高素质体现在大学生对网络的认知、情感和使用能力三个方面，这也就成了思想政治教育视域下大学生网络素养培育的目标。思想政治教育视域下大学生网络素养培育内容的制定是本文的重点，也是本文的创新点。依据思想政治教育的整体性原则，大学生综合能力的实际情况以及教育目标的要求，本文将思想政治教育视域下大学生网络素养培育的内容制定为三大类型，即网络认知理解类内容、网络情感观念类内容与网络行为能力类内容。

第三章，思想政治教育视域下大学生网络素养培育的方式与途径。针对教育目标和内容设计，本文提出思想政治教育视域下大学生网络素养培育要充分发挥思想政治理论课的主渠道作用，为学生打下坚实的理论基础；要通过积极开展大学生网络素养实践活动，激发大学生提升网络素养的主动性；要扎实构建大学生网络素养教育网络平台，形成网上网下教育的合力。

新媒体时代中职文秘专业学生媒介素养的现状与提升策略研究

广西师范大学　邵珮琳

随着科学技术的发展，我们已经逐渐步入了信息化社会，以手机为代表的新媒体已经成了我们生活中必不可少的一部分。新媒体背景下，大众在享受着媒介带来便捷的同时也被媒介所传递的一些负面信息所影响着。而中职学生作为社会中的一个特殊群体，他们处于身心发展的关键阶段，容易受到外界信息的影响；他们升学压力较小，容易沉迷于娱乐和游戏；他们好奇心强，容易在媒介营造的虚拟世界中迷失自我、误入歧途。所以，在新媒体背景下学生具备媒介的识别能力、媒介信息的获取能力、选择能力、判断能力、评价能力、利用能力是很有必要的。而中职文秘专业的学生，毕业后将从事前台接待、行政助理、档案员等工作，这些工作对学生的媒介素养能力提出了更高的要求，所以对中职文秘学生进行媒介素养教育，提升学生媒介素养是很有必要且迫在眉睫的。

本文立足于新媒体时代背景，围绕中职文秘专业学生的媒介素养展开一系列的调查研究。本文主要运用了文献研究法、问卷调查法和访谈法这三种研究方法。笔者首先阅读大量关于媒介素养、媒介素养教育、新媒体和中职文秘专业相关的文献，并对文献进行筛选、整理和分类。然后选取南宁市四所中职学校文秘专业的学生作为调查对象，设计了调查问卷，抽取了部分学生填写作答，分析学生媒介素养现状。最后笔者与文秘专业的一线在岗教师进行深度交流。本文共分为六个部分：第一章绪论，此部分介绍了研究的背景和研究的意义，对国内外的研究现状进行了梳理，并在此基础上提出了本文的理论基础，对使用与满足理论、人的全面发展理论、建构主义理论这三个理论展开论述，为本研究的开展提供支撑，最后引出本文的研究思路、研究方法。第二章新媒体、媒介素养的概述，此部分首先对新媒体的概念、基本特征和媒介素养的概念进行论述，然后从媒介素养对中职文秘专业学生的重要性和从事文秘工作的重要性两方面展开，指出中职文秘专业的学生不论是自身发展，还是日后所从事的岗位，都需要他们具备良好的媒介素养能力。并指出领导科学决策、企业树立良好形象、高效率的工作、处理危机公关和建立良好的人际关系都需要秘书具备较高的媒介素养能力。第三章新媒体时代中职文秘专业学生媒介素养现状分析，通过问卷调查的形式对南宁市设有文秘专业的四所中职学校的文秘学生进行调查，问卷从学生对媒介的认识情况、媒介的使用情况、媒介信息的甄别处理情况和学生对提升自身媒介素养的认知情况这四个方面展开，笔者对调查的数据进行分析。第四章新媒体时代中职文秘专业学生媒介素养存在的问题与原因分析。笔者在第三章数据分析的基础上，进行梳理和整合，总结出新媒体时代中职文秘学生媒介素养存在的问题，并对出现这样问题的原因进行了翔实的分析。第五章新媒体时代提升中职文秘专业学生媒介素养的对策，在第四章分析的基础之上，立足于学校，提出提升学生媒介素养的对策。首先，发挥新媒体优势构建媒介素养学习平台和校园媒体平台，让学生在接触使用新媒体过程中全面认知新媒体。其次，通过开展专题讲座、校园活动和工作过程知识竞赛，提高学生的自律意识，激发学生参与的兴趣，让学生参与到活动中来，通过实践提升自己的媒介素养。最后，从提升教师自身媒介素养、引入媒介素养教育方法、变革文秘实训模式和开设专门的媒介素养校本课程这四个方面来推进媒介素养教育的开展，提升学生的媒介素养。第六章总结与展望，回顾本文的研究成果，总结本研究的不足之处，并对未来的研究进行展望。

国内媒介素养教育的研究还处于初级阶段，学者大多是进行理论研究，媒介素养教育的实践还较少。所以，笔者希望本研究能起到抛砖引玉的作用，促进媒介素养教育的发展，从本质上提升学生的媒介素养。

新时代中小学教师媒介素养研究

上海师范大学 冯轲杰

针对新时代的特点，中小学教师媒介素养是聚焦教师媒介的基本情况、认知能力、态度和价值观的专业素养。中小学教师面对的是我国基础教育广大的受众学生，他们的媒介素养会潜移默化地影响着学生，反过来他们的实践也可以帮助相关媒介素养深入研究。

本研究分成四个部分以及参考文献和附录。

第一部分绪论，阐述研究背景和研究意义、研究原因和研究问题、核心概念界定、文献综述、研究方法等内容。

第二部分是新时代下的中小学教师媒介素养现状调查与分析——以 N 市市辖六区中小学教师为例。笔者通过设计并实施的《新媒体时代下中小学教师媒介素养现状调查问卷》以及对三位中小学教师的访谈，结果显示对媒介素养概念大部分中小学教师都没有一个明确的认识,大多都停留在了解具体行为却无法描述表达的水平;虽然不知道概念的界定,但从实际教学活动来看大多数教师还是掌握了令人满意的媒介应用能力,部分教师已经尝试把新媒介融入自己的教学计划之中,以期找寻提高教学效率的途径;在具体培训问题上各个机构组织的培训都是比较缺乏的,虽然自身水平普遍够用,但是缺乏了专门人员的指导,中小学教师始终无法把新媒介的优势发挥到最大。从各位受访教师的态度来看,他们已经认识到媒介素养的重要性,希望得到相应的针对性培训。

第三部分是新时代中小学教师媒介素养的提升策略。针对第三部分的现状和发现的问题,本研究从教育部门、学校、教师自身三个角度展开提升策略的论述。

第四部分是结论,进行了本研究的总结,并指出了思考和展望的方向。

信息技术支持高中物理学科核心素养的目标导向式教学研究

华东师范大学　潘祎文

本研究旨在采用信息技术支持的目标导向式教学解决"去物理化"和"去主体化"两个当前物理教学中存在的问题。以高中物理经典力学部分"力和力的平衡""牛顿运动定律"两个章节为例,从教学分析、教学设计、教学开发、教学实施、教学评价五个环节构建起了信息技术支持高中物理学科核心素养的目标导向式教学理论与实践模型。在研究过程中,从学科本质的角度思考,在核心素养目标的导向下,将技术使用与教学活动、教学评价等一起设计,尽可能使每一项技术与每一个教学活动、每一个评价内容高度融合,并允许实践过程中的灵活调整。立足信息技术与教学的融合,转变传统的教学方式,保障学生的主体地位,促进核心素养的达成。基于课程标准进行章节教材分析,基于学生起点进行章节学情分析,基于核心素养进行教学目标陈述,基于章节分析构建单课教学模式,基于信息技术构建效果检测方式。在真实的情境中实施设计好的内容,开展教与学的活动,并采用"实验研究法"对教与学的效果进行检测,研究目标导向式教学在促进学生物理观念、科学思维、科学探究、科学态度与责任四大核心素养上的达成情况。运用作业盒子 App、极课教师、Excel 等软件将日常测试及阶段性测试、评价量表及问卷调查的数据相结合,对学生的学习行为及核心素养达成情况进行多元评价。利用 iPad 专用软件"课堂行为记录分析器"采集师生在课堂上的主要交互行为，并对其分布进行分析与评价，从另一个层面检测目标导向式教学的有效性。研究结果表明：目标的导向功能可以保障课堂教学的有效性，改善"去物理化"问题；目标的激励功能可以保障学生探究的主体性，改善"去主体化"问题。

英国高校学生信息素养培养的研究

华东师范大学　刘亭亭

技术和数字化的不断革新，使得信息素养成为当今时代的必备技能，而提升高校学生的信息素养水平，完善高校学生的信息素养培养体系，就成了各国应对信息爆炸时代的重要措施。为了培养信息时代的人才，帮助高校毕业生获得必要的信息素养，各国纷纷把信息素养培养纳入自身的教育体系之中。英国作为全球公认的高等教育强国，其在高校学生信息素养培养的过程了积累了丰富的经验，形成了自身的教育特色。

本文采用文献研究法、比较研究法和案例分析法，围绕以下问题对英国高校学生信息素养培养进行研究：第一，英国高校学生信息素养培养的发展背景是什么？第二，英国高校信息素养标准的内容和特点是什么？都有哪些培养原则？哪些机构负责培养高校学生的信息素养？以及通过什么样的方式培养高校学生的信息素养？第三，以英国威尔士地区高校学生信息素养培养的优秀代表——卡迪夫大学为例，它是如何开展学生信息素养培养工作的？第四，英国高校学生信息素养培养有什么特点？存在哪些不足？以及我国能从英国高校学生信息素养培养的过程中得到哪些经验和启示？

针对以上问题，本文共分为五章。第一章为绪论，介绍了论文的选题背景，梳理了国内外关于英国高校学生信息素养的研究现状，以及界定核心概念等。第二章分析了英国文化、经济和高校自身发展背景对高校学生信息素养培养的影响。第三章重点阐述了英国高校学生信息素养培养的体系，主要从培养标准、培养原则、培养机构、培养方式四个方面进行了全面分析。第四章采用案例研究的方法，深入探讨了英国卡迪夫大学的信息素养培养体系，分析了其发展背景、理论框架、负责机构、教学方式等，最后总结出了卡迪夫大学信息素养培养体系的特点。第五章是本文的结论，首先总结了英国高校学生信息素养培养的特点以及存在的不足，然后基于我国高校学生信息素养培养的发展历程，从宏观和微观两个层面总结了英国高校学生信息素养培养对我国的启示。

中学教师信息素养培养研究

黑龙江大学　孙　坤

21世纪是信息时代，社会信息化、网络化呈现出迅猛发展的趋势，教师信息素养问题逐渐成为学校教育教学研究的焦点问题，如何进行教师信息素养的培养成为当务之急。由于中学教师信息素养在学校开展教育信息化中起着重要的作用，因此对其现状、问题进行系统的研究就显得尤为必要和迫切。

首先，论文认为中学教师信息素养现存的问题主要包括：教师自身信息需求意识有待提升、教师信息知识与技能水平参差不齐、信息技术在中学教学中应用不理想、信息道德与法律安全重视度不够。

其次，论文认为影响中学教师信息素养提升的因素有：教师个人信息素养发展不均衡、学校对信息化环境建设投入力度不够、教师信息素养培训体系不完善、信息技术未深入融合到教学实践。

最后，论文提出中学教师信息素养培养的具体措施：提高中学教师对信息素养培养过程的科学认识；通过强化学校信息化环境建设提升中学教师信息素养；通过开展培训有针对性地提升中学教师信息素养；通过优化课程整合全面提升中学教师信息素养；树立协作学习和资源共享的观念提升中学教师信息素养；通过加强信息的应用和处理能力提升中学教师信息素养；通过强化教学实践提升中学教师信息素养；注重反思性教学中提升自身信息素养。

中学生数字素养鸿沟现状及其成因分析

华中师范大学　张灵倩

进入21世纪以来，随着计算机的不断普及，计算机从军事和商业逐渐走入了人民大众的生活中。技术的革新带来了生活的革新，但是也因此导致了新的问题的出现，数字鸿沟出现在人们的视野中。数字鸿沟是"信息时代"的产物，最初的数字鸿沟表示为不同群体在数字准入层面的差距，被我们称之为第一道数字鸿沟，数字鸿沟在全球范围内都普遍存在。随着数字化逐渐遍及我们的日常生活、工作和学习中，数字鸿沟已经更多体现在第二层数字鸿沟即"数字素养鸿沟"。不同个体在同等数字接入的情况下，对信息技术的技能层面掌握的差距被称为数字素养鸿沟。数字素养鸿沟比第一道数字鸿沟更难愈合，对于数字素养鸿沟的研究却远远少于它的需求，尤其少有对中学生数字素养鸿沟的探究。而中学生阶段不仅有信息技术课程，更是学习的最佳时期，因此中学阶段是弥合数字素养鸿沟的最佳时期。基于此，本研究对武汉市城区几所中学进行了调研，从中学生的角度出发，探究数字素养鸿沟的现状及其成因。

本研究首先通过文献研究法对数字素养鸿沟的现状和成因进行了探讨，概述了数字鸿沟内涵的发展历程以及数字鸿沟的研究现状，探讨了数字素养鸿沟内涵，并从已有的文献中提炼出数字素养鸿沟的成因，构建数字素养鸿沟成因初始模型。针对数字素养鸿沟的内涵选取了已有的评价方法进行改进，构建了《中学数字素养鸿沟现状的调查问卷》。将问卷进行网上发放进行了预测试，对回收的问卷的信度和效度进行分析。接着将问卷在武汉市城区的几所中学进行发放，回收问卷以后利用SPSS20.0对回收的430份问卷进行描述性统计分析、信度效度分析、相关性分析和回归分析。根据数据分析的结果进行模型修改，并对中学生的数字素养鸿沟现状进行有效分析。

结果显示，在中学生中间的第一道数字鸿沟已经接近弥合，而第二道数字鸿沟情况却不容乐观。随着年级的提升，数字素养鸿沟逐渐缩小。对数字素养鸿沟直接影响的因素有计算机自我效能、计算机焦虑、个人信息意识和个人拥有计算机。年龄、寻求帮助和他人鼓励一起直接影响计算机自我效能。基于此，本文综合以往的研究，提出了弥合中学生数字素养鸿沟建议：改善信息技术教育，注重意识的培养；提高信息化建设水平，弥合第一道数字鸿沟；提高计算机自我效能，消除计算机焦虑；建设数字公民教育，促进教育均衡发展。

2018中国媒介信息素养研究论文索引

（按首字母排序）

"互联网"背景下小学教师信息素养问题及对策研究 / 杨仕 // 湖南师范大学 /2018/6

"互联网＋教育"新常态下学前教育教师信息技术素养调查与提升策略研究 / 刘洋 // 中国电化教育 /2018/7

"四化"撬动课堂培育核心素养——信息技术条件下道德与法治"三化"课堂教学实践研究 / 李圣德 // 福建教育学院学报 /2018/6

"微时代"背景下大学生媒介素养的现状与培育路径 / 张晓，鞠煜 // 传媒观察 /2018/12

《高等教育中的数字素养Ⅱ：新媒体联盟地平线项目战略简报》研究 / 高山 // 图书馆建设 /2018/7

《国际图联数字素养宣言》分析与启示 / 何蕾 // 图书馆建设 /2018/1

安全信息素养：图情与安全科学交叉领域的一个重要概念 / 王秉，吴超 // 理论与探究 /2018/7

伯明翰学派媒介素养观念的源流与分歧——以理查德·霍加特引发的讨论为例 / 施海泉 // 新闻知识 /2018/4

冲突与和解：关系视阈下流动儿童媒介素养构建研究 / 王倩，李颖异 // 现代传播 /2018/1

初中《道德与法治》课提升学生媒介素养的策略研究 / 胡昕珏 // 扬州大学 /2018/6

从"社会责任理论"出发浅谈媒介素养与媒介责任 / 张雨 // 西部广播电视 /2018/11

大数据环境下高校大学生信息素养影响因素研究——基于粗糙集理论 / 方长春，李东生，曹晓琳，王双维 // 情报科学 /2018/2

大学生网络媒介素养教育目标探寻 / 季静 // 学生工作 /2018/7

大学生网络媒介素养体系重构与培育机制研究 / 杨延圣，左蒙，袁和静 // 北京青年研究 /2018/2

大学生网络素养与核心价值观认同 / 沈杰 // 当代青年研究 /2018/7

大学生新媒介素养实证研究 / 黄鑫 // 南昌大学 /2018/5

大学生信息素养评价指标体系与模型的构建 / 衣晓冰，王贵海 // 四川图书馆学

报 /2018/1

大学图书馆信息素养微课程教学平台建设与实践 / 邢卓媛，郑巧英，李芳 // 图书馆学研究 /2018/3

当"创客"精神遇到教育——浅析创客教育引领下提升小学生信息技术核心素养的策略研究 / 徐驰 // 华夏教师 /2018/2

当代媒介文化背景下大学生媒介素养培养探析 / 孙靖，金国华 // 高等工程教育研究 /2018/2

高校图书馆嵌入式信息素养教育模式研究——以重庆大学图书馆为例 / 刘庆庆，何燕君，杨新涯，李燕 // 图书情报工作 /2018/2

高校微课资源建设与师生信息素养提升研究 / 王媛媛 // 中国成人教育 /2018/3

高校微信公众号运营团队媒介素养现状及提升策略 / 顾文成 // 宁波教育学院学报 /2018/6

高校信息素养教育生态系统构建路径研究——基于 ACRL《高等教育信息素养框架》的视角 / 李峰，郭兆红 // 情报理论与实践 /2018/3

高中生信息技术核心素养的评价指标体系建构研究 / 邵帅 // 石河子大学 /2018/3

高中信息技术学科教学中核心素养的培育 / 陈尧 // 新技术教育 /2018/12

工作场所信息素养研究——国外信息素养研究新进展 / 颜先卓 // 图书情报工作 /2018/6

公民媒介素养教育的西方范式与中国路径 / 张蕊，高宁 // 东岳论丛 /2018/4

公众健康信息素养促进中的图书馆参与：驱动因素、国外实践及思考 / 邓胜利，付少雄 // 图书情报知识 /2018/4

国际互联网媒介素养研究知识图谱 / 王贵斌，于杨 // 现代传播 /2018/7

国内外"大学生网络素养"概念的研究综述 / 戴仁俊 // 教育现代化 /2018/5

国内外老年人的数字素养教育模式研究 / 罗艺杰 // 图书馆学刊 /2018/5

核心素养视角下初中信息技术教学中学生质疑能力的培养 / 张天骄 // 山东师范大学 /2018/6

基于《高等教育信息素养框架》的信息素养教育创新实践 / 张艳英，刘昆，朱婕 // 情报科学 /2018/9

基于 CNKI 数据库媒介素养教育文献梳理 / 王梦婷，杜皓 // 现代交际 /2018/6

基于 ISM 与 AHP 的学生信息素养影响因素研究 / 罗玛，王祖浩 // 中国电化教育 /2018/4

基于 SPOC 的高校信息素养教学模式构建 / 黄丽霞，董红丽 // 图书馆研究与工作 /2018/4

基于高中信息技术核心素养下的计算思维能力的培养策略 / 曹金华 // 电脑与信

息技术 /2018/10

基于核心素养利用信息技术培养学生解决问题能力 / 何永强 // 信息记录材料 /2018/3

基于核心素养培养的初中信息技术教学策略研究 / 戴亚萍 // 兰州教育学院学报 /2018/5

基于消费话语权视角浅析网络受众的媒介素养 / 王淑君 // 新闻传播 /2018/9

计算思维：信息技术学科核心素养培养的核心议题 / 张立国，王国华 // 学科建设与教师发展 /2015/5

加强信息技术教学，培养学生核心素养——浅析高中信息技术核心素养教学 / 赵志明 // 学周刊 /2018/1

江西省领导干部媒介素养研究 / 李盼 // 南昌大学 /2018/5

讲好网络文明"故事"提升青年网络素养 / 阎驰骋 // 人民论坛 /2018/9

教师数字鸿沟的发展与弥合——基于从信息鸿沟到素养鸿沟的视角 / 石映辉，韦怡彤，杨浩 // 现代教育技术 /2018/3

教育信息化 2.0 时代大学生信息素养的现状、问题与思考 / 张琦 // 教育现代化 /2018/5

近五年国内外信息素养教育研究进展及展望 / 陈晓红，高凡 // 图书情报工作 /2018/5

聚焦核心素养的信息技术教学设计 / 颜士刚，冯友梅，李艺 / 课程·教育·教法 /2018/7

例谈面向学科核心素养的初中信息技术教学策略 / 张明亚 // 中国信息技术教育 /2018/12

联合国教科文组织有关媒介素养政策之演变分析 / 耿益群，黄偲 // 现代传播 /2018/7

论信息技术教学视域下学生核心素养的培养 / 曲慧 // 科技风 /2018/8

媒介环境素养研究：背景、内容、范式与价值 / 韩永青 // 传媒观察 /2018/7

媒介融合时代下新闻记者媒介素养的提升 / 王雪飞 // 黑河学刊 /2018/6

媒介融合时代新闻记者媒介素养重构分析 / 赵广俊 // 记者摇篮 /2018/8

媒介素养对新闻伦理规范的意义与提升路径 / 宋付力 // 传媒教育 /2018/7

媒介素养理论框架下的受众研究新论 / 张开 // 现代传播 /2018/2

媒体视域下的大学生媒介素养教育创新策略研究 / 王一涵 // 传媒教育 /2018/7

美国数字素养教育现状及启示 / 张娟 // 图书情报工作 /2018/6

面向核心素养的高中信息技术微课程设计与开发 / 田治 // 湖南大学 /2018/1

农村留守儿童媒介素养发展的学校影响因素研究 / 崔晓鸾 // 曲阜师范大学 /2018/6

农村义务教育阶段学生媒介素养现状研究 / 程俊 // 华中师范大学 /2018/5

欧美媒介素养教育的内涵、范式与借鉴 / 贾玉 // 传媒教育 /2018/12

浅谈网络思政教育背景下高职学生的网络素养 / 罗晓丽，焦洪义 // 学周刊 /2018/11

青少年网络素养：概念演进、指标构建与培育路径 / 钱婷婷，张艳萍 // 上海教育科研 /2018/7

全媒体时代学生媒介素养培养研究 / 韦立立 // 教育理论与实践 /2018/8

全面提升学生信息素养——《中小学综合实践活动课程指导纲要》"设计制作（信息技术）"主题解读 / 林众 // 人民教育 /2018/3

确立核心素养、培养关键能力——高中信息技术学科课程标准修订的再思考 / 李锋，柳瑞雪，任友群 // 全球教育展望 /2018/1

人工智能视域下的信息素养内涵转型及 AI 教育目标定位——兼论基础教育阶段 AI 课程与教学实施路径 / 陈凯泉，何瑶，仲国强 // 远程教育杂志 /2018/1

融媒体时代高校研究生媒介素养教育探索 / 刘庆庆，杨守鸿，包晗，何燕君 // 学位与研究生教育 /2018/3

社会化媒体时代下政府官员媒介素养的调查分析 / 曾凡斌，卢煜璇，彭兰 // 南方论刊 /2018/1

社会化媒体语境下媒介素养的内涵转向 / 郭学文，张晨悦 // 出版广角 /2018/8

师范生媒介素养教育研究 / 李丽 // 教育评论 /2018/11

试论新时代农民媒介素养的提升之路 / 赵慧彩 // 智库时代 /2018/12

数字环境下大学生数字素养提升策略研究 / 平越 // 上海外国语大学 /2018/5

数字媒介视域下少年儿童媒介素养培育研究 / 李雨晴 // 河南大学 /2018/6

数字媒体时代城乡青年的媒介使用与媒介素养研究——来自 S 省青年群体的实证调查 / 马超 // 四川理工学院学报 /2018/10

数字素养的挑战：从有限的技能到批判性思维方式的跨越 /[新西兰] 马克·布朗（肖俊洪译）// 中国远程教育 /2018/4

思想政治教育视域下大学生数字媒介素养现状及提升对策研究——以杭州高职大学生为例 / 张燕 // 林区教学 /2018/11

思想政治教育视域下大学生网络素养培育研究 / 许安琪 // 西南大学 /2018/5

素养教育的新拓展：从信息素养到多元素养 / 邓胜利，付少雄 // 图书馆杂志 /2018/5

谈新媒体时代新闻编辑的媒介素养 / 张春艳 // 新闻传播 /2018/5

网络媒体时代新闻编辑应具备的媒介素养研究 / 卢有均 // 新闻传播 /2018/1

我国领导干部媒介素养研究的现状分析 / 翟霞，冀翠萍 // 理论学刊 /2018/1

武陵山地区基层干部媒介素养调查研究 / 张宏树，王思雨 // 广西民族大学学报 /2018/1

西藏大学生网络素养现状及教育对策研究 / 李庆华，刘佳，曾帅，许鹏辉，蒋

明芳 // 科教文汇 /2018/1

新媒体背景下广西北部湾地区高职学生网络素养提升策略研究 / 李彬铭 // 教育现代化 /2018/5

新媒体广告中受众媒介素养对传播效果的影响维度分析 / 陈华 // 南昌工程学院学报 /2018/4

新媒体环境下大学生媒介素养培育研究 / 高加友 // 产业与科技论坛 /2018/3

新媒体环境下高校大学生媒介素养问题研究 / 黄立佳 // 传媒论坛 /2018/11

新媒体环境下媒介素养教育的探讨研究——兼论媒介素养教育对"工匠精神"传播的推动 / 陈珂 // 中国报业 /2018/1

新媒体环境下青年网民媒介素养研究——基于网络流行语传播的分析视角 / 蔡梦虹 // 传媒广角 /2018/10

新媒体联盟《2017 数字素养影响研究报告》解读及启示 / 陈钦安 // 图书与情报 /2018/4

新媒体时代报纸编辑媒介素养的培养与提升 / 张莹莹 // 新闻研究导刊 /2018/10

新媒体时代高校辅导员媒介素养的内涵与提升 / 王静 // 重庆工商大学学报 /2018/10

新媒体时代高校教师媒介素养教育探究 / 邓红，丁长青 // 现代教育科学 /2018/10

新媒体时代中职文秘专业学生媒介素养的现状与提升策略研究 / 邵珮琳 // 广西师范大学 /2018/6

新媒体视域下大学生媒介素养提升的对策研究 / 陈湧 // 领导科学论坛 /2018/1

新媒体语境下大学生媒介素养教育的挑战和应对 / 周婧 // 传媒教育 /2018/12

新时代网民媒介素养的培育路径 / 王艺超 // 现代交际 /2018/8

新时代信息素养教育的演进与创新——2018 年全国高校信息素养教育研讨会综述 / 王宇，吴瑾 // 大学图书馆学报 /2018/6

新时代中小学教师媒介素养研究 / 冯轲杰 // 上海师范大学 /2018/5

新时期大学生网络素养存在的问题与对策——基于浙江省部分高校的调查研究 / 胡余波，潘中祥，范俊强 // 高等教育研究 /2018/5

新闻编辑媒介素养的提升路径研究 / 侯夷 // 出版广角 /2018/2

信息技术支持高中物理学科核心素养的目标导向式教学研究 / 潘祎文 // 华东师范大学 /2018/9

信息生态视角下大学生信息素养评价 / 代磊，刘羽萱 // 现代情报 /2018/12

信息时代未来教师核心素养的变与不变 / 马玲 // 中国成人教育 /2018/5

信息素养通识课翻转课堂的设计与实践 / 徐菊香 // 图书情报知识 /2018/7

噱头的诱惑与媒介素养——新媒体时代语境下的"标题党"思维分析 / 吴振东，

王艳 // 媒体观察 /2018/9

亚文化理论框架下大学生媒介素养教育理论嬗变 / 高超 // 东南传播 /2018/2

医学专科生低网络媒介素养及影响因素分析 / 王旭，洪静芳，桂玲玲，吴迪 // 中国学校卫生 /2018/4

英国白玫瑰大学联盟图书馆数字素养教育实践与启示 / 张毓晗，刘静 // 图书情报工作 /2018/4

英国高等教育数字素养培养模式对我国的启示 / 明华 // 武汉船舶职业技术学院学报 /2018/3

英国高校学生信息素养培养的研究 / 刘亭亭 // 华东师范大学 /2018/5

英美数字素养教育研究 / 杨文建 // 图书馆建设 /2018/3

用信息技术助推小学数学学科核心素养培养 / 王秀丽 // 中国信息技术教育 /2018/12

智慧教育视域下教师新媒介素养现状调查及提升路径 / 周素娜 // 中国成人教育 /2018/5

智媒体时代算法推送对公众媒介素养的新要求 / 金泽军 // 新闻研究导刊 /2018/4

智能媒体时代新闻编辑的新媒介素养研究 / 袁媛 // 编辑学刊 /2018/5

中小学生信息素养评价指标体系研究 / 石映辉，彭常玲，吴砥，杨浩 // 中国电化教育 /2018/8

中学教师信息素养培养研究 / 孙坤 // 黑龙江大学 /2018/5

中学生数字素养鸿沟现状及其成因分析 / 张灵倩 // 华中师范大学 /2018/5

中学生信息素养的多层影响因素及提升策略研究 / 散国伟，余丽芹，梁伟维，黎欢 // 中国电化教育 /2018/8

自媒体环境下大学生网络媒介素养"六位一体"能力建构模式 / 王玉娥 // 重庆邮电大学学报 /2018/3

自媒体时代大学生媒介素养教育探究 / 桑晓丹 // 学生工作 /2018/10

自媒体时代大学生媒介素养提升的路径探究 / 刘浩，张帆 // 世纪桥 /2018/1

自媒体时代大学生媒介素养现状调查与分析 / 邹静昭，武琳，赵冬，徐昭娟 // 产业与科技论坛 /2018/6

自媒体时代如何提高高校学生媒介素养，强化信仰教育 / 赵平 // 中国记者 /2018/10

走向智慧时代的信息技术课程核心素养建构研究 / 刘雪飞，陈琳，王丽娜，冯熳 // 中国电化教育 /2018/10